福建生态补偿法律制度的实践与完善研究

曾睿　何伦凤　著

法律出版社
LAW PRESS·CHINA
北京

图书在版编目(CIP)数据

福建生态补偿法律制度的实践与完善研究 / 曾睿，何伦凤著. -- 北京 : 法律出版社, 2024
ISBN 978-7-5197-8773-8

Ⅰ. ①福… Ⅱ. ①曾… ②何… Ⅲ. ①生态环境－补偿性财政政策－环境保护法－研究－福建 Ⅳ. ①D927.572.683

中国国家版本馆CIP数据核字(2024)第026131号

福建生态补偿法律制度的实践与完善研究
FUJIAN SHENGTAI BUCHANG FALÜ ZHIDU DE SHIJIAN YU WANSHAN YANJIU

曾 睿 何伦凤 著

责任编辑 朱颖超
装帧设计 李 瞻

出版发行 法律出版社
编辑统筹 司法实务出版分社
责任校对 王 皓
责任印制 胡晓雅
经 销 新华书店

开本 A5
印张 13.5 字数 339千
版本 2024年11月第1版
印次 2024年11月第1次印刷
印刷 北京建宏印刷有限公司

地址:北京市丰台区莲花池西里7号(100073)
网址:www.lawpress.com.cn
投稿邮箱:info@lawpress.com.cn
举报盗版邮箱:jbwq@lawpress.com.cn

销售电话:010-83938349
客服电话:010-83938350
咨询电话:010-63939796

书号:ISBN 978-7-5197-8773-8
定价:68.00元
凡购买本社图书,如有印装错误,我社负责退换。电话:010-83938349

前言

生态环境,作为经济和社会发展的支撑基础,是国家综合竞争力的核心要素。它不仅直接关系到人民群众的生活质量,而且紧密相连于国家安全、社会稳定和民族的长远未来。从可持续发展的角度审视,生态保护不仅是当今环境、经济、社会协同发展的迫切需求,更是一项关乎子孙后代福祉、体现代际公平的崇高使命。生态环境的价值和重要性毋庸置疑,特别是生态补偿这一环节,因其涉及资源的合理配置和人与自然的平衡共生,更显得至关重要。

党中央和国务院对生态补偿机制的建设给予高度重视。党的二十大报告明确提出,要建立生态产品价值实现机制,并完善生态保护补偿制度。生态补偿不仅是生态文明体系的关键组成部分,更是国家战略层面的明确导向。这一政策方向展现了中国政府对生态文明建设的坚定信念和远见卓识。近几年来,各地区和各部门在积极推动生态保护建设的同时,也在探索和完善生态补偿机制。在森林、草原、湿地、流域、水资源、矿产资源开发、海洋以及重点生态功能区等多个领域,都取得了显著的进展。这些成就验证了中国生态补偿机制在实际运作中的可行性和成效,例如,通过实施退耕还林、天然林保护等措施,在森林保护方面有效提升了森林覆盖率,增强了生态系统的稳定性和对自然灾害的抵御力。在水资源保护方面,流域综合治理和水污染防治等手段确保了水资源的可持续利用,并显著提高了水环境的整体质量。

生态补偿建设的重点领域,涵盖了森林、湿地、草原、海洋、水流、耕地、重点生态功能区、禁止开发区域等多个方面。党和国家对生态补偿机制的建设高度重视,出台了一系列专门性政策文件,以推动这些重点领域的生态补偿工作。我国相继印发了《关于健全生态保护补偿机制的意见》《建立市场化、多元化生态保护补偿机制行动计划》《关于深化生态保护补偿制度改革的意见》等一系列政策文件。这些文件的发布,标志着我国逐步建立了政府主导、多方参与、覆盖各重点领域的生态补偿制度体系。其中,2016 年国务院办公厅颁布实施的《关于健全生态保护补偿机制的意见》更是明确指出,“到 2020 年,实现森林、草原、湿地、荒漠、海洋、水流、耕地等重点领域和禁止开发区域、重点生态功能区等重要区域生态保护补偿全覆盖”。这一目标的设立,反映了国家对生态补偿工作的坚定决心和战略方向。这些领域的生态补偿不仅涉及资源的合理利用和保护,还关乎社会经济的可持续发展和人民生活的改善。例如,森林生态补偿有助于促进森林资源的可持续管理,湿地生态补偿则有助于保护生物多样性和维护水资源的清洁。在耕地保护方面,生态补偿有助于确保粮食安全和土地的可持续利用。各个领域的生态补偿工作互相补充、相辅相成,共同铸造了一套完善而全面的生态保护体系。这一体系不仅凸显了生态保护的全方位和有机整合，更为我国生态环境的持续改进奠定了坚实基础。展望未来，随着生态补偿机制的深入推进和精心实施，必将在促进我国生态环境全面提升和可持续发展方面发挥更为重要的作用。

福建，作为全国首个生态文明先行示范区，一直走在生态保护和可持续发展的前沿。在生态补偿方面，福建的探索和实践同样引领潮流。早在 2003 年，福建就在全国范围内率先启动了九龙江流域上下游生态补偿试点。这一勇敢的尝试开启了全省乃至全国的生态补偿新篇章。随后，试点范围逐渐扩展到闽江、敖江等流域，形成了更为广泛的实践基础。近年来，福建根据国家生态文明试验区的建设要求，进一步完善了全省 12 条主要河流的全流域生态保护补偿长效机制。这一机制的建立，不仅有助于河流生态的全面保护，还促进了水资源的合理利用和管理。在市场化生态补偿方面，福建得益于其独特的气候条件和较高的森林覆盖率，林业碳汇发展迅速。至 2021 年年底，福建省在森林蓄积量、碳储量、年增固碳量等方面的表现均超越了国内平均水平。碳储量价值更是超过 4 万亿元，21 个县（市）及国有林场开展的林业碳汇交易试点成效显著，成交量和成交额均位居全国首位。尽管福建在生态补偿建设方面取得了一系列成就，但在各个领域依然面临着诸多挑战和问题。这些问题涉及生态补偿的制度设置、政策方向、执行力度、资金分配、技术支持等多个方面，需要结合实际情况，深入研究和探索。

本书旨在集成福建在森林、湿地、流域、矿产、区域、海洋、耕地等领域的生态补偿实践，对各领域的实践问题展开深入分析，并尝试给出具体的解决建议。我们力求全面、客观地反映福建省在生态补偿方面的实践经验和挑战，以期为全国生态保护工作提供借鉴和启示。同时，本书也涵盖了政策分析、法律框架、社会参与等方面的内容，以期为读者提供多维度的视角。尽管作者对上述生态补偿诸问题的研究已经尽心竭力，但因水平所限，难免力有未逮，恳请诸位同人和读者批评指正，通过大家共同的努力和探索，为生态文明建设做出更有价值的贡献。

本书第一～六章共约18万字，主要由曾睿撰写；第七～十一章共约16万字，主要由何伦凤撰写。本书受福建省社科研究基地“新时代乡村治理研究中心”资助，为福建省以马克思主义为指导的哲学社会科学学科基础理论研究基地重大项目“农业生态安全屏障建设法治保障研究”（FJ2021MJDZ022）的阶段性成果。

目录

第一章　生态补偿制度的基本范畴 / 1
第一节　生态补偿概念的界定 / 1
一、生态补偿的提出背景 / 1
二、生态补偿的一般定义 / 3
三、生态补偿的类型划分 / 9
第二节　生态补偿的一般性理论 / 13
一、环境资源价值理论 / 14
二、生态系统理论 / 19
三、公共产品理论 / 21
四、外部性理论 / 24
第三节　生态补偿的法理依据 / 27
一、环境正义理论 / 27
二、利益衡平理论 / 31
三、自然契约理论 / 36
四、自然资源物权理论 / 42
第四节　生态补偿机制的构成要素 / 46
一、生态补偿支付主体 / 46
二、生态补偿对象 / 46

三、生态补偿客体 / 47
四、生态补偿标准 / 47
五、生态补偿方式 / 48
六、生态补偿途径 / 48

第二章　福建生态补偿制度的整体概况 / 49
第一节　福建生态补偿制度的规范体系 / 50
一、国家层面的立法 / 50
二、地方层面的立法 / 52
第二节　福建生态补偿制度的实践成果 / 60
一、天然林保护工程、公益林建设工程卓有成效 / 61
二、区域流域治理成效显著 / 64
三、主要污染物减排工作进一步推进 / 67
四、矿产资源保护和矿山地质环境治理稳步推进 / 69
第三节　福建生态补偿制度的问题检视 / 71
一、福建生态补偿面临严峻的现实考验 / 71
二、福建生态补偿缺乏健全的制度保障 / 77

第三章　福建生态补偿制度的研究框架 / 85
第一节　福建生态补偿制度的关键构成 / 85
一、监管制度 / 85
二、产权制度 / 87
三、财政制度 / 88
四、金融制度 / 89
第二节　福建生态补偿的重点领域 / 90
一、森林资源保护与补偿 / 90
二、湿地资源保护与补偿 / 92
三、流域资源保护与补偿 / 94

四、矿产资源保护与补偿 / 95
五、区域资源保护与补偿 / 97
六、海洋资源保护与补偿 / 98
七、耕地资源保护与补偿 / 100

第四章　福建森林生态补偿制度的实践与完善 / 103
第一节　福建森林生态补偿实践 / 104
一、福建森林资源与森林生态补偿的基本内涵 / 104
二、福建森林生态补偿工作的立法回顾 / 108
第二节　福建森林生态补偿:理论探究与问题分析 / 118
一、森林生态补偿制度的理论探究 / 118
二、福建森林生态补偿的问题剖析 / 121
第三节　福建森林生态补偿制度的完善路径 / 128
一、森林生态补偿制度的他地经验与借鉴 / 128
二、福建森林生态补偿制度的具体建议 / 132

第五章　福建湿地生态补偿制度的实践与完善 / 141
第一节　福建湿地生态补偿实践 / 142
一、福建湿地资源与湿地生态补偿的基本内涵 / 142
二、福建湿地生态补偿制度的立法回顾 / 147
第二节　福建湿地生态补偿:理论探究与问题分析 / 155
一、湿地生态补偿的理论探究 / 155
二、湿地生态补偿的制度构成 / 156
三、福建湿地生态补偿的问题剖析 / 160
第三节　福建湿地生态补偿制度的完善路径 / 165
一、湿地生态补偿制度的他地经验与借鉴 / 165
二、福建湿地生态补偿制度的具体建议 / 173

第六章　福建流域生态补偿制度的实践与完善 / 183
第一节　福建流域生态补偿实践 / 184
一、福建流域资源与流域生态补偿的基本内涵 / 184
二、福建流域生态补偿制度的立法回顾 / 189
三、福建流域生态补偿的主要模式 / 192
第二节　福建流域生态补偿:理论探究与问题分析 / 195
一、流域生态补偿制度的理论探究 / 195
二、福建流域生态补偿的问题剖析 / 200
第三节　福建流域生态补偿制度的完善路径 / 204
一、流域生态补偿制度的他地经验与借鉴 / 204
二、福建流域生态补偿的重点把握 / 210
三、福建流域生态补偿制度的具体建议 / 214

第七章　福建矿产生态补偿制度的实践与完善 / 221
第一节　福建矿产资源生态补偿实践 / 222
一、福建矿产资源与矿产生态补偿的基本内涵 / 222
二、福建矿产资源生态补偿的工作回顾 / 226
第二节　福建矿产生态补偿:理论探究与问题分析 / 231
一、矿产资源生态补偿的理论探究 / 231
二、福建矿产资源开发的问题表征 / 234
三、福建矿产生态补偿的问题剖析 / 236
第三节　福建矿产资源生态补偿制度的完善路径 / 240
一、矿产资源生态补偿制度的他地经验与借鉴 / 240
二、福建矿产资源生态补偿制度的具体建议 / 243

第八章　福建区域生态补偿制度的实践与完善 / 255
第一节　福建的区域生态补偿实践 / 256
一、福建生态功能区划与区域生态补偿的基本内涵 / 256

二、福建区域生态补偿的立法回顾 / 261
三、福建区域生态补偿的政策实践 / 263
第二节　福建区域生态补偿:理论探究与问题分析 / 267
一、区域生态补偿制度的理论探究 / 267
二、福建区域生态补偿的问题剖析 / 269
第三节　福建区域生态补偿制度的完善路径 / 273
一、区域生态补偿制度的他地经验与借鉴 / 273
二、福建区域生态补偿制度的具体建议 / 276

第九章　福建海洋生态补偿制度的实践与完善 / 292
第一节　福建海洋生态补偿实践 / 292
一、福建海洋资源与海洋生态补偿的基本内涵 / 292
二、福建海洋生态补偿的工作回顾 / 297
第二节　福建海洋生态补偿:理论探究与问题分析 / 302
一、海洋生态补偿制度的理论探究 / 302
二、福建海洋生态补偿的问题剖析 / 304
三、福建海洋生态补偿问题的影响因素 / 311
第三节　福建海洋生态补偿制度的完善路径 / 315
一、海洋生态补偿制度的他地经验与借鉴 / 315
二、福建海洋生态补偿制度的具体建议 / 329

第十章　福建耕地生态补偿制度的实践与完善 / 337
第一节　福建耕地生态补偿实践 / 338
一、福建耕地资源与耕地生态补偿的基本内涵 / 338
二、福建耕地生态补偿的立法实践 / 341
第二节　福建耕地生态补偿:理论探究与问题分析 / 345
一、耕地生态补偿制度的理论探究 / 345
二、福建耕地生态补偿的问题剖析 / 348

第三节 福建耕地生态补偿制度的完善路径 / 355
一、耕地生态补偿制度的他地经验与借鉴 / 355
二、福建耕地生态补偿制度的基本原则 / 362
三、福建耕地生态补偿制度的具体建议 / 363

第十一章 完善福建生态补偿体系的未来展望 / 376
第一节 完善福建生态补偿制度的原则遵循 / 376
一、系统性原则 / 376
二、协调性原则 / 377
三、可操作性原则 / 378
四、公平、公正的分配原则 / 379
五、因地制宜、分区补偿的实施原则 / 379
六、“谁破坏谁恢复,谁受益谁补偿”的责任原则 / 380
七、政府主导,市场推进的组织原则 / 380
第二节 完善福建生态补偿制度的实施重点 / 381
一、立足福建:因地制宜推进生态补偿制度建设 / 381
二、政府主导:政府整合优化现行生态补偿机制 / 385
三、公众参与:倡导全民参与共建生态补偿机制 / 387
第三节 福建生态补偿机制:完善制度建设的战略思路 / 388
一、宪法层面:确立生态补偿的法律地位 / 388
二、专门立法:拟定针对性的“生态补偿条例” / 390
三、单行法优化:强化环境保护专项法律体系 / 402
四、政策巩固:注重生态补偿政策的辅助作用 / 405
五、法制教育:加强生态补偿法制的宣传引导 / 410

后 记 / 418

第一章　生态补偿制度的基本范畴

随着全球环境问题的日益严重,生态保护和可持续发展成为人们关注的焦点。在众多的保护措施中,生态补偿制度逐渐显现出重要性和必要性。作为一种政策激励手段,生态补偿旨在通过合理的补偿机制,促进受损生态系统的恢复和保护,进而维护生态平衡和人类福祉。然而,生态补偿并非简单的金钱交易,它涉及的范畴远不止表面所见。从目的到机制,从法律到监管,从挑战到对策,生态补偿制度的基本范畴是一个复杂而多维的体系。鉴于福建地区生态补偿工作的重要性和复杂性,本章将深入剖析生态补偿制度的各项基础范畴。通过全面的理论探讨,旨在为福建生态补偿的实践与完善奠定坚实的基础,确保其符合地区特性和长远可持续发展的需求。

第一节　生态补偿概念的界定

一、生态补偿的提出背景

随着人类社会的不断发展,尤其是工业革

命以来,人类赖以生存的自然环境发生了一系列重要的变化,生态破坏、环境污染、资源危机等问题接踵而至,使人们看到,科技发展和工业化除了增进社会财富外,也给人类社会带来一些危害自身的灾难。20 世纪初,一些资本主义国家建立了污染型产业如煤炭、钢铁、建材工业,采用了污染型技术如大量使用化肥、农药和煤炭,人口迅猛增长,城市化加快。到 50 年代,增加了石油和有机化学工业的污染,环境问题变得普遍。50 年代后期,人类进入现代工业化全面发展和环境严重污染时期,人类的足迹已遍及地球各处,出现了全球性的生态危机。1998 年,《科学》杂志发表了关于人类活动对地球影响的 6 个结论:(1)人类已改变 1/3 ~ 1/2 的陆地面积;(2)工业革命后,大气二氧化碳含量增加 30%;(3)人工固氮总量超过天然固氮;(4)人类利用的地表淡水超过可利用总量的 50%;(5)近两千年,约 1/4 的鸟类物种灭绝;(6)近 2/3 的海洋渔业资源被过度捕捞或耗尽。统计显示,每分钟环境灾难:耕地损失 40 公顷,年损失 2100 万公顷;森林损失 21 公顷,年损失 1100 万公顷;泥沙损失 4.8 万吨,年损失 250 亿吨;流入江河湖海年污水 85 万吨;死于环境污染 28 人,年死亡 1500 万人。[1]

为了应对全球面临的威胁人类社会经济可持续发展的生态环境恶化问题,实现和维护人类社会与自然生态系统之间的和谐、可持续发展,世界各国学者从不同角度对生态系统与人类社会经济发展的关系进行了研究。他们的目标是探索出一条实现区域生态环境与人类社会经济健康、和谐、可持续发展的道路。在这一背景下,生态补偿的概念应运而生。

20 世纪 50 年代以来,为了解决经济社会发展中存在的资源耗竭和生态破坏问题,一些国家和地区开始尝试采用经济手段调整

---

〔1〕 曾向东、唐启国:《现代农业财政支持体系研究》,东南大学出版社 2013 年版,第 255 页。

人们的生产与生活方式，促进生态环境的保护与建设。在这一过程中逐步形成了“生态补偿”这一资源环境保护的经济手段。1992年联合国《里约环境与发展宣言》及《21世纪议程》进一步强调了这一思想，提出价格、市场等应发挥补充性作用，价格应反映资源的稀缺性，并有助于防止环境恶化。由此，生态环境补偿问题开始被更多国家认识并付诸实践。

我国生态补偿实践的历史可以追溯到20世纪80年代，当时在云南省对磷矿开采征收了覆土植被及其他生态环境破坏恢复费用。20世纪90年代中期，我国进入了生态补偿实践的高峰期，重点在森林与自然保护区、流域、矿产资源开发等方面进行了广泛的实践和探索，并展开了大规模的理论研究。目前，我国在生态补偿方面加强了国际交流与合作，充分总结和借鉴国际经验，以推动我国生态补偿实践的发展。[1]

二、生态补偿的一般定义

“生态补偿”一词源于微观经济学中的外部性理论、庇古税、科斯定理等经济学理论基础，逐渐成了一种平衡生态利益与经济利益的经济手段。1992年联合国《里约环境与发展宣言》进一步明确了生态补偿的定义，强调价格、市场和政府财政及经济政策在环境政策制定上的补充性作用，以及价格应当反映资源的稀缺性和全部价值，从而有助于防止环境恶化。

在国际范围内，生态补偿的概念已经演变为“生态环境服务付费”(Payment for Ecological/Environmental Services，PES)或“生态效益付费”(Payment for Ecological Benefits，PEB)。这一理念已逐渐发展成为世界各地用以保护生态环境的重要手段和学者们研究

---

〔1〕 曾向东、唐启国：《现代农业财政支持体系研究》，东南大学出版社2013年版，第256页。

的热点。[1] 然而,尽管近年来生态补偿的实践日益增多,但对生态补偿的概念仍缺乏统一认识。从理论基础来看,关于生态补偿的定义大体可划分为三类。

(一)科斯理论视角的生态补偿概念

与环境经济学的观点相似,科斯理论认为,只要交易成本为零且产权界定明确,资源拥有者就可以通过谈判机制内部化环境服务的外部性,依靠市场而无须政府介入就可提供社会所需要的环境服务。基于科斯定理的生态补偿方式,又称为自由市场环境主义补偿方式,其核心观点是利用市场机制完全解决生态与环境外部性问题。[2] 基于这样的理论认识,斯文·伍德(Sven Wunder)最先将生态补偿定义为环境服务购买者与提供者之间就环境服务买卖所达成的一种自愿交易,并根据其工作经验,提出了生态补偿的4个界定标准:(1)是基于谈判的自愿交易;(2)交易的环境服务是明确规定且可度量的;(3)有确定的、至少一个买者和卖者;(4)作为补偿的支付是有条件的,当且仅当提供者按合约要求提供服务时,购买者才对其进行支付。[3] 随后,斯蒂芬妮·恩格尔(Stefanie Engel)等基于降低交易成本的考虑,从两个方面对斯文·伍德的定义进行了拓展,一是将服务的购买方从实际受益者扩大到包括第三方,如政府和国际组织;二是考虑到集体产权在实践中的作用,将诸如社区等集体组织纳入服务提供方范畴。美国的经济学家哈罗德·德姆塞茨(Harold Demsetz)吸收了科斯的一部分观点,对外部性进行了产权分析,他认为产权的主

---

〔1〕 袁伟彦、周小柯:《生态补偿问题国外研究进展综述》,载《中国人口·资源与环境》2014年第11期。

〔2〕 陈挺:《生态补偿中市场环境主义与非市场环境主义的争论——基于科斯定理的质疑》,载《财政研究》2013年第11期。

〔3〕 Wunder S., *Payments for Environmental Services: Some Nuts and Bolts*, CIFOR Occasional Paper, p. 42 (2005).

要功能在于引导各种激励(机制),使外部性在更大程度上得以内部化。[1] 因此,只要注重产权,并且让各个权利方自由谈判,就会降低交易成本,导致外部性内在化的收益大于成本,最终使外部性内部化。[2] 自提出始,斯文·伍德的生态补偿定义就遭受诸多质疑,原因是该定义中构建的界定标准更多的是基于社会建构思维而不是科学知识。首先,信息不对称会明显削弱交易双方的谈判能力,实际上,环境服务交易双方的自愿程度并不高;其次,环境服务难以度量,这有可能损害交易的可持续性;再次,交易本身需要良好的监管体系,而这通常导致很高的交易成本;最后,强调环境交易双方发生资源转移,意味着将直接支付与投资目标捆绑在一起,这偏离了关注环境保护行为的主旨。乔舒亚·法利(Joshua Farley)与罗伯特·科斯塔纳(Robert Costanza)则认为,斯文·伍德的定义过于狭隘与严格,而且界定标准不合理,又很少符合实际;一些研究则指出,该定义将人类与环境之间复杂的社会、政治和生物物理关系过度简化了。诸多调查分析也证实,该定义所列举的标准与世界各地已有的大多数生态补偿计划特征并不相符。但尽管如此,斯文·伍德与斯蒂芬妮·恩格尔等的定义仍然被国外学者认为是主流的生态补偿定义,也是许多相关理论研究的起点,并不断被引用。

(二)庇古理论视角的生态补偿概念

庇古理论强调通过政府收税和补贴的方式而不是市场来消除边际私人收益与边际社会收益、边际私人成本与边际社会成本之间的背离,从而使环境服务的外部性得到内部化。由于私人部门

---

〔1〕 [美]哈罗德·德姆塞茨:《所有权、控制与企业:论经济活动的组织》,段毅才等译,经济科学出版社1999年版。

〔2〕 张百灵:《正外部性理论与我国环境法新发展》,武汉大学2011年博士学位论文。

并不愿意对环境服务进行支付，许多生态补偿实践都依靠国家和社区进行运作，需要通过税收或强制性服务收费进行融资，并严格依赖于制度基础。[1] 罗尔丹·穆拉迪恩（Roldan Muradian）等认为，生态补偿涉及的环境服务具有公共品特征，且往往依赖集体行动，需要所有活动参与者通力合作，而生态补偿的主要目的就是为这些服务的提供建立激励，以改变那些引发环境资源过度恶化的个体或集体行动。因此，他们将生态补偿定义为"自然资源管理中旨在为使个体或/和集体土地使用决策与社会利益一致而提供激励的社会活动参与者之间的一种资源转移"。这种货币或非货币转移体现了特定的社会关系和价值观，并以生态补偿机制的设置和结果为条件，在实践中可通过市场或其他方式如由监管手段确定的激励或公共补贴机制来实现。在他们的定义中，生态补偿体现了激励的重要性、转移的直接性与环境服务的商品化程度，而并不强调生态补偿的市场交易属性。与斯文·伍德的定义相比，罗尔丹·穆拉迪恩等的定义内涵更广，也更符合将生态环境可持续与合理分布而不是将市场效率排在第一位的生态经济学观点。事实上，迄今为止，世界各地大多数生态补偿计划都或多或少地体现了这一含义。

（三）超越科斯和庇古理论的生态补偿

萨拉·舒默斯（Sarah Schomers）和贝蒂娜·马茨多夫（Bettina Matzdorf）在分析了拉丁美洲哥斯达黎加、尼加拉瓜和哥伦比亚的区域综合林草牧复合生态系统管理计划（RISEMP），以及印度尼西亚、菲律宾和尼泊尔的高山贫困居民环保服务奖励计划（RUPES）后指出，这两个案例蕴含的特质既无法从庇古理论中找到解释，也与科斯理论的观点有异。他们认为，实践中很少顾

---

〔1〕 Vatn A. ,*An Institutional Analysis of Payments for Environmental Services*, Ecological Economics, Vol. 69:6, p. 1245 – 1252(2010).

及产权分配的结构问题，也很少评估交易成本的影响，生态补偿计划不一定带来环境服务的空间转移，金钱也不是唯一的激励因素，因而，应当将生态补偿定义为“广义的地区局部的制度转型”。[1] 这与埃斯特韦·科贝拉(Esteve Corbera)等早先将生态补偿定义为“旨在通过经济激励加强或改变自然资源管理者与生态系统管理相关行为的新的制度设计”相类似。[2] 值得注意的是，埃斯特韦·科贝拉等所指的制度既包含所有调整特定环境下行为选择的正式与非正式规则，也包含阿里尔德·瓦特(Arild Vatn)所指的“解决集体选择问题的手段”。[3] 卢卡·塔科尼(Luca Tacconi)则在比较斯文·伍德和罗尔丹·穆拉迪恩等的定义后认为：(1)与生态补偿定义相关的一个基本问题是环境服务是否可度量，不能因为度量上的困难而放松生态补偿的定义要求；(2)对提供环境服务者应当给予补偿激励；(3)在生态补偿计划中，环境服务提供者的自愿参与比服务使用者的自愿参与更具决定性意义；(4)补偿支付应当体现条件要求，但要确保监管成本不大于由此带来的损失；(5)虽然很难准确评估服务增益，在大多数已有实践中也没有展现出评估增益的重要性，但在生态补偿机制设计时应充分重视这一问题，以免浪费用于保护环境的稀缺资源；(6)这两个定义都没有将透明度作为关键因素来考虑，但将信息及时反馈给利益相关者的透明度对于生态补偿计划的成功至关重要；(7)严格的产权并不是在公共土地上实施生态补偿计划的必要条件；(8)尽管从

---

〔1〕 Schomers S. & Matzdorf B., *Payments for Ecosystem Services: A Review and Comparison of Developing and Industrialized Countries*, Ecosystem Services, Vol. 6: 16, p. 30(2013).

〔2〕 Corbera E., Soberanis C. G. & Brown K., *Institutional Dimensions of Payments for Ecosystem Services: An Analysis of Mexicos Carbon Forestry Programme*, Ecological Economics, Vol. 68: 3, p. 743 – 761(2009).

〔3〕 Vatn A., *An Institutional Analysis of Payments for Environmental Services*, Ecological Economics, Vol. 69: 6, p. 1245 – 1252(2010).

政策层面强调生态补偿目标的多重性，但不妨碍根据最优标准设计性价比高的生态补偿机制。[1] 根据这些分析，卢卡·塔科尼提出了一个折中的定义，将生态补偿定义为"针对环境增益服务而对自愿提供者进行有条件支付的一种透明系统"。

由于生态补偿问题的复杂性和综合性，我国学者从不同角度入手，对生态补偿机制进行了界定。毛显强等从生态环境外部性的角度出发，提出生态补偿是指通过对损害（或保护）资源环境的行为进行收费（或补偿），提高该行为的成本（或收益），从而激励损害（或保护）行为的主体减少（或增加）因其行为带来的外部不经济性（或外部经济性），达到保护资源的目的。[2] 这种观点是早期对生态补偿的理解，在随后的发展中，学者开始将生态补偿的内涵扩大。吕忠梅从环境政策的角度，提出"生态补偿"分为狭义和广义两种，狭义的是指对由人类的社会经济活动，给生态系统和自然资源造成的破坏及对环境造成的污染的补偿、恢复、综合治理等一系列活动的总称；广义的还应包括对因环境保护丧失发展机会的区域内的居民进行资金、技术、实物上的补偿及政策上的优惠，以及为增进环境保护意识，提高环境保护水平而进行的科研、教育费用的支出。[3] 俞海等认为，生态补偿是通过调整损害（或保护）生态环境的主体间的利益关系，将生态环境的外部性进行内部化，达到保护生态环境、促进自然资本或生态服务功能增值的目的的一种制度安排，其实质是通过资源的重新配置，调整和改善自然资源开发利用或生态环境保护领域中的相关生产关系，最终促进自然资

---

〔1〕 Tacconi L., *Redefining Payments for Environmental Services*, Ecological Economics, Vol. 73:15, p. 29 – 36(2012).

〔2〕 毛显强、钟瑜、张胜：《生态补偿的理论探讨》，载《中国人口·资源与环境》2002年第4期。

〔3〕 吕忠梅主编：《超越与保守——可持续发展视野下的环境法创新》，法律出版社2003年版。

源环境以及社会生产力的发展。[1]

从以上众多学者对生态补偿机制的定义中可以看出，生态补偿问题绝不仅仅是单一学科所能完全涵盖的课题，我们必须从多个角度、多个层面对这一问题进行研究。也正因为生态补偿概念的多层次化，使得许多不同的保护工具都被贴上了生态补偿的标签。但无论从哪个角度出发，生态补偿都强调以激励换取生态环境保护这一核心内涵，其实质是向提供生态环境服务的土地使用者支付费用，以此激励保护生态环境的行为，并通过为贫困的土地所有者提供额外的收入来源，以改善他们的生计。当然，不同的定义方法也强调了社会个体和组织在生态环境保护中的不同责任。

三、生态补偿的类型划分

生态补偿类型的划分是构建生态补偿机制的基础，只有对生态补偿机制进行科学划分，才能在实践中针对不同情况构建出具有针对性和可实践性的生态补偿制度。目前，国内对生态补偿问题的类型划分还没有统一的体系，这主要是由于不同的划分标准和目的导致划分结果的政策意义有较大差别，不利于实际应用。值得注意的是，标准是对生态补偿问题进行类型划分的前提，标准的确定要服务于两个目的：一是帮助认识现实存在的问题；二是有利于制定政策，即分类本身具有一定的政策含义。所以，分类可以是多层次的，但必须是属于一个体系。[2]

---

〔1〕 俞海、任勇：《流域生态补偿机制的关键问题分析——以南水北调中线水源涵养区为例》，载《资源科学》2007 年第 2 期。

〔2〕 任勇、冯东方等：《中国生态补偿理论与政策框架设计》，中国环境科学出版社 2008 年版，第 168 页。

就生态补偿的类型,学术界也存在不同的观点。沈满洪和陆菁将生态补偿分别按照补偿对象、条块角度、政府介入程度、补偿效果,划分为对为生态保护作出贡献者给予补偿、对在生态破坏中的受损者进行补偿和对减少生态破坏者给予补偿;上游与下游之间的补偿、部门与部门之间的补偿;政府的"强干预"补偿机制和政府"弱干预"补偿机制;"输血型"补偿和"造血型"补偿。[1] 王金南等将我国的生态补偿分为政府补偿和市场补偿。[2] 生态环境部环境规划院按照实施主体的不同,将生态补偿划分为国家补偿、资源型利益相关者补偿、自力补偿和社会补偿。前三者都属于利益相关者补偿,具有强制补偿的性质,而社会补偿属于非利益关联者补偿,属于自愿补偿的范畴。同时,其从政策选择的角度,将生态补偿分为西部补偿、生态功能区补偿、流域补偿、要素补偿等。[3] 俞海和任勇按照地理尺度与生态要素将生态补偿问题划分为国际和国内两大类。按照公共物品属性特征将生态补偿问题划分为属于纯粹公共物品的问题、属于共同资源的问题、属于俱乐部产品的问题、属于准私人产品的问题。陈尉等按照我国生态补偿实施地的空间地域特征及实际开展情况,将我国生态补偿分为自然保护区、重要生态功能区、流域水资源、大气环境保护、矿产资源开发区、农业生产区以及旅游风景开发区生态补偿7类。[4] 刘春腊和刘卫东将生态补偿划分为森林、湿地、垃圾处理、草原等约40种类

---

〔1〕 沈满洪、陆菁:《论生态保护补偿机制》,载《浙江学刊》2004年第4期。

〔2〕 王金南、万军、张惠远:《关于我国生态补偿机制与政策的几点认识》,载《环境保护》2006年第19期。

〔3〕 俞海、任勇:《中国生态补偿:概念、问题类型与政策路径选择》,载《中国软科学》2008年第6期。

〔4〕 陈尉、刘玉龙、杨丽:《我国生态补偿分类及实施案例分析》,载《中国水利水电科学研究院学报》2010年第1期。

型。[1] 王清军则是按照支付条件，将生态补偿分为基于投入的支付条件和基于结果的支付条件。[2]

国外对生态补偿类型的研究较少，主要基于对具体案例研究从而设计出相应的补偿机制或方法。例如吉奥斯·盖雷米亚（Gios Geremia）和里兹奥·迪娜（Rizio Dina）针对森林环境服务的付费机制的成功要素进行了梳理与分析。[3] 凯瑟琳·吉罗泽（Kathleen Guillozet）针对俄勒冈州的河岸森林生态服务付费机制，通过案例批判性地研究了生态系统服务测量以及评估生态系统服务项目产出的挑战，并指出市场设计者、决策者和其他利益相关者应更多地从效能、效率和公平目标进行考量。[4] 马哈德夫·G. 巴特（Mahadev G. Bhat）等对马拉河流域环境服务付费进行了研究，旨在为设计与构建流域生态系统服务付费机制提供参考。[5] 约翰·马伊纳·尼永杰萨（John Maina Nyongesa）等同样是从支付意愿的角度，对肯尼亚的奈瓦沙湖的流域生态系统服务付费机制进行了研究，揭示了农民对生态系统服务付费实施在支付意愿上的异质性，并认为应当将生态系统服务付费作为一种将流域负面外

---

〔1〕 刘春腊、刘卫东：《中国生态补偿的省域差异及影响因素分析》，载《自然资源学报》2014 年第 7 期。

〔2〕 王清军：《生态补偿支付条件：类型确定及激励、效益判断》，载《中国地质大学学报（社会科学版）》2018 年第 3 期。

〔3〕 Geremia G. & Dina R., *Payment For Forest Environmental Services: A Meta-analysis of Successful Elements*, Iforest Biogeosciences & Forestry, Vol. 1, p. 141-149 (2013).

〔4〕 Kathleen Guillozet, *Shade Trading: An Emerging Riparian Forest-Based Payment for Ecosystem Services Market in Oregon, USA*, Environmental Management, Vol. 4, p. 957-970 (2015).

〔5〕 Bhat M. G. et al., *Payment for Watershed Services in the Mara River Basin*, Economic Trends, 2000.

部效应内部化来提供生态系统服务的政策工具。[1] 卡琳·约翰斯特(Karin Johst)等研究了生物多样性服务付费。[2] 菲利普·M.奥萨诺(Philip M. Osano)等针对肯尼亚西南部马赛马拉(Maasai Mara)生态系统中基于野生动物旅游的生态系统服务付费对贫困、贫富差距和牧民生计的影响进行了研究。[3] 李文静结合可持续生计理论,分析农户家庭能力的六大资本及其潜在关系,研究发展可持续生计的资本与实现减贫和可持续发展的资本之间的关系,认为生态服务付费计划不仅可以用作恢复生态系统服务的方式,而且可以用作减轻贫困的方式。[4]

总的来说,在国内外有关生态补偿的理论研究与实践经验中,存在多种多样的生态补偿类型:按照补偿效果可以分为输血型补偿和造血型补偿;按照政府介入程度可以分为政府强干预补偿和政府弱干预补偿;按照补偿实施主体不同可以分为国家补偿、资源型利益相关者补偿、自力补偿和社会补偿;按照补偿意愿又可以分为强制补偿与自愿补偿。以上各种补偿类型的定义描述见表1-1。

---

〔1〕 Nyongesa J. M. & Bett H. K. , *Estimating Farmers' Stated Willingness to Accept Pay for Ecosystem Services: Case of Lake Naivasha Watershed Payment for Ecosystem Services Scheme - Kenya*, Ecological Processes, Vol. 1, p. 1 - 15 (2016).

〔2〕 Karin Johst & Martin Drechsle, *An Ecological - economic Modelling Procedure to Design Compensation Payments for the Efficient Spatio - temporal Allocation of Species Protection Measures*, Ecological Economics, Vol. 1, p. 37 - 49 (2002).

〔3〕 Osano P. & Said M. , *Why Keep Lions Instead of Livestock? Assessing Wildlife Tourism Based Payment for Ecosystem Services Involving Herders in the Maasai Mara, Kenya*, Natural Resources Forum, Vol. 4, p. 242 - 256 (2013).

〔4〕 Wenjing Li & Chuanmin Shuai, *How Livelihood Assets Contribute to Sustainable Development of Smallholder Farmers*, Journal of International Development, Vol. 32:3 (2020).

表1-1　国内外对生态补偿的分类及定义

分类依据	类型	定义描述
补偿效果	输血型补偿	补偿主体直接将补偿资金支付给补偿对象
	造血型补偿	补偿主体通过直接或间接地发展产业项目的方式增加补偿对象的生产能力，如技术扶持、支持生态产业项目
政府介入程度	强干预补偿	政府通过财政转移支付组织实施的补偿
	弱干预补偿	政府引导利益相关者通过协商达成的补偿
实施主体	国家补偿	由政府代表国家对生态保护和建设所给予的财政拨款和补贴、优惠政策、技术输入、劳动力职业培训、提供教育和就业等形式的补偿
	资源型利益相关者补偿	具有利益关联的生态保护的贡献者与受益者或生态破坏的责任方与受害方之间通过某种给付关系所建立起来的经济型补偿关系
	自力补偿	负有生态保护义务的地方政府以及生态资源利用者通过履行生态保护义务而实现的物质性补偿关系
	社会补偿	具有生态保护觉悟的非利益相关者通过某种形式的捐助和资金募集与生态保护义务者之间所建立的惠益关系，包括国际、国内各种组织和个人对生态保护义务者的物质性的捐赠和捐助
补偿意愿	强制补偿	利益相关者按照法律法规必须要进行的补偿
	自愿补偿	非利益相关者出于道德倡议而实施的补偿

第二节　生态补偿的一般性理论

生态补偿作为一种复杂而多维的概念，涉及许多不同的理论和观点。其中，具有代表性的是环境资源价值理论、生态系统理论、公共产品理论和外部性理论。

一、环境资源价值理论

经济学关于价值有两种不同的解释：(1)劳动价值论认为，价值就是凝结在商品中的无差别的人类劳动，劳动是价值的源泉；(2)效用价值论认为，商品的效用是价值的源泉。效用是物品或服务满足人们需要的能力。但效用只是形成价值的必要条件，只有物品的效用和物品的稀缺性相结合才能产生价值。

不管理论上对价值如何理解，环境资源及其所产生的生态服务功能都具有价值。一方面，当今社会人类为了保护生态环境，投入了大量人力和物力，环境资源也因此而凝结了人类劳动，不再是纯天然的自然物，自然具有价值；另一方面，随着人们对环境容量有限性和自然资源的可再生性的认识不断加深，环境容量的稀缺性和自然资源的有用性获得了广泛认同，环境资源具有价值亦无争议。以森林资源为例，“无论是人工林还是天然林，商品林还是生态公益林，抑或是组成森林的各类动植物、微生物及其依附的各类林地及形成的生态、景观、文化等资源都是有价值的”。[1]

自然资源与生态环境同其他产品一样，也是有价值的。自然资源的价值不仅包括资源价值(狭义的经济价值)，也包括环境价值(狭义的生态价值)。中国生态系统服务价值的研究最早运用于对我国森林和矿产等资源开发的经济效益估算，如1982年张嘉宾等用影子工程法和替代费用法估算了福建的森林固持土壤功能的价值和森林涵养水源功能的价值。1997年国外学者提出了全球生态服务价值核算的概念，进一步明确地指出了生态服务的价值。[2]

---

〔1〕 朱春燕、孙双义：《林权流转中的风险监察制度与政府监管》，载《林业经济》2010年第7期。

〔2〕 斯丽娟：《甘肃生态补偿机制研究》，兰州大学2011年博士学位论文。

要想解决目前自然资源开发利用造成的环境与资源恶化问题，必须首先考虑自然资源的价值问题。唐本佑根据马克思的劳动价值理论探讨资源价值的构成、分析资源价值的构成因素和确定条件，他认为资源是有价值的，应引起人们对资源的高度重视和珍惜，避免在“资源无价值”观念的影响下带来的对自然资源的无偿占用、掠夺开发、挥霍使用以及资源破坏、生态恶化和环境污染的恶果，并从立法的角度保护自然资源。[1]

环境资源的价值不同于一般物品的价值，它具有独特的特性。作为一种公共物品，环境资源在创造经济效益的同时，还承担了更多的社会效益和生态效益的职能。这种资源价值的特殊性体现在其公共性和社会性上，进一步决定了资源有偿使用和生态补偿的必要性和特殊性。具体来说，环境资源价值的特殊性可以从以下两个方面理解。

（一）环境资源价值具有公共性

环境资源价值的公共性是指环境资源利益为一定区域范围内不特定的主体共同享用，环境资源损失为一定区域范围内不特定的主体共同承担。也就是说，环境资源价值的公共性使环境资源保护利用行为具有外部性。外部性是指经济主体的经济活动对其他经济主体产生的非市场性的影响。在外部性中，如果从经济活动主体那里获得了利益而没有按照市场规则支付相应的费用，就是正外部性；如果受到了经济活动主体的不利影响而没有按照市场规则获得相应补偿，就是负外部性。

环境资源的保护、开发和利用行为具有复杂的外部性特征。合理保护环境资源所产生的正面效益，如涵养水源、固碳释氧、保护生物多样性等，若未得到合理补偿，将呈现正外部性；相反，若环

〔1〕 唐本佑：《论资源价值的构成理论》，载《中南财经政法大学学报》2004 年第 2 期。

境资源的非理性利用导致生态效益损失而未付出相应成本,将呈现负外部性。

为解决这一问题,政府需采取合理的资源配置措施。资源配置主要有计划和市场两种方式。计划配置虽能按政府指标开展保护活动,但缺乏主动性,可能导致生态产品供给不足和环境资源破坏。市场配置虽能弥补计划失灵,但其盲目性和滞后性可能造成资源配置低效和环境破坏。因此,正确的资源配置应将计划与市场有机结合,通过国家干预确立合适的环境资源产权结构和交易规则,完善资源有偿使用和生态补偿机制,实现环境资源的优化配置。

更深入地说,环境资源价值的公共性决定了构建资源有偿使用和生态补偿制度的理论重要性。资源有偿使用制度要求在明确资源产权的前提下,通过市场机制解决由资源价值公共性引发的环境资源问题。这一要求促使我们在明确产权的基础上,构建一套能够实现资源价值的外部成本内部化的机制。一方面,对环境资源保护和管理者所付出的无差别的人类劳动予以充分承认和保护,并允许通过合法途径予以变现,如加大生态补偿力度或推进生态利益的市场化流转;另一方面,对社会其他愿意投资环境保护和生态建设的主体,政府应通过明确的制度规定使其有一个合理的预期收益。例如,通过资源价格调控或财政转移支付等政策措施给予经济主体积极的鼓励支持和合理引导。在国家控制自然资源和重要自然资源国家所有的模式下,原生态的自然资源主要由国家供给和管理,张炳淳认为通过法律构建自然资源费制度是自然资源有偿使用和有偿管理并进行自然资源更新、培育的有效途径。他提出,要明确自然资源的含义和分类,依据公共物品和外部不经济性内部化理论,结合社会转型过程的法律背景,确立自然资源费制度的内容是构建这一制度的关键。[1] 先礼琼和龚少华认为在市场经济条件下,商品都是按价值进行等价交换的,因此首先要将资源进行商品化、价值化,人们在消费自然资源时才可能按其价值量进行等价交换,才能真正对资源进行有效的经济补偿。[2] 所以要建立经济补偿机制,就得实现自然资源的价值化和商品化,对自然资源进行全面的资产化管理。

(二)环境资源价值具有社会性

从人类社会整体生存环境考虑,人类共同拥有一个地球,地球上环境资源的价值具有社会性。环境资源价值的社会性,“是指资源为全社会共同享有,对资源的开发利用应当增进全社会成员的福利,任何人只有节约和合理利用资源的义务,而没有浪费资源的权利”。[3]

环境资源的价值社会性不同于环境资源的价值公共性。环境资源的价值公共性是从资源价值的享用主体角度认识和考察的,是指社会某一特定范围内的成员共同享用环境资源的效用。环境资源的价值社会性则是从抽象的资源所有主体角度认识和考察的。私有制、国家和法律的产生客观上使环境资源沦为不同国家、不同阶级、不同主体的财产。然而,环境资源仍不可避免地要在不同社会成员之间(不仅仅是当代人之间,还在当代人和后代人之间)流动,环境资源在本源上属于社会所有。环境资源产生的经济价值归属不同的主体,但环境资源所蕴含的生态价值则为一定区域内不特定的社会全体所有。无论是私人占有,还是公共占有,现实生活中环境资源的所有权仅仅是所有权主体对该资源的暂时占

---

〔1〕 张炳淳:《论自然资源费制度》,载《环境科学与技术》2006 年第 8 期。

〔2〕 先礼琼、龚少华:《构造自然资源开发利用的经济补偿机制》,载《特区经济》2005 年第 6 期。

〔3〕 黄锡生、峥嵘:《论资源社会性理念及其立法实现》,载《法学评论》2011 年第 3 期。

有,从全局和长远观点看,环境资源仍然是由全体社会成员共同所有,对资源的使用都必须使社会整体的福利增加。

环境资源的价值社会性根源于环境资源的多功能性。随着时代的演进,我们对环境资源的理解逐渐深化,其功能也愈发丰富和多样化,涵盖了产品供给、生态服务、观光休闲和文化传承等方面。这一多功能性不仅赋予了环境资源对特定主体的经济价值,还凸显了其对更广泛社会群体乃至未来世代的生态、社会和文化价值。

资源的有限供应意味着任何形式的浪费都将对社会整体和后代的福利造成影响。这一现实促使我们必须坚决反对资源的闲置、滥用和浪费,强调每个人都享有合理利用环境资源的权利,但无权浪费或破坏之。

更深入地说,环境资源价值的社会性对于构建资源有偿使用和生态补偿制度的理论意义在于:资源有偿使用和生态补偿制度的构建是环境资源价值社会性的客观要求。由于大部分环境资源都属于公共产品,大多数情况下人们可以无偿使用,且没有明晰的产权界限、具体的范围和标准,也没有相应的监管措施和专门的执法人员,人们难以认识到环境资源的显性价值,也就没有环境保护的意识。因此,国家要适当发挥宏观调控的职能,制定相应的政策法律法规,明晰产权,明确权属等,将环境资源价值量化,确定环境资源价值量化的标准,补偿的依据、范围等,使之具有可操作性,让人们认识到环境的作用和价值。[1] 基于环境资源价值的社会性,环境资源应该按照最有利于发挥其价值的方式进行配置和使用,资源有偿使用可以运用市场机制实现资源优化配置。同时,为了防止环境资源保护利用行为对环境资源价值社会性的背离,需要国家的适当干预。例如,对保护环境资源的主体或为了保护环境资源而放弃发展机会的主体,国家应该通过财政转移支付等方式

〔1〕 刘丽:《我国国家生态补偿机制研究》,青岛大学2010年博士学位论文。

提供制度保障。

二、生态系统理论

生态补偿理论的基础之一是生态系统理论。生态补偿是一种依托于生态系统理论的机制，旨在对因人类活动而受损或受影响的生态系统部分进行补偿，从而保持生态系统的完整性和稳定性。生态系统理论专注于探究生态系统的结构、功能和动态变化，强调其中各组成部分的相互联系和作用。值得注意的是，生态系统的定义并不仅限于自然系统，它的范围实际上远超我们的常规理解。生态系统不只包括生物和非生物组成部分，如土壤、水、空气、植物和动物等相互交织构成的自然环境，更深刻的理解是，生态系统的概念还涵盖了社会和经济领域，展示了一种全面的、跨领域的视角。

社会、经济和自然是三个不同性质的系统，但三者相互制约、相互联系。该理论是由马世骏等于20世纪70年代提出的，他认为社会若干重大问题的发生，都会直接或者间接地受到社会体制、经济发展与自然因素的综合影响，社会系统、经济系统和自然系统三个子系统之间相互协调、相互制约，形成一个复合的生态系统。[1]

社会系统的核心是人，受人口、政策、制度等一系列发展的制约，价值的高低通常是衡量社会经济系统的指标。经济系统是由相互联系、相互制约的经济要素及其相互关系所组成的具有一定结构和功能的有机整体。自然生态系统是指各种生物与环境进行物质、信息、能量等交换，形成相互联系的整体。在一定的资源环境承载力内，它能够进行自我恢复并且为人类提供资源，但是在大

---

〔1〕 马世骏、王如松：《社会—经济—自然复合生态系统》，载《生态学报》1984年第1期。

多数情况下,资源是稀缺且有限的。[1] 这个复合生态系统中的各个要素,各有特点,但主要目标是实现可持续发展。自然资源和经济发展是社会可持续发展的基础,同时,保护自然资源能保证经济的可持续发展,而且人类的生产经营活动所需要的物质和能源来源于自然界,生产的剩余物质又返还给自然界,但是生产所需的物质供给又受限于自然界的库存,同时大规模的经济活动,需要高效的社会组织、合理的政策,如此才能积极地推动经济的发展。因此,为了推动社会的可持续发展,要以经济建设为中心,同时,保护好生态环境与自然资源是非常必要的,这个"三位一体"的复合生态系统也说明了社会的可持续发展离不开生态环境。[2]

从系统论的视角来看,人类社会和自然环境经过长时间的磨合,形成了一种动态且稳定的平衡。然而,在自然环境社会系统之间,自然环境存在一个所能承受的最大人类活动负荷的阈值或极限。如果人类活动对自然生态环境的影响在某一时刻超过这个极限,就可能打破系统的局部甚至全局的平衡。遭到破坏的自然生态环境反过来又会影响人类社会的健康发展。

这种现象揭示了自然资源环境的生态潜力与人类社会的经济潜力之间的相互联系和转化的因果关系。[3] 因此,离开良好的生态环境,社会和经济的可持续发展就失去了物质依托,成为纸上谈兵。

综上可知,在发展的过程中,在人类活动的不同干预强度下,这三个系统呈现协调和冲突的两种复合生态系统模式。单纯追求

---

〔1〕 王如松、欧阳志云:《社会—经济—自然复合生态系统与可持续发展》,载《中国科学院院刊》2012 年第 3 期;赵景柱:《社会—经济—自然复合生态系统持续发展评价指标的理论研究》,载《生态学报》1995 年第 3 期。

〔2〕 蒋高明:《社会—经济—自然复合生态系统》,载《绿色中国》2018 年第 12 期。

〔3〕 李秋萍:《流域水资源生态补偿制度及效率测度研究》,华中农业大学 2015 年博士学位论文,第 31 页。

一个系统的发展都是片面和不利的,必须走向复合生态系统。在复合生态系统中,人是其中的活跃因素,可以凭借自己的能力利用自然资源,推动经济的发展,但是人也是自然中的一员,不能违背自然规律,这是复合生态系统的基本特征。[1]

正因为这样的特性,生态补偿在其中发挥着调和的作用。它不仅促进了人类与自然的平衡共存,还强调了人类社会经济发展与自然生态环境保护之间的紧密联系。这种联系的维护和促进,使生态补偿成为一种不可或缺的工具。因此,在系统论视角下,生态补偿不仅是一种理念,更是一种实践的必要。它强调人类活动与自然环境之间的平衡,提供了一种可行的方法以实现这一平衡。所以在系统论视角下生态补偿就显得尤为重要。

三、公共产品理论

公共产品理论的起源可以追溯到英国启蒙思想家霍布斯,他在《利维坦》一书关于国家的论述中提到:公共产品的利益和效用是由个人享用的,但是个人本身难以提供,只能由政府或集体提供。这体现了公共产品思想的萌芽,成了公共产品理论最根本的理论基础之一。[2] 而标准意义上的公共产品理论,则是由新古典综合派的保罗·萨缪尔森(Paul Samuelson)提出的,他在1954年和1955年发表的文章中采用了“公共产品—私人品”的严格二分法,对公共产品下了一个完整的定义,即每一个人对这种产品的消费并不减少任何他人也对这种产品的消费。他在此基础上总结出了公共产品的最优化供给均衡点,并指出与私人产品市场中个人支付价格等于产品的边际成本的定价原则不同,公共产品有效定价

〔1〕 杨莉:《生态保护红线区草原生态补偿机制重构研究》,内蒙古农业大学2023年博士学位论文,第36页。

〔2〕 张宏军:《西方公共产品理论溯源与前瞻——兼论我国公共产品供给的制度设计》,载《贵州社会科学》2010年第6期。

原则是个人支付价格总和等于公共产品的边际成本,政府可以根据个人对公共产品消费中的边际收益对其征税。[1] 1965 年,公共选择学派的代表人物詹姆斯·布坎南(James Buchanam)批判地继承了保罗·萨缪尔森关于公共产品理论的学术观点,并将其发展,创造性地在"纯公共产品"和"纯私人产品"之间架起了一座"准公共产品"的桥梁,拉近了公共产品理论与现实的差距,提高了其理论应用于实践的可能。[2]

在公共经济学中,对公共产品的基本特性存在统一的认识,即非排他性和非竞争性。所谓的非排他性,是指产品一旦被提供出来,就不可能排除任何人对它的不付代价的消费。它包含三个方面的含义:其一,任何人都不可能不让别人消费它,即使有些人有心独占对它的消费,或者在技术上是不可行的,或者在技术上可行但是成本过高,因而是不值得的;其二,任何人自己都不得不消费它,即使有些人可能不情愿,但无法对它加以拒绝;其三,任何人都可以恰好消费相同的数量。所谓的非竞争性,是指一旦公共产品被提供出来,增加一个人的消费既不会减少其他任何消费者的收益,也不会增加社会成本,其新增消费者使用该产品的边际成本为零。[3] 根据以上特性,可以分析得出,在我们的日常生活中,涉及生态资源属性的许多领域诸如草原、河流、森林及湿地等,均属于符合这两个基本特性的公共产品的范畴。

公共产品的非排他性与非竞争性的基本特性,使得在使用和消费公共产品的过程中容易产生两个问题:"公地悲剧"问题和"搭

---

〔1〕 王桂娟:《绩效预算的经济学分析:兼论财政职能与政府效率》,立信会计出版社 2013 年版,第 26 页。

〔2〕 严海:《生态补偿立法中人与自然关系的调整问题研究》,东北师范大学 2021 年博士学位论文,第 25 页。

〔3〕 黄恒学主编:《公共经济学》(第 2 版),北京大学出版社 2009 年版,第 93－94 页。

便车”问题。“公地悲剧”问题是由英国学者加里特·哈丁（Garrit Hadin）于 1968 年在《科学》杂志发表的文章中提出的，是指如果一种资源没有排他性，就会导致公共资源的过度使用，最终会损害全体所有者的利益。“搭便车”问题是由英国哲学家休谟于 1740 年提出的，他在其著作《人性论》中设想了一个“公共牧地排水”的例子：两个邻人可能达成协议共同排去公共牧地上的积水，但是在一千个人之间就很难做到，因为每个人都想坐享其成，都想要通过“搭便车”的方式不劳而获，从而导致公共产品得不到充分的提供。因此休谟认为，在某些只能通过集体完成的事情中，因人自利的天性，只能靠政府和国家才能使每个人都强制性地遵守法则。公共产品中的“搭便车”问题，可以简单而深刻地说明在对公共产品的利用过程中，个人对公共产品无限制和无条件的使用而对其造成的损害以及政府在对公共产品的政策性管理中所具有的不可取代的优势，这些都为政府介入生态补偿的必然性和正当性提供了理论上的依据和要求。〔1〕

生态文明建设具备公共产品的显著特性。作为一种集体消费品，生态文明建设的效用是不可分割的，新增消费者的参与并不会削减原有消费者的享用。这一特性使生态文明建设成为一个系统工程，其成果向某些人提供时，其他人无须付费也可共享。因此，无论是否付费，人人都可享用生态文明建设的成果，从而产生“搭便车”的动机，形成了自由市场的进入壁垒，限制了个人参与的意愿。另外，生态文明建设不仅依赖物质和技术投入，更需推广和传播其理念。由于投资回收期长、获利能力有限等因素，市场调节手段的作用受限。因此，政府介入成为必要，其中财税政策作为宏观

〔1〕 严海：《生态补偿立法中人与自然关系的调整问题研究》，东北师范大学 2021 年博士学位论文，第 26 页。

调控的重要工具,在生态文明建设中具有关键作用。[1] 尤其是生态补偿机制能够协调受益方和受损方的利益,通过合理量化受益和受损程度,实现受益者付费,从而形成有效激励,弥补市场在公共产品供给方面的不足。

四、外部性理论

资源与环境经济学中的外部性理论是建立生态补偿机制重要的理论依据之一。学术界通常认为,英国经济学家阿弗里德·马歇尔(Alfred Marshall)是外部性理论的创始人,他在其著作《经济学原理》中首次提出了"外部经济"与"内部经济"的概念;随后,其学生阿瑟·塞西尔·庇古(Arthur Cecil Pigou)受其启发,于1920年在其代表作《福利经济学》中明确提出了外部性理论的概念,丰富和发展了外部性理论的内涵与外延;之后新制度经济学奠基人罗纳德·科斯(Ronald Coase)则在批判阿瑟·塞西尔·庇古外部性理论的过程中逐渐形成了自己独特的见解,从而与庇古的理论共同成为外部性理论发展的重要理论基础。[2]

探讨生态补偿理论的外部性问题,实际上是深入挖掘如何理解和处理生态环境问题的基础。生态环境问题的核心在于生态资源在利用和开发过程中所呈现的外部性特点。生态资源既具有正外部性,如维护生态平衡、促进收入等不可替代的价值,还具有负外部性,如逃避责任和成本的破坏行为。

外部性理论进一步揭示了生态补偿的逻辑结构。在经济学领域,解决外部性问题的理论方案主要有"庇古方式"和"科斯方式"。前者侧重于国家干预,通过税收和补贴等手段平衡资源的成本与

---

〔1〕 李姗姗:《绿色差异化视角下促进生态文明建设的财税政策研究》,云南大学出版社2020年版,第36页。

〔2〕 严海:《生态补偿立法中人与自然关系的调整问题研究》,东北师范大学2021年博士学位论文,第26页。

收益;后者则强调产权明晰,借助市场的自我调节实现资源的最优配置。[1] 这些理论共同指向了一个问题:外部性导致的市场失灵和生态资源配置的低效。生态补偿正是在这一背景下产生的解决方案。它遵循"谁受益,谁补偿"的原则,通过量化损失和收益,调整各利益方的关系,从而弥补市场失位,实现外部效应的内部化。[2]

具体而言,阿瑟·塞西尔·庇古的解决方法是对边际社会净产量大于边际私人净产量的,给予私人补贴,鼓励多生产;对于边际私人净产量大于边际社会净产量的,予以征税,从而限制其生产。[3] 通过征税与补贴,促使经济资源从边际私人净产量大的地方转移到边际私人净产量小的地方,以减少边际私人净产量与边际私人净产量之间的差距,从而使社会经济总福利增加;简言之,即对正外部性行为给予补贴,对负外部性行为予以征税。罗纳德·科斯则认为,要解决外部性问题,就必须明确产权,即确定人们是否有利用自己的财产采取某种行动并造成相应后果的权利。他提出:如果产权是明晰的,同时交易费用为零,那么无论产权最初如何界定,都可以通过市场交易使资源的配置达到帕累托最优,即通过市场交易可以消除外部性,这即是科斯第一定理的要求与定义。

简单地说,产权是关于财产的一组权利,财产权利束中最重要的部分就是财产的所有权、使用权、转让权和收益权。基于产权的定义,在此将环境资源产权定义为:权利行为主体对环境资源拥有

---

〔1〕 严海:《生态补偿立法中人与自然关系的调整问题研究》,东北师范大学2021年博士学位论文,第26页。

〔2〕 吴中全:《生态红线区生态补偿机制研究》,西南大学2022年博士学位论文,第12页。

〔3〕 谢枫:《庇古和科斯对环境外部性治理研究的比较分析——以环境污染为例》,载《经济论坛》2010年第4期。

的所有、使用、转让、收益等各种权利的集合。环境资源产权涉及一系列影响资源利用的权利。完备的环境资源产权应该包括关于对环境资源利用的所有权利,包括环境资源所有权、使用权、转让权、收益权等。其中,这里的环境资源产权既包括自然环境资源产权,也包括人工环境资源产权。

但环境资源的产权界定比其他产权复杂得多。它不仅包括产权所有者对资源或环境的经济权能,而且承担着其他产权无法替代的生态、环境功能。长期以来,人们从环境资源中可以获得巨大的经济收益,产生了经济意义的产权要求。同时,人们从环境资源中获得了诸如涵养水分、改善气候、保护生物多样性乃至休闲、娱乐等多种环境收益,同样产生了环境意义的产权要求,双重产权依存于同一客体,却衍生了不同的产权目标。

环境产权是公众对新鲜的空气、清洁的水、宜居的住所的基本权能,它是一种既模糊又具体的产权状态,并以人们的身体健康、精神愉悦内生出无法计量的产权收益,其产权目标是通过环境质量改善、生态盈余、生态安全等诸多标准向公众提供优质的生存资源。环境产权总是依附于一定的资源条件。长期以来,市场制度本身张扬了经济意义产权的作用而弱化了环境意义产权的地位,但随着经济发展水平的提高,人们对环境产权的关注也不断提升。

产权理论对完善生态补偿制度的意义在于:环境问题本质上是个经济问题,环境产权孕育于一定的经济关系中,在合意的制度安排下,经济意义的产权可以自发地将潜在的产权功能淋漓尽致地表现出来,而环境意义的产权则需要人们自觉地选择经济活动的方式才能达到产权效果,两者之间完全可以通过制度桥梁实现对接。[1]

---

〔1〕 李瑞娥、冯涛:《林权改革:如何使"双重属性产权"并行不悖》,载《西安交通大学学报(社会科学版)》2010年第1期。

总体来说,生态补偿的经济学理论基础主要由两种方式共同构成。首先,“庇古方式”成为生态补偿的理论支柱,它强调政府干预的必要性,并在实践中被广泛运用。其次,“科斯方式”则主张资源私有化,这一理念在市场经济体制下得到了保证和支持,促进了资源的可持续利用。然而,这两种方式并非完美无缺。例如,“科斯方式”在实践中可能会遇到难以界定产权的现象,特别是生态资源的公共产品性和成本过高问题,使其产权难以明确。因此,这两种方式实际上相互弥补,共同为生态补偿的经济学研究提供了坚实的理论基础。

第三节　生态补偿的法理依据

在探讨一般性理论的基础上,我们还必须进一步深入,寻找生态补偿的法理依据。

一、环境正义理论

生态补偿的法理依据源于多元的法律原则和规定,包括污染者支付原则、保护优先原则和公众参与原则等,这些原则共同构成了生态补偿的法理基础。这些原则和规定强调对生态环境的破坏必须承担责任,对生态环境的保护必须优先,公众有权参与和监督。环境正义理论是生态补偿实施的重要理论支撑,主张环境权益的公平分配,强调所有人都有享受健康环境的权利,同时也应承担保护环境的责任。环境问题往往对社会弱势群体影响最大,因此,生态补偿应当考虑社会公正因素,确保环境权益的公平分配,保护社会弱势群体的环境权益。

绝大多数正义理论关注的核心问题即是分配问题。环境分配正义是确定环境利益的划分和环境负担的承受该如何实现社会公正的问题。其主要内容是在各公民、群体、地区之间实现环境利益的公平分享、环境负担的公平分摊、环境风险的公平负担和环境责任的公平分配。美国环境伦理学家温茨在《环境正义论》中指出："与环境正义相关的首要议题涉及分配正义……环境正义的焦点在于,在所有那些因与环境相关的政策与行为而被影响者之间,利益与负担是如何分配的。它的首要议题就包括了我们社会中的穷人和富人之间进行环境保护的负担分配,同样,也包括在贫穷国家和发达国家之间,在现代人与后代人之间,在人类与非人类物种尤其是濒危物种之间,对自然资源如何配置。"[1]温茨不仅明确了环境正义的本质是分配正义,而且阐明了环境正义的适用范围。由此可以看出,环境分配正义有利于缩小贫富之间、强弱之间的差距。布尼安·布赖恩特(Bunyan Bryant)也认为环境正义应该以分配正义为主,他从共同体可持续发展的视角出发,认为环境正义是有关"公共机构的政策、法规、决策以及文化规范与行为所支持的可持续发展,如此才能保证共同体中的人们在一个安全、滋养且富有生产力的环境下互动、生活"。[2] 他的观点体现了以分配正义促成可持续发展的立场。

不同群体之间因制定分配规则考量的出发点不同,关于环境利益和负担的分配方式、方法以及结论也大相径庭。如何分配环境利益与负担没有绝对标准,分配正义也是相对而言的。那么环境分配正义能否实现呢?罗尔斯的"最少受惠者的最大利益"原则或许能够提供一定启示。罗尔斯认为,平等的原初状态对应于传统的社会契约理论中的自然状态,是用来达到某种确定的正义观中的纯粹假设状态;在一种无知之幕的背后选择正义的原则,可以保证任何人在原则的选择中都不会因为自然的机遇或社会环境中

---

[1] [美]彼得·S.温茨:《环境正义论》,朱丹琼、宋玉波译,上海人民出版社2007年版,第4页。

[2] Bryant B. I., *Environmental Justice: Issues, Policies, and Solutions*, Washington, D. C.: Island Press, 1995, p. 23.

的偶然因素得益或受害。[1] 然而，在实践层面，这种观点很难立足。“无知之幕”的理想条件在制定环境利益和负担分配规则时几无可能；换言之，环境决策者多少都会受到利益诱导、绩效考核等因素影响。亚里士多德早就告诫我们，所有关于分配正义的理论都具有歧视性，问题在于哪一种歧视是公正的。

无论承认与否，现阶段的环境分配正义主要涉及环境风险的分担、环境伤害的承受、环境责任的承担、环境负担的分摊等。高污染、高消耗的工业生产造成的环境损害最终会转嫁到无辜者身上，高消费、高享受的生活方式造成的资源浪费最终会分摊到贫困者头上。环境分配正义必须慎重考虑行为主体所承担的义务与造成的环境负担对等，所得利益与对环境的有益程度对等。因此，分配正义必须考虑让那些从环境污染、资源消耗中受益更多的人，承担更多的环境责任，让那些从中受益较少，甚至无辜受害者承担较少的环境责任，必要时还要给予补偿或赔偿。[2]

总之，环境分配正义需要注重种际、代际、区际、群际之间的公平，走上可持续发展之路。需要在遵循社会发展规律的前提下，客观分析不同世代、地区、群体所受环境负担的影响差异、环境风险承受能力的差异以及环境破坏与环境责任的对等关系的差异等，最大限度地考虑和权衡弱势群体的利益，尽可能地将环境责任进行量化分析，责任配给因人而异，允许多种分配方式并存。

在前述基础之上，环境法律正义是环境正义理论的重要组成部分。环境法律正义主张通过法律手段保障环境权益的公平分配，确保所有人都能享受到健康环境的权利，同时也能承担起保护环境的责任。环境法律正义强调，法律在解决环境问题和保障环

---

〔1〕［美］约翰·罗尔斯：《正义论》，何怀宏等译，中国社会科学出版社 1988 年版，第 26 页。

〔2〕陈云主编：《环境社会学的理论视野》，汕头大学出版社 2021 年版，第 171 页。

境权益公平分配中起着关键作用。这是指,我们需要通过制定和实施公正的环境法律,保障所有人的环境权益,实现环境正义。这包括但不限于制定公正的环境法律,实施公正的环境政策,推动公正的环境决策,保障公众的环境参与权等。这些法律、政策和决策都应当以实现环境正义为目标,确保环境权益的公平分配,保护社会弱势群体的环境权益。

环境法律正义要求将环境正义转化、上升为法律正义,亦即这一伦理规范体现于法律制度之中。其原因在于,环境正义从属于正义,所要考察的是环境利益与负担在复数主体之间分配是相对公平的问题,是基于环境问题而诱发的对正义的思考,是高层次的伦理规范,是人们脑中观念形态的正义,是尚未与具体制度融合的乌托邦式的正义理论,是无法与制度内的非正义相抗衡的。故环境法律正义要求将环境正义上升、转化为法律正义,即将环境正义转化为适宜的法律安排,运用到有形的法律制度当中,成为其构建的正当基础,从而通过具体的法律制度设计表达环境正义理念,以使环境正义摆脱乌托邦式理论的帽子、突破观念形态正义的局限,开始具有对抗制度领域内的非正义的力量。[1] 而将环境正义融入具体法律制度的重要路径之一,便是将环境正义中对环境负担的分配要求有形化、法制化。所谓环境负担即环境恶物,概括来说,一切可被评价为负价值的环境特征统称为环境恶物。环境正义在对环境恶物的分配中,尤其是对环境恶物所造成的不良影响的清除或减弱,即对环境污染的治理责任的分配上,坚持以“共同但有区别”为原则。具体而言,“共同”是指所有人都应承担环境恶物的治理责任,“区别”是指根据获益多寡确定治理责任大小,对因公共利益而做出特殊牺牲者以补偿。

---

〔1〕 吕程:《区域大气污染联防联控法律制度研究》,辽宁大学2016年博士学位论文,第6页。

二、利益衡平理论

利益法学的创始人，著名德国法学家菲力普·赫克认为："法律之所以产生，原因就在于利益这一动因，没有利益，人们不会去制定法律，法律是社会中各种利益冲突的表现，是人们对各种冲突的利益进行评价后制定出来的，实际上是利益的安排和平衡。"〔1〕马克思主义经典作家也认为，利益是人们在社会生活中各种企求满足的要求、愿望或期待，是人们认为有用的物质要素和精神要素等客观对象。〔2〕人们奋斗所争取的一切，都同他们的利益有关。〔3〕由于人类社会中资源的稀缺性、有限性和人类追求的无限性，人们对利益的追求和享有必然存在着冲突，这正是法律存在的意义。"法律所调整的是一种公共利益关系，不同主体的各种利益之间必然存在矛盾和冲突，因此法律才成为必要，法律作为社会控制的手段和利导机制，必须对各种利益作出合理与非理、合法与非法的界定，并尽可能公正地衡平各种利益关系。"〔4〕利益是人类一切社会行为和社会活动的最终动因，同时利益孕育着一切社会矛盾的萌芽，这样一切社会问题的逻辑基础和最基本的出发点只能是利益。法律作为规范社会行为和解决社会问题的手段之一，必须是以利益为基础的，因此，追求利益最大化不仅是经济领域的常态，而且也是法律领域的普遍现象，"在法律领域中，追求法律利益最大化必然是每一个法律关系主体的首选目标，表现在法律主体在法律框架下选择最优的行为方案，享有更多的权利而力图摆脱

〔1〕 何勤华主编:《西方法律思想史》，复旦大学出版社 2005 年版。

〔2〕 何自荣:《论法律中的利益衡平》，载《昆明理工大学学报(社会科学版)》2008 年第 8 期。

〔3〕《马克思恩格斯全集》(第 1 卷)，人民出版社 1965 年版，第 82 页。

〔4〕 张文显主编:《法理学》，高等教育出版社，北京大学出版社 1999 年版。

义务,逃避法律责任”。[1]

“法律对社会的功能主要是通过利益的调整和控制来实现的,法律所体现的意志背后是各种利益。”[2]“权利”为“利益”而存在,“权利”本身就内含“利益”的观念,法律与利益是一对紧密联系的范畴,利益是法律形成和发展的内在驱动力,法律则是对利益的确认、界定和分配,当人们的社会需求凝结为一种强有力的社会价值观念体系的时候,法律就必须适时地将利益内化为权利形态,以国家强制力的背景对之加以保护和维护,同时法律还必须对利益和利益之间的关系作出判断并进行调整。

可见,法律机制是分配利益并为这一分配提供具体保障的统一体。就环境资源问题而言,环境问题不仅体现为环境资源状况的恶化或者生态系统服务功能的衰减,而且是涉及环境的各种利益关系出现失衡的结果。其中,环境污染可以理解为过度攫取环境容量使用利益从而侵害环境利益的状态,生态破坏则指过度攫取自然资源开发利益从而侵害环境利益的状态。而环境容量使用利益和自然资源开发利益皆为经济利益的表现形态。

据此,环境法领域利益冲突的直接表现可以初步类型化为持续增长的经济发展利益需求与持续增长的环境保护利益需求及其满足能力之间的冲突,即经济利益与环境利益的冲突。在对经济利益和环境利益进行平衡时,不应当刻意强调所谓具有绝对性、排他性、淘汰性、机械性的“优先”安排,而应当努力化解经济利益与环境利益之间相互割裂、彼此封闭的不利态势,推动利益的竞争向利益的竞合转化,提倡在二者之间实现“统筹”、“兼顾”和“双赢”的一体化原则。

---

[1] 杨解君:《法律关系背后的关系——“法律亚文化关系”初探》,载《南京大学法律评论》2001年第1期。

[2] 付子堂:《法律功能论》,中国政法大学出版社1999年版。

环境利益就是社会主体对良好生态环境服务功能产生的客观需求,而资源利益是社会主体对环境资源物质满足功能产生的需求。这两种利益同质同源,具有共生互动性和一体性,均为人类的基本利益需求,都是人们追求和提高生活质量的正当要求,体现了人类利益诉求的多样性以及自然满足人类多样性诉求的功能;在经济学领域,二者共同构成经济利益,在生态学领域,二者共同构成生态利益。在环境资源法学领域,我们也应当正确认识二者之间的对立统一关系。

根据罗尔斯的观点,所有的社会基本价值都要平等地分配,除非对其中一种或所有价值的一种不平等分配合乎每一个人的利益。体现这一正义观的两个正义原则体现如下:第一,每个人对与所有人所拥有的最广泛平等的基本自由体系相容的类似自由体系都应有一种平等的权利(平等自由原则)。第二,社会的和经济的不平等应这样安排,使它们:(1)在与正义的储存原则一致的情况下,适合于最少受惠者的最大利益(差别原则);(2)在机会公平平等的条件下职务和地位向所有人开放(机会的公正平等原则)。〔1〕但是由于各主体对资源的不均占有及社会经济地位的差异,环境利益与环境负担在社会各行为主体之间存在不公平的分配。部分群体享受环境利益而将环境负担转嫁给社会,让其他群体承担,造成环境不正义。〔2〕环境资源供给的有限性与人类需求欲望的无限性是引发经济利益与环境利益的矛盾根源,该矛盾又常常激化表现为人类之间种种物质利益的摩擦与碰撞,进而加剧了人与自然

---

〔1〕［美］约翰·罗尔斯:《正义论》,何怀宏等译,中国社会科学出版社 1988 年版,第 302 页。

〔2〕杜健勋、陈德敏:《环境利益分配:环境法学的规范性关怀——环境利益分配与公民社会基础的环境法学辩证》,载《时代法学》2010 年第 5 期。

日益紧张的关系。[1]

在生态文明社会,解决环境问题的关键在于用环境法律机制平衡环境利益与资源利益之间的冲突。例如,流域地区的水、山体、植被等自然资源是具有资源和环境属性的公共物品,一个主体对自然资源的使用往往会影响其他主体对该资源的使用,并容易产生外部性问题,[2]造成环境不正义。而法律的主要功能就是通过行为激励与利益调整促进社会公平正义的实现。[3] 因此,建立流域生态补偿法律机制是消解流域上下游地区之间利益失衡和达成它们利益平衡的必要方式,它是运用法律的控制机制对各行为主体的行为激励与环境利益进行调整,将利益分化限制在合理的范围内,从而使不同的利益主体之间以及利益主体与客体之间表现为一种和谐状态,进而实现环境社会中环境利益与环境负担的公平分配,即实现环境正义。从法律的作用来看,它是为了满足、协调、调整这些重叠和经常冲突的请求、要求,或直接予以保障,或通过界定和协调各种个人利益加以保障,以便使最大多数人的利

---

〔1〕 陈少红:《解读环境法的"立法悖论"——以经济利益与环境利益的冲突为视角》,载《云南大学学报(法学版)》2006年第6期。

〔2〕 庇古在其《福利经济学》一书中提出了内部不经济和外部不经济的概念,并从社会资源最优配置的角度出发,采用边际分析方法,提出了边际社会净产量和边际私人净产量的概念,最终形成了外部性理论。边际私人净产量是指个别企业在生产中追加一个单位生产要素所获得的产量,边际社会净产量是指从全社会来看在生产中追加一个单位生产要素所增加的产量。庇古认为,边际私人净产量与边际社会净产量之间存在下列关系:如果在边际私人净产量之外,其他人还得到利益,那么,边际社会净产量就大于边际私人净产量;反之,如果其他人受到损失,那么,边际社会净产量就小于边际私人净产量。排污收费制度的理论基础也是庇古税。以煤矿开采为例,开采商获得利益是正私人外部性,而造成的污染是负公共外部性,"谁污染谁治理"政策是使两者能达到一个平衡的手段之一。外部性理论现广泛运用于环境经济学之中。还以煤矿资源为例,煤矿资源是公共社会资源,对其开采可带来经济效益,是公共正外部性,但是开采煤矿对环境产生的污染是公共负外部性;对于私人而言,参与开采的个人从中取得的利益,这是正外部性,对于当地没有获得利益的个人,由于承受一些环境污染或者土地的流失又是负外部性。

〔3〕 付子堂:《法律功能论》,中国政法大学出版社1999年版,第68-69页。

益或我们文明中最重要的利益获得保障，同时使整个利益清单中其他利益的牺牲降到最低程度。[1]

运用利益衡平理论，能够推动环境利益和资源利益在不同利益层面得到充分的体现。这一理论对健全完善资源有偿使用和生态补偿制度具有重要意义：首先，建立利益秩序规范是基础。调和不同利益的冲突是法律产生的根源之一，法律是对冲突利益予以整合的工具。立法者通过利益主体的利益表达，罗列出利益清单，并在该清单中判断出正当的利益，再经过一番利益衡量[2]之后，用法律语言把利益的层次结构及位阶确认在法律条文之中，最终形成利益的秩序规范。资源权属界定、资源价格确定等就是利益秩序规范的重要内容。其次，选取经济效率分析方法是核心工具。经济效率分析法是平衡环境资源诸利益的一种经济学的方法，即运用经济效率分析的思维进行利益衡量，对各层利益进行比较分析，做出相应的方案；对产生的经济激励效果进行比较，选择能够使整体利益最大化的方案。资源开发或保护的选择、生态补偿的范围和力度等都需要选用经济效益分析的方法。最后，构建利益损害补偿机制是重要内容。环境资源保护、开发和管理中，要完全达到各层次利益绝对平衡的状态是不现实的。优先保护任何一方利益必然会造成其他方利益的损害，而受损利益主体又会为自己应有的权利而抗争。这就需要国家运用法律手段健全利益补偿机制。

---

〔1〕［美］罗斯科·庞德：《通过法律的社会控制：法律的任务》，沈宗灵、董世忠译，商务印书馆1984年版，第9页。

〔2〕这里的“利益衡量”主要是指立法阶段中的利益衡量，而非司法阶段中的利益衡量。立法阶段中的“利益衡量”具体指立法者通过对相关利益主体的利益进行衡量之后，将所确立的利益层次结构和利益位阶用法律条文的形式表达出来的一种过程。

三、自然契约理论

公共产品理论和外部性理论是经济学领域内的生态补偿理论基础,而可持续发展理论虽然最早属于生态学领域的理论,但是目前更偏重于政治学领域,上述三种理论是目前生态补偿理论基础研究内容中非常重要的理论,本书需要研究生态补偿法律制度的相关问题,因此有必要从法学视角看待生态补偿的理论基础。但事实上,法学领域对生态补偿理论基础的研究是比较薄弱的,并未形成系统的理论。目前比较具有代表性的是一种可命名为"自然契约关系"的理论。[1] 该理论认为,人类社会与自然界之间应形成一种自然法意义上的契约关系,人类对生态系统的补偿即建立在此契约关系基础之上。自然契约关系理论为生态补偿界定了法理基础,虽然该理论目前并未形成系统化状态,但该理论的提出可以在一定程度上消解当下主流生态补偿理论基础中存在的一些不足。主流生态补偿理论基础无疑具有重大的理论价值,但依旧难免存在一些固有的缺陷,主要表现在以下几个方面。

首先,主流理论基础具有功利色彩。现有经济学等领域的若干理论基础具有重要的研究价值和探讨意义,但是它们具有过于明显的功利色彩。功利主义虽然是一个哲学意义上的概念,但是在多个社会科学领域中都有所体现。在法学领域内,以边沁为代表的功利主义法学流派曾经在法学各流派中扮演着重要的角色,并且功利主义法学思想在当代法学研究中一直有着重要的影响作用。功利主义法学时常与部门法学的一些具体问题相结合,例如,在刑事部门法内,边沁认为犯罪是一种"禁止的恶",刑罚同样也是一种恶,但是刑罚之恶是针对犯罪之恶的遏制,因此刑罚之恶属于

---

〔1〕 杜群:《生态保护法论——综合生态管理和生态补偿法律研究》,高等教育出版社 2012 年版,第 312 - 320 页。

一种"必要的恶";但是当刑罚之恶明显超过遏制的限度时,则超过的刑罚便变得不必要。[1] 这一论断带有明显的功利主义法学特点。严格来说,功利主义哲学无论在法学领域还是在非法学领域都具有重要的价值,但是如果仅注重功利而不注重事物本身存在的其他价值,则功利主义便很可能走向不正当的一面。现有的生态补偿理论基础特别是经济学领域内的理论基础便具有明显的功利色彩,究其原因,可能与经济学学科本身的性质有关。利益在经济运行过程中的作用是毋庸置疑的,针对经济现象进行研究的经济学学科当然也要更多地关注利益的问题,由此便可能使经济学研究的本身具有了浓厚的功利主义色彩。但是生态补偿起码在语义上是对生态环境的补偿措施,体现了人类对自然的一种敬重,对其存在依据如果单纯以功利主义的思维进行解读,显然是没有兼顾到生态补偿在经济因素外的存在价值。具体到各个理论基础的内容来看,对生态补偿运行过程解读最为深刻的公共产品理论和外部性理论,将生态补偿置于宏观经济层面,探讨了生态补偿的各个要素环节在宏观经济内部的结构关系,并试图对这一结构关系进行优化,但很少关注人类自身的主观意愿;博弈论和激励理论,着重于生态补偿运行过程中的各方利益调整,此时更多体现的依旧是人类的主体性视阈,并未真正关注过生态系统本身的价值;生态资本化理论更是将生态系统当成一种工具,而没有作为一种目的来对待;即便是可持续发展理论,也多是从人类自身发展的角度思考问题。

其次,主流理论基础缺乏人文关怀。不可否认,现有理论在生态补偿的运行过程中解决了许多实际的问题,但是都缺少对人文精神和历史传统的关怀。由人类社会所创造的对自然界的补偿,本来应当根植于人类自身的文化习惯与传统,这是对生态环境真

[1] 陈兴良:《刑法的启蒙》,法律出版社2003年版,第70页。

正的敬畏,也是对人类社会自身的肯定。现有生态补偿理论基础虽然也对某种文化要素进行了考虑,但是更多的是从生态补偿整体角度进行的,在内容上考虑更多的也是生态文化、生态文明等,如果再从一个具体的生态要素层面看待这一问题,则难免会忽视固定生态要素所联结的特有人文精神。

再次,主流生态补偿理论基础缺少根基性审视。经济学和生态学对生态补偿理论基础的关注多是针对生态补偿运行过程而言的,所解答的是诸如生态补偿在经济活动中的地位与作用、生态补偿对资源的保护方式和对生态环境的改善路径、生态补偿实际的运行机制及得以继续存在的保障等此类问题。上述理论的探讨无疑具有重要的意义,但是对生态补偿的存在依据还缺少根基性的审视。"生态补偿"从语义上进行分析可以有两种解释,一种是以生态为名义或者理由而进行的补偿,另一种是针对生态而进行的补偿,这两种解释与补偿对象的对应关系是不同的。生态补偿在实际运行中普遍认同的补偿对象是因主动保护生态环境而遭受经济及发展机会损失的人,有时也包括因生态环境破坏而遭受经济及发展机会损失的人,如果认同生态补偿的对象是人,那么第一种对生态补偿的解释在逻辑上便是合理的,即生态补偿是以生态为名义或者理由而进行的对"人"的补偿。但是,从生态补偿的根本目的出发,"生态"仅是以手段的形式存在于生态补偿之中似乎并不能真正达到保护生态环境的目的,所以,对"生态补偿"合理的解释应当采取第二种,即是针对生态而进行的补偿,但是如此一来,其与普遍认同的生态补偿对象之间便存在矛盾了。既然生态补偿是针对生态而进行的补偿,但补偿的对象是人而非生态环境,现有生态补偿理论所缺少的第一项根基性审视便是:对生态环境所进行的补偿,却实际作用于人,那么生态补偿的作用是如何扩展至生态环境的?尽管公共产品理论和外部性理论从细致的结构上具体分析了生态环境与各方主体的基本关系,但这样的分析都是以人作为补偿对象的，即便出发点是为了解决生态环境恶化的问题，但仍旧没有解释清楚上述的矛盾问题。事实上，“补偿对象”的称谓基本上是在非法学领域使用的，在法学的研究思维下，通常将生态补偿视作一种法律关系，而法律关系的主体是其中的一个要素，“补偿对象”在法律关系中更适宜称为“受偿主体”。即便在法学领域内也使用“补偿对象”的称谓，但是在法学领域内，很多情况下“对象”与“客体”是两个不同的概念，例如刑法中的“犯罪对象”与“犯罪客体”并不相同，民事诉讼法中的“诉讼标的物”与“诉讼标的”也体现了“对象”与“客体”的差异性。法学领域内对象与客体的分立为解释生态补偿对生态环境所进行的补偿却实际作用于人的矛盾提供了基本的逻辑思维，即生态补偿的对象是人，客体却是其背后所指向的生态环境。这样的思维是非法学领域所不具备的，因此现有生态补偿理论自然也就无法完成这一根基性审视。现有生态补偿理论所缺少的第二项根基性审视是：生态补偿主要以资金等物质方式进行补偿，以物质性资源补偿自然性资源，物质性补偿如何真实反映生态系统的实际价值？尽管自然科学对生态系统的服务价值进行过计算，但计算结果的合理性还是值得怀疑的。

计算生态系统的服务价值并不是社会科学能够完成的任务，即便在自然科学领域，其难度也是巨大的。因此，现有的研究成果不妨也可以作为相关领域研究的参照。但是具体到生态补偿理论基础的问题便存在逻辑上的缺陷，即以生态系统服务价值计算的成果为参照，试图以物质性补偿反映生态系统价值，以实现补偿目的，这样的做法是通过什么媒介进行的？以物质性资源补偿自然性资源固然是当下最好的选择，但是补偿过程是如何在一个合理的结构关系内完成的，对这一问题现有生态补偿理论并没有解释清楚。

最后，主流生态补偿理论基础存在泛伦理化倾向。现有生态补偿理论除了存在于经济学、生态学、政治学等领域内的若干理论基础外,还有从生态哲学与生态伦理学角度进行的理论解读,但是这样的理论也容易走向另一个极端,即泛伦理化的倾向。从研究思维看,生态哲学和生态伦理学事实上是一种人文科学的研究,并非社会科学的研究,难以直接解决具体问题。从研究内容看,现有成果虽然不都是站在完全生态中心主义的立场上解读生态补偿的理论基础,但是至少都是以反对完全人类中心主义的立场对待这一问题的。这个角度的研究对生态系统的内在价值给予了更多的关注,强调环境正义的重要性。例如,有学者认为,环境正义是法的正义价值与社会公平理念在环境法领域的集中体现,建立生态效益补偿制度是确保生态安全和实现生态正义的最有效途径。[1]反对完全化的人类主体性视阈、突出生态系统独立价值、强调生态正义与生态公平,这些想法无疑是正确的,但是制度建设不能仅停留在理念层面,还应有更为细致的技术性设计。以生态哲学和生态伦理学的视角解读生态补偿理论更多的是在理念层面的研究,对于制度的完善虽不能说起不到任何作用,但实际上难以起到实质性、关键性作用,因为这样的理论基础过于泛伦理化。当下我国已将生态文明建设提升至国家战略高度,但生态文明建设究竟该如何进行、需要一些什么样的制度设计才能保证达到生态文明的标准,对这些问题的研究虽然也需要一定的理论基础作为支撑,但是一些现有研究总在反反复复、未曾停息地关注着生态正义与公平、马克思主义经典作家的论断等这样哲学、伦理学层面的、形而上的内容,却和形而下的具体制度设计的研究相脱节。不可否认的是,理念层面和技术层面的研究都至关重要,理念层面的研究不仅包含理念的内容,也应当包含对技术层面研究的引领方法;技术

---

〔1〕 宋丽弘、唐孝辉:《我国草原生态补偿制度探析》,载《理论与现代化》2012年第2期。

层面的研究也不是完全对理念层面的研究置之不理,而是应以理念层面的研究作为技术层面研究向科学、合理方向发展的保障。所以二者之间应当具有有机的联系,二者自身内部也应当适当包含对方的部分内容。[1]

自然契约这一概念是由著名科学哲学家米歇尔·塞勒斯(Michel Serres)引入的,它为我们看待和对待非人类世界提供了一个宝贵的新视角。[2] 自然契约是人与自然关于和谐共生的默契合意。[3] "工业革命以来,人类创造物质财富是以自然资本的巨额耗费带来严重的环境危机为代价。建立在社会契约上的经济系统剥夺了生态环境的主体资质,默认了人类活动对生态环境残酷掠夺,经济系统高效运转同时意味着生态环境被高速破坏,以致如今生态系统以环境污染、资源危机等各种形式反噬人类活动。在生态系统面临重要拐点的抉择时刻,应将以社会契约为决定资源配置方式的契约结构转变为自然契约。人的本质不仅是一切社会关系的总和,更是生态自然关系与经济社会关系的统一。"[4] 自然契约要求人与自然具有平等的主体资质,人类遵循自然规则从自然界中适度获取资源,尊重和保护原生态,维护生态修复能力,将人与自然的矛盾限定在合理的生态阈值范围,协调人类活动与生态环境之间的关系,实现生态为本与以人为本的内在统一,达到人与自然生态平衡的互惠状态。生态文明建设和绿色发展是自然契约的系统表征,是人类在改造自然以造福自身的过程中为实现人与自然之间的和谐所做的全部努力和所取得的全部成果,它展示了

---

〔1〕 严海:《生态补偿立法中人与自然关系的调整问题研究》,东北师范大学2020年博士学位论文,第32-33页。

〔2〕 托马斯·海德、贝特朗·纪尧姆、杨珺:《人类世的自然契约》,载《国际社会科学杂志(中文版)》2018年第4期。

〔3〕 程宏伟、冯茜颖、王艳:《自然契约、生态利润与企业可持续发展》,载《中国工业经济》2010年第5期。

〔4〕 刘思华:《生态马克思主义经济学原理》(修订版),人民出版社2014年版。

人与自然相互关系的进步状态，[1]因此坚持生态文明理念的绿色发展道路是实现生态经济协调发展的必然选择。

四、自然资源物权理论

生态补偿的法理依据还源于自然资源物权理论。自然资源物权理论主张，自然资源不仅是人类生存和发展的基础，也是国家和社会的重要财富。因此，对自然资源的占有、使用、收益和处分应该受到法律的保护和调整。正是基于这一理论，我们认识到，当自然资源被过度开发和破坏时，应该由破坏者对生态环境进行修复，或者向受影响的社区和个人进行补偿。同时，对自然资源的保护和合理利用，也应该得到法律和政策的鼓励与支持。所以，生态补偿制度的建立和完善，既是对自然资源物权理论的具体应用，也是对生态环境保护和可持续发展理念的具体实践。

"自然资源物权所涉及的对象为自然资源乃至自然环境。人们对自然资源乃至自然环境持何种基本看法，直接影响到自然资源物权制度及其学说的态样乃至存亡……"[2]自然资源物权制度的本质在于明确自然资源的归属问题，它是一套法律体系，旨在规范人们对自然资源的占有、使用、收益和处分。作为物权的一种特殊形式，自然资源物权在法律上有其独特的定义和分类。具体来说，自然资源物权的类型可以细分为自然资源所有权、自然资源使用权、自然资源抵押权和自然资源物所有权等。每一种类型都有其特定的法律属性和适用范围，共同构成了自然资源物权制度的完整框架。

（一）自然资源所有权

在中国现行法上，自然资源所有权包含土地所有权、矿产资源

---

〔1〕 俞可平：《科学发展观与生态文明》，载《马克思主义与现实》2005年第4期。

〔2〕 崔建远：《准物权研究》（第2版），法律出版社2012年版，第6页。

所有权、水资源所有权、海域所有权、野生动植物所有权。其中，土地所有权包括国家土地所有权和集体土地所有权，野生动植物所有权也涵盖这两类所有权。矿产资源所有权、水资源所有权、海域所有权则仅有国家所有权而无集体所有权。

（二）自然资源使用权

其现行法上的依据主要有：《民法典》物权编第 325 条规定："国家实行自然资源有偿使用制度，但是法律另有规定的除外。"第 328 条规定："依法取得的海域使用权受法律保护。"第 329 条规定："依法取得的探矿权、采矿权、取水权和使用水域、滩涂从事养殖、捕捞的权利受法律保护。"可见，在中国现行法上，自然资源使用权包括土地承包经营权、建设用地使用权、宅基地使用权、海域使用权、矿业权（含探矿权、采矿权）、取水权、渔业权（含养殖权、捕捞权），以及以自然资源为物质载体的某些地役权。

（三）自然资源抵押权

在中国现行法上，自然资源抵押权包括"四荒"土地承包经营权的抵押权、采矿权的抵押权。近来有关农村土地承包经营权抵押问题的试点工作和理论研究成为实务界和理论界的热点问题。"三权"分置改革使农村土地上的权利从"所有权—承包经营权"二元格局转化为"所有权—承包（经营）权—承包地经营权"三元格局，并使承包地经营权成为可自由流转的具备充分市场品格的土地权利。[1] 2014 年 1 月，中共中央、国务院印发了《关于全面深化农村改革加快推进农业现代化的若干意见》。该意见指出："稳定农村土地承包关系并保持长久不变，在坚持和完善最严格的耕地保护制度前提下，赋予农民对承包地占有、使用、收益、流转及承包

---

〔1〕 许明月：《农村承包地经营权抵押融资改革的立法跟进》，载《比较法研究》2016 年第 5 期。

经营权抵押、担保权能。在落实农村土地集体所有权的基础上,稳定农户承包权、放活土地经营权,允许承包土地的经营权向金融机构抵押融资。”这是首次以中央文件的形式明确提出允许承包土地的经营权抵押。2015 年 8 月 10 日国务院发布《关于开展农村承包土地的经营权和农民住房财产权抵押贷款试点的指导意见》(国发〔2015〕45 号),确立了试点工作的指导思想,提出了依法有序、自主自愿、稳妥推进、风险可控 4 项原则和 5 项试点任务,并对组织实施工作做出了具体安排。2015 年 12 月 27 日第十二届全国人民代表大会常务委员会第十八次会议通过《关于授权国务院在北京市大兴区等 232 个试点县(市、区)、天津市蓟县等 59 个试点县(市、区)行政区域分别暂时调整实施有关法律规定的决定》,该决定的颁布,使承包地经营权改革试点工作得以合法地全面推行。2016 年 3 月 15 日,中国人民银行、原银监会、原保监会、财政部、原农业部五部门联合发布《关于印发〈农村承包土地的经营权抵押贷款试点暂行办法〉的通知》,对承包地经营权的抵押贷款条件、具体运作程序和相关配套措施等做出了具体的安排,为承包地经营权抵押融资改革试点工作的开展提供了基本可操作性规则。

(四)自然资源物所有权

有学者认为,应当对自然资源作“非对物采掘类”与“对物采掘类”的类型化区分。〔1〕 其中,“非对物采掘类”是指能够利用资源自身属性进行开发利用活动的自然资源,最为典型的即为土地和海域两类不动产。〔2〕 作为不动产的土地资源和海域资源进入市场后,不发生以所有权移转为内容的物权变动,在权利期限届满后可恢复其所有权的圆满状态。例如,建设用地使用权或海域使用权

〔1〕 税兵:《自然资源国家所有权双阶构造说》,载《法学研究》2013 年第 4 期。

〔2〕 参见张璐:《中国自然资源物权的类型化研究》,载《私法研究》2009 年第 1 期。

的权利期限届满后,国家能够通过行使返还原物、恢复原状的物上请求权,恢复其所有权的圆满状态。可见,"非对物采掘类"借助自然资源使用权制度(用益物权)即可实现"公有私用"。"对物采掘类"则有所不同,它是指直接获取处于自然赋存状态下的自然资源,例如,矿产资源经挖掘后产生矿产品,渔业资源经捕捞后产生渔产品,林业资源经采伐后产生林产品,水资源经抽取后产生水产品,均可以形成自然资源产品所有权。

与这一学说观点相近,有学者提出了"自然资源物"的概念,指出"自然资源国家所有并非意在使国家或全民成为私权意义上的自然资源所有者……它旨在保障国民个体对具体的自然资源物享有私法意义上的所有权、用益物权等权益"。"在终极意义上自然资源所有权,其实就是可辨析的个体的自然资源物的所有权,而其享有者最主要的乃是国民个体……"[1]这种"自然资源物"的法律特征在于:第一,最终均可表现为特定化的有体物,具备成为物权客体(尤其是所有权客体)的全部属性要求;第二,它的转让是一个包含所有权移转的物权变动过程。例如,矿产品一旦从矿体中分离出来,就同时发生了采矿权人对其的法律及事实上的处分。对"自然资源物"我们必须承认其所有权,即"自然资源物所有权"理论界对自然资源物权的研究以崔建远教授对准物权的研究成果影响最为深远,实际上我国准物权理论研究成果支撑起了自然资源物权理论,是其核心内容。但是就体系化认识的角度而言,应明确二者的关系,即自然资源物权概念是上位概念,包括自然资源所有权、自然资源使用权、自然资源抵押权和自然资源物所有权,形成了一个完整的自然资源物权体系。[2]

---

〔1〕 刘练军:《自然资源国家所有的制度性保障功能》,载《中国法学》2016 年第 6 期。

〔2〕 马育红、刘欢欢:《水合同制度研究:水资源合理配置的私法路径探索》,中国政法大学出版社 2017 年版,第 55 页。

第四节 生态补偿机制的构成要素

生态补偿基本要素又称“6Q”要素，着重解决的是6个方面的基本问题。具体来说，补偿支付主体解决的是“由谁补偿的问题”，补偿对象解决的是“补偿给谁的问题”，补偿客体解决的是“为什么补偿的问题”，补偿标准解决的是“补偿多少的问题”，补偿方式解决的是“补偿什么的问题”，补偿途径解决的是“怎么补偿的问题”。生态补偿的6个基本要素从不同侧面反映了生态补偿的基本内涵，共同完成生态补偿的全过程，构成生态补偿的统一整体。各基本要素之间互相依存、互相联系、共同发展，不可分割。

一、生态补偿支付主体

补偿支付主体也称为补偿提供主体，是指直接提供补偿给补偿对象的单位。补偿支付主体可以是作为公权力代表的政府，也可以是享受生态服务的一方，还可以是生态环境破坏的一方。作为公权力代表的政府，主要是通过履行政府职能，运用财税等政策手段筹措补偿资金，再将补偿款项支付给补偿对象，或给补偿对象提供技术支持、优惠政策；作为享受生态服务的一方，主要是运用市场调节的手段，以协议的形式，直接将补偿款项支付给补偿对象；作为生态环境破坏的一方，主要是对其破坏环境的行为承担向生态环境权益受损的一方支付生态补偿的责任。

二、生态补偿对象

补偿对象是指接受补偿的单位或个人，包括生态环境保护的贡献者和生态环境破坏的受损者。具体来说，(1)从事生态维护建设的单位或农民；(2)生态环境破坏受损的单位或农民；(3)补偿对象没有具体明确或产权关系、权益关系没有完全界定之前，作为公众利益的代表(或代理人)而接受补偿的政府。

三、生态补偿客体

客体是权利义务指向的对象。就环境维护建设而言,生态系统不仅向社会提供了有形的自然资源物质,而且还向社会提供了无形的、非物质性的生态环境功能性的服务产品;就环境破坏而言,权益受损的不仅包括有形的、物质性的环境介质,如大气、水、土地等,而且还包括无形的、非物质性的环境功能性服务。生态补偿支付主体支付资金、技术、政策是因为自己享受了生态服务,或者是因为自己的行为而导致他人享受生态服务的权益受损。因此,生态补偿的客体是生态服务,而不是自然生态系统本身。

四、生态补偿标准

标准就是衡量事物的依据或准则。就生态补偿而言,补偿标准就是以什么作为生态补偿的依据或准则。补偿标准的确定主要有4种方法。

(1)按生态保护者的直接投入或生态破坏的恢复成本计算;(2)按直接投入或恢复成本,再加上机会成本计算;(3)按生态受益者的获利计算;(4)按生态系统服务的价值量计算。由于价值量计算所采用的指标、估算方法没有统一,而且计算出来的标准远远大于现实的补偿能力,而生态维护建设的直接投入和生态破坏的恢复成本是生态服务得以延续的最基本支出,因此,直接投入或恢复成本是补偿的理论下限值,生态系统服务的价值量则只能作为补偿的理论上限值。在进行具体补偿时,应根据实际发生的成本或遭受的损失,在综合考虑地区经济发展水平、鼓励生态保护行为的基础上,在上限值和下限值之间确定补偿标准。

五、生态补偿方式

补偿方式又称补偿的支付方式,包括资金补偿、实物补偿、政策补偿、技术补偿、建设项目补偿、异地开发补偿。其中,资金补偿是最常见的补偿方式,包括支付补偿金或补贴款、减免退税、信用担保贷款、财政转移支付等。实物补偿是指补偿者用物资、劳动力和土地等进行补偿,以解决补偿对象部分生产要素和生活要素。政策补偿是指政府通过制定一系列优惠政策,使补偿对象享有优先权和优惠待遇,从而促进本地区的生态环境建设和经济发展。技术补偿是指补偿者开展智力服务,让受补偿者免费享有技术培训、咨询和指导服务。建设项目补偿是指补偿者将生态环境友好型项目安排到受补偿地,从而帮助贫困的生态脆弱区群众建立生态产业,实现社会效益、经济效益和生态环境效益的和谐统一。异地开发补偿是指经济发展水平与发展条件占有明显优势的下游地区为因保护水源而无法在本地发展大量工业的上游地区提供一块“工业用地”,以保护和改善生态环境,实现上下游地区的协调发展。

六、生态补偿途径

生态补偿主要通过政府补偿和市场补偿两种途径实现。政府补偿是指中央或地方政府通过非市场途径对生态环境建设进行补偿,国家是生态补偿的主要承担者。政府补偿是生态补偿的主要途径,也是比较容易启动的补偿途径。市场补偿就是按照市场机制的运行模式,生态环境受益的一方向生态服务提供者、权益者(或者生态环境破坏的一方向生态服务功能受害者、权益者),通过市场交易的方式兑现生态服务的价值。[1]

---

〔1〕 邓远建、严立冬:《绿色财富积累论》,中国环境科学出版社 2015 年版,第 116 页。

第二章　福建生态补偿制度的整体概况

福建省位于我国东南沿海地区，山地、丘陵占全省总面积的80%以上，海岸线长达3752千米，岸线十分曲折，海域面积13.6万平方千米，海洋生物资源丰富；省内水系密布，河流众多；截至2010年，全省已发现矿产119种，占全国已发现矿产总数的69%；森林覆盖率65.95%，保持全国首位。虽然作为生态环境的“优等生”，近年来福建省生态环境状况指数一直处于全国前列，但随着福建省经济发展速度的加快，也难免会产生资源紧缺、环境污染、生态系统退化的风险。因此，必须重视生态环境问题，做到在尊重自然、顺应自然和保护自然的基础上利用自然，加大对生态文明建设的关注，保护和修复生态环境，建立美好家园，实现福建省绿色、可持续发展。

实施生态保护补偿是调动各方积极性、保护好生态环境的重要手段。多年来，在福建省委、省政府的直接领导下，各级政府带领民众根据各地的实际情况开展生态补偿活动,在资源保护、生态文明示范区、主体功能区补偿、生物多样性保护、自然保护区建设等方面取得了进步。在取得成绩的同时,也存在一些不足,尤其是生态补偿机制建设中遇到的一些难题和瓶颈,阻碍了福建省生态文明建设与经济的协调发展。

第一节 福建生态补偿制度的规范体系

一、国家层面的立法

随着社会的发展,我国自然资源利用制度逐渐演变,开始体现了"资源的有偿使用和补偿"的含义。这一变革首先在矿产资源的开采上得到体现。1982 年 1 月,国务院发布了《对外合作开采海洋石油资源条例》(已被修订),其中规定了"缴纳矿区使用费",这一重要规定标志着我国矿产资源的无偿开采在制度上被终结。

紧随其后的 1984 年,国务院进一步发布了《资源税条例(草案)》(已失效),该条例规定了对开采石油、天然气和煤炭等资源的企业征收资源税,对开采其他种类资源的矿产企业则暂缓征收。征收的原则是根据应税产品的销售利润率采取累进税率计算缴纳,其中规定了销售利润率低于和等于 12% 的情况下不收资源税。这一规定意味着,如果销售利润率没有超过 12%,矿产资源仍可进行无偿开采。

到了 1986 年,这一"税费并存"的制度以法律的形式得到了确立。第六届全国人大常委会第十五次会议,通过并公布了《矿产资源法》,明确规定了"国家对矿产资源实行有偿开采。开采矿产资源,必须按照国家有关规定缴纳资源税和资源补偿费"。这一系列的法规和政策,共同铸造了我国矿产资源有偿开采的法律框架，为资源的合理利用和保护奠定了坚实基础。

矿产资源有偿使用制度最终形成于1996年。第八届全国人民代表大会常务委员会第二十一次会议通过并公布了《关于修改〈中华人民共和国矿产资源法〉的决定》，于1997年1月1日起开始施行。1998年2月12日，国务院又发布了《矿产资源勘查区块登记管理办法》、《矿产资源开采登记管理办法》和《探矿权采矿权转让管理办法》三个配套法规，使我国的矿产资源有偿使用制度向着市场经济的方向前进了一大步。主要体现在：第一，确立了探矿权、采矿权的有偿取得原则；第二，在有限的范围内放开了探矿权和采矿权的转让。

"水资源的有偿使用制度"较"矿产资源有偿使用制度"实施得晚。1988年《水法》颁布实施，并由此建立了水资源有偿使用制度。国家对水资源依法实行"取水许可制度"和"有偿使用制度"，水资源"有偿使用制度"得到进一步完善。同年，国家对海域进行自然资源管理，海域有偿使用制度开始实施。2001年第九届全国人民代表大会常务委员会第二十四次会议通过的《海域使用管理法》第33条第1、2款规定："国家实行海域有偿使用制度。单位和个人使用海域，应当按照国务院的规定缴纳海域使用金。海域使用金应当按照国务院的规定上缴财政。"

我国在自然资源方面逐步建立了全面的有偿使用政策和法律体系。除了矿产资源、水资源、海域资源的有偿使用政策外，还涵盖了森林、土地等领域。例如，《森林法》于1984年颁布，并在1998年进行了修正；1998年的《森林法》规定了由国务院批准年森林采伐限额，该规定在之后的2009年修正、2019年修订中得以继续维持。《土地管理法》于1986年制定，并于1988年修正、1998年修订、2004年和2019年修正。2019年修正后的《土地管理法》第55条中明确规定了"土地有偿使用费"，从中可以看出，有偿使用政策在我国土地资源领域的深入实施。

除了这些法律规定外，当前的一些项目和政策，如“退耕还林”“天然林保护工程”“生态公益林补偿金”等，也在不同程度上体现了“补偿”的含义。这些法律和政策共同构成了我国自然资源保护和合理利用的法律框架。

从这一历史的发展进程中可以看出，国家逐渐形成了涵盖矿产资源、水资源、森林资源、土地资源、海域资源等的有偿使用政策体系。这些政策不仅将“有偿使用”纳入了法律制度，还在不同程度上引入了“补偿”的概念，反映了国家对自然资源保护的坚定决心和全面战略。

二、地方层面的立法

福建是较早实施生态省建设的省份之一。早在2001年，时任福建省省长的习近平就前瞻性地提出了建设“生态省”的战略构想。2004年颁布的《福建生态省建设总体规划纲要》将建立生态环境补偿机制和健全资源有偿使用制度作为保证生态省建设目标任务顺利完成的重要保障措施。

2003年，福建在全国率先启动了九龙江流域上下游生态补偿试点，在省政府的协调下，设立了专项资金。福建省财政厅、省环保局制定了《九龙江流域综合整治专项资金管理办法》（闽财建〔2003〕134号），对资金的配套、安排、使用程序和扶持重点作了明确的规定。针对畜禽养殖污染排放对流域主要污染物氨氮的“贡献”最大等突出问题，补偿资金重点用于补助养殖业污染治理和乡镇垃圾无害化处理项目建设，流域生态补偿机制初步建立。2005年，闽江流域生态补偿试点全面展开，省政府制定出台《闽江流域水环境保护专项资金管理办法》，规范了生态补偿的形式和内容。2005年起，晋江、洛阳江流域实施流域上下游生态补偿机制。泉州市政府出台了《晋江、洛阳江上游水资源保护补偿专项资金管理暂行规定》及其实施细则，明确了补偿资金的使用原则和考核机制，要求根据项目的实施和配套资金到位的情况，定期拨付补偿专项资金。[1] 2008年5月，闽江、九龙江流域被原环保部列为全国首批开展生态环境补偿的6个试点地区之一。

2015年，福建省政府印发出台《福建省重点流域生态补偿办法》，建立了资金筹措与地方财力、保护责任、受益程度挂钩机制，在资金分配上向流域上游地区、欠发达地区倾斜，实现了补偿资金分配的制度化、规范化、标准化。[2] 对水质状况较好、水环境和生态保护贡献大、节约用水多的市县加大补偿，建立起用标准化方式筹措、用因素法公式分配的闽江、九龙江、敖江流域生态补偿长效机制，并通过明确职责分工、加强监督检查、建立奖惩机制、鼓励区域合作等措施保障生态补偿的顺利实施。

同时，在森林资源方面，2001年，福建省人民代表大会常务委员会公布了《福建省森林条例》，后经2012年修改、2018年修正，该条例始终坚持实行森林生态效益补偿制度，并均在第8条第1款规定："实行森林生态效益补偿制度。森林生态效益补偿资金按照政府投入与受益者合理承担相结合的原则，多渠道筹集，用于公益林补偿和保护。"另外，中共福建省委、福建省人民政府《关于加快林业发展建设绿色海峡西岸的决定》（闽委发〔2004〕8号）规定，"建立森林生态效益补偿资金制度。按照政府投入为主，受益者合理承担的原则，多渠道筹集森林生态效益补偿资金。森林生态效益补偿资金的主要来源：中央财政补助资金；各级政府安排的财政资金；从利用水资源发电收入中提取的资金和对以森林

〔1〕 丛澜、徐威：《福建省建立流域生态补偿机制的实践与思考》，载《环境保护》2006年第19期。

〔2〕 方晏：《福建省重点流域生态补偿机制的实践与思考》，载《中国财政》2018年第2期。

景观为主要旅游资源的景点门票收入中提取的资金;社会各界捐赠的资金”。

在福建省委、省政府的共同努力下,福建省资源有偿使用及生态补偿制度从无到有、从简单到较为细致地建立起来。目前,福建省已初步构建起有关资源有偿使用和生态补偿方面的制度体系。《福建省森林生态效益补偿基金管理暂行办法》(已失效)、《福建省生态公益林管理办法》(已失效)等为福建资源有偿使用和生态补偿提供了基本的制度保障,其他一些地方性法规(详细情况见表2-1)中也作了一些概念性、宣示性的规定。这些地方性法规中包含的有关资源有偿使用和生态补偿的规定,为福建在防治水源污染、保护森林及矿产资源、促进经济绿色发展等方面提供了法律保障,已初步构建起有关环境保护和资源有偿使用、生态补偿方面的制度体系。这使福建省的生态保护做到了有法可依,为实现福建省经济发展与环境保护的双赢目标搭建了一个非常好的平台。

表2-1 福建省生态补偿地方立法

法规名称	发布部门	实施日期	条文内容
《福建省基本农田保护条例》	福建省人民代表大会常务委员会	2011.07.30	经国务院批准占用基本农田的,建设项目所在的设区的市、县(市、区)、乡(镇)人民政府应当根据国务院的批准文件修改土地利用总体规划,补充划入数量与质量相当的基本农田。补充划入的基本农田应当报省人民政府土地行政主管部门和农业行政主管部门验收确认。 建设项目所在地没有条件补充划入数量与质量相当的基本农田的,可以实行异地有偿补划,补偿资金用于土地整理,不得挪作他用。具

续表

法规名称	发布部门	实施日期	条文内容
《福建省基本农田保护条例》	福建省人民代表大会常务委员会	2011.07.30	体办法由省人民政府制定。(第19条) 占用基本农田进行非农业建设的单位,应当按照占多少、垦多少的原则,负责开垦与所占基本农田的数量与质量相当的耕地,没有条件开垦或者开垦的耕地不符合要求的,除按有关规定缴纳土地税费外,还应当按照省人民政府规定的标准,向省人民政府土地行政主管部门缴纳耕地开垦费。(第20条)
《福建省河道保护管理条例》	福建省人民代表大会常务委员会	2016.01.01	涉河建设项目占用、损坏水利工程设施的,建设单位应当修复、加固或者修建其他等效替代工程;对水利工程设施造成的其他损失或者增加的运行、养护、管理等成本,应当支付相应的补偿费。因工程建设确需迁建、扩建、改建、拆除原有水利工程设施的,建设单位应当承担所需费用和损失补偿。 涉河建设项目占用水域的,应当建设替代水域工程或者采取功能补救措施;无法建设替代水域工程或者采取功能补救措施的,应当支付相应的补偿费。等效替代工程或者其他功能补救措施,应当不低于原功能、原规模、原标准,并与涉河建设项目同时设计、同时施工、同时投入使用。 涉河建设项目临时占用水利工程设施和水域的期限不得超过二年。临时占用期限届满,临时占用人应当及时恢复水利工程设施和水域原状。涉河建设项目占用水利工程设施和水域的补偿标准,由省人民政府制定。(第33条)

续表

法规名称	发布部门	实施日期	条文内容
《福建省森林公园管理办法》	福建省人民政府	2017.12.01	因建设森林公园给森林、林木、林地的所有权人、使用权人以及其他相关权利人的合法权益造成损害的,应当予以合理补偿。(第10条第3款)
《福建省海岸带保护与利用管理条例》	福建省人民代表大会常务委员会	2018.01.01	因海岸带保护需要,对相关权利人的合法权益造成损失的,政府应当给予补偿,并对其生产、生活作出妥善安排。因海岸带开发利用项目对相关权利人造成损害的,项目单位应当给予赔偿。(第43条)
《武夷山国家公园条例(试行)》	福建省人民代表大会常务委员会	2018.03.01	武夷山国家公园应当适度、逐步提高国有自然资源的比例。国家公园内属于集体所有的土地以及地上各类自然资源,确因保护需要的可以依法征收或者通过租赁、置换等方式进行用途管制。 因征收或者用途管制造成权利人损失的,应当依法、及时给予补偿。(第35条) 完善武夷山国家公园生态补偿机制,健全财政投入为主、规范长效的生态补偿制度体系,建立以资金补偿为主,技术、实物、安排就业岗位等补偿为辅的生态补偿机制,探索开展综合补偿。国家公园生态补偿的具体实施办法由省人民政府制定。(第41条) 根据自然资源承载能力严格控制区域外人口内迁。因保护确需迁出居民的,由国家公园所在地设区的市、县(市、区)人民政府配合武夷山国家公园管理机构依法给予补偿或者安置;鼓励居民自愿迁出。(第49条)

续表

法规名称	发布部门	实施日期	条文内容
《福建省森林条例》	福建省人民代表大会常务委员会	2018.03.31	实行森林生态效益补偿制度。森林生态效益补偿资金按照政府投入与受益者合理承担相结合的原则,多渠道筹集,用于公益林补偿和保护。 公益林管理和补偿的具体办法由省人民政府规定。(第8条) 工程建设需要征用或者占用林地的,必须依法办理审核审批手续,支付林地、林木补偿费和安置补助费,并缴纳森林植被恢复费。(第12条第3款) 将自留山林木划为公益林的,应当征得自留山经营者的同意,并按有关规定给予补偿。(第32条第3款)
《厦门经济特区生态文明建设条例》	厦门市人民代表大会常务委员会	2021.10.27	市、区人民政府应当通过财政资金补助等方式对下列事项予以补偿,并在技能培训、就业、社保等方面予以政策支持: (一)饮用水源保护区建设与保护; (二)自然保护区建设与保护; (三)天然林修复和生态公益林建设与保护; (四)风景名胜区建设与保护; (五)矿产资源开发的环境修复; (六)海洋生态环境修复与保护; (七)湿地生态环境保护; (八)市、区人民政府规定的其他事项。 具体生态保护补偿办法由市人民政府另行制定。对生态控制线范围较大的区,市人民政府应当加大财政扶持力度。(第46条)

续表

法规名称	发布部门	实施日期	条文内容
《福建省水土保持条例》	福建省人民代表大会常务委员会	2022.05.27	水土保持工作应当坚持谁开发谁保护、谁造成水土流失谁治理、谁影响水土保持功能谁补偿、谁承包治理谁受益的原则。(第3条) 县级以上地方人民政府应当通过财政转移支付、区域协作等方式,建立健全水土保持生态补偿机制,增加投入,并引导社会资金用于水土流失防治。(第26条) 开办生产建设项目或者从事其他生产建设活动造成水土流失的,应当进行治理。损坏水土保持设施、地貌植被,降低或者丧失水土保持功能的,应当缴纳水土保持补偿费,专项用于水土流失预防、监测和治理。(第29条)
《福建省湿地保护条例》	福建省人民代表大会常务委员会	2023.01.01	县级以上地方人民政府应当加强对湿地保护工作的领导,将其纳入本行政区域国民经济和社会发展规划,建立湿地保护工作目标责任制,加大湿地保护投入,所需经费按照事权划分原则列入预算。(第4条第2款)

当前的生态补偿机制以其独特特点为基础,充分发挥了财政引导的核心作用,并构建了一套相应的财政政策体系。在福建省,生态补偿的重点主要集中在主体功能区。福建省财政厅依据《福建省主体功能区规划》的要求以及基本公共服务均等化的原则,推动了公共财政体系的建设,优化了财政管理体制,并确立了一套科学、长效、多方共赢的机制。在不同的功能区,实施各具特色的财政政策。例如,在重点开发与优化开发区域,通过规范的税收优惠政策和贴息贷款,管理税收,吸纳项目资本,从而为企业的可持续

发展提供支持,并营造了清晰、良好的政治环境。在限制开发区域,通过建立公共财政体系和使用财政转移支付,增强了政府对该区域的管理能力,提供基础服务,并推出了有益于民生的政策方针。禁止开发区域作为重点,也成为各级政府财政支出的焦点,以确保该区域的有序发展。

此外,转移支付制度的初步建立,特别是针对福建的主体功能区的财政转移支付办法的确立,为福建省其他地区的生态补偿制度的建立提供了宝贵的借鉴和经验。自2012年起,福建省在现有支持生态保护的专项资金基础上,建立了生态保护财力转移支付制度,并出台了一系列支持生态保护和补偿的措施,如设立重点流域水环境综合整治专项资金、森林生态效益补偿基金,安排农村环境连片整治示范资金、造林绿化资金、省级水土保持专项资金等。[1] 这些转移支付资金被划分为生态保护补助、生态保护激励以及引导性补助三个部分,共同促进了生态保护和可持续发展目标的实现。

2018年3月14日,福建印发《福建省综合性生态保护补偿试行方案》,建立综合性生态保护补偿机制,创新建立生态环境保护专项资金整合利用机制,对不同类型、不同领域的生态保护补偿资金进行统筹整合,建立生态指标考核体系,选取重点生态功能区相关的23个县(市),按照实施区域环境质量提升考核结果予以奖励。综合性生态保护补偿与单一性质的专项资金不同,是在整合与生态保护相关资金的基础上,通过综合考核指标,给予被补偿县可综合运用于生态保护领域的资金。综合性生态保护补偿资金以省级为主体,按一定比例整合包括省发改委省级预算内基建与生态保护的相关专项,省国土厅“青山挂白”治理、地质灾害“百千万”工程、土地整理复垦开发(高标准农田建设)等专项,省环保厅重点

[1] 《福建建立生态保护财力转移支付制度》,载《政策瞭望》2012年第12期。

流域生态补偿、汀江流域补偿、小流域“以奖促治”、监管能力建设等专项，省移民开发局库区移民扶持基金（环境综合整治），省住建厅城乡环境综合整治、供水管道改造工程、美丽乡村建设、乡镇污水处理厂配套管网补助、“家园清洁行动”等专项，省水利厅万里安全生态水系建设、水土流失治理等专项，省农业厅生态农业建设专项，省经信委节能淘汰落后产能专项，省林业厅造林绿化和生物多样性保护补助等共9个部门20个省级与生态保护相关专项资金，配套部分省级生态财力转移支付资金构成。

为延续并深化综合性生态保护补偿政策，在总结试行经验的基础上，制定出台《福建省综合性生态保护补偿实施方案》，确定了到2025年，主要流域水质达到或优于Ⅲ类比例在96%以上，县级及以上集中式饮用水水源水质达到或优于Ⅲ类比例达100%，县级城市直径在2.5微米的细颗粒物（PM2.5）平均浓度不高于18微克/立方米，森林覆盖率保持2020年水平以上的具体目标，在原有23个实施县的基础上，适当扩大了实践创新基地的5个县，并加强了与山水林田湖草沙治理等任务协同，力图通过综合性生态保护补偿等政策的实施，促进重点生态功能区、生态文明建设示范区生态环境质量的持续改善和提升。

从上述相关政策和立法可以看出，当前福建在政府主导下，出台了系列相关政策和法律制度，进行了财政手段为主的补偿，但国家层面缺乏统一的法律约束，相关生态补偿的具体实施细则也没有出台，生态补偿资金和补偿方式单一，公众参与少，监督管理缺乏有效保障，福建在建立真正意义上的、科学的生态补偿机制方面还有很长一段路要走。

第二节　福建生态补偿制度的实践成果

生态补偿作为一种让生态影响或破坏的责任者承担经济损失

的措施，是目前对生态环境的保护者、建设者和生态环境质量降低的受害者进行补偿的较符合实际的生态经济机制，在当代生态文明建设及研究中备受关注。福建在发展的过程中也有很多以生态破坏为代价换取经济发展的教训，让很多流域区、山区半山区的生态环境受到不可逆的破坏。目前，福建省已初步形成由省生态保护财力转移支付办法、闽江九龙江重点流域上下游生态补偿机制、森林生态效益补偿基金制度和矿山生态环境恢复治理补偿机制组成的生态补偿机制，是全国最早实施森林生态效益补偿和江河下游地区对上游地区的森林生态效益补偿的省份。良好的机制体制保障了福建优美的生态环境，福建目前是全国少数几个保持水、大气、生态环境全优的省份之一。[1] 总体而言，福建生态补偿和资源有偿使用的实践成果体现在以下几个方面。

一、天然林保护工程、公益林建设工程卓有成效

福建省森林资源丰富。第九次全国森林资源清查显示，福建省 2022 年森林覆盖率达 66.8%，比 2012 年增长 3.7 个百分点。福建森林覆盖率、植被生态质量指数、生态文明指数均居全国前列。2022 年，福建森林面积达 1.21 亿亩，比 2012 年增长 6.1%。森林蓄积达 7.29 亿立方米，比 2012 年增长 50%。乔木林亩均蓄积 7.8 立方米。福建在全国率先开展集体林权制度改革，重点生态区位商品林赎买等 9 项改革经验被作为国家生态文明试验区的第一批经验成果向全国推广。积极推进林业碳汇交易试点，2016 年以来全省累计完成福建林业碳汇（FFCER）成交量 385 万吨，成交额 5745 万元，成交量和成交额均居全国前列。全面推行林长制，全省共设立省市县乡村五级林长 3.3 万名，林长责任体系全面建立，压

---

〔1〕《福建生态补偿机制的建立走在全国前列》，载《人民政协报》2014 年 9 月 18 日，第 9 版。

实党政领导保护发展森林资源主体责任,对各县(市、区)开展森林覆盖率和森林蓄积量“双增”目标年度考核。率先开展林地占补平衡试点,推进林地行政审批“放管服”改革,促进集约节约用林。全省共有护林员1.6万人,逐步形成以护林员管护为主、政府购买服务和自主专业化管护为补充的管护机制。[1] 截至2016年,福建省有省级以上生态公益林286.2万公顷(4293万亩),占全省林地面积的30.9%;林业自然保护区89处(其中:国家级15处、省级21处,市县级53处)、保护小区3300多处,保护面积1260万亩,占陆域面积6.8%;森林公园177个(其中:国家级森林公园30个、省级127个);创建国家森林城市4个、省级森林城市(县城)34个。全省生态环境质量评比连续多年居全国前列,是全国生态环境、空气质量均为优的省份。[2]

2000年,根据原国家林业局的部署,福建开展了生态公益林区划界定工作,现场区划界定重点生态区位的生态公益林(含林地)共4294万亩,占林地总面积的30.7%,其中国家级生态公益林面积2290万亩,省级2004万亩,主要分布于江河源头、一级支流源头、江河两岸、水库周围、沿海岸线、野生动植物保护区、自然与人文遗产地、国防军事区、国道两旁以及坡度36度以上的山坡地。2001年,财政部在全国11个省开展生态效益补偿改革试点,福建作为其中的试点省份,每年由国家财政对其中的1300万亩公益林进行补助,每亩补助5元,后来增加到2290万亩的国家级生态公益林全部由中央财政每亩补助5元;其余的由省级财政进行补助,先期每亩仅补助1.5元,后每年增加财政预算1000多万元,到2007年与国家补助持平。2007年,省政府正式出台了江河下游地区对

〔1〕 傅凯峰、刘建波:《非凡十年,从数据看福建林业》,载《中国绿色时报》2022年11月16日,第1版。

〔2〕 林进添:《主体功能区分类视角下的森林资源离任审计——基于福建省ZP县自然资源资产离任审计试点的调研》,载《福建江夏学院学报》2016年第1期。

上游地区森林生态效益补偿实施方案，以设区市为单位，以2005年城市工业和生活用水量为依据，考虑到各地生态公益林数量及其对流域的贡献大小、地方经济发展水平不同，分三类标准：(1)福州、厦门、泉州三个经济比较发达地区，按0.1元/吨测算；(2)南平、三明、龙岩三个主要上游生态林地区，按0.05元/吨测算；(3)漳州、莆田、宁德三个区域按0.06元/吨测算。全省每年可筹措生态公益林补偿资金8590万元。补偿资金由各设区市人民政府负责筹措，统一上缴省财政专户，按照统一标准对全省4294万亩生态公益林进行补偿。这样，平均每亩生态公益林可提高补偿标准2元(在2007年5元/亩补偿标准的基础上提高到7元/亩)。[1]

经过几年的努力，福建生态公益林补偿的成效已逐步显现。省委、省政府从生态文明的角度出发，对相关产业在谋求整体利益的过程中丧失的部分个人利益给予经济补助，使福建省生态环境与生物多样性保护取得了一些效果。2007年，福建省创造性地实施了江河下游地区对上游地区森林生态效益补偿政策，开创了全国区域性生态公益林补偿的先例。2008年福建省开始地方公益林区的划界工作，2009年补偿覆盖面进一步扩大到国家级公益林。2010年开展国家级公益林的分级划界，2011年着手编写县级实施方案，2012年又进行了全省公益林的分区划定，至此形成了一套相对完整、稳定的公益林补偿体系。[2]

“十二五”期间，福建大力实施“四绿工程”，5年植树造林111万公顷，全省森林覆盖率提高到65.95%，持续位居全国第一，森林蓄积量达6.08亿立方米，划定的省级以上生态公益林占林地面积

---

〔1〕 蔡加福、李岱一：《福建生态公益林补偿制度的缺陷与完善策略》，载《中共福建省委党校学报》2009年第2期。

〔2〕 福建省天然林保护工程办公室：《福建省森林生态效益补偿的实践与思考》，载《福建林业》2014年第2期。

约30%。[1]

“十三五”期间,福建林业又有长足发展。全省森林覆盖率达66.8%,超国土面积2/3,继续保持全国首位;活立木蓄积量达7.29亿立方米,居全国第七;林业总产值达6660亿元,居全国前列;植被生态质量全国第一,生态文明指数全国第一;习近平总书记亲自推动的林改工作树立了全国标杆;以林业生态建设为基础的长汀县水土流失治理成为全球典范。特别是在2020年统筹推进疫情防控和林业发展中,各项工作都取得新的成效。[2]

2021年7月,经省政府同意,福建省林业局印发了《福建省“十四五”林业发展专项规划》,该规划明确“十四五”时期的主要目标是:全省森林覆盖率达67.00%,森林蓄积量达到7.79亿立方米,林分结构进一步优化,森林质量和生态系统功能得到明显提升,优质生态和林产品供给能力显著增强,森林、湿地、草原资源保护发展体制机制更加完善,集体林权制度改革力争实现新的突破,初步建成以国家公园为主体的自然保护地体系,稳步推进林业治理体系和治理能力现代化。到2035年,全省森林覆盖率达67.30%,森林蓄积量达到8.29亿立方米,初步实现林业治理体系和治理能力现代化。

二、区域流域治理成效显著

福建省在流域生态补偿方面,采取以各级政府为主体,财政转移支付为主要补偿方式,充分发挥政府的主导作用,取得了显著成效。从2003年,由时任省长亲自协调建立九龙江流域生态补偿机制起,福建省流域生态补偿的几次重大进展都是靠各级政府的协

---

〔1〕《福建省人民政府办公厅关于印发〈福建省“十三五”生态省建设专项规划〉的通知》(闽政办〔2016〕44号)。

〔2〕福建省林业局《2020年福建省林业工作总结》。

同推进。在开展九龙江流域生态补偿的试点工作中,省政府协调设立专项资金,制定《九龙江流域综合整治专项资金管理办法》,对资金的筹集、管理、用途、考核、违规责任等作出规定,要求按照统筹安排、专款专用、突出重点、确保实效的原则,将专项资金用于九龙江养殖业污染治理和垃圾、污水治理等项目。2003～2008年,由厦门市政府每年出资1000万元,漳州和龙岩各配套500万元,每年共2000万元;省环保厅每年安排400万元,2005年起每年安排800万元,专项用于龙岩、漳州的流域环境整治及生态补偿。2005年,闽江流域生态补偿试点全面展开。与九龙江的流域生态补偿类似,省政府制定出台《闽江流域水环境保护专项资金管理办法》,规范了生态补偿的形式和内容。2005～2008年,福州市政府、三明市政府、南平市政府分别出资1000万元、500万元、500万元用于专项治理闽江流域。有些资金在福建省财政厅设立专户,专项用于闽江流域污染区域的环境整治及生态补偿。2009年,省政府出面协调福州、厦门两市出资由原来的1000万元/年提高至3000万元/年。2011年省委又出台文件要求福州、厦门两市出资再次提高至8000万元/年。2005年起,晋江、洛阳江流域实施流域上下游生态补偿机制。泉州市政府出台了《晋江、洛阳江上游水资源保护补偿专项资金管理暂行规定》及实施细则,明确了补偿资金的使用原则和考核机制。由下游取水的市、县(区)政府按取水量筹集资金,目前每年筹集2亿元,用于支持晋江上游南安市、永春等区域及洛阳江上游地区污染治理和水资源生态保护,为流域生态补偿的落实提供了有力保障。2008年,在省委、省政府的推动下,原环保部将闽江、九龙江流域等地区列为首批生态环境补偿试点地区。[1]

福建作为流域生态补偿的先行者,试点工作取得了一定成效。

---

〔1〕 林婕:《流域生态补偿立法研究——以福建省为例》,福州大学2014年硕士学位论文。

2015年《福建省重点流域生态补偿办法》出台，福建流域生态补偿机制初步建立，有效调动了流域上游地区的保护积极性。补偿资金主要用于畜禽养殖污染、乡镇垃圾处理、农村面源污染整治等项目，促使流域污染物排放总量得到有效控制，推动了主要流域水质的改善。具体来看，闽江、九龙江、汀江等流域的Ⅰ～Ⅲ类水质达标率自2004年以来均有显著提高，流域环境污染和生态破坏的趋势得到控制。2017年，福建省进一步建立了覆盖全省12条主要流域的全流域生态补偿长效机制。2018年，省财政厅、环保厅下达重点流域生态保护补偿资金13.36亿元，比上年度增加2.32亿元。[1]

2020年安排重点流域生态补偿资金1.46亿元，重点支持相关县(市)区开展饮用水水源地保护、生活污水垃圾处理设施建设修缮和运行、流域污染防治、流域生态保护与修复等重点项目。同时，持续开展"重点流域生态补偿机制建设"专题调研，加快探索创新生态补偿试点工作。[2]

2020年，为推进流域生态补偿，福建省政府向重点流域生态保护补偿投入资金16.63亿元，较上年增长12.8%，有力促进了流域上游可持续发展和全流域水环境质量改善。闽粤两省制定《2019—2021年汀江－韩江上下游横向生态补偿实施方案》，投入省级以上补偿资金3.64亿元，跨省流域生态补偿步入常态化。[3]

2021年，全省主要流域Ⅰ～Ⅲ类水质比例97.3%，与上年基本持平，比全国平均水平高12.4个百分点；县级及以上集中式生活

---

〔1〕 王永珍：《生态补偿，共护一江清水》，载《福建日报》2018年7月17日，第1版。

〔2〕 福建省审计厅：《福州市深入实施重点流域生态补偿工作机制》，载福建省审计厅网，https://sjt.fujian.gov.cn/zwgk/gzdt/fzdt/202106/t20210602_5605701.htm。

〔3〕 福建省生态环境厅：《2020年福建省生态环境状况公报》。

饮用水水源地水质达标率100%。[1] 2022年，全省主要流域水质总体保持为优，Ⅰ~Ⅲ类水质比例98.7%，县级及以上集中式生活饮用水水源地水质100%达标，主要湖泊水库水质总体保持为优。[2]

2023年3月，福建省财政厅等部门印发通知，明确2023~2025年，延续重点流域生态保护补偿政策，按照“改善者受益、恶化者赔偿”原则，推动流域范围的市、县（区）持续改善水质。补偿资金由市县统筹安排，优先用于支持国家和省里确定的碧水攻坚战重点任务，并新增了美丽河湖及生态缓冲带建设、县级城市及农村黑臭水体治理等支持方向。[3]

总体而言，福建省在流域生态补偿方面的努力和成就，展示了政府、地方和各相关部门之间的紧密合作和协调，为流域生态补偿的落实提供了有力保障。

三、主要污染物减排工作进一步推进

2017年，全省共关闭或拆除禁养区及可养区内未限时完成改造或改造后仍不达标的生猪养殖场（户）2.33万家，消减生猪544.5万头；完成可养区生猪养殖场标准化改造3759家，全省累计完成生猪规模场升级改造6210家。[4]

根据福建省2018年主要污染物环境统计数据，当年，全省废水排放总量32.61亿吨，其中，工业废水排放量14.70亿吨。化学需氧量排放量40.07万吨，其中，工业化学需氧量排放量2.36万吨。氨氮排放量5.41万吨，其中，工业氨氮排放量0.16万吨。工业废

---

〔1〕 福建省生态环境厅：《2021年福建省生态环境状况公报》。

〔2〕 福建省生态环境厅：《2022年福建省生态环境状况公报》。

〔3〕 福建省商务厅：《建延续重点流域生态保护补偿政策》，载福建省商务厅网，https://swt.fj.gov.cn/xxgk/swdt/swyw/snyw/202303/t20230308_6127800.htm。

〔4〕 倪喜云、尚榆民：《云南大理洱海流域农业面源污染防治和生态补偿实践》，载《农业环境与发展》2011年第4期。

气排放量 19854.87 亿立方米。二氧化硫排放量 12.19 万吨，其中，工业二氧化硫排放量 10.00 万吨。氮氧化物排放量 28.41 万吨，其中，工业氮氧化物排放量 16.92 万吨。烟(粉)尘排放量 17.48 万吨，其中，工业烟(粉)尘排放量 15.47 万吨。全省一般工业固体废物产生量 6117.60 万吨，综合利用量 3861.21 万吨(含往年贮存)，处置量 2188.41 万吨(含往年贮存)，贮存量 190.68 万吨，倾倒丢弃量 0.66 万吨。全省工业危险废物产生量 98.47 万吨，综合利用量 48.42 万吨(含往年贮存)，处置量 53.97 万吨(含往年贮存)，贮存量 3.09 万吨，无倾倒丢弃量。[1]

2020 年，全省危险废物产生量 143.5 万吨(不含医疗废物)，利用处置量 143.9 万吨(含上年度贮存量)。全年跨省转移危险废物 10.3 万吨，其中转出 9.4 万吨，转入 0.9 万吨。医疗废物、涉疫垃圾收集处置量 3.3 万吨，处置率 100%。进口固体废物总量 44.59 万吨，同比下降 39.74%。同时，全省危险废物持证单位 97 家，总核准利用处置能力 186.9 万吨/年(其中医疗废物处置能力 5.1 万吨/年)，新增 30.7 万吨/年，同比增长 19.65%。另外，2020 年，全省还新扩建生活垃圾处理设施 13 座，新增处理能力 1.21 万吨/日。截至 2020 年年底，全省城市(含县城)运行生活垃圾无害化处理设施 80 座，无害化处理能力 4.74 万吨/日，其中生活垃圾焚烧发电厂 29 座，处理能力 3.69 万吨/日，占总无害化处理能力的 77.9%。[2]

2021 年，福建省严格采取以下行动，以促进主要污染物减排工作的进一步推进。一是严格重点污染源头防控。强化 212 家土壤污染重点监管单位环境监管，组织开展农用地土壤镉等重金属污染源头防治行动，排查发现问题企业 26 家并督促完成问题整治。

---

〔1〕 福建省生态环境厅：《2018 年福建省主要污染物环境统计数据》，载福建省生态环境厅官网，https://sthjt.fujian.gov.cn/ztzl/zywrwpf/202002/t20200210_5192756.htm? ivk_sa=1024320u。

〔2〕 福建省生态环境厅：《2020 年福建省生态环境状况公报》。

二是强化危险废物环境监管。全省共8789家涉危废单位在“福建省生态云固体废物环境监管平台”注册申报(不含医疗机构),累计运行电子联单15.4万余份。组织开展年度危险废物规范化环境管理评估。动态更新全省856家危险废物产生单位重点监管企业清单。立案查处涉危险废物环境违法案件84起,罚款1084.8万元,移送涉嫌犯罪案件39起。三是加强重点领域重点行业污染防治。组织各地强化涉疫垃圾污水安全处理,坚决打赢疫情防控阻击战。持续开展危险废物专项整治三年行动,组织开展煤焦油、铝灰渣和废弃危化品危险废物专项排查,推动375个问题按期整改。印发电镀、有色金属采选和皮革、铅蓄电池、铜冶炼5个行业污染防治工作指南。[1]

综合来看,福建省在污染物排放控制方面的努力,涉及范围十分广泛,并取得相应成就,这些成就生动彰显了全省在环境保护方面的坚定决心。

四、矿产资源保护和矿山地质环境治理稳步推进

2006年以来福建省陆续出台了在采矿山进行生态环境恢复治理的相关规定,要求每个矿山企业按照开采标高差、开采方式、采矿证登记面积等因素,缴存矿山生态环境恢复治理保证金,待完成恢复治理后,保证金给予全额返还,对未按恢复治理方案开展生态环境恢复治理的矿山,保证金不予退还,由当地政府组织治理,并负责向矿山企业追缴恢复治理资金的不足部分。2012～2018年,福建省国土资源厅、省财政厅、省环境保护厅联合出台《福建省矿山生态环境恢复治理保证金管理办法》,规范矿山生态环境恢复治理保证金的缴存、管理和返还,规定了采矿人开采矿产必须边开采边恢复,以减少对矿山周边生态环境的破坏。

---

〔1〕 福建省生态环境厅:《2021年福建省生态环境状况公报》。

福建省还通过筹措资金、开展生态保护运动、建立试点等方式，促进生态补偿机制的发展。筹措资金，可以为福建生态补偿提供财力保障。2016 年福建省人民政府《关于健全生态保护补偿机制的实施意见》规定，增加公共财政对生态保护补偿的投入，将生态保护补偿与生态建设、环境污染治理相结合，形成生态环境保护的整体合力。引导社会各方积极参与，探索生态保护补偿市场化、社会化运作，拓宽生态保护补偿资金的筹集渠道。[1] 生态补偿机制的范围和内容非常广泛，其开展形式也是多种多样的，包括实施污染物减排、对江河湖泊进行治理、野生动物多样性保护、农村人居环境示范村等，这一系列措施取得了显著的成果，如闽江、九龙江等水域得到了治理、巩固、提高。通过生态补偿试点为重点区域提供重点照顾，并为其他生态补偿地区提供经验和借鉴。完善生态保护财力转移支付制度，建立稳定的投入机制，综合考虑不同主体功能区生态功能因素和支出成本差异，切实加大对限制开发区域、禁止开发区域特别是重点生态功能区的财力支持力度。积极争取将闽江、九龙江、汀江源头和以武夷山 - 玳瑁山山脉为核心的区域内有关县(市)调整纳入国家重点生态功能区，享受中央财政转移支付政策。这些地方成为福建省财政厅转移支付的重点区域，地方产业转型得到了支持，生态补偿机制建设成为全省的典范和榜样。

福建省建立了生态环境质量监控与激励约束机制，通过奖励和惩罚两种措施提高资金的使用效益。例如，在流域治理上，《福建省重点流域生态保护补偿办法》(2017 年修订)规定，不跨设区市的流域生态保护补偿，水质达到考核要求的，省财政从省小流域“以奖促治”专项资金中给予支持。对挪用补偿资金或未将资金用

---

〔1〕 高欣：《浅谈积极探索建立云南省生态补偿机制》，载《环境科学导刊》2009 年第 1 期。

于水环境治理和生态保护的地区，视情节扣减该市、县在该年度获得的部分乃至全部生态保护补偿资金，并依法依规处理；对水质考核不达标的市、县或发生重大水环境污染事故的市、县扣减20%的补偿资金，扣回资金结转与以后年度补偿资金一并分配。

第三节 福建生态补偿制度的问题检视

在国家和福建省委、省政府的带领下，福建的生态补偿制度建设取得长足发展，已践行的生态补偿措施产生了积极的效果，但也出现了不少问题，需要进行改进和完善。存在的问题如下。

一、福建生态补偿面临严峻的现实考验

在福建，资源有偿使用制度在部分领域已践行多年，生态补偿制度在许多地区得到落实，取得了显著的成绩。尤其是在生态文明建设理念的指引下，省政府和地方政府在生态环境管理方式、生态法律法规建设、生态功能区域的保护、生物多样性的保护、建设美丽乡村等问题上进行详尽的政策规划并付诸实践，福建省2014年被中央确定为全国首个省级生态文明先行示范区，2016年又成为全国首个国家生态文明试验区，福建林地得到了保护，水土保持较好，农村新能源融入日常生活，各种生态工程出现在福建的大地之上。[1] 但由于受到福建省传统经济发展模式的影响，且伴随着城市化进程的加快，农村人口向城镇转移，为了适应人口的增长，自然资源被大量地开采，加上长期以来，资源开发缺乏长效的保护和补偿机制，如因植被破坏而产生的环境问题、资源得不到合理的利用而产生的生态遭破坏、水土流失严重、水污染持续等问题仍然

〔1〕 苏庆华：《黔东南社会主义生态文明建设的理论与实践研究》，云南大学2012年博士学位论文。

突出。福建生态补偿和资源有偿使用面临严峻的现实考验,具体体现在以下方面。

(一)工矿企业污染问题

矿产资源属于不可再生资源,对矿产资源的不合理开发利用造成的资源、生态、环境等问题已严重地影响了经济社会的可持续发展。矿产资源开发利用过程中诱发的资源生态环境负效应主要包括资源破坏、水源污染、大气污染、水土流失、植被破坏和其他负效应,其问题的实质在于人类对资源的贪欲和无知,过分地向自然索取,对环境系统的复杂机理知之甚少而又贸然采取行动,结果导致环境质量下降,从而产生了一系列资源环境问题。

福建省矿产资源开发利用方式较粗放,规模化集约化程度不高,部分矿山尤其是小型矿山资源浪费现象依然存在。由于采矿、选矿活动会使地表水或地下水含酸性、含重金属和有毒元素,形成矿山污水,危及矿区周围的河道、土壤,甚至破坏整个水系,影响生活用水、工农业用水。有毒元素、重金属侵入食物链后,必然会产生生态风险。露天采矿的钻孔、爆破以及矿石、废石的装载运输过程中产生的粉尘,废石场废石的氧化和自然释放出的大量有害气体,废石风化形成的细粒物质和粉尘,以及尾矿风化物等,在干燥气候与大风作用下会产生尘暴等,这些都会造成区域环境的空气污染。许多矿山随意倾倒固体排弃物导致沟壑、河道淤塞,泄洪不畅,水患不断。另外,矿山开采,尤其是露天开采,使大面积的土地遭到破坏或被占用,矿产开发导致的水土流失、环境污染及诱发地质灾害等局部环境问题时有发生,资源开发与环境保护之间的矛盾仍然存在,部分历史遗留矿山地质环境问题仍较突出,使矿区邻近的农村地区生态环境受采矿重金属污染的风险加大。如有学者研究发现,福建沿海地区是福建省主要的经济带,也是福建主要的水稻种植区。近年来经济发展迅速,农田土壤污染现象时有发生,调查发现该区出产的稻米有镉、铅等重金属含量高的现象。[1] 福建省沿海农田土壤主要为黄色、浅黄色的酸性的黏壤土或砂质黏壤土。这些土壤受到了汞(Hg)和镉(Cd)的污染，其中，Cd表现为轻度到中度污染水平，而Hg则表现为中度到重度污染水平。[2] 典型案例为紫金矿业集团的紫金山铜矿湿法厂污水池先后两次发生含铜酸性溶液渗漏，造成汀江重大水污染事故，直接经济损失为3187.71万元。紫金矿业的固体废弃物含有大量的有毒物质，对水源和土壤造成严重污染；露天开采、穿孔爆破以及岩块破碎、装载与运输过程中都会产生大量的粉尘污染等。[3]

（二）生物多样性保护问题

福建省由于其特殊的地理位置和气候类型，孕育了极为丰富的自然资源，是我国物种最丰富的热点地区之一，生物多样性十分丰富。但近年来经济的发展对生物多样性造成了严重威胁，外来物种的入侵致使本土物种资源流失严重，生物多样性急剧下降。福建省是物种丰富度指数最高的省份之一，全省共有脊椎动物997种，占全国总种数的15.47%。福建省824种陆生高等动物中，有129种物种受到威胁，其中，极危物种(CR)14种，濒危物种(EN)22种，易危物种(VU)62种，近危物种(NT)31种。在全省4475种野生维管束植物中，1079种物种受到威胁，其中，极危物种(CR)16种，濒危物种(EN)30种，易危物种(VU)135种，近危物种(NT)89种，且一些非国家重点保护野生动物种群下降趋势明显。尽管福建农作物品种有800多个，但由于经济建设的快速发展，大量的耕

[1] 柯庆明、梁康迳等：《福建省水稻稻米重金属污染的对应分析》，载《应用生态学报》2005年第10期。

[2] 陈迪云、谢文彪等：《福建沿海农田土壤重金属污染与潜在生态风险研究》，载《土壤通报》2010年第1期。

[3] 陈孝劲：《矿产资源开发环境补偿机制研究》，中国地质大学(北京)2011年博士学位论文。

地和园地被占用，许多当地特有优良品种资源丧失严重，不少品种的种质资源已经灭绝或濒临灭绝。传统粗放型经济模式和人类薄弱的保护意识，人为干扰和生境破坏导致野生遗传资源的大量破坏，一些农作物野生近缘种的生存环境遭受破坏，栖息地丧失，分布点消失或萎缩。部分珍贵、特有的农作物、林木、花卉、畜、禽、鱼以及地方传统和稀有品种丧失，如福安花猪、晋江马、金湖乌凤鸡、白绒乌骨鸡、漳浦野生稻、福建山橘、金豆野生资源等流失严重，部分已经灭绝。中药的需求量迅速增长，造成过度采收，许多山地的大量开发利用导致中药野生资源的生存空间逐渐缩小，从而造成部分中药材资源枯竭。[1]

外来入侵物种最大的危害就是它破坏了本地生态系统的平衡，危及本地物种的生存，造成生物多样性的丧失，同时也带来了巨大的经济损失，给人们的生活和生存环境造成了破坏。如水葫芦疯长成灾，布满水面，严重破坏水生生态系统的结构和功能，导致大量水生动植物的死亡，同时也影响航运。互花米草在宁德地区的疯长，导致贝类、鲍鱼、水藻等生物大量窒息死亡。此外，大米草在闽东沿海的滩涂已泛滥成灾，大米草堵塞航道、影响海水交换能力，导致水质下降、与沿海滩涂红树林等本地植物竞争生长空间，严重威胁到本地的生物多样性。[2]

（三）农村环境污染问题

福建省农村生态问题日益严峻。福建省作为一个欠发达省份，农村、少数民族村寨较多，农业是其主要经济来源。农业生产的一些陈规潜在地污染了环境，同时，由于农村产业经济的发展，

---

〔1〕 福建省环境保护厅：《福建省生物多样性保护战略与行动计划（2014—2030年）》。

〔2〕 宁昭玉、胡树泉等：《福建外来物种入侵现状及对经济社会和生态的影响》，载《华东昆虫学报》2007年第4期。

又出现了一些新的生态问题,使农村环境问题不断恶化。首先是农村面源污染问题突出。福建省是全国单位耕地面积的化肥施用量最高的省份之一,化肥使用量从2001年的1,173,704吨增长到2016年的1,238,417吨。[1] 在大部分农村,农民的环保意识淡薄,随意性突出,使日常生产中许多污染物未经处理就进入生态循环,造成了土壤、水体、空气等各方面的污染,形成了大面积农村面源污染。福建省在农业生态补偿方面的实践探索还处于初级阶段,还没有农业生态补偿方面的专项法律法规,农业生态补偿的主体、对象、范围、标准、方式、资金来源等都不明确。要在全省范围内建立起农业生态补偿机制还有很长的路要走。[2] 近年来福建农村畜牧业的发展十分迅速,随之而来的是一系列的环境问题,如环境质量的恶化等。其畜禽养殖业近年来发展迅速,2017年福建全省生猪养殖存栏数达983.18万头,但除少数上规模的养殖场有粪污处理设施外,多数养殖场(户)所产生的家禽粪便、污水得不到有效处理,从而对自然环境造成严重的污染。[3] 福建省农村畜牧养殖点多、面广,规模小,技术落后,设施不全,未能将产生的污染物进行集中有效的处理,致使它们飘散在农村的各个角落,经过风吹雨打日晒,发酵成了对人体有害的污染物,严重影响了农村的人居环境,威胁了当地经济的持续发展和人们的饮水安全,故当前农村养殖业污染已成为亟须解决的问题之一。[4] 其次是乡镇企业的环境破坏,福建省矿产资源丰富,乡镇企业众多,对农村的环境造

---

〔1〕 福建省统计局、国家统计局福建调查总队编:《福建统计年鉴-2017》,中国统计出版社2017年版。

〔2〕 刘玲:《福建建立农业生态补偿机制的政策与措施研究》,载《台湾农业探索》2013年第5期。

〔3〕 张玉珍:《福建省沿海农村地下水污染成因及防治对策》,载《福建工程学院学报》2011年第1期。

〔4〕 杨文栋:《云南农村环境问题及其保护初探》,载《环境科学导刊》2012年第5期。

成较大的破坏,严重污染了农村的水环境,这些各种类型的工矿企业在生产过程中,还产生了许多固体垃圾和有害物品,由于农村基础设施和管制的缺失,这些垃圾和物品就弃置于居住地周边和田间地头,水塘及河流中,使污染的广度和深度都在不断延伸和扩展,对人们的身体健康形成了巨大的威胁。

(四)海洋生态补偿问题突出

福建省海洋生态补偿机制建设还处于初始阶段,各部门根据各自领域内的问题提出相应的补偿方案,制度还较为简单粗糙,部门利益化和利益部门化现象严重。目前,常见的海洋生态补偿基本上采用的是以财政拨款、补贴、罚款、征税收费等方式为主的政府行政主导模式,市场发挥作用的范围狭窄。用以体现资源稀缺性的价格机制等市场化手段缺乏,企事业单位投入、优惠贷款、社会捐赠等其他渠道明显缺失。多层次、多类型、多途径的立体补偿体系还没有构建起来;生态补偿名目多,为生态环境做出贡献或者牺牲的公众得到的补偿少;资金物资补偿多,生产方式转换补偿少;生态建设补偿多,环保扶贫补偿少。虽然也制定了如《福建省海洋环境保护条例》《福建省海岸带保护与利用管理条例》《福建省海域使用补偿办法》等有关海洋生态补偿方面的一系列制度、方案,但是,到目前为止还没有一个专门的海洋生态补偿法律规范。

(五)生态补偿思想认识偏差

目前,对资源有偿使用和生态补偿的理解,无论是政府层面还是普通民众,都存在显著的偏差和不足。在政府和相关部门中,虽然有人强调完善生态补偿制度的重要性,但这样的声音还相对微弱。各部门往往只是根据自身领域内的具体问题提出了相应的补偿方案,而这些方案往往较为粗糙和简单。例如,有些人将资源狭义地理解为水、土、林等自然资源,对生态容量资源、环境质量资源等更广泛的生态价值的认识明显不足;有些人则将生态补偿与政府财政补助等同,或者将其理解为欠发达地区的单向需求,或者仅认为生态补偿是由政府主导的各类工程和项目。这些观点都没有充分认识到生态补偿的多样性、全局性、系统性和正当性。普通群众对资源有偿使用和生态补偿的概念更为陌生,很难将这些理念与自己的日常行为联系起来。然而,事实上,资源有偿使用和生态补偿与社会的每一个成员都息息相关。缺乏公众的社会共识和相关管理者的准确认识,可能会在很大程度上阻碍福建省的生态文明建设。特别是在福建省"十三五"规划的进一步推进与落实的背景下,深化生态意识、充分认识到完善资源有偿使用和生态补偿制度的重要性,显得尤为紧迫和必要。

二、福建生态补偿缺乏健全的制度保障

当前福建生态补偿取得进步只集中在几个方面:耕地占用补偿、森林资源生态补偿、草原资源生态补偿、湿地保护区生态补偿、自然保护区生态补偿、野生动物肇事补偿等。从总体上来看,福建的生态补偿只集中于几个方面,以耕地、林地、草地、湿地、野生动物等为主,这些方面是生态补偿的关键点,但只是几个关键点,如何由点到面,形成统一、标准、规范的生态补偿体系,建立有效的监督体制和收费标准,真正发挥生态补偿机制的作用,是当前急需解决的问题。[1] 福建生态补偿和资源有偿使用缺乏健全的制度保障,主要表现在以下几个方面。

(一)资源有偿使用制度不完善

自然资源利用制度应该反映出所有者及使用者经济利益的实现、资源的高效配置及资源开发的约束,并保障资源地的生态环境。由于现有的资源有偿使用制度并不完善,过去很长一段时间

---

〔1〕 高欣:《浅谈积极探索建立云南省生态补偿机制》,载《环境科学导刊》2009 年第 1 期。

内,资源所有权与使用权高度统一在国家手中,导致资源的所有权及使用权,都无法通过市场进行交换,资源配置效率很低,资源价值无法真实反映出来。1978 年以前,我国对非再生资源实行低价政策,长期的价格管制使非再生资源的购买价格低于资源的全部成本,资源的所有权价值和矿业权价值无法得到市场化补偿。以资源税为例,其设立的目的是调节资源开发活动中的级差收益,但在具体实施中其征收对象既包括开采优质资源的矿山企业也包括开采劣等资源的矿山企业,也就是说,其实际的调整对象既包括资源的级差收益也包括资源的绝对收益,而且无偿性的税收制度无法体现资源的有偿使用原则。另外,资源的无价或低价使得资源开发进入壁垒过低,资源开发者无法意识到资源产权的价值。如矿山企业实际开采回收率的确定作用有限,资源浪费现象屡见不鲜;资源税设计的缺陷导致无法真实反映资源价格,造成所有者权益的流失等。[1]

(二)产权制度不合理及产权虚置

自然资源产权是社会团体或个人对自然资源的占有、支配、转让、受益以及其他权利的明确界定。我国《宪法》规定,自然资源属于国家所有,"国家保障自然资源的合理利用"。自然资源使用权是单位或个人依法对国家所有的或者集体所有的自然资源实际利用并取得相应利益的权利。现阶段的资源产权制度,将一些公共性很强的资源交给许多代表不同利益的团体经营,加上缺乏合理的资源产权管理部门,造成不同利益集团为追求自身利益最大化而损害国家的社会利益。目前,自然资源开发利用权的获得基本通过分配或行政授予的方式无偿提供给单位或个人使用。作为所有者的国家或集体和经营使用者的承包人的资源收益权在这种不

---

〔1〕 彭芳:《珠江流域生态补偿机制研究》,中南民族大学 2008 年硕士学位论文。

平等交易中将受到较大损失。名义上,自然资源属于国家所有,但事实上任何一个部门占有资源就占有了一块既得利益,易造成权益的纠纷。另外,在自然资源所有权与使用权分离之际,由于缺乏明确的租用关系,国家或集体对自然资源的所有权很大程度上没有得到体现,同时这种体制还给各级政府摊派提供了一个很好的借口。因此,当前的产权制度会导致管理部门对资源缺乏的投入和经营者对自然资源过度使用的短期行为。当前产权制度的不合理,还表现为产权虚置。长期以来集体自然资源所有权依附于国家所有权存在,而国家所有权由国务院及其有关部门代表行使,法律中又没有明确中央政府、地方政府、部门及所在地居民的权利义务,缺乏具体的自然资源产权主体代表,其实质是自然资源产权界定和产权关系不明确,国家所有权被虚置。

具体表现为:(1)国家对各部门、各级政府是行政权的授予,双方没有形成经济上的权利与义务,各级行政管理者享有实际的控制权;(2)资源产权性质不明晰,社会管理不到位,使用权人越位,自然资源被分解为部门及地方所有,常常导致国家的所有权没有在经济上得以体现;(3)部门、地方政府、社团和个人等各利益主体为争夺自然资源开发利用权益形成了条块分割的局面。[1] 对同一处资源,政府相关主管部门会从各自利益的角度出发,将其归属于本行业,往往造成不该开发的资源被开发。集体所有的资源产权虚置问题更加突出。在很多情况下集体所有的资源成了乡村组织(村委会、村民小组及村干部)的灰色收入,有些地方出现了“设租”的现象,即行政主管部门将本地资源出租给企业或个人“开发”。[2] 产权的虚置造成我国的资源浪费和环境污染,缺乏监督

〔1〕 李虹:《中国生态脆弱区的生态贫困与生态资本研究》,西南财经大学2011年博士学位论文。

〔2〕 陈树德:《民进云南省委为完善生态补偿支招》,载《人民政协报》2008年3月27日,第3版。

机制的地方与部门又常常占有当地的自然资源,导致资源流失与滥用。因此,传统的产权制度没有达到资源优化配置和保护生态环境的效果。为了合理配置自然资源,应该使自然资源的产权在各级市场中得以自由流转。虽然在资源的流转方面,我国相继制定了土地产权交易、矿产产权交易和水资源产权交易等方面的法规,但由于资源计价等方面存在困难,再加上相关法律、法治化措施还不健全,自然资源产权的流转缺乏完善的市场交易途径。在今后建立的有偿使用制度中还要考虑建立资源有偿有序的流转制度。

(三)补偿主体不明确

在实际的利益分配中,会涉及中央政府、地方政府、集体、个人等相关利益主体的利益。由于自然资源属于国家所有,中央企业对自然资源的垄断经营,不仅使资源所在地区的经济发展失去了依托,而且在非再生资源枯竭后,还给资源产地留下一大堆生态破坏、环境污染等问题。自然资源的管理和开发涉及水利、煤炭、石油化工、国土资源、农业、海洋、旅游、林业、环保、城市规划等十几个相关的部门,各部门并不掌握资源的使用、消耗及收益情况,谁也不对资源的价值管理负责,只管使用,不管保护和再生。在实际工作中,各部门往往只根据本部门的利益履行职责。此外,资源自然分区与资源开发利用行政分区管理的矛盾也较为突出。这种条块分割的管理体制,使得资源开发利用缺乏统一规划,使得补偿责任不明确,使得自然资源开发的补偿资金无法到位,造成资源浪费与生态环境破坏等问题的加剧。如退耕还林工程涉及国家、政府部门、地方政府、地方政府官员和农民各方之间的利益。退耕还林工程范围扩大之后,中央财政的负担越来越重,很多地方存在严重的超标建设,地方政府官员存在“寻租”“串租”的倾向,表现为政府提供劣质苗、监督不力和政策兑现不到位。[1] 虽然现行有许多与有偿使用和补偿关系密切的政策，但在资金的征收和使用渠道上并没有体现“有偿使用”和“补偿”的概念与含义。就矿产资源补偿而言，其设立的初衷是为了补充国家地勘投资资金来源的不足，但《矿产资源法》中又将其作为对使用矿产资源的支付。两者收费都是国家凭借对自然资源的所有权向开发经营者收取占用费和补偿性质的费用。一方面是国家所有权取得的收入，另一方面是促进自然资源的合理开发和利用，目前看来，两种目标都没有实现。不仅如此，资源的补偿制度仅实现欠量补偿而非等量补偿或者带有惩罚性的超量补偿，达不到补偿的真正目的。另外，补偿制度中还出现社会补偿缺位和国家补偿缺位的问题。开发利用资源造成环境生态破坏的，责任者有时无力赔偿，造成了社会补偿机制的缺位。无论是中央企业还是地方企业都由当地环保局履行监管职责，资源开发者向其缴纳各项环保费用。由于环保费用属于欠量补偿，区域性环境治理费用一部分要从地方财政收入中提取。而中央对地方财政的贡献较小，国家出面进行跨区域补偿的情况几乎不存在。在确定补偿对象时，各部门会囿于自身的利益，做出有利于自身的利益选择，处于弱势地位的群体只能得到较少部分的补偿。另外，由于产权虚置、监管不力及“寻租”的大量存在，补偿的最终目标未必能够很好地实现。[2]

（四）资源有偿使用和生态补偿的方式单一

仔细研究福建省各种资源有偿使用和生态补偿的相关制度，不难看出，目前常见的资源有偿使用和生态补偿方式基本是以政

---

〔1〕 王冬银：《城市化进程中耕地保护经济补偿模式研究》，西南大学 2013 年博士学位论文。

〔2〕 杜香玉：《云南生态文明建设对生态安全的作用研究》，载《昆明学院学报》2016 年第 1 期。

府行政主导为主,市场发挥作用的范围狭窄。政府行政主导多以财政拨款、补贴、罚款、征税等为主,市场方式仅见于采矿权交易、探矿权交易、排污权交易等较小的领域内,用以体现资源稀缺性的价格机制等市场手段用得不多,保险、福利彩票、股票、民间融资等多层次、多类型、多途径的立体补偿体系还没有构建起来,补偿方式太过单一。此外,福建省的生态补偿形式局限于单纯的资金补偿,资金补偿虽是最快和最有效的补偿方式,但资金补偿的长期性和稳定性不高。实物补偿、智力补偿、项目补偿、政策补偿等,现阶段在福建生态补偿中开展较少,这不利于福建生态补偿机制的持续发展。补偿方式的多样化发展,将为生态补偿提供更多的适应性、灵活性和弹性,从多个方面弥补单纯使用资金补偿的局限性,增强补偿的针对性和有效性,缩小补偿活动开展时间、地点的局限性。补偿方式的多样化,可以刺激补偿供给和补偿需求的关系,促进二者的良性动态关系的形成和维持。[1]

(五)福建生态补偿标准的确立是难题

生态补偿标准的确立并非福建独有的问题,几乎是全国生态补偿机制建设中普遍存在的问题。在具体量化生态补偿标准的方法方面,目前学术界广泛研究的几种计算方法,如机会成本法、收入损失法、费用分析法以及水资源价值法等都鲜见用于福建省的量化考核中。主要原因在于生态补偿制度在我国实施的时间较短,量化方面更是处于初始研究阶段。从资源有偿使用和生态补偿的量化标准的计算方法的研究方向来看,这些科学的计算方法会逐渐用于实践中。福建省还存在退耕还林还草生态补偿标准偏低、补偿范围太窄等问题。福建省在生态补偿标准方面缺少合理标准,这与福建生态补偿机制发展尚不成熟相关,不科学、不合理、

---

〔1〕 洪尚群、吴晓青等:《补偿途径和方式多样化是生态补偿基础和保障》,载《环境科学与技术》2001 年第 2 期。

不公平的现象时有发生，尤其是在跨行政区域的生态补偿中表现得更为明显。我国制定的资源有偿使用费较低。以森林生态效益补偿基金为例，我国执行的是全国统一的5元/亩的补偿标准，地方政府还要从5元/亩的补偿中提取一定的管理费（如1.5元/亩），使补偿的标准进一步降低。我国的油气资源和煤炭资源的矿产资源补偿费仅为1%。西方主要矿业国家以权利金的形式普遍征收，其征收税率为2%～12%。美国的油气资源及露天开采煤炭资源的权利金费率为12.5%。[1]

（六）法律法规和政策体系亟待完善

虽然现在各领域的资源有偿使用和生态补偿政策日渐规范，例如，在“谁污染谁治理”“谁受益谁补偿”“谁破坏谁恢复”的补偿原则等方面都高度一致，但是，到目前为止，还没有一个能涵盖森林、矿产、水土等多领域的资源有偿使用和生态补偿的综合性法律法规，只是以省政府办公厅的名义印发了《福建省综合性生态保护补偿实施方案》，并未形成地方性法规。福建省在生态补偿试点及其立法方面的进展并不尽如人意。尽管省政府早在2013年就将“福建省海洋生态补偿赔偿管理办法”等专门规范海洋生态补偿的地方性法律法规列入年度立法计划中的预备项目中，但现实情况并不乐观。时至今日，除了极少数地区如厦门市于2018年印发了《厦门市海洋生态补偿管理办法》（已失效）之外，大部分福建地区的相关立法工作并无明显进展。

福建省资源有偿使用和生态补偿制度建设还处于初始阶段，各部门根据各自领域内的问题提出相应的补偿方式，制度还较为简单粗糙，部门利益化和利益部门化现象严重。有关资源有偿使用和生态补偿的网站还没有建立，要了解这方面的全国和福建省

---

〔1〕 冯嫘：《云南省生态文明制度建设研究》，昆明理工大学2015年硕士学位论文。

政策,只能到福建省林业厅、福建省水利厅、福建省自然资源厅等部门的网站上查找。以“福建省资源有偿使用与生态补偿制度”为中心的制度体系应该具有适用于整个福建省各领域共同遵循的指导思想;应包括诸如事前评估申报制度、事中监测制度、事后考核制度等在内的全程管理理念;应有诸如政府信息公示制度、百姓反馈信息及时回复制度等在内的公开透明的制度等。但福建省在这个方面做得还不到位,使福建省资源有偿使用和生态补偿工作的效益受到影响。

当前福建省的生态补偿机制虽然取得成绩,但是尚存在许多不足之处,加之福建省自身存在的生态环境难题,加大了福建生态补偿机制建设的难度。福建生态补偿制度的法治化过程,将会促进福建生态补偿机制的大发展,为生态补偿的实施和完善提供法律保障,让生态补偿有法可依。福建生态补偿机制的建设,要始终坚持因地制宜的原则和关键,将福建各地的实际情况和国家相关的生态补偿法律法规有机结合并调整和完善相关政策,促进福建生态环境与社会经济的协调发展。生态补偿机制,并非政府之生态补偿,也并非企业公司之生态补偿,而是全体福建人民群众的生态补偿,生态文明和生态补偿的观念必须深入人心,形成风俗性和传统性的习惯,长存于心,其宣传至关重要,期待福建生态补偿政策的实施者、参与者做到清正廉明,尽职本分,真正奉献于生态补偿。福建生态补偿机制的建设并非一朝一夕、一蹴而就的事情,需要长期的实践和不断的完善,真正建立适合福建社会发展的生态补偿机制。

第三章　福建生态补偿制度的研究框架

第一节　福建生态补偿制度的关键构成

福建生态补偿制度的关键构成涵盖了多个方面。具体来说,这些核心要素包括监管制度、产权制度、财政制度以及金融制度。

一、监管制度

行政监管是有效实施生态补偿和资源有偿使用的一个必要措施。行政监管通过制定和执行法规,能够确保资源有偿使用的合法性和合规性。这一方面可以防止资源的滥用和浪费,另一方面也确保了资源使用者的合法权益。通过对资源使用的严格控制,行政监管有助于实现资源的可持续利用。

在生态补偿和资源的有偿使用过程中,其主体不仅包括利益相关者,还包括各级政府及其主管部门。因此,建议规定:国家对生态补偿实行中央统一决策、地方分级负责、生态保护相关利益主体参与的运行机制。同时要求政府及其主管部门，依照法律、行政法规的规定，在各自的职责范围内负责相应领域生态补偿监督管理的有关工作。[1] 除此之外，福建生态补偿和资源有偿使用应该按照信息化、市场化的方向，积极开展试点工作。信息和市场手段的运用可以以较低的成本获得较好的效益。建议在福建省人民政府网站开辟“福建省资源有偿使用和生态补偿”网页，专门用于公布有关资源使用和生态补偿的法律法规和政策、产业动态和行业信息等，建成多元化采集、主题化汇集和知识化应用的大数据平台。另外，建议省政府研究建立统一领导、超越部门和州市利益的资源有偿使用和生态补偿工作委员会，积极研究对策，争取成为国家资源有偿使用和生态补偿试点，并将生态补偿与精准扶贫结合起来，探索环保与扶贫协同推进的福建模式。

在社会主义法治建设背景下，生态补偿机制的建立和完善需要立法保障。我国的生态环境保护立法仅有关于生态补偿的原则性规定。梳理现行法律法规，借鉴其他地区立法经验，结合福建的生态文化，运用新《立法法》赋予地方的环境资源立法权先行先试，研究出台“福建省资源有偿使用和生态补偿条例”，明确资源有偿使用和生态补偿的权利义务关系，将试点政策通过地方性法规固定下来，为福建资源有偿使用和生态补偿提供制度保障。建立和完善生态补偿机制，是实施全国主体功能区战略的内在要求，是促进区域协调发展的重要举措，是建设生态文明的重要保障。“福建省资源有偿使用和生态补偿条例”的保护对象是西部自然资源，调整的是公民、法人、自然资源管理部门在自然资源开发、利用、保护、管理和改善过程中发生的社会关系，包括资源权

[1] 王琳玥：《中国生态补偿制度的法律探究》，西北农林科技大学2007年硕士学位论文。

属关系、资源流转关系、资源管理关系和其他经济关系。“福建省资源有偿使用和生态补偿条例”的立法宗旨是确保自然资源的合理开发和可持续利用,保护自然资源及珍贵的动物和植物,加强对自然资源的管理,禁止任何组织或个人用任何手段侵占或者破坏自然资源。“福建省资源有偿使用和生态补偿条例”的原则是对自然资源合理、适度开发原则;自然资源综合勘探、开发和利用原则;自然资源利用与营造相结合原则;自然资源保护原则等。

二、产权制度

自然资源具有公共性和外部性,自然资源产权要在充分考虑公共利益和所有者与使用者利益的前提下,通过政府分配或市场竞争等方式将自然资源的所有权配置给不同的产权主体,包括各级政府、企业和个人。明晰产权,不仅要明晰资源的所有权,还要明晰包括使用权、收益权和转让权在内的一系列权利。

具体的做法是:首先,确立各级政府的责、权、利关系,改变国有自然资源产权虚置的局面。比如,成立专门的国有资产管理部门,视其为委托人,即自然资源的所有权主体,统一行使所有权的各项权能,负责拟定相关制度,明确部门、政府及企业的责权利关系,规避委托代理关系中的“道德风险”,完善代理人监督机制,做好监控代理人和下一层代理人的行为,将资源交给最有能力的经营主体,以达到提高资源利用效率和保护资源、生态环境的目标和实现代际公平的目的。其次,充分发挥市场机制作用,建立反映环境资源价格的资源产权流转制度,实现环境资源产权交易的市场化。由于产权具有可分割性,在产权交易中可把整体的产权分割为多个“产权单位”进行买卖。如分割为所有权、使用权、收益权等,分别建立自然资源所有权、使用权转让的一级市场和二级市场,并创建包括买卖、承包、租赁、招标、拍卖、股份合作等在内的多种产权交易形式,为环境资源产权主体提供更多的契约模式。

三、财政制度

公共财政政策对福建建立生态补偿与资源有偿使用制度发挥着重要的作用,将自然资源有偿使用的税费纳入财政转移支付制度之中,建立自然资源开发补偿专项基金,制定资源、生态环境补偿任务,补偿由自然资源开发造成的资源损耗和生态环境破坏。

与此同时,建立健全生态功能区转移支付制度。福建省现行生态保护财力性转移支付按照奖补结合的原则,将转移支付资金分为生态保护补助资金和生态保护激励资金两部分。[1] 生态补偿性转移支付以各地生态能值为基础,加入中央财政、国家及省发改、生态环境部门对全省各地生态重要性的划分因素进行调整,生态环境破坏度越低、生态外溢价值越高,补偿的力度越大。生态保护性转移支付用于对各地通过自身财力安排的生态保护支出进行适当补助,以各地安排支出为基础,加入各地财政能力、生态重要度等因素进行调整,各地自身安排的生态保护资金越多,获得的奖励补助越多。区域引导性转移支付用于引导提高所辖生态功能区的基本公共服务水平,实施跨区生态补偿及保护,重点解决禁止开发区各类保护和发展问题,以各地国土面积占全省比例为基础进行测算,加入各地提供公共服务难易程度、禁止开发区保护工作量大小等因素进行调整,跨区域保护力度越大,省级支持力度越大。对于湖泊所在地、国家禁止开发区面积占比较高、辖有跨区大型水库等生态外溢性较大的地方,给予政策性补助,并对资源枯竭城市生态恢复和地质灾害治理给予补助。

除此之外,还必须建立其他资金来源通道。建立固定的自然

---

〔1〕《建立健全生态补偿机制:推进“美丽云南”建设》,载《中国财政》2013 年第 16 期。

资源补偿专项基金的作用有三个:一是整合现有不同渠道的发挥补偿作用的资金,消除职能部门利益化带来的弊端,提高有限资源的使用效果;二是调整现有有关可以发挥补偿作用政策的使用方向,扩大实现补偿目的的政策范围;三是增加新的资金来源,提高补偿的能力。自然资源补偿专项基金的主要资金来源有4个:(1)将企业或个人缴纳的资源有偿使用税费全部纳入基金中,并作为经常项目;(2)将国家对林业、水利农业、扶贫等专项补助金和相关收费收入的一定比例放入基金中,有效利用这类资金中可以发挥补偿功能的部分;(3)根据资源有偿使用的思路和矿产资源开发造成严重的生态环境问题的现实,在现有资源补偿费的基础上有所提高,其收入全部划入补偿基金;(4)基金接受社会捐赠和海外发展援助等资金。补偿的财政横向转移支付主要是在资源受让地的上下游地区之间发生,一是上游地方政府和居民为保护生态环境而付出的额外建设与保护的投资成本;二是因保护而丧失的发展机会成本。对发展机会成本的损失,可以用上下游与同类地区在产业结构水平、政府财政收入水平和居民生活水平等指标上的差距来考虑。在支付方式上,先进入上一级政府的资源补偿管理部门的账户,并设立专门的基金,由基金所在的资源补偿管理部门和横向转移的两地政府的财政部门共同监督管理。基金还可以通过募集社会资金,如捐赠、无偿援助等方式筹集。

四、金融制度

从长远来看,深层次的自然资源开发与保护需要强大的资本做后盾。社会化投入和多元化融资是资本来源的重要途径,也是市场经济条件下地区经济发展的必由之路。[1]

---

〔1〕 欧阳志云、郑华、岳平:《建立我国生态补偿机制的思路与措施》,载《生态学报》2013年第3期。

首先,股票上市、债券发行、项目融资、股权置换、设立生态环境基金等直接融资方式在资源环境保护项目中的应用,为项目提供了灵活多样的资金来源。通过股票上市,企业可以直接吸引社会资本,增强企业实力,从而更好地投入资源环境保护项目中。这些方法不仅增强了项目的资金支持,还促进了社会各界的参与。以福建省为例,一些生态保护项目通过向参与保护的个人或组织提供补偿,成功鼓励了更多的人参与到生态保护中来。

其次,信贷、债券作为自然资源环保融资的一种主要方式,在现阶段尤为重要。商业银行信贷成为资源环境保护项目融资的重要手段,不仅可以满足项目的短期资金需求,还可以通过债券市场长期筹集资金。

然而,这些融资方式也存在一些挑战和风险。例如,股票上市和债券发行可能会受到市场波动的影响;项目融资需要严格的风险评估和管理;商业银行信贷可能会面临坏账风险等。因此,合理选择和运用这些融资方式,需要综合考虑项目的特点、市场环境、风险控制等因素。

此外,政府和社会各界也应积极参与资源环境保护项目的融资。政府可以通过财政补贴、税收优惠等方式支持项目,引导社会资本投入;同时,还可以通过立法、监管等手段,规范市场行为,保护投资者权益。

第二节　福建生态补偿的重点领域

一、森林资源保护与补偿

森林生态补偿不仅是生态补偿的一个组成部分,更是其重要的分支,具有独特的地位和作用。首先,森林生态补偿的重要性体现在其对保护全球生物多样性的贡献上。森林是地球上最重要的生物多样性存储库之一,拥有丰富的物种多样性。然而,由于人类活动的影响,森林生态系统正在遭受严重威胁。在这种情况下,森林生态补偿成了保护森林生态系统,维持生物多样性的重要手段。其次,森林生态补偿在应对全球气候变化方面也发挥着关键作用。森林是地球上最大的碳汇,对于减缓全球气候变化具有重要作用。通过森林生态补偿,可以促进森林保护和恢复,从而增加碳吸收,减少温室气体排放。再次,森林生态补偿对于水源保护和土壤保护也具有重要意义。森林能够调节水源,保持水土,对于防止水土流失、保护水源具有重要作用。通过森林生态补偿,可以保护和恢复森林,从而保护水源和土壤。最后,森林生态补偿还有助于实现社会公平。森林生态服务的受益者往往并非森林的管理者或拥有者,这就导致了公平性问题。通过森林生态补偿,可以将森林生态服务的价值转化为经济补偿,从而实现公平分配。总的来说,森林生态补偿是生态补偿的一个重要分支,对于保护生物多样性、应对气候变化、保护水源和土壤及实现社会公平都具有重要作用。

在我国,森林生态补偿的研究起步较早。王永安指出,既要在道理上说服补偿者,同时也要有科学的森林生态效益计量方法、合理的补偿指标,从而使人们接受补偿值。陈钦等人提出了公益林生态效益补偿的 7 项措施,包括财政辅助、税收附加、由受益者承担公益林建设费用、发行国债、接受捐助、收缴全民义务植树绿化费、下游受益省份应承担上游省份公益林保护和建设费用。温作民提出了森林生态税政策设计的构想。李玉敏、侯元兆从森林环境服务的角度探讨补偿机制,分析了森林环境服务补偿机制组成的关键要素。李文华等提出了森林生态补偿的“三步走”战略,即补偿基金完善阶段、补偿基金与生态税双轨并行阶段、生态税独立运行阶段,同时其还提出以直接投入、机会成本和森林生态系统服务功能的效益作为生态补偿标准的依据。[1]

现阶段我国森林生态公益林补偿标准为75元/公顷,主要是根据国家财政能力进行的“补助”。所以,李文华教授还提出森林生态补偿应依靠国家及各地的财政能力分阶段逐步提高补偿标准,根据地域特点、林种、造林方式等,结合地方的经济发展水平进行分类补偿。

二、湿地资源保护与补偿

湿地生态补偿也是生态补偿的重点领域之一。这主要是基于,首先,湿地生态补偿的重要性体现在其对保护全球生物多样性的贡献上。湿地是地球上生物多样性最丰富的生态系统之一,拥有丰富的物种多样性。然而,由于人类活动的影响,湿地生态系统正在遭受严重威胁。在这种情况下,湿地生态补偿成了保护湿地生态系统、维持生物多样性的重要手段。其次,湿地生态补偿在水源保护和防洪方面也发挥着关键作用。湿地能够调节水源,储存大量的水分,对于防止洪水,保护水源具有重要作用。通过湿地生态补偿,可以促进湿地保护和恢复,从而保护水源和防洪。再次,湿地生态补偿对于维护气候稳定也具有重要意义。湿地是重要的碳汇,能够吸收和储存大量的碳,对于减缓全球气候变化具有重要作用。通过湿地生态补偿,可以保护和恢复湿地,从而减少温室气体排放。最后,湿地生态补偿还有助于实现社会公平。湿地生态服务的受益者往往并非湿地的管理者或拥有者,这就导致了公平性问题。通过湿地生态补偿,可以将湿地生态服务的价值转化为经济补偿,从而实现公平分配。总的来说,湿地生态补偿是生态补偿的一个重要部分,它对于保护生物多样性、

---

〔1〕 杨国霞:《我国生态补偿标准研究综述》,载《黑龙江生态工程职业学院学报》2010年第1期。

维护水源和防洪、保护气候稳定及实现社会公平都具有重要作用。

学术界也有不少学者围绕“湿地生态补偿”展开过相应研究。郭跃以永修吴城为例，通过对湿地资源、经济、农民保护湿地而付出的成本、湿地保护的示范意义等情况的调研，从湿地补偿主体、对象、方式等方面测算湿地生态保护的补偿标准。韩美等以黄河三角洲湿地为例，用生态价值损失作为生态补偿的标准，运用多种方法计算了因黄河三角洲环境破坏和湿地减少而造成的直接市场价值损失和生态服务功能价值的损失，把生态价值损失量作为补偿标准，研究表明湿地类型和确定补偿标准的依据不同会使补偿金额形成较大差异。倪才英等以鄱阳湖双退区湿地为例，运用区位商方法测算出一级主导生态功能和二级一般生态功能，通过对一、二级生态功能外溢性的定量计算，确定生态补偿的标准。李晖等以会仙岩溶湿地为例，通过对湿地周边居民的受偿意愿和桂林市居民的补偿意愿的调查，采用市场价值法等方法对当地主要生态价值进行计算，得出适宜的补偿值和补偿方式。[1] 熊鹰等人对洞庭湖湿地恢复引起的湖区农户收益减少和一系列的湿地生态服务功能的恢复表现“进行了价值评估”，由此计算出湿地恢复应对湖区移民农户的生态补偿值。鲍达明等对湿地生态效益补偿制度进行了构想，对制度设计的原则、补偿主体、客体、补偿基金的建立和管理、补偿方式、补偿标准、实施程序和监督管理等方面进行具体的制度设计。欧阳志云等对我国湿地的固碳速率和固碳潜力进行了评价，为湿地生态补偿提供了新的衡量标准。[2]

---

〔1〕 何伟：《生态补偿标准研究综述》，载《中国市场》2017年第11期。

〔2〕 杨国霞：《我国生态补偿标准研究综述》，载《黑龙江生态工程职业学院学报》2010年第1期。

总之,湿地生态补偿是福建省重点生态补偿的领域之一,对于保护湿地生态系统、提高湿地生态服务的提供能力、实现湿地生态服务的公平分配都具有重要作用。

三、流域资源保护与补偿

流域生态补偿是生态补偿的一个重要分支,它是一种通过政府宏观调控实现公平利用流域内水资源的经济管理政策,主要包括流域生态破坏补偿和流域生态保护补偿两种类型。流域生态破坏补偿,是指对流域生态环境产生破坏或不良影响的生产者、开发者和经营者应对环境污染、生态破坏进行补偿,对生态环境由于现在的使用而放弃的未来价值进行补偿。流域生态保护补偿,是指通过行政、法律和市场等手段,实现流域生态保护受益地区对因保护流域生态环境而受到各种限制和失去发展机会的上游地区给予优惠政策、资金、技术和实物等形式的补偿,其实质是通过流域上中下游地区之间部分财政收入的重新分配,把流域生态保护的责任和利益进行分割,中下游受益区对上游为生态环境保护做出的牺牲进行补偿,以实现“责任与利益”的平衡。

流域生态补偿的主体包括:(1)一切从流域水资源中受益的群体,包括工业生产用水、农牧业生产用水、城镇居民生活用水、水力发电用水、利用水资源开发的旅游项目、水产养殖等;(2)一切生活或生产过程中向外界排放污染物,影响流域水量和流域水质的个人、组织和单位,主要包括具有排放污染物的工业企业、商业、家庭、市政用水、水上娱乐及旅游用水等。流域生态补偿的对象主要是执行水环境保护工作等保障水资源可持续利用做出贡献的地区。

补偿额度的测算是流域生态补偿的核心和技术关键,国际上一般以上游土地的机会成本作为补偿的依据,具体测算方法包括土地耕种净收益的估算和居民支付意愿调查等。我国学者认为,流域生态补偿额度的测算主要以上游地区水环境保护的直接投入和机会成本，以及上游地区新建的流域水环境保护设施和受惠地区所接受的水量与水质为依据。

流域生态补偿的方式和途径很多，按照不同分类方法会形成不同的分类体系。按照补偿方式可以分为资金补偿、实物补偿、政策补偿、技术补偿和产业补偿等；按照补偿方向可以分为纵向补偿和横向补偿。补偿实施主体和运作机制是决定补偿方式本质特征的核心内容。目前，国外流域生态补偿主要通过公共支付、开放式贸易、协商贸易、生态标记等市场化途径进行支付；我国流域生态补偿机制以政府支付为主，具体可分为基于大型项目的国家支付、地方政府支付、小流域自发的交易模式、水权交易和水资源量的用水费支付等方式。〔1〕

四、矿产资源保护与补偿

矿产资源生态补偿是生态补偿理论在矿产资源保护中的运用。生态补偿有两种含义：一是自然生态补偿。《环境科学大辞典》将其定义为“生物有机体、种群、群落或者生态系统受到干扰时，所表现出来的缓和干扰、调节自身状态使生存得以维持的能力，或者可以看作生态负荷的还原能力”，或是自然生态系统对由于社会、经济活动造成的生态环境破坏所起的缓冲和补偿作用。二是环境法学意义上的生态补偿。通常环境法学界认为生态补偿有狭义和广义之分。狭义的生态补偿，是指对由人类的社会经济活动给生态系统和自然资源造成的破坏及对环境造成的污染的补偿、恢复和综合治理等一系列活动的总称；广义的生态补偿，还应包括对因环境保护丧失发展机会的区域内的居民进行的资

〔1〕 陈克亮、黄海萍等：《海洋保护区生态补偿标准评估技术与示范》，海洋出版社2018年版，第61页。

金、技术、实物上的补偿,政策上的优惠,以及为增进环境保护意识,提高环境保护水平而进行的科研、教育费用的支出。[1]

一般从广义出发理解,即矿产资源生态补偿,是指因矿山企业开采利用矿产资源的行为,给矿区周围的自然资源造成破坏、生态环境造成污染、矿业城市丧失可持续发展机会而进行的治理、恢复、校正所给予的资金扶持、财政补贴、税收减免及政策优惠等一系列活动的总称。具体包括4个方面的内容。

第一,因矿产资源的合法开采而给矿产资源重复利用造成的破坏,由矿山企业对国家(矿产资源的所有权人)做的补偿;

第二,因矿产资源的合法开采而给周围环境造成的污染破坏,由矿山企业对矿区居民做的补偿;

第三,因矿产资源的不适度开采而给矿产资源永续利用造成的破坏,由矿山企业对"后代人"做的补偿;

第四,因矿产资源的不合理定价而给矿业城市造成的成本投入损失,由其他工业城市对矿业城市做的补偿。

矿产资源生态补偿不同于矿产资源补偿。矿产资源补偿,是指作为矿产资源的所有者的政府通过对采矿人征收一定数量的费用,用于矿产资源勘探以及开发出新的技术以寻找新的替代资源,从而实现对矿产资源因开采而耗竭的补偿。生态补偿除了实现矿产资源"因开采而耗竭的补偿"外,还要实现矿产资源开采给矿区环境污染造成的补偿,以及实现矿产资源不合理的交易价格给矿业城市成本投入造成的补偿。因此,矿产资源生态补偿的范围比矿产资源补偿的范围要广,它的补偿对象除了矿产资源开采过程中因环境污染侵权而受到损害的受害者、为减少环境污染采取防污措施的采矿者外,还有为其他工业城市的发展作出贡献的提供低价矿产资源原材料的矿业城市。

---

〔1〕 黄锡生:《矿产资源生态补偿制度探究》,载《现代法学》2006年第6期。

五、区域资源保护与补偿

区域生态补偿也是生态补偿机制的重要组成部分，这是指基于生态主体功能区的特性和生态价值进行的补偿。区域生态补偿不仅关注单一的生态损害和修复，还从更广阔的区域角度，考虑整体生态系统的稳定性和可持续性。区域生态补偿的实施，首先，需要对区域内的生态系统进行全面的评估，包括生态服务功能、生物多样性、生态环境质量等方面。这些评估结果将为补偿标准的设定提供科学依据。其次，区域生态补偿也需要考虑社会经济因素，如地区的经济发展水平、人口密度、生活水平等，以确保补偿措施的公平性和可行性。总的来说，区域生态补偿是一项复杂的系统工程，它涉及生态学、经济学、法学等多个学科的知识，需要各方的共同参与和努力。只有这样，我们才能在保护生态环境和推动经济社会发展之间找到一个平衡点，实现人与自然的和谐共生。

区域生态补偿（regional eco-compensation）需将生态保护者、受益者和破坏者等生态补偿机制中的利益主体定位于区域尺度，关注于区域主体、区域产权和区域利益，并根据生态系统服务价值、生态保育的成本、区域发展的机会成本等，通过适当的经济、政策手段或制度安排，调节不同区域之间生态、环境和经济利益的不平衡，从而实现保护生态系统服务功能、提升整体环境质量、促进区域协调发展的目的。[1]

例如，水源涵养与保护区域生态补偿就是一个重要课题，其生态补偿机制的建立是一项复杂而长期的系统工程。建议将水源涵养与保护区生态补偿问题列入国家和相关部门的重点科研

〔1〕 王翊：《跨区域生态服务提供与补偿的理论分析》，载《求索》2011 年第 6 期。

计划,进一步加强对生态补偿体系的关键技术等问题的深入研究;还需要建立健全水源地生态环境监测网络体系,进行长期的科学观测和科学研究,为建立切实有效的水源涵养与保护区生态补偿机制提供有力的技术支撑。[1]

目前,在区域生态补偿实践过程中,执行者深刻地感受到我国在生态保护方面还存在结构性的政策缺位,特别是有关生态建设的经济政策严重短缺。这种情况使得生态效益以及相关的经济效益在保护者与受益者、破坏者与受害者之间不公平分配;导致了受益者无偿占有生态效益,保护者得不到应有的经济激励,破坏者未能承担破坏生态的责任和成本,受害者得不到应有的经济赔偿。这种生态保护与经济利益关系的扭曲,不仅使中国的生态保护面临着很大困难,而且也影响了地区之间以及利益相关者之间的和谐。

六、海洋资源保护与补偿

海洋生态补偿,作为生态补偿的特殊范畴,专门针对海洋生态环境的损害展开补偿。这一机制作为调整海洋生态保护建设与海洋资源开发利用之间利益关系的环境经济政策和规制工具,已成为推动海洋经济绿色转型、保护海洋生态环境、促进海洋生态文明建设的重要手段。党的二十大报告提出,发展海洋经济,保护海洋生态环境,加快建设海洋强国。在海洋强国战略下,建立反映市场供求、资源稀缺程度、生态价值和代际补偿的资源有偿使用制度和生态补偿制度尤为关键。海洋生态补偿机制因此被确立为我国生态文明体系的重要组成部分,其在海洋生态保护工作中的地位逐渐得到提升,为该机制的建立和完善提供了坚实

---

〔1〕 耿雷华主编:《水源涵养与保护区域生态补偿机制研究》,中国环境科学出版社2010年版,第158页。

的政策支撑。自2019年国家机构改革完成以来,海洋自然资源利用和生态环境保护的管理体制机制逐渐理顺。海洋生态补偿包括模式、类型、主体、范围、方式和标准等方面,也得到了优化和发展。国家陆续发布的政策文件为海洋生态补偿机制的实施提供了理念、原则指引和实现方法的支持。[1]

虽然学界对海洋生态补偿机制的概念界定尚未形成统一共识,但是已有的理论研究和规范实践都体现了共同的内核。多元化的海洋生态补偿机制在我国沿海地方海洋管理实践中得到广泛应用,不断积累了丰富多样的实践经验。近年来,国家陆续出台了一系列海洋生态保护修复和补偿机制的相关政策文件,为新时期国家和地方层面加快健全海洋生态补偿制度,指明了新的目标和方向。在新时期海洋经济高质量发展的背景下,及时总结、反思海洋生态补偿政策和实践经验及启示,对于形成可推广、可复制的海洋生态补偿模式和路径十分必要。

海洋生态补偿的实施方式多种多样,包括但不限于直接经济补偿、生态修复、建设海洋保护区等。直接经济补偿是指损害者向受害者支付一定的经济补偿,以弥补其损失。生态修复则是通过科学的方法和技术,恢复和重建被破坏的海洋生态系统。建设海洋保护区则是通过设立特定的海域,禁止或限制人类活动,以保护和恢复海洋生态环境。然而,海洋生态补偿的实施也面临着一些挑战。首先,海洋生态系统的复杂性和不确定性使得补偿的效果难以评估。其次,由于海洋的公共属性,补偿的责任和权益分配往往存在争议。此外,海洋生态补偿的法律和政策框架也需要进一步完善。

---

〔1〕 姜玉环、张继伟等:《我国海洋生态补偿机制的现实进展与发展进路》,载《海洋开发与管理》2022年第11期。

总的来说,海洋生态补偿是生态补偿的重点领域,对于维护海洋生态环境的健康和稳定具有重要意义。同时,其实施也需要克服一系列的困难,以实现更有效和公正的补偿。

七、耕地资源保护与补偿

耕地作为重要的自然要素,在调节气候、净化环境、维持生态多样性、涵养水源等方面发挥着不可或缺的作用,是生态系统的重要组成部分。耕地生态补偿是实现耕地生态价值、经济价值以及社会价值和谐统一的有效手段。在构建生态文明社会的背景下,农村的"产业兴旺"一定是"生态产业"的兴旺,发展生态农业是题中应有之义。

2021 年 4 月,中共中央办公厅、国务院办公厅印发《关于建立健全生态产品价值实现机制的意见》,将"政府主导、市场运作"作为包括耕地在内的生态产品价值实现的有效路径,强调"发挥政府在制度设计、经济补偿、绩效考核和营造社会氛围等方面的主导作用,充分发挥市场在资源配置中的决定性作用,推动生态产品价值有效转化"。建设生态农业强省需要尽快建立耕地生态补偿制度,对治理、修复和维护耕地的组织和个人进行有效补偿。[1]

例如,休耕生态补偿是耕地生态补偿中的一种重要类型,已有学者使用不同类型休耕区域的农户调研数据,基于微观层面农户视角的休耕生态补偿研究,对休耕生态补偿中的农户意愿、[2]

---

〔1〕 王松良、施生旭:《建立耕地生态补偿制度 护航生态农业强省建设》,载《福建日报》2021 年 10 月 19 日,第 10 版。

〔2〕 柳荻、胡振通:《地下水超采区休耕生态补偿的农户意愿研究——基于河北省的动态调查》,载《干旱区资源与环境》2021 年第 10 期。

补偿标准、[1]满意度、[2]收入影响、[3]就业影响[4]和主动退耕行为[5]等关键问题进行实证分析，提出了完善休耕制度的相应建议。[6]

不过，一直以来，传统理论对耕地价值的认识只是单纯地停留在耕地经济价值的层面上，而忽略了耕地所拥有的涵养水源、维持土壤肥力、美化净化环境、水土保持等生态功能以及保障粮食安全和社会稳定的社会功能，而耕地资源经济、社会和生态价值三者的有效统一，有机结合才是最理想的状态。同时，我国耕地生态补偿体系尚不完善，存在市场缺位、补偿"一刀切"等问题。为此，需要从完善耕地生态补偿资金供给体系、建立差异化补偿机制和发挥市场作用等方面入手，加强耕地生态保护激励机制建设。[7]

所以，我们需要重新审视和认识耕地的价值。建立一种全面的耕地价值观，将耕地的经济价值和生态价值统一起来，形成一个多元化、综合化的耕地价值体系。在这个体系中，耕地的经济

---

〔1〕 钟媛：《生态退化区农户休耕受偿标准与补贴政策问题研究》，西北农林科技大学2019年硕士学位论文；柳荻、胡振通、靳乐山：《基于农户受偿意愿的地下水超采区休耕补偿标准研究》，载《中国人口·资源与环境》2019年第8期。

〔2〕 刘卫柏、杨胜苏等：《重金属污染治理试点地区农户对耕地休耕政策的满意度及其影响因素》，载《经济地理》2021年第1期；柳荻、胡振通、靳乐山：《华北地下水超采区农户对休耕政策的满意度及其影响因素分析》，载《干旱区资源与环境》2018年第1期。

〔3〕 谢先雄、赵敏娟等：《农地休耕如何影响农户收入？——基于西北休耕试点区1240个农户面板数据的实证》，载《中国农村经济》2020年第11期。

〔4〕 谢先雄、邓悦等：《休耕对农户非农就业的影响》，载《资源科学》2021年第2期。

〔5〕 王学、李秀彬等：《华北平原农户主动退耕冬小麦的影响因素模型分析及政策启示》，载《农业工程学报》2018年第9期。

〔6〕 柳荻、胡振通、柳金昊：《休耕生态补偿对农户收入的影响——以地下水超采区为例》，载《资源科学》2022年第2期。

〔7〕 韩正康、赵凯：《为耕地生态保护开出"时代良方"》，载《中国社会科学报》2021年9月23日，第A06版。

价值和生态价值不再是相互对立和排斥的,而是相辅相成、相互促进的。这样,我们在处理耕地问题时,就能够从一个更全面、更深远的角度来考虑,从而做出更科学、更合理的决策。尤其是需要建立相应的耕地生态补偿机制,以保障耕地生态价值的实现。这种补偿机制应该基于"污染者支付原则"和"损害者补偿原则",即由对耕地环境造成损害的个人或组织承担修复和补偿的责任。通过这种方式,我们可以在一定程度上抑制对耕地环境的破坏行为,保护和恢复耕地的生态环境,实现耕地的可持续利用。

在福建省的生态补偿领域中,我们可以看到 7 个主要的关注点:森林资源、湿地资源、流域资源、矿产资源、区域资源、海洋资源以及耕地资源的保护与补偿。首先,森林资源的保护与补偿是至关重要的。森林是生态系统的重要组成部分,在维持生物多样性、调节气候以及保护水源等方面都具有重要作用。因此,对于非法砍伐和森林破坏的行为,必须进行严格的法律制裁,并对受影响的地区进行适当的补偿。其次,湿地资源和流域资源的保护与补偿也是重中之重。湿地和流域是生物多样性的重要载体,同时也是人类生活的重要水源地。对这些资源的保护,不仅需要法律的约束,还需要科学的管理和合理的补偿机制。矿产资源的保护与补偿则是一个复杂而敏感的问题。矿产资源的开采往往会对环境造成严重破坏,因此,如何在满足经济发展的同时,保护矿产资源,防止环境破坏,是一个需要深入研究的问题。区域资源、海洋资源和耕地资源的保护与补偿则涉及更广泛的领域。区域资源的保护与补偿需要考虑地方的特色和需求,海洋资源的保护与补偿则需要考虑海洋生态系统的复杂性,而耕地资源的保护与补偿直接关系到国家的粮食安全和农民的生活。总的来说,福建省的生态补偿领域涵盖了多个方面,每个方面都有其特殊性和复杂性,需要我们用科学的态度和方法进行研究和处理。

第四章　福建森林生态补偿制度的实践与完善

森林是地球上功能最完善、生物生产量最大的陆地生态系统，是维持生态平衡的主要力量，构成了地球上生物圈的主体；同时，森林在维护地球上地圈、大气圈以及水圈的平衡方面也起着很关键的作用。森林不仅在历史上对人类文明的发展产生过巨大的推动作用，而且也是人类今后持续生存和发展所不可缺少的。但是，人类活动的加强，各种不合理的森林资源开发利用，已经在破坏甚至毁灭我们赖以生存的森林资源。面对森林这一种至为重要的自然资本，需深知人类社会经济系统的永续发展，离不开自然资本的基础性支撑。这种自然资本正在发生的消极变迁所导致的损失性境遇，需要我们采取森林生态补偿举措加以应对。

第一节　福建森林生态补偿实践

一、福建森林资源与森林生态补偿的基本内涵

（一）福建的森林资源

福建是我国南方重点林区之一，气候温和，雨量充沛，自然条件优越，森林资源和旅游资源丰富。根据《2020年福建省林业工作总结》可知："十三五"期间，福建林业又有长足发展。全省森林覆盖率为66.80%，超国土面积2/3，继续保持全国首位；活立木蓄积量达7.29亿立方米，居全国第七；林业总产值达6660亿元，已居全国前列；植被生态质量全国第一，生态文明指数全国第一；习近平总书记亲自推动的林改工作树立了全国标杆；以林业生态建设为基础的长汀县水土流失治理成为全球典范。

丰富的森林资源为林业产业的发展奠定了坚实的基础。初步测算2022年全省林业产业总产值达7400亿元、居全国前列。木（竹）材、花卉苗木、木质活性炭、木制家具等主要林产品产量均居全国前列。全省现有境内外上市林业企业23家、国家林业产业示范园区5个、国家林业重点龙头企业37家。累计完成福建林业碳汇交易和再交易391.13万吨、5890.43万元，成交量和成交额均居全国首位。[1]

为了实现林业的可持续发展，中国在森林分类的基础上提出森林分类经营，并根据森林经营的目标把森林划分为公益林和商品林。其中，公益林主要指发挥生态效益和社会效益的森林、林木和林地，也称为生态公益林。生态公益林根据生态区位差异进一步划分为一般公益林和重点公益林，其中，重点公益林主要指

---

〔1〕 福建省林业局：《福建林业概况》，载福建省林业局官网，http://lyj.fujian.gov.cn/gkxx/201906/t20190605_4893517.htm。

生态状况极为脆弱或生态区位极为重要的重点防护林和特种用途林,其对增强生态系统的稳定性和提高生态服务功能具有重要作用。[1]

目前,福建省生态公益林区在空间上划分为闽西北、闽西南、闽东北、闽东南生态公益林区。

1. 闽西北生态公益林区。该区域是福建的主要水系所在地,是闽江上游的发源地,包括南平、三明两个市的22个县(市、区),属于江河流域生态环境破坏比较严重的地区。生态公益林建设的重点是实施江河流域生态公益林保护、天然林保护和生物多样性保护等工程。

2. 闽西南生态公益林区。该区域是福建汀江干流和广东韩江一级支流的发源地,也是水土流失重灾区,包括龙岩市的7个县(市、区)。生态公益林建设的重点是加强水土保持林和水源涵养林建设,实施天然林和生物多样性保护工程。

3. 闽东北生态公益林区。该区域东面为沿海低山、丘陵,台风危害很大;西面为武夷山和戴云山的延伸山脉,水土流失较为严重,包括宁德市的9个县(市、区)。生态公益林建设的重点是实施沿海防护林建设工程和江河流域生态公益林保护工程。

4. 闽东南生态公益林区。该区域背山面海,中部属于戴云山脉,南部为博平岭山脉,是水土、风沙危害和南亚热带地带性植被破坏较为严重的地区,包括福州、莆田、泉州、厦门、漳州五个市的52个县(市、区)。生态公益林建设保护的重点是沿海防护林体系建设、江河流域生态公益林保护、城乡绿色通道、天然湿地和典型地带性植被保护等工程。[2]

---

〔1〕 黄颖利、关赢、秦会艳:《重点公益林生态补偿依据从面积到蓄积的转变》,载《浙江农林大学学报》2022年第1期。

〔2〕 李宝银:《森林资源经营技术》,厦门大学出版社2011年版,第216页。

（二）森林生态补偿的基本内涵

生态补偿源于生态平衡思想及生态学中自然生态补偿的概念，主要指自然生态系统具有自我恢复能力，即自然生态系统的"弹性"。[1] 随着学者们对生态补偿问题研究的展开和不断深入，对生态补偿内涵的理解发生许多变化，从最初的自然生态补偿，渐渐演变为促进生态环境保护的经济手段和机制。对生态补偿的理解和研究主要分为2个阶段，20世纪90年代前期，生态补偿更多强调的是生态环境损害者要对生态环境破坏付出的赔偿，20世纪90年代后期则更多地强调对生态环境保护行为的补偿。[2]

森林属于公共物品，具有明显的外部经济性，[3]确定合理、公平的森林生态补偿依据和补偿标准对森林恢复有着重要意义。关于森林生态补偿的具体内涵既可以从广义、狭义角度展开，也可以从不同学科方面进行考虑。

从广义和狭义两大方面进行考虑。其一，广义概念。广义的森林生态补偿主要指的是有关部门对保护森林资源以及生态环境的行为进行补偿，对森林资源进行保护性的投入，对森林生态环境本身进行补偿。举例来讲，森林生态补偿不仅仅包括森林病虫害防治、林业重点工程建设，而且还包括森林防火以及森林生态破坏性的资金性投入等。有关数据表明，我国在森林生态补偿方面的直接投资有时需要达到400亿~600亿元人民币。其二，

---

〔1〕 何承耕、谢剑斌、钟全林：《生态补偿：概念框架与应用研究》，载《亚热带资源与环境学报》2008年第2期。

〔2〕 谢剑斌、何承耕、钟全林：《对生态补偿概念及两个研究层面的反思》，载《亚热带资源与环境学报》2008年第2期。

〔3〕 陈钦、林雅秋等：《公益林生态服务市场补偿政策研究》，载《生态经济》2011年第1期；陈钦、陈春婵、陈贵松：《试论公益林生态效益的补偿措施》，载《林业经济问题》2001年第2期。

狭义概念。狭义的森林生态补偿主要指的是我国在森林生态补偿制度范围之内所规定的补偿内容。与原先我国无偿使用森林资源的现状不同,随着国家加大对森林资源的政策性倾斜力度,国家有关部门加大了对有偿使用森林资源的力度,加强了对森林营造、抚育、管理以及保护的资金投入力度,使得我国森林生态补偿机制更加完善。[1]

从不同学科方面进行考虑。政策学视角认为,森林生态补偿是一种解决生态系统服务外部性所导致的资源配置效率和公平问题的政策手段,是提高地区森林生态建设的积极性、维护林地所有者合法经济利益、促进经济发展和实现生态保护"双赢"的关键性措施。[2] 经济学视角对森林生态补偿概念的界定可以划分为:基于科斯的产权交易理论、庇古的征税或补贴理论,以及既非科斯又非庇古的激励补偿机制。[3] 法学视角对森林生态补偿的概念界定为:为缓和森林生态环境所受到的干扰,受益主体(受益人或组织)以现金或非现金方式给予森林资源生态保护人适当的补偿,以进一步完善森林生态环境的法律制度。[4]

总的来说,森林生态补偿作为生态补偿的一个类别,是以保护和可持续利用森林生态系统服务为目的,综合运用各种手段特别是经济手段协调森林保护者和受益者之间的利益关系,调动地

---

〔1〕 田立文、刘凤贤:《浅谈森林生态补偿机制若干重点问题》,载《现代经济信息》2014年第3期。

〔2〕 陈钦、陈春婵、陈贵松:《试论公益林生态效益的补偿措施》,载《林业经济问题》2001年第2期;刘璨:《森林生态效益补偿研究进展与我国政策实践发展》,载《环境保护》2018年第14期。

〔3〕 毛显强、钟瑜、张胜:《生态补偿的理论探讨》,载《中国人口·资源与环境》2002年第4期;DAILY G. C., *Nature's Services*, Washington D C: Island Press, 1997.

〔4〕 黄颖利、关赢、秦会艳:《重点公益林生态补偿依据从面积到蓄积的转变》,载《浙江农林大学学报》2022年第1期。

区森林保护积极性,促进地区森林恢复和保护的各种规则、激励和协调的制度安排。

从中我们可以明确,森林生态补偿的实质是对物的补偿,即对森林生态系统服务的补偿,这也是森林生态补偿的基本诉求(图4-1)。虽然森林生态系统服务是补偿的客体,但在法律层面,森林生态补偿又表现为对人的补偿。[1] 换言之,森林生态补偿通过补偿森林生态建设及维护的主体,以实现森林生态恢复与保护的目的。补偿受益人为森林生态补偿的主体,通过对人的保护行为的补偿,最终作用于生态系统服务的提升。进一步来说,森林生态效益补偿本质上是一种调整利用与保护森林生态效益的主体间利益关系的综合手段。它是保护森林生态的一种综合手段和激励方式,其核心内容是国家和各地政府对森林保护者进行经济补偿。[2]

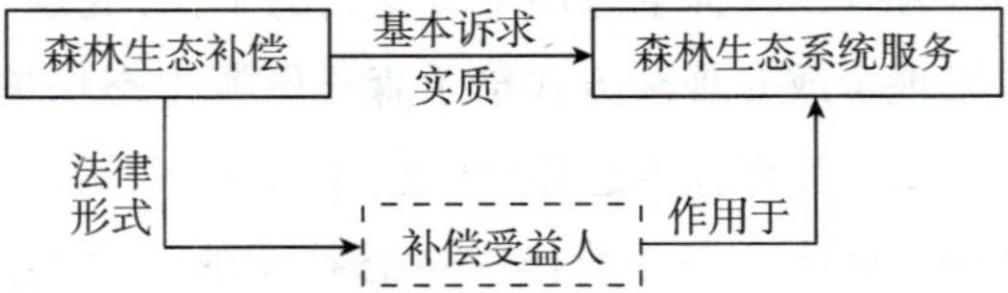

图4-1　森林生态补偿的基本诉求

二、福建森林生态补偿工作的立法回顾

(一)我国森林生态补偿的立法回顾

让我们审视一下我国森林生态补偿工作的演变历程。时至今日,我国关于生态补偿的专门立法依然停留在理论研究与实践探索的阶段。与完善的法律体系相比,目前有关森林生态补偿的

---

〔1〕 沈满洪主编:《生态经济学》(第2版),中国环境出版社2016年版。

〔2〕 张君明:《理论与实践:生态补偿法律保障机制研究》,黑龙江教育出版社2019年版,第42页。

法律条文仍分散在宪法和各个部门法中。这一现象表明该领域法律体系的不成熟,以及对进一步整合和完善的迫切需求。

1.《宪法》

宪法是我国的根本大法,是其他法律的立法依据。《宪法》第9条、第10条、第13条分别有相关规定:国家保障自然资源的合理利用;国家为了公共利益的需要,可以依照法律规定对土地实行征收或者征用并给予补偿;国家为了公共利益的需要,可以依照法律规定对公民的私有财产实行征收或者征用并给予补偿。《宪法》中突出强调公共利益与私人产权利益之间的协调,肯定了补偿机制在法律调整中的地位。对私人财产实施宪法保护以及对私人经济利益损失的经济补偿制度,同样适用于自然资源和环境保护领域。《宪法》关于补偿的规定为生态补偿的立法提供了依据,并有利于保护公共利益和保障公民权益。[1]

2.《森林法》和《自然保护区条例》

《森林法》(2019年修订)第7条规定:"国家建立森林生态效益补偿制度,加大公益林保护支持力度,完善重点生态功能区转移支付政策,指导受益地区和森林生态保护地区人民政府通过协商等方式进行生态效益补偿。"2007年财政部、原国家林业局出台《中央财政森林生态效益补偿基金管理办法》(已失效),明确提出:"为保护公益林资源,维护生态安全,根据《中华人民共和国森林法》和中共中央、国务院《关于加快林业发展的决定》(中发〔2003〕9号),各级政府按照事权划分建立森林生态效益补偿基金。中央财政安排专项资金建立中央财政森林生态效益补偿基金(简称中央财政补偿基金),为规范和加强中央财政补偿基金管理,特制定本办法。"另外,《森林法》(2019年修订)第37条规定:

〔1〕 金瑛、周惠荣编著:《云南森林生态效益补偿》,云南科技出版社2020年版,第61页。

“矿藏勘查、开采以及其他各类工程建设，应当不占或者少占林地；确需占用林地的，应当经县级以上人民政府林业主管部门审核同意，依法办理建设用地审批手续。占用林地的单位应当缴纳森林植被恢复费……”规定了自然资源利用者缴纳植被恢复费用、进行生态补偿的义务。

《自然保护区条例》(2017 年修订)第 23 条规定:“管理自然保护区所需经费，由自然保护区所在地的县级以上地方人民政府安排。国家对国家级自然保护区的管理，给予适当的资金补助。”明确不同级别的自然保护区由同级人民政府负责进行生态补偿。

《森林法》修订草案二审稿完善了森林生态效益补偿规定，让生态补偿机制更具可操作性。

2019 年，在《森林法》修订草案二审时，为保证生态补偿机制更具可操作性，有人大代表提出:“修订草案规定，国家建立森林生态效益补偿制度，指导受益地区和森林生态保护地区通过协商或者按照市场规则进行生态效益补偿，其中‘受益地区’概念不具体，在衡量时不好界定。森林的生态作用非常丰富，有净化空气、涵养水源、生物多样性、碳汇等，使得它的受益区不好确定。”并提出:“受益地区应该有界定的方法或明确范围。国家建立森林生态效益补偿制度，主要还是政府主导下的跨区域生态补偿制度。比如，林业碳汇是充分发挥森林资源的生态和经济效益新模式，既可以通过碳汇交易实现生态补偿，也可以创新森林生态效益实现方式，森林碳汇交易制度就是市场化的生态补偿机制，也应当鼓励探索。”有人大代表建议:“将修订草案第七条第一款修改为:国家建立森林生态效益补偿制度，鼓励建立市场化、多元化生态补偿机制。”还有人大代表认为:“我们对森林的看法更多的是把它当作一种生态资源。现在的草案稿尽管在生态意义上增加了一些内容，但把森林作为木材资源的内容还是比较多，生态的内容还是比较少。建议在总则第一条中，把‘合理利用森林资源’，放在‘保护生态安全，建设生态文明’之后。”

3. 森林生态产品有关规范性文件

1981 年，《关于保护森林发展林业若干问题的决定》中指出，“建立国家林业基金制度”，“适当提高集体林区和国有林区（黑龙江、吉林、内蒙古林区除外）育林基金和更改资金的征收标准，扩大育林基金征收范围。具体办法由林业部、财政部拟定”。据此，不少地区的林业部门要求把征收育林基金的范围扩大到防护林和经济林等生态林的范围。[1]

1986 年以来，有关森林生态效益补偿方面的政策相继出台。

1991 年原林业部提出的产业政策为：林业是培育、保护、管理、开发和利用森林资源，充分发挥森林的经济效益、生态效益和社会效益的综合产业和公益事业部门，肩负着治理国土、发展农村经济的重要任务，是国民经济的基础产业之一。后来提出了原国家林业局的主要职责是：“研究拟定森林生态环境建设、森林资源保护和国土绿化的方针、政策，组织起草有关的法律、法规并监督实施。”

1992 年，国务院批准国家体改委《一九九二年经济体制改革要点》，文件明确提出“要建立林价制度和森林生态效益补偿制度，实行森林资源有偿使用”。1992 年 9 月 10 日《关于出席联合国环境与发展大会的情况及有关对策的报告》第 7 条提出，“运用经济手段保护环境”，“按照资源有价使用的原则，要逐步开征资源利用补偿费，并开展对环境税的研究”。

1993 年，国务院《关于进一步加强造林绿化工作的通知》（已失效）中指出，“要改革造林绿化资金投入机制，逐步实行征收生态效益补偿费制度”。

---

〔1〕 高建中：《森林生态产品价值补偿研究》，中国农业出版社 2006 年版，第 83 页。

1994 年 3 月通过的《中国 21 世纪人口、环境与发展白皮书》中也要求建立森林生态效益补偿使用制度,实行森林资源开发补偿收费。

1995 年年底,原林业部党组在全国林业厅厅长会议上,提出了实施林业分类经营改革。

1996 年 1 月 21 日公布的《中共中央、国务院关于"九五"时期和今年农村工作的主要任务和政策措施》(中发〔1996〕2 号)明确提出要"按照林业分类经营的原则,逐步建立森林生态效益补偿费制度和生态公益林建设投入机制,加快森林植被的恢复和发展"。

1997 年,《中共中央、国务院关于一九九七年农业和农村工作的意见》(中发〔1997〕6 号)指出"县和县以上各级地方政府要尽快建立水利建设基金,森林生态效益补偿基金也要抓紧研究,尽快建立起来"。

1998 年 4 月 29 日,第九届全国人民代表大会常务委员会第二次会议通过《关于修改〈中华人民共和国森林法〉的决定》。新修改的《森林法》十分重视森林"发挥蓄水保土、调节气候、改善环境"的作用,在第 8 条中规定,"建立林业基金制度","国家设立森林生态效益补偿基金,用于提供生态效益的防护林和特种用途林的森林资源、林木的营造、抚育、保护和管理。森林生态效益补偿基金必须专款专用,不得挪作他用"。第 18 条中规定了建立森林植被恢复费的制度。

1998 年长江、松花江等发生特大洪灾之后,中共中央、国务院在《关于灾后重建、整治江湖、兴修水利的若干意见》(中发〔1998〕15 号)中明确提出要封山育林、退耕还林。

2017 年,原国家林业局发布《关于实施森林生态标志产品建设工程的通知》(林改发〔2017〕109 号),旨在推动林业产业转型升级和提高林产品附加值。

4. 民法的有关规定

民法中的无因管理是指没有法定的或约定的义务，为避免他人利益受损而对别人的义务进行管理或服务的行为。对于无因管理，管理人有权请求本人偿还管理所需的必要费用，本人有义务偿还。在我国南方集体林区，90%以上的林地由农户承包，农户依法独立自主经营。当农户经营的森林被区划，界定为国家、省、地、市等各级公益林时，农户当时的承包合同依然合法有效，农户承包森林的主要目的则转化为为社会公益事业服务。此时作为一个经营主体，农户对自己所承包的现实森林地管理，就应视为一种无因管理行为。按照各级公益林事权管理的原则，农户所支出的管理费用理应获得各级受益主体的补偿。

5. 行政法的有关规定

按照行政法学的行政合同的有关理论，林地承包，作为农村土地承包合同的一种，属于行政合同调整的范畴，集体所有的山林由农户承包后，作为发包方，乡、村政府与农户之间就存在一种行政合同关系。合同依法成立后，合同双方应受合同的约束。行政机关依法享有对合同的监督权、单方面对合同的变更权和解除权。农户依法享有经营自主权。根据行政法学中有关行政合同的规定，由于公共利益的需要或法律和政策的重大调整，行政机关单方面变更合同造成损失的，权利人有权向行政机关提出补偿要求。因为这种为了公共利益所造成的损失不应由相对人承担。按照《森林法实施条例》(2018年修订)第8条的规定，防护林、特种用途林等公益林区划界定后，还要由政府予以公布。《中共中央　国务院关于全面推进集体林权制度改革的意见》(中发〔2008〕10号)指出，“实行集体林权制度改革，把集体林地经营权和林木所有权落实到农户，确立农民的经营主体地位”。农户经营的山林被区划界定为公益林，是一种政府行为，这种行政行为限制了农户的经营自主权，对原来的山林承包合同进行了变更，给农户造成了经济损失。按照行政合同的有关规定，农户应该得到经济补偿。同理，作为独立经营、自负盈亏的国有林场和森工企业，其与政府之间也存在一种全民所有制企业行政承包合同关系，对原有的商品林因被区划界定为公益林所造成的损失，也应得到补偿。

6. 其他部门法

《环境保护法》(2014 年修订)第 31 条规定："国家建立、健全生态保护补偿制度。国家加大对生态保护地区的财政转移支付力度。有关地方人民政府应当落实生态保护补偿资金，确保其用于生态保护补偿。国家指导受益地区和生态保护地区人民政府通过协商或者按照市场规则进行生态保护补偿。"

2018 年的《防沙治沙法》第 20 条，第 25 条第 3 款，第 33 条第 2 款、第 3 款分别对生态补偿作了明确规定："沙化土地所在地区的县级以上地方人民政府，不得批准在沙漠边缘地带和林地、草原开垦耕地；已经开垦并对生态产生不良影响的，应当有计划地组织退耕还林还草。""采取退耕还林还草、植树种草或者封育措施治沙的土地使用权人和承包经营权人，按照国家有关规定，享受人民政府提供的政策优惠。""县级以上地方人民政府应当按照国家有关规定，根据防沙治沙的面积和难易程度，给予从事防沙治沙活动的单位和个人资金补助、财政贴息以及税费减免等政策优惠。单位和个人投资进行防沙治沙的，在投资阶段免征各种税收；取得一定收益后，可以免征或者减征有关税收。"该法明确了补偿的主体、补偿对象、资金来源以及优惠政策。[1]

2010 年、2011 年国务院连续两年将"生态补偿条例"列入立法计划，并形成"生态补偿条例"草案和草稿，但该草案因有太多

〔1〕 金瑛、周惠荣编著：《云南森林生态效益补偿》，云南科技出版社 2020 年版，第 62 页。

利益纠葛无法消除,至今尚未出台。王社坤认为,制定“生态补偿条例”是建设生态文明和法治中国战略决策的具体措施之一,通过“生态补偿条例”将生态补偿制度建设纳入法治轨道,建立和完善制度化、法治化的生态补偿长效机制。其主体结构应当由生态补偿领域、生态补偿标准、生态补偿方式三部分组成。生态补偿领域主要解决法律适用问题,即明确“生态补偿条例”与各领域已有的生态补偿规定之间的适用关系;生态补偿标准应对补偿标准制定权限和程序作出统一规定,对各领域生态补偿标准制定中应考虑的因素进行原则性规定,并授权各领域的主管部门制定具体的生态补偿标准;生态补偿方式根据资金运转方式分为纵向生态补偿和横向生态补偿,纵向生态补偿是我国生态补偿实践的主要表现形式,应予以重点关注。在主要内容中特别提到了生态服务价值评估,认为随着横向和市场化生态补偿及生态服务价值评估技术的发展,生态服务价值将成为生态补偿的核心内容,应当发挥法律的指引功能进行前瞻性规定。

(二)福建森林生态补偿工作回顾

福建是多山多林省区,同时也是自然灾害频繁、生态环境脆弱、水土流失较为严重的区域。“9·8”特大洪灾给全省的生态建设敲响了警钟。福建省委、省政府站在全省人民生存和发展的高度迅速向全省发出《关于严格控制采伐天然林的紧急通知》。

2001 年 2 月福建省政府为加大福建省生态环境的治理力度,决定在全省范围内实施生态公益林保护与建设工程,并及时下达了《福建省生态公益林规划纲要》,要求各级政府通过法律程序进行生态公益林现场区划界定,全省现场区划界定重点生态区位的生态公益林面积达 286 万公顷,占林地总面积的 30.7% 。

2001 年 11 月全国森林生态效益补助资金试点启动会议召开,在财政部的大力支持下,福建省被确定为全国 11 个森林生态效益补助资金试点省区,列入中央补助试点生态公益林面积为

86.7万公顷,为福建林业生态体系建设赢得了新的机遇。福建省委、省政府高度重视,同时将其余近200万公顷的生态公益林列入省级财政试点补助面积。2004年中央财政在圆满完成三年试点工作的基础上正式建立森林生态效益补助基金,福建省也同时启动省级森林生态效益补偿机制。〔1〕

根据原国家林业局、财政部发布的《重点公益林区划界定办法》,福建省拥有国家级生态公益林面积153万公顷、省级生态公益林面积133.6万公顷,主要分布于江河源头、一级支流源头、江河两岸、水库周围、沿海岸线、野生动植物保护区、自然与人文遗产地、国防军事区、国道两旁以及山体坡度36度以上的山坡。2012年,福建省开展重点生态区位区划工作,规定交通主干线两侧、城市周边一重山、水源保护地等生态敏感脆弱地的商品林不得皆伐,只能适度择伐。严格的限伐政策,让林农们守着商品林却不能变现,"捧着金饭碗讨饭吃",生态保护压力日增。

2012年9月24日,福建省出台《关于进一步加快林业发展的若干意见》,明确从2013年起征收森林资源补偿费。重点生态区位商品林林地每平方米征收30元;省级生态公益林林地每平方米征收60元;国家级生态公益林林地每平方米征收90元。至2015年,交通基础设施建设项目所用林地森林资源补偿费专项资金用于高速公路两侧红线内造林绿化。具体征收使用管理办法由福建省财政厅、林业厅制定。〔2〕

2014年,永安市在全省率先启动重点区位商品林赎买改革。财政配套1500万元资金,同时发起成立非营利性的生态文明建设志愿者协会,导入社会资本协同参与生态建设。第一年,志愿

〔1〕 马潞生主编:《支持经济发展:构建和谐海西》,福建人民出版社2007年版,第363页。

〔2〕 林萍:《福建今年起征收森林资源补偿费》,载《林业与生态》2013年第2期。

者协会募集资金超过1600万元。2017年,福建在全国首先开展重点生态区位商品林赎买等改革试点,沉睡已久的绿色资产得以唤醒。几年下来,全市共募集志愿者资金6466万元,累计筹集资金1.19亿元,完成重点生态区位商品林赎买面积4.4万亩。武夷山市则从旅游景区门票收入中提取资金,对部分重点生态区位商品林,参照生态公益林的补偿办法,按年给予林农一定的补偿资金。

2018年,《福建省生态公益林条例》(已被修改)经省第十三届人民代表大会常务委员会第四次会议表决通过,并于2018年11月1日起施行。根据条例的相关规定,森林生态效益补偿标准应逐步提高,生态公益林统一实行分级保护。该条例后于2021年进行了修正,重点将原第15条修改为:“县级以上地方人民政府可以通过置换、赎买或者其他方式依法取得非国有的林木所有权或者使用权以及林地使用权,建设生态公益林。”

2019年,福建全省森林面积811.58万公顷,森林覆盖率66.8%,连续40年居全国首位。九市一区全部获评国家森林城市、县级城市全部获评省级森林城市。作为生态优等生,“清新福建”再次交上了一份亮眼的绿色答卷。

在福建省政府领导和各级部门的积极配合下,福建省在森林生态效益补偿工作中取得了显著成效。以福建省三明市为例,经过近10年的探索与发展,三明市通过生态公益林保护工程项目的实施,初步形成相对稳定的森林生态系统,森林生态效益逐步显现,生态公益林补偿已达到一定水平。在保持森林覆盖率位居全国前列的基础上,截至2021年11月,生态公益林生态红线面积已达730.1万亩。

第二节 福建森林生态补偿:理论探究与问题分析

一、森林生态补偿制度的理论探究

森林生态补偿的理论基础一直是国内生态补偿的研究热点问题。学者们在早期的研究中集中论证了森林生态效益是有价值的,以便为补偿提供理论依据。主要有以下几种观点:一是马克思劳动价值论,认为森林的生态效益具有价值和使用价值,让渡森林的生态效益也应该得到经济补偿;二是效用价值论,认为价值产生于森林利用部门,其价值计量属于效用价值论的范畴,也就是按边际效用价值论核算的森林资源价值;三是环境价值论,即资源环境是有价值的,利用资源环境就要支付相应的补偿。理论基础研究方面,有学者应用市场失灵理论,认为森林生态效益的社会"购买者"缺位,难以形成效益市场买卖机制,森林生态"效益源"所有者或经营者无法通过市场交易获取合理的报酬,即所谓的"市场失灵",只有选择国家行政命令性的计划征收或定向计划补偿的国家征收形式作为补偿政策才可以缓解。在市场失灵理论的基础上,不少学者提出用产权理论完善森林生态补偿理论。

森林是主要的陆地生态系统之一,不仅能够提供林产品,而且能够为人类提供重要的服务功能。长期以来,人们主要注重森林的林产品价值,而森林同时具有公共物品特性,其价值很大一部分都未能进入市场而得到实现。这就需要通过生态补偿的机制将森林生态效益的外部性内部化,部分或全部地实现森林生态效益的价值,才能体现出利益相关者之间的平等性,动员全社会参与森林生态系统的保育,更好地提高森林可持续经营能力。国际上对森林生态补偿的研究是以森林生态系统服务功能研究为基础的。以戴利·格雷琴(Daily Gretchen)的《自然服务功能:人类社会对自然生态系统的依赖性》一书为标志,兴起了研究生态功能与效益的热潮。[1]特别是罗伯特·科斯塔纳(Robert Costanza)对全球森林生态系统的价值进行了估算。[2]此后,分析与评价森林生态系统服务功能的价值成为生态学、林学与生态经济学等学科的前沿课题。国内森林生态补偿的理论研究同样也是以森林生态系统服务功能及其价值评估为基础的。自20世纪80年代初开始,我国生态学者开始系统地对全国以及地方森林生态系统的服务功能进行研究,包括能值量、物理量及价值量的评估。[3] 同期,我国的林学工作者也开展了森林资源核算的研究。这些研究和核算主要以林木价值为主,同时以绿色国内生产总值(GDP)核算为载体,考虑森林生态系统的生态价值。[4] 从20世纪90年代中期开始进行森林生态补偿的研究,包括理论研究层面和政策研究与操作层面。[5] 研究森林生态补偿,首先要对森林生态补偿的概念进行清晰界定,学界对森林生态补偿的含义也有不同的解释(图4-2)[6]。根据以上研究范围和结果,国内对森林生态补偿主要存在两种看法。一种为广义概念:对森林生态环境本身的补偿;对个人或区域保护森林生态环境的行为进行补偿;对具有重要生态环境价值的区域或对象的保护性投入。由于对森林的历史欠账过多,对林业生态建设和保护的投入在该层次

---

〔1〕 Daily G. C. et al. ,*Nature's Services: Societal Dependence on Natural Ecosystems*, San Francisco: Island Press, 1997.

〔2〕 Costanza R. et al. ,*The Value of the World's Ecosystem Services and Natural Capital*, Nature, Vol. 387, p. 253 -260(1997).

〔3〕 李文华、李芬等:《森林生态效益补偿的研究现状与展望》,载《自然资源学报》2006年第5期。

〔4〕 侯元兆主编:《森林资源核算》,中国科学技术出版社2004年版。

〔5〕 毛显强、钟瑜、张胜:《生态补偿的理论探讨》,载《中国人口·资源与环境》2002年第4期。

〔6〕 孙钰:《探索建立中国式生态补偿机制——访中国工程院院士李文华》,载《环境保护》2006年第19期。

范围内都属于一种补偿。该层次范围内,不仅包括公益林生态补偿,而且还包括林业重点工程、森林病虫害防治、森林防火等。目前,中央每年在这方面的直接投资达到400亿元左右。另一种为狭义概念:仅包括现行的公益林森林生态效益补偿基金制度所涵盖的内容。中央生态效益补偿基金是对重点公益林管护者发生的营造、抚育、保护和管理付出给予一定补助的专项资金,中央森林生态效益补偿基金制度,结束了我国长期无偿使用森林生态效益的历史,开始进入有偿使用森林生态效益的新阶段。[1] 根据我国的实际情况,我们认为森林生态补偿是调整利用与保护森林生态效益的主体间利益关系的一种综合手段,是保护森林生态效益的一种手段和激励方式,其核心内容既要包括公益林的补偿,又要包括对生态系统功能退化而进行的森林生态系统恢复而投入的成本和为保护森林而丧失的机会成本的补偿。按照这样的理解,天然林保护工程、退耕还林工程、重点生态公益林建设等都属于生态效益补偿的范围。在这一中等范畴的概念下,国家对天然林保护工程和退耕还林工程所涉及的当地职工与农民进行补偿,为他们所提供的生态效益进行补偿。

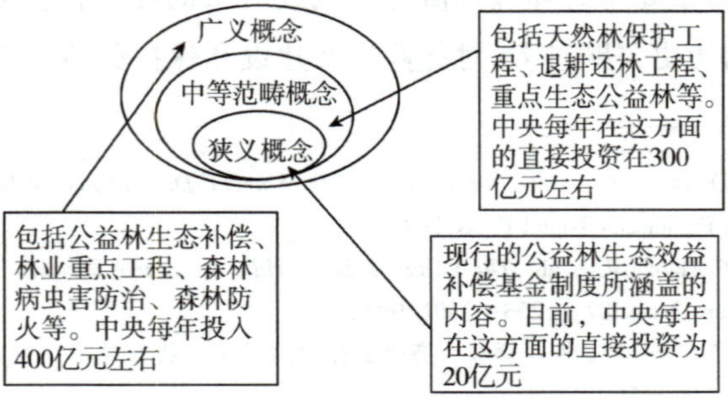

图 4－2　森林生态补偿概念关系图

〔1〕 李文华、李世东等:《森林生态补偿机制若干重点问题研究》,载《中国人口·资源与环境》2007年第2期。

进一步来说,实施森林生态效益补偿的法理基础主要是资源产权界定。界定资源产权就是对占有和利用资源的权利进行初始分配,确定谁应该负有补偿责任,谁应该享有被补偿的权利。然而,这一过程可能造成事实上的发展权利不平等。这可能导致这部分人的发展权利丧失,或转移至森林生态服务功能的其他享受者或受益者身上,因此需要一种补偿机制来弥补这种权利的失衡。在具体的政策实践中,两类林区划就是一种森林资源产权的界定或权利的初始分配。不同类型的森林生态功能划分规定了功能区内能做什么不能做什么,根据这种区划,就可以确定不同功能的森林类型下补偿和被补偿义务和权利。

二、福建森林生态补偿的问题剖析

(一)森林生态补偿标准不合理

自福建省实施林业分类经营和森林生态效益补偿制度以来,生态公益林补偿成为林农反映最为强烈和迫切需要解决的问题。归纳起来,主要表现在以下几个方面:一是补偿标准绝对量过低。一份来自基层的调研报告指出,在相同条件下,生态公益林补偿仅为商品林收益的1/9。尽管中央和地方通过各种措施提高补偿标准,但长期累积形成的补偿标准绝对量偏低的局面一时难以得到显著改观。收益差距过大造成了非守规型逐利活动(乱砍、滥伐和盗伐等)增加和森林(生态林)经营管理粗放两种现象并存。[1] 二是公益林补偿标准单一。现行森林生态补偿标准多采用单位面积平均数“一刀切”式的单一做法,未能体现不同公益林的成本差异。这种单一标准在补偿标准绝对量偏低的基础上,抑制了森林生态补偿制度功能的有效发挥。三是过低、单一补偿标

---

〔1〕 王清军、陈兆豪:《中国森林生态效益补偿标准制度研究——基于10省地方立法文本的分析》,载《林业经济》2013年第2期。

准所形成的有限补偿经费在利益主体之间再行分配也存在诸多弊端。福建省作为国家生态文明先行示范区，生态公益林的省级财政补偿标准还是比较低，对山区生态保护的反哺作用还不明显，山区林农还未得到真正实惠。[1]

其中，补偿标准的科学与否取决于生态系统服务价值的评估，这也是尚未建立全国性、地方性生态补偿法规的主要难题和各地基层森林生态补偿实践难以长期维持的原因。建立相对公认的生态补偿标准的确定方法，长期以来一直是生态经济学家、各级政府和利益相关者努力的目标。[2] 目前通行的方法，一是生态服务功能价值法，二是机会成本法，三是生态足迹法。从各地的实践经验来看，大多是针对一个自然保护区的个别案例，还没有形成一个行政区域整体的核算体系。

从宏观上说，生态补偿的界定分为三个阶段：最高阶段——生态补偿，即完全按照森林生态价值通过价值规律的作用确定补偿标准；中级阶段——基本损失补偿，即补偿由于为保证森林的生态价值而损失掉的机会成本以及其他财产利益损失；初级阶段——生态维护成本，即补偿在进行生态效益维护时所需要的人力及物力成本。生态林的生态价值至少为2100元/公顷，管护费用至少需要150元/公顷，重点防护林和特种用途林禁伐后，林农生活及转产所需的费用约为300元/公顷。当然，按照不同的计算方法，还可能形成其他标准。

以福建省宁德市为例，宁德市的森林生态补偿资金全部由国

---

〔1〕 王泉福：《省十三届人大二次会议_王泉福代表_关于提高生态公益林补偿标准的建议(第1601号)》，载福建人大网，http://www.fjrd.gov.cn/ct/1166-156081。

〔2〕 郭辉军、施本植、华朝朗：《自然保护区生态补偿的标准与机制研究——以云南省为例》，载《云南社会科学》2013年第4期。

家和省两级财政拨付，执行的是每年23元/亩的标准。[1] 由于补偿的主体仅仅限于政府，补偿对象基数大，资金有限，导致补偿标准低，从而又导致群众积极性不高，甚至出现林农与政府矛盾大，不愿意划为公益林等一系列连锁问题。解决这些问题的源头就是解决“钱”的问题，若能扩大补偿主体，做好“开源”的工作，那么补偿工作自然容易开展，群众也愿意配合。单纯依赖财政划拨不仅增加了国家财政的支出，其有限的资金也难以满足林业发展的要求，而且不能提高相关人群乃至整个社会爱护森林、重视生态环境保护的意识。对于宁德市而言，虽然生态受益人范围比较广泛，确定过于烦琐，但是相应污染制造者则比较容易界定，例如汽车使用人、排放废气的工厂、矿山等大规模用水的主体等，同时按照一定的比例收取生态补偿金还能够起到促进这些主体节约能源、水源的作用。宁德市在福建省属于经济较为落后地区，2020年，其人均地区生产总值为7.35万元，城镇居民人均可支配收入37,121元，农村居民人均可支配收入19,050元，全市生态公益林补偿标准才每亩23元的价格。由此，如果按规定由专职的护林员负责管护公益林，以每年每人管护1500亩林地为例，全年总收入3.45万元，远低于人均地区生产总值，也不及城镇居民可支配收入。可见，这样的核算补偿标准是不科学的，就连人工费都无法达到平均工资标准，更不必谈及还有用具、病虫害防治、防火措施等费用的支出，也再不必谈森林本身生态价值带来的正外部性的合理补偿问题。不难发现，目前森林生态补偿的标准核算是有问题的，明显偏低，并且没有结合地方的实际情况，全国各地按照一个标准执行，这样也势必会挫伤一些地区的林农、林地管

---

〔1〕 郑江洛：《福建加强保护天然林》，载今日头条网2020年8月5日，https://www.toutiao.com/article/6857362271182520846/?channel=&source=search_tab。

护人员的积极性。建议建立起合理的补偿标准核算体系,应结合地方的实际情况、地域特点、经济发展水平等因素核算补偿标准,采取市级政府初拟上报、省级政府批准、国家备案的形式最终确定。

(二)森林生态补偿范围不全面

目前在福建实行的森林生态补偿范围多是限定在退耕还林、天保工程、重点区域生态公益林补偿等方面,在其他领域的补偿项目很少。政策导向是政府在制定和实施政策过程中,对某一问题或领域给予优先考虑和重点支持。在福建省的森林生态补偿范围中,退耕还林、天保工程、重点区域生态公益林补偿等都是政策导向的具体体现。这些政策导向的形成,往往是基于对当前生态环境问题的深刻认识,以及对未来生态环境保护目标的明确设定。政策导向的实施主要通过政策工具实现,如立法、行政指令、财政补贴等。在福建省,政府通过制定相关政策,明确了退耕还林、天保工程、重点区域生态公益林补偿等项目的补偿标准和程序,为这些项目的实施提供了法律和制度保障。正因如此,政策更多地倾向于支持那些已经有明确补偿标准和程序的项目,而忽视了其他同样重要的生态保护项目。

比较明显的是,根据原国家林业局和财政部联合发布的《中央财政森林生态效益补偿基金管理办法》,主要对生态公益林进行补偿,分为防护林、特种用途林两类。当前只把重点生态公益林建设作为森林生态补偿,然而,天然林保护工程和退耕还林工程在实践中确实起到了森林生态补偿的作用。这些工程结束以后就无法保障林农保护森林、进行生态建设的积极性,甚至一些林农可能为了生存而破坏森林,使保护的成果付诸东流。因此,我国森林生态补偿机制的建立,需要将这三项工程整合起来,一并纳入森林生态效益补偿基金制度中,统一资金和管理,建立长期的森林生态补偿机制。[1]

另外,矿山实施的生态恢复的植被是否能享受生态补偿未能明确。自从全国2004年实行中央财政森林生态效益补偿基金制度以来,被界定为重点公益林的可以享受国家生态补偿,地方政府也陆续实行了地方公益林的生态补偿,而这些补偿对象均是针对林业用地范围内的植被。但矿区恢复的植被,由于不属于林业用地范围内的生态公益林,所以不可能纳入目前执行的森林生态补偿范围,但它起到的作用与生态公益林基本上是一致的。[2]

据统计,2016年,全国生态公益林面积173,940万亩、占林地面积的38.1%。福建省生态公益林面积4289.7万亩,占林地面积的30.92%,仅占全国生态公益林面积的2.47%。2001年三明市开始生态公益林的区划界定工作,三明市生态公益林面积730.14万亩,占林地面积的25.6%,占全省生态公益林面积的17.2%,其中国家级生态公益林623.40万亩、占85.38%,省级生态公益林106.74万亩、占14.62%。三明市重点生态区位面积925.58万亩,占林地面积的11.53%,其中国家级生态林面积623.4万亩、省级生态林面积106.74万亩、区位内商品林面积195.44万亩。[3]

可见,补偿面积与生态文明先行省建设定位还存在较大的差距。森林作为林区农户的生活空间和场所,不仅向农户提供了部分直接生活资料,而且也是农户家庭经济的主要收入来源,当地农民对森林具有高度的经济依赖性。同时,林业也是当地政府财

〔1〕 王志文:《中国区域生态经济发展战略模式研究》,经济日报出版社2015年版,第81页。

〔2〕 戴广翠、赵中南、陈雪峰主编:《矿区植被保护与生态恢复技术及政策研究》,地质出版社2012年版,第39页。

〔3〕 福建省人大:《省十二届人大三次会议_雷旺金代表_关于提高生态补偿和设立福建省生态建设基金的建议(第1661号)》,载福建人大网2016年9月20日,http://www.fjrd.gov.cn/ct/1166-117718。

政收入的重要来源。进行森林保护后,不仅直接减少了林农的收入,而且会影响当地以木材为原料的加工、运输、销售等下游产业的发展,进一步减少了林农的间接收入。因此,今后还要在补偿面积方面加大力度。

(三)森林生态补偿资金不到位

现行规定中,中央财政森林生态补偿资金的补偿范畴是对重点公益林管护者发放的营造、抚育、保护和管理的专项资金,是狭义森林生态补偿所涵盖的内容。长期以来,对森林的生态价值认识不足,对保护生态的行为没有给予合理的经济回报,生态保护的受益者没有付出合理费用,忽视了对林木周围生态环境价值的保护需求。

生态补偿的资金主要是通过政府的财政转移支付和专项基金两种方式实现的,财政转移支付是其中占较大比重的资金来源渠道。从财政转移支付的方式来看,占主导地位的是纵向的财政转移支付,也就是从上到下、从中央到地方、从上级主管部门到下级主管部门的支付方式,而地域之间、不同的社会群体之间以及森林生态环境的受益者一方,都很少实行转移支付手段。这种支付方式很显然都是由中央或者高一级的政府负担费用,与设想的初衷“谁受益,谁付费”的原则是截然不同的。维护森林的正常生长以及建设林业生态工程都需投入大量的资金,如果只是想单纯地依靠国家和政府的投资解决问题,那么就可能会因为资金数量不足而影响生态工程的进度和质量。为了避免上述情况,就需要积极寻求资金的来源渠道,多方面筹措资金,保证林业生态工程持续、顺利地开展。[1]

在福建森林生态效益补偿基金的管理和使用方面,福建省各

---

〔1〕 刘美艳、肖南云:《森林生态效益补偿机制研究》,载《现代经济信息》2016年第5期。

地根据《中央财政森林生态效益补偿基金管理办法》(已失效)的精神,制定了地方性森林生态效益补偿基金管理实施办法,明确资金的使用、发放途径和依据,凡界定为生态公益林的,先由当地林业主管部门与林权所有者或经营者签订“管护责任书”,明确管护责任主体,再由管护责任主体与专职护林员签订“管护合同”。每年当地林业主管部门根据生态公益林权属单位“管护责任书”和“管护合同”的履行情况,汇总核定各权属单位的补偿基金数额,报同级财政主管部门审核无误后,将补偿基金划拨到公益林的补偿专户。可见,这种补偿方式受限于政府的财力,难以有效地维护林权权利人的收益权。

森林资源作为一种公共物品为一定范围内的所有成员提供生态系统服务,但是各种接受生态效益服务的主体并没有为此支付相应的对价。在这个过程中,森林生态效益输出的正外部性,提供了防风固沙、涵养水源、保持水土、净化空气等多种生态效益,但是这种生态产品由于外部性的存在而面临供给不足的状况。森林生态效益的补偿主体多年来一直由政府部门担任,这导致了我国森林生态效益补偿法律体系建设的滞后。我国森林生态效益补偿的资金常年依靠公共财政,这种单纯通过财政补偿的方式进行的森林生态补偿,已经造成了比较严重的赤字问题;同样地,由于投资主体过于单一,导致补偿工作力度不够,实施效果不佳。我国《森林法》第 7 条规定:“国家建立森林生态效益补偿制度,加大公益林保护支持力度,完善重点生态功能区转移支付政策,指导受益地区和森林生态保护地区人民政府通过协商等方式进行生态效益补偿。”该条虽然是《森林法》中唯一一条对森林生态补偿制度进行的规定,但是从规定中可以看到国家对森林生态补偿的方式主要依赖于基金,很多学者也往往将森林生态补偿的内涵界定在资金补偿方式以内,很少有学者论述补偿方式的多样性。此规定的不足之处是相当明显的,补偿方式决定了森林生态补偿上要课以资金更多、更重要的负担，如果资金不到位将会造成生态效益投资者和保护者的利益损失，降低他们对生态效益补偿的信赖利益，易造成更大的损失。

第三节　福建森林生态补偿制度的完善路径

森林生态补偿制度是全球许多国家和地区采用的一项重要环境保护措施。通过深入研究他地的经验与借鉴，我们不仅可以更好地理解和实施这一制度，还能为福建森林生态补偿制度的完善提供有力的参考和启示。

一、森林生态补偿制度的他地经验与借鉴

虽然许多林业发达国家的森林资源比较丰富，生态环境状况优良，但这并未使它们忽视森林的保护和养护；相反，这些国家十分重视对森林进行补偿性投入和积极养护。通过采取一系列措施，如政府财政补贴、收取生态补偿费、健全法制等，这些国家形成了一整套合理的森林生态补偿制度。这一制度不仅使森林覆盖率维持在较高水平，而且有效地维持和促进了生态良性循环。这些国家的做法为我国森林生态补偿工作提供了一定的经验借鉴。我们可以从中吸取教训，结合自身国情，制定和完善适合我国的森林生态补偿机制，以保护和促进我国的森林资源可持续发展。

1. 哥斯达黎加森林生态补偿的经验。哥斯达黎加对森林生态效益的补偿是生态补偿的一个成功案例。它的森林保护资金主要来源于可确认的贸易补偿（certified tradable offsets，CTOs）。[1]

---

〔1〕 Sierra & Rodrigo, *On the Efficiency of Environmental Service Payments: A Forest Conservation Assessment in the Osa Peninsula, Costa Rica*, Ecological Economics, 2006, p. 131 - 141.

20世纪90年代中期,哥斯达黎加进行了一系列关于森林地带保护的改革。1996年通过的新《森林法》明确表明了森林的4种环境服务功能:二氧化碳的固定、水文方面的服务、生物多样性的保护、提供美丽的景观。该法允许土地所有者对他们所提供的这些服务获得补偿。其中,对森林提供的流域服务可以进行量化并市场化。森林对流域提供的潜在服务包括防止沉积和使河水流动规则化。潜在的受益人或者顾客包括水力发电站和城市水的消费者。对后者,目前还没有进行收费,而前者主要是一个私人电力公司。该公司的两个水力发电设备的流域面积分别为2377公顷和3429公顷。该公司在水文服务方面以每年每公顷10美元的价格支付给土地所有者,用于维持和修复这个区域的森林覆盖。

2. 澳大利亚马奎瑞河"灌溉者支付流域上游造林协议"。由于农业耕作和放牧,澳大利亚的森林和林地植被大量减少。森林和林地面积的减少造成土壤盐碱化和水土流失日益严重,已威胁到澳大利亚几百万公顷的生产型农田和一些城市的供水。为了解决这个问题,澳大利亚不少地方进行了生态补偿的尝试,马奎瑞河"灌溉者支付流域上游造林协议"就是流域生态补偿的成功实践。

马奎瑞河位于澳大利亚东部,其上游源区出于经济利益的驱动,大规模砍伐森林,加快了土壤水分的蒸腾作用,造成土壤盐渍化以及水土流失问题日益严重。位于马奎瑞河下游的农场主为了激励上游林地所有者减少砍伐,保护森林,涵养水源,选择了生态补偿的途径。下游的600个农场主组成的食品与纤维协会、新南威尔士州的林务局以及马奎瑞河上游土地所有者,共同制定了"灌溉者支付流域上游造林协议"。协议规定,由食品与纤维协会向新南威尔士州的林务局支付"蒸腾作用服务费",为其获得的流域生态环境功能性服务价值付费,即生态服务购买;新南威尔士林务局利用这一经费,采取在上游源区私有土地上种植脱盐植物、栽种多年生深根系树木等措施,保持土壤中水分,避免土壤盐碱化。私有土地所有者能获得相应的年金,但林业产权归林务局所有。下游农场主的付费标准是100万升水17澳元,或者每公顷85澳元,支付10年。[1]

3. 加拿大鼓励非政府组织参与生态补偿。在加拿大,生态补偿工作的主要资金来源是国家和省一级政府。但是,政府的资金是有限的,为了更好地解决生态补偿问题,加拿大政府积极吸引和鼓励企业、国际组织和非政府的基金会等组织投入资金,参与生态补偿项目。非政府组织不仅在资金上提供有益的补偿,而且在生态补偿的运作过程中也发挥了重要的作用。诸如一些大学、研究机构和各类行业协会等,它们参与到生态补偿工作中,形成了一个十分默契的组织、管理、沟通、研究、实施的链条。尤其在一些非常棘手的生态补偿项目上,如涉及农场主的土地问题等,主要是依靠非政府组织实施的。[2] 此外,在确定补偿金额方面,非政府组织还是政府与农场主和林场主协商的中介。政府通常通过非政府组织评估出一个补偿的标准,然后与农场主、林场主谈判,最终确定补偿金额。

4. 日本通过税收政策进行森林生态补偿并重视森林生态补偿的法治化。林业发达国家如法国、芬兰、德国还通过减免森林资源税收等政策进行森林生态补偿。法国政府规定,私人造林地免除5亩地产税,按树种分别减免林木收入税10~30亩,对森林资产还可减免75%的财产转移税。芬兰施行更新造林15亩不缴纳所得税,国有林只向地方缴纳少量财产税,对森林面积在200

---

〔1〕 李静云、王世进:《生态补偿法律机制研究》,载《河北法学》2007年第6期。

〔2〕 李永利:《加拿大生态补偿经验对解决我省松涛水库生态环境保护等问题的几点启示》,载《海南人大》2007年第8期。

公顷以下的经营不计各种税赋。德国对企业、公司、家庭营林生产的一切费用可在当年收入税前列支,国家仅对抵销营林支出后的收入征收所得税,同时对合作林场减免税收。日本政府在税收方面给予森林所有者充分照顾,实行减税,甚至免税。

日本、德国、瑞典对因保护森林而受损者予以补偿。日本《森林法》明确规定,国家对养造保安林的森林所有者给予适当补偿,以保证其收益不至于因此而降低;同时,也要求保安林的受益团体和个人承担一部分甚至全部的补偿费用。德国《黑森州森林法》规定,如果林主的森林被宣布为防护林、禁林或游憩林,或者在土地保养和自然保护区范围内颁布了其他有利于公众的经营规定或限制性措施,因而不利于林主无限制地经营其林地,则林主有权要求赔偿。瑞典《森林法》也规定,如果某块林地被宣布为自然保护区,那么该地所有者的经济损失将由国家给予足额补偿。

5. 奥地利、英国、法国、新西兰等国家对不同性质的林种实施了各具特色的补偿政策。这些政策体现了对国有林和非国有林分别采取不同的生态补偿措施的理念。以奥地利为例,在对非国有林进行生态补偿时,该国政府对退耕还林、森林抚育、高山造林、改善生态环境的措施给予特别关注,并把投入与生态改善紧密结合。为了养护更多的接近自然状态的森林,奥地利政府甚至给予相当于木材生产收入额的补贴,以鼓励小林主放弃生产木材转向森林经营。英国的补偿政策则体现在对私有林主的补贴上,例如,营造针叶林每公顷每年补贴 100 英镑,阔叶林则是 250 英镑。法国通过建立国家森林基金,采取由受益团体直接投资、建立特别用途税及发行债券 3 种方式,开辟了林业资金的渠道。新西兰的政策更是直接体现在法律层面,国会制定的《鼓励造林法》规定,小土地所有者造林,政府一律补助造林费用的一半。这些国家的做法展示了对森林生态补偿的多元化和灵活性,反映了各国根据自身实际情况和森林资源特点,采取不同的补偿机制和措施,以实现森林资源的可持续管理和保护。[1]

从世界各国实施森林生态补偿制度的具体情况来看,虽然许多林业发达国家的森林资源比较丰富,生态环境状况优良,但依然十分重视进行补偿性投入和积极养护。它们通过政府财政补贴、收取生态补偿费、健全法制等手段,形成了一整套合理的森林生态补偿制度,使森林覆盖率维持在较高水平,有效地维持和促进了生态良性循环。

二、福建森林生态补偿制度的具体建议

通过对目前森林生态补偿诸多问题的分析可以看出,在森林生态补偿的问题上,目前我国对生态系统服务的供给方、受益方以及供给方向受益方提供何种服务、提供多少难以界定。具体而言,福建省林业重点生态工程的生态补偿,还有重点生态公益林的补偿,在补偿主体、补偿范围、资金来源、补偿标准以及补偿的基本制度保障等方面存在一定的问题。产生这些问题的原因一方面是缺乏立法保障,另一方面是缺乏一个完善的制度体系对生态补偿进行界定、管理和监督。因此应该从基本的法律制度和政策方面入手,完善福建省的森林生态补偿制度。总之,现阶段的我国森林生态补偿问题还处于探索阶段,森林生态补偿需要不断实践,相关政策需要渐进式推行,以便更稳定、更有效地服务森林生态建设工作。针对以上提到的福建森林生态补偿实践中存在的诸多问题,建议从以下几个方面进行重点规制。

(一)建立完善的森林生态补偿标准体系

生态补偿数量的计算和确定是生态效益补偿实现的前提,关

---

〔1〕 樊万选:《生态经济与可持续性》,中国环境科学出版社2013年版,第231页。

系到补偿的效果和补偿者的承受能力,因而是生态补偿的关键环节。[1] 如果补偿主体——国家——所提供的补偿数量过少,未能满足落后贫困地区的基本要求,落后贫困地区就不会加大生态建设力度;如果被补偿主体被征收补偿的数量过多,超过财政承受能力,发达地区不愿意提供补偿;只有在补偿数量能够让补偿者和被补偿者双方满意和接受时,生态补偿才能有效进行。但问题是,补偿标准的计算和确定是生态补偿机制中的一大难点,因为这里涉及对生态效益的计量问题。目前,国际上生态补偿标准尚未有一个成熟完备的测算体系,理论和实践都有待完善。[2] 根据公平原则,生态补偿标准应当与补偿对象的生态贡献相适应,且应在生态效益与经济效益的天平上寻找一种平衡,这种平衡通过外在的社会成本与社会收益之间的关系表现出来。[3] 从理论上讲,生态补偿的标准应是生态保护所产生的外部收益,难题是实践中外部收益很难直接进行量化或货币化。遵循在适当补偿基础上逐步实现公平补偿的基本补偿原则,福建省所建立的生态补偿应该是一个动态的、开放的和多样化的补偿体系。所谓动态的,就是要结合经济社会发展状况不断对既定标准进行调整;所谓开放的,就是不能设想建立一个相当完善、封闭的标准体系,在法定标准外,基于市场机制的协定标准也应逐步探索,即便在法定标准内部,除了单位面积平均数之外,也应有其他标准方式。多样化的补偿标准需要解决两个问题:一是如何设计多样化补偿标准,多样化并不意味着补偿标准需要穷尽各种因素,但一定是主导因素或者主要因素的有机组合。换言之,多样化的补偿标准

---

〔1〕 陈颖、廖小平:《论利益衡平视域下湘江流域生态补偿》,载《时代法学》2013 年第 11 期。

〔2〕 程滨、田仁生、董战峰:《我国流域生态补偿标准实践:模式与评价》,载《生态环境与保护》2012 年第 7 期。

〔3〕 崔广平:《我国流域生态补偿立法思考》,载《环境保护》2011 年第 1 期。

是有一定界限的。二是多样化要有一定依据,要有一定法律理念、基本原则和制度的支持,否则简单强调多样化并无任何法律或实际操作的意义。

具体来讲,在法定标准内部,多样化补偿标准应当是分级和分类相结合的标准体系。所谓分级,就是在现行的国家级、省级和地方级公益林的基础上,以生态区位因素为主导将国家级公益林分为一、二、三类,省级公益林分为一、二类(地方级公益林目前不宜分类)。一是依法建立最低补偿标准制度,在科学测算机会成本和管护成本的基础上,确定最低补偿标准,用于最低级别最低类别的公益林补偿。结合财政年度,由省级政府或授权部门公布最低补偿标准为宜。二是不同级别实施不同补偿标准,同一级别内部不同类别实施不同补偿标准。适当拉开不同级别和不同类别差距,实现优质优价,促进一定程度的竞争。三是要考虑在分级分类的基础上,仍需建立不同级别和不同类别的公益林调入调出机制以及补偿标准正常增长机制等配套措施,这是补偿标准动态化和反映现实变化的客观要求。四是与多样化补偿标准相适应,建立多样化的管护制度。[1] 目前各地实施的单一化管护制度是与单一的补偿标准相适应的。分级和分类相结合的多样化补偿标准意味着,在面积一定的情况下,不同级别、不同类别的公益林可获得不同的补偿费用和补偿利益。按照权利和义务相一致原则,建立与多样化补偿标准相适应的多样化公益林分级分类管护制度,不同级别和不同类别的公益林采取不同管护标准和要求。在法定标准之外,多样化的补偿标准就是依据市场化的公平补偿要求,推行租赁、购买、赎买(包括国家行政征收)等协定方式,建立市场化的补偿标准方式。近期,国家(主要是各级政府)

---

〔1〕 中国生态补偿机制与政策研究课题组编著:《中国生态补偿机制与政策研究》(中英文本),科学出版社2007年版。

作为社会公共利益的主要提供者和承担者,应当按照公平补偿原则的基本要求探索借助或参考商品林市场价值确定公益林最高级别(类别)补偿标准。长远来看,应建构多元化生态补偿主体,国家、社会以及市场主体作为森林生态系统服务的消费者或社会公共利益的承担者,根据林权主体提供森林生态服务的数量和质量,结合自身的实际状况和需求,购买不同类别和功能的森林生态系统服务,双方协商最终达成的交易数额就是符合公平补偿原则的协定标准。

福建森林生态补偿标准体系应是在最低补偿标准制度基础上,分级和分类相结合的法定补偿标准体系,结合多元补偿主体建构不断探索实施协定补偿标准,实现法定补偿标准和协定补偿标准的有效对接。在目前森林生态补偿普遍不足的背景下,建立最低补偿标准制度无疑为可行选择。

(二)明确森林生态效益补偿内容

森林生态效益的补偿内容是构建完善森林生态补偿机制的关键范畴,基于对森林生态系统服务价值的科学评估和对生态保护成本的合理核算,森林生态效益补偿至少需要围绕补偿主体、依据、标准、方式、程序等维度全面展开,通过明确不同维度生态效益补偿内容在我国实践中的具体表现,以实现森林资源的可持续利用、生态环境的有效保护和社会经济的协调发展。

1. 补偿主体。补偿主体是探讨森林生态效益补偿首先需要回答的问题,对此问题的不同回答,也是造成各国生态效益补偿实践千差万别的重要原因。一般来说,补偿主体可以分为补偿者与被补偿者两类。就补偿者而言,其类型有多种,主要有国家、社会公众、受益者以及其他社会组织。其中,国家往往由政府作为代表进行,如中央政府补偿以及地方政府补偿;社会公众的补偿,指的是社会公众通过特定的形式汇集资金,由国家将汇集的资金统一用于森林生态效益补偿,典型的有公民购买发行的绿色彩票、购买森林国债以及缴纳旅游门票等形式;受益人补偿,指的是森林生态效益的受益人进行的补偿,常见的如向水电部门、交通部门、旅游部门等受益部门收取的补偿费用,用于森林生态效益补偿。此外,一些民间环保组织、公益组织还向国家提供资金或者实物补偿以促进森林生态事业的发展。

就被补偿者而言,指在森林生态效益补偿活动中的补偿对象。在森林生态效益的产生和维护过程中,为森林生态效益作出了贡献(如投入劳动、实物或者资金)的主体与在森林建设、维护过程中遭受损失的主体,从生态治理的贡献与回报公平角度出发,应当作为被补偿者获得相应补偿。具体而言,森林生态效益的补偿对象主要有以下几类:首先,林农。我国《森林法》及其实施条例都详细规定,国家保护林农的合法权益,公益林的经营者有获得生态补偿的权利。此外,我国《宪法》和《民法典》都规定,国家出于保护公益的需要,有权对土地进行征收,但前提是给予被征收者一定的补偿。这些都是林农成我国森林生态效益补偿对象的法律依据。其次,林业集体性质的企业。当前,我国集体林业企业组织形式不一,补偿对象构成上也不尽相同。然而,集体林业企业所有者无疑应是补偿的对象。所有权在取得补偿资金后,如存在租赁、转包、合作等关系,再按照双方之间签订的合同进行分割。最后,国有林业企业。计划经济条件下,国有林业企业不是独立的法人,仅是政府部门的附属机构,不享有独立的林业产权。在实行市场经济之后,那些实行政企分开,具有独立产权的国有林业企业则具备森林生态效益补偿主体的资格。

2. 补偿依据。森林生态效益补偿应该根据一定的标准进行,受偿者不能自行确定补偿数额,而应根据其为森林建设付出的劳动、投入的资金或者实物抑或所遭受的实际损失予以确定。此外,还要结合森林生态效益的具体大小以及在我国自然生态保护中地位确定,根据先后之分,按照各自的补偿标准进行。[1]

3.补偿标准。根据我国当前经济发展的实际情况,补偿必须符合我国的国情,不能盲目,补偿标准必须合理,做到弥补损失者与社会承受能力的平衡。在确定补偿的具体形式时,应该先确立不充分补偿原则,然后再根据我国的发展状况适时地过渡到充分补偿。在酬劳型补偿中,根据其付出或者投入进行换算,确立合理的补偿数额;在损益型补偿中,要依据其所遭受损失的具体额度确定补偿的数额。

4.补偿方式。前面对森林生态效益补偿的概念中已经提到,补偿方式主要有金钱补偿、实物补偿、技术补偿以及政策补偿。金钱补偿最容易理解,这种方式最为简洁,最容易为受偿者接受,最能够弥补受偿者投入的损失,是我国各级政府最广泛运用的补偿方式。然而由于我国财政总体处于饱和状态,资金补偿无法普遍适用,加之其他方式亦有其自身的优点,所以必须大力提倡其他方式的补偿。实物补偿,实际中常见的有提供各种森林防火设施、各种林木树苗、维护森林所需要的各种器材等,这种补偿方式也具有针对性。技术补偿,又称为智力补偿,依靠提供技术、智力性成果给受偿者补偿,在我国,东部地区技术普遍较为发达,而西部地区在技术方面与其存在差距,由此,可以通过东西部地区技术的交流,依靠东部地区的技术优势对西部地区的森林生态效益进行补偿。[2] 此外,还有政策补偿,指的是由于开发生态环境以及利用自然资源过程中,对环境造成影响,对因此而减少甚至彻底丧失发展机会的当地居民所进行的金钱、物质、技术上的补偿,以及政府在制定政策时给予的倾斜与照顾等行为。在贫穷地区,

---

〔1〕 金瑛:《云南省森林生态效益补偿机制现状及完善对策》,载《林业调查规划》2008年第6期。

〔2〕 杜宗义、罗明灿、成清琴:《云南省省级公益林森林生态效益补偿现状及对策探讨》,载《林业资源管理》2011年第3期。

政府给政策,就在很大程度上意味着给出路。政策补偿,往往在很多时候能够起到金钱补偿所起不到的作用,它背后往往隐藏着更大的商机、更多的发展机会。如对非公益林,对相关税收进行减免,就是对其生态效益最大化的补偿。

5. 补偿程序。在法律中,没有程序就没有正义。森林生态效益补偿同样如此,一套完整的实体性制度必须依托程序进行保障,如果没有程序,实体法律也很难得到正确的贯彻与执行。而且,补偿程序的合理与否,直接关系到森林生态效益补偿过程是否公平,直接影响到补偿在实践中的运行效果,牵涉到受偿者自身应得利益是否可以顺利实现。

(三)拓宽森林生态补偿资金的来源渠道

近年来,福建省生态环境遭到严重破坏,森林也被大肆砍伐,森林资源得不到保护的后果就是人类生存环境的恶化。这些状况亟待得到改变,实行森林生态效益补偿制度,鼓励林业从业者投身林业建设的积极性,保护森林,是根本之策。森林生态效益补偿必须依托雄厚的资金来源方可实现,而我国财政拮据的状况在短期内将无法得到根本改变,这就必须依靠其他途径,积极拓展资金来源渠道,才能最大程度地保障森林事业的发展。在资金的来源方面可以从以下几个方面着手,其一,实行合理的税收附加。由于森林生态效益为全社会所共同享有,补偿费用理应由全社会共同负担,这也是“谁享用谁负担”原则的体现。税收附加本质上是向森林生态效益中获益的部门或者个人征收的环境成本。学者在对补偿资金筹集进行探讨时,有人建议设立专门的森林生态效益补偿税,但是这种做法有增加税负之嫌。当前最可行的做法是在已有税种的基础上增设附加税,这样既可以发挥既有税种的作用，又可以扩大补偿资金来源。[1] 如在个人所得税和增值税中收取，由于这三种税收征收范围广，来源广泛，这样就可以更好地扩大森林生态效益补偿资金的来源。其二，从森林生态中获益的部门应当对付出方进行补偿。森林生态效益补偿资金应该通过多种渠道进行筹集，比如可以通过受益部门向付出部门支付资金的方式进行。常见的方式有：第一，河流流域下游地区直接享用清洁的水源，而上游地区因为森林建设涵养了水源，保障了水源的供给。作为受益者的下游理应从水费中提取一定比例的生态效益补偿费用，用于支付上游地区的损失。[2] 虽然下游地区可能减少了收入，但是这对于理顺各地区直接的经济关系，平衡双方之间的投入与产出，具有重要意义。第二，一些以森林资源为特色的风景名胜区、植物园、生态园林应该从其旅游门票销售收入中提取特别部分对为林业作出了贡献的部门、个人进行补偿。通过旅游收入源源不断的补偿，可以为森林生态效益补偿资金提供充足的来源。其三，依托绿色彩票的发行筹措资金，我国多年来一直发行各种性质的公益彩票，通过发行彩票，筹集了大量的资金。据彩票业 2011 年年鉴，我国彩票业净利润已经高达上百亿元，这些资金对我国公益、医疗、卫生、环保等事业的发展都起到了积极的促进作用。鉴于我国彩票业已经成熟的经验，我们完全可以将其复制到森林生态效益补偿的实践中。因为，森林的发展本身就是一项公益事业，它的发展关乎全人类的命运，直接影响到每个人的生存质量，而且我国森林行业急需资金的现实对发行绿色彩票提出了迫切的需求。通过发行绿色彩票，首先，可以鼓励公众参与公益事业，投身森林生态效益补偿的活动中来，更

---

〔1〕 曹小玉：《我国森林生态效益补偿机制研究》，西北农林科技大学 2006 年硕士学位论文。

〔2〕 李文华、李芬等：《森林生态效益补偿的研究现状与展望》，载《自然资源学报》2006 年第 5 期。

可以教育每一个人保护森林爱护自然；其次，可以保证我国林业发展充足的资金来源；最后，吸收社会捐赠，当今世界已经越来越紧密地联系在一起。一国的环境问题也早已不再局限于国土范围，而是超越国界，成为全人类共同的问题。国家生态环境的优劣，会对世界其他国家同样产生作用。因此，我国“林业行动计划”明确要求森林生态效益补偿要建立发展基金，吸收国内外各种捐赠，用于维护森林、防治生态破坏。社会捐赠是各种单位或个人无偿向国家进行金钱、实物的捐献，是公民积极参与环保事业的重要途径。接受捐赠不仅可以鼓励民众参与环保的热情，更可以成为国家筹措森林生态效益补偿资金的重要途径。

福建省自实施中央森林生态效益补偿基金制度以来，全省保护与建设生态公益林的积极性明显提高，管理森林资源的能力进一步增强。但是，福建省同全国一样，在森林生态保护与建设方面还存在结构性的政策缺位，森林生态效益补偿工作也存在一些问题。需要从补偿范围、补偿标准、补偿资金的来源等方面加快研究和解决，建立系统、长效的补偿机制，实现真正意义上的森林生态效益补偿，促进不同地区、不同群体之间的公平、协调发展。

第五章　福建湿地生态补偿制度的实践与完善

在我国被广泛接受的湿地定义有两个:《国际生物学计划》中的定义和《湿地公约》中的定义。《国际生物学计划》中认为湿地是:陆地和水域之间的过渡区域或生态交错带,由于土地浸泡在水中,所以具有湿地特征的植物得以生长。该湿地定义是一个狭义的概念。我国于1992年加入了《湿地公约》,并将其对湿地的定义作为官方公认的权威定义。2000年我国编制的《中国湿地保护行动计划》,就采用了《湿地公约》中的定义,即不问其为天然或人工、长久或暂时之沼泽、湿原、泥炭地或水域地带,有或静止或流动、或为淡水、半咸水或咸水水体者,包括低潮时水深不超过6米的水域。同时又规定:可包括邻接湿地的河湖沿岸、沿海区域以及湿地范围的岛屿或低潮时水深不超过6米的区域。[1] 湿地环境是人类赖

〔1〕 丁晓杰:《我国湿地生态补偿法律制度研究》,吉林大学2013年硕士学位论文。

以生存的物质基础,具有不可替代的作用。它为人类提供生产和生活所需的物质资料,因此,保护湿地环境就是保护人类的生存环境。然而,我国的湿地保护工作起步较晚,湿地环境遭受了严重的破坏。为此,湿地生态补偿制度的建立和完善显得尤为重要。

第一节 福建湿地生态补偿实践

一、福建湿地资源与湿地生态补偿的基本内涵

(一)福建的湿地资源

福建省位于中国东南沿海,地理位置优越,气候温和,降雨充沛,是中国湿地资源丰富的省份之一。福建湿地资源种类繁多,包括沿海滩涂、河口湿地、湖泊湿地、沼泽湿地、人工湿地等,这些湿地生态系统为人类和生物多样性提供了重要的生态服务。截至2022年,福建省湿地总面积约87.1万公顷,其中,自然湿地71.12万公顷(包括近海与海岸湿地57.56万公顷、河流湿地13.51万公顷、湖泊湿地300公顷、沼泽湿地200公顷),人工湿地15.98万公顷。

从福建省的湿地分布统计看,福建省湿地主要以近海与海岸湿地、河流湿地和人工湿地为主,分别占全省湿地的约66%、16%、18%。近海与海岸湿地主要分布在沿海城市福州、厦门、莆田、泉州、漳州、宁德和平潭7市(区),主要是以浅海水域、淤泥质海滩和河口水域为特征的近海与海岸湿地。河流湿地主要分布在泉州、漳州、南平、三明、龙岩和宁德6市,有闽江、九龙江、汀江和晋江4大水系。人工湿地主要分布在福州、莆田、泉州、漳州和宁德5市,主要有水库、运河、水产养殖场和盐田4种。[1]

---

〔1〕 温爱萍:《浅议湿地生态系统保护与修复措施——以福建省为例》,载《现代化农业》2017年第7期。

在福建的湿地生态系统中，大量的湿地植被资源构成了生态系统的基础，它们不仅提供了丰富的生物多样性，也为湿地生态系统的稳定性和水质保护做出了重要贡献。结合福建湿地植被的形成、发育及分布特征，参照《中国植被》(1980)和《中国湿地植被》(1999)确定的分类原则，可以将福建省湿地主要划分为9个植被型组(《福建湿地及其生物多样性》,2010)：针叶林湿地植被型组、阔叶林湿地植被型组、灌丛湿地植被型组、草丛沼泽植被型组、苔藓沼泽植被型组、浅水植物湿地植被型组、红树林沼泽植被型组、盐沼植被型组和滨海沙生植被型组。

福建的湿地植被主要类型、分布特点及区域如下：(1)针叶林湿地植被型组，以针叶林为主要优势种的森林沼泽，福建省未见具有典型意义的大面积森林沼泽，仅零星分布于山涧洼地。(2)阔叶林湿地植被型组，在福建西、北部江河、溪流岸边湿地环境中生长的呈带状分布的阔叶林。(3)灌丛湿地植被型组，福建主要分布在江河沿岸、溪流近岸及河滩等湿地，主要由喜水湿的灌木和草本植物组成，常呈带状或斑块分布。(4)草丛沼泽植被型组，以湿生和沼生草本植物为主，植物体性状单一，类型多，分布广，种类复杂。(5)苔藓沼泽植被型组，以喜湿耐酸的藓类植物为优势种，在福建省的武夷山、天宝岩国家级自然保护区发现了泥炭藓群系。(6)浅水植物湿地植被型组，以漂浮植物、浮叶植物、沉水植物型为主，在福建的湖湾、池塘、沟渠中常见。(7)红树林沼泽植被型组，红树林主要出现在热带、亚热带的隐蔽海岸、河口地带、港湾等区域，分布从高潮带的海陆交界处到低潮带的淤泥沉积的滩涂或浅层的沙泥质地带，如龙海市九龙江口红树林、泉州湾红树林。(8)盐沼植被型组，主要以禾草类植被为主，也有部分群系以双子叶植物为主要优势种，多分布在滨海、河口等潮间带。(9)滨海沙生植被型组，以热带、亚热带科属占多数，禾本科、菊科、豆科、莎草科等植物为主，分布于福建的沿海海湾、河口的滨海沙滩上。

福建的湿地生态系统独特且丰富,还拥有大量的湿地植物资源。这些植物资源包括各种水生植物、沼泽植物、湖泊河流植物以及沿海滩涂植物等,它们在维护湿地生态系统的健康和稳定中起着至关重要的作用。据统计,截至2022年,福建省湿地维管束植物共计1351种,隶属于2门170科628属。其中蕨类植物118种;裸子植物8种;被子植物1225种。同时,福建省特有湿地植物有假脉莲座蕨、福建蹄盖蕨、小叶毛蕨、高大毛蕨、德化毛蕨、福建赤车、密球苎麻等18种。

湿地动物资源也是福建湿地生态系统的重要组成部分,它们在维护湿地生态系统的稳定性、保护生物多样性以及提供人类休闲旅游的重要资源等方面,都发挥着重要作用。据统计,截至2022年,福建省自然分布有脊椎动物约1693种,其中鱼类约820种、两栖类46种、爬行类123种、鸟类557种、哺乳类147种,福建省重点保护野生动物67种(陆生野生动物60种、水生野生动物7种),国家重点保护野生动物有261种(国家一级保护野生动物64种、国家二级保护野生动物197种)。

在当前的福建省,我们可以观察到一些非常典型的湿地,这些湿地以其独特的生态特性和生物多样性吸引了众多的研究者和游客。这些湿地包括闽江河口湿地、宁德东湖国家湿地公园、集美马銮湾湿地公园、漳州市西溪湿地公园、福建漳江口红树林和盐沼湿地。下面我们对福建省的这些主要湿地进行简要的概述。

1. 闽江河口湿地

闽江河口湿地坐落于福建长乐区境内,位于闽江入海口的梅花水道,保护区总面积2100公顷,地处东亚—澳大利亚候鸟迁移通道的中间地带,是候鸟迁徙的重要驿站、越冬地和庇护所,水鸟资源异常丰富。每年在该湿地越冬的水鸟有2万只以上,估计在此迁徙停歇的水鸟数量超过5万只,有中华凤头燕鸥、卷羽鹈鹕、黑脸琵鹭、勺嘴鹬、遗鸥、东方白鹳、小天鹅等众多珍稀濒危物种。该地属于生物多样性敏感地带、重点区域和旗舰物种分布区，是亚热带地区典型的河口湿地。

由于该区域位于闽江入海口，周边社区人口数量多，台风经常光顾。人为活动的影响及生态环境的变化，外来物种互花米草的入侵，以及上游和周边污水、其他污染物流入，珍稀濒危动植物资源正在受到威胁，而且这里属于湿地生态系统类型的自然保护区，对水质的要求特别高，因此保护区生态系统存在较大的脆弱性。

2. 宁德东湖国家湿地公园

宁德东湖国家湿地公园位于宁德市区东南部，公园总面积为623.8 公顷。2009 年 12 月底，宁德东湖国家湿地公园获得原国家林业局批准，这是福建省建设的第二个国家湿地公园。东湖国家湿地公园生物资源丰富，不仅有丰富的维管束植物、野生脊椎动物，还有百余种鸟类。该地湿地特征典型，湿地景观和历史文化价值高。

东湖国家湿地公园的建设，有利于宁德市湿地生态的保护，改善城市区域内的生态环境，提升城市品位，促进宁德市中心城市影响力的提升和旅游事业的发展，并将在普及湿地知识、提高湿地保护意识、推动生态文明建设等方面发挥重要作用。

3. 集美马銮湾湿地公园

集美马銮湾湿地公园位于厦门西海域西北隅，围堤之前曾与西海域相连，是一个碧波荡漾、船只穿梭的天然海湾，原有水域面积达到 21 平方千米，拥有红树林、沼泽、鸟禽、鱼类、贝类等丰富资源。

4. 漳州市西溪湿地公园

漳州市西溪湿地公园湿地陆域面积 71.88 公顷，其中沙洲面积 9.67 公顷，滨江陆域（常水位）62.21 公顷，另有溪面 18.76 公顷，总计 90.64 公顷，已纳入漳州市城市绿地系统规划，是福建省首家具有典型南亚热带滨江风貌的城市湿地公园。

5. 福建漳江口红树林和盐沼湿地

福建漳江口红树林湿地位于云霄县漳江口,距离云霄县城10千米,总面积2360公顷。本区属于亚热带海洋性季风气候,气候温暖湿润,光、热、水资源丰富,水域理化条件好,自然条件优越。区域内的植物资源丰富,包含红树植物、盐沼植物、滨海植物等。植被资源按《中国植被》的划分方法,该区域的主要植被类型可以分为红树林、滨海盐沼、滨海沙生植被3个植被型。其中,红树林是一种海岸带重要的生物资源,是典型的海滩涂湿地植物,它有许多特殊的生理和形态适应机制,既不同于陆地生态系统,也不同于海洋生态系统,是独特的海陆边缘湿地生态系统,能够在自然生态平衡中发挥特殊作用。

总而言之,福建省丰富的湿地资源在维护生态平衡、保护生物多样性、净化环境、提供休闲旅游资源等方面提供了重要的生态服务。这些湿地资源包括湿地植物资源和湿地动物资源,它们在湿地生态系统中扮演着重要的角色,对于维护湿地生态系统的稳定性和健康具有至关重要的意义。

(二)湿地生态补偿的基本内涵

到目前为止,我国尚没有关于生态补偿较为公认的定义。国内外学者对生态补偿概念的理解侧重点各有不同,但它们基本上都包括以下含义:(1)生态补偿是一种以保护生态服务功能、促进人与自然和谐相处为目的,根据生态系统服务价值、生态保护成本、发展机会成本,运用经济手段调节生态保护者、受益者和破坏者经济利益关系的制度安排。(2)生态补偿是生态效益外部性的内部化手段,是一种对行为或利益主体的补偿,通过生态补偿抵销资源开发造成的生态环境破坏的外部成本。(3)生态补偿是一种促进生态环境保护的经济手段,其实质是通过资源的优化配置,调整和改善自然资源开发利用或生态环境保护领域中的相关生产关系，最终促进自然资源保护和环境改善。(4)生态补偿的范围可以归结为两个方面：一是对"人的补偿"，即对在生态环境的补偿活动中做出贡献者或利益损失者所给予的经济补偿。二是"对生态环境的补偿"，既包括直接补偿，即对已经遭受破坏的生态环境进行治理、修复、整治，也包括间接补偿，即减少污染和破坏环境的活动。生态补偿是一种区域协调发展制度，依据生态环境的外部性和区域性特征建立区域生态补偿机制，提高生态环境保护的积极性和保护效率，促进区域协调发展。对破坏生态系统所造成损失的赔偿和对造成环境污染者的收费，已有其他法律法规予以规定。

根据上述分析，所谓湿地生态补偿，就是为保护和恢复湿地的生态功能，对遭到破坏的湿地生态环境进行修补、恢复、综合治理，以及对由于湿地生态环境保护而遭受损失或丧失发展机会的单位或个人给予的资金、技术、教育、实物上的补偿和扶持活动的总称。它主要包括以下内容：一是对生态系统本身保护(恢复)或破坏的成本进行补偿；二是通过经济手段将经济效益的外部性内部化；三是对个人或区域保护生态系统和环境的投入或放弃发展机会的损失的经济给予补偿；四是对具有重大生态价值的区域或对象进行保护性投入。[1]

二、福建湿地生态补偿制度的立法回顾

(一)国内湿地生态补偿的立法回顾

2000年，《中国湿地保护行动计划》把"湿地开发和利用中的有价补偿利用"列入了"保护与合理利用湿地、限制破坏湿地的经济政策体系"；把"采取恢复湿地以及相应的补偿措施"列入了

---

〔1〕 李媛辉主编：《面向生态文明的林业法治》，中国政法大学出版社2013年版，第261页。

“促进湿地的可持续利用”的优先行动计划。

2003 年,《全国湿地保护工程规划(2002—2030 年)》确立了湿地保护工程建设的长期目标是:通过湿地及其生物多样性的保护与管理,湿地自然保护区建设等措施,全面维护湿地生态系统的生态特性和基本功能,使我国自然湿地的下降趋势得到遏制。通过补充湿地生态用水、污染控制以及对退化湿地的全面恢复和治理,使丧失的湿地面积得到较大恢复,使湿地生态系统进入一种良性状态。同时,通过湿地资源可持续利用示范以及加强湿地资源监测、宣教培训、科学研究、管理体系等方面的能力建设,全面提高我国湿地保护、管理和合理利用水平,从而使我国的湿地保护和合理利用进入良性循环,保持和最大限度地发挥湿地生态系统的各种功能和效益,实现湿地资源的可持续利用,使其造福当代、惠及子孙。

2004 年,国务院办公厅在《关于加强湿地保护管理的通知》(国办发〔2004〕50 号)中指出,要建立国家、地方、社会各界共同参与的,多层次、多渠道的湿地保护投入机制,充分发挥各界力量,加快湿地保护的步伐。

《全国湿地保护工程实施规划(2005—2010 年)》围绕湿地保护、湿地恢复、可持续利用示范和能力建设四大建设项目,做出了中央投资 42.36 亿元、地方配套 47.68 亿元、总投资 90.04 亿元的湿地生态补偿资金投资规划。[1]

2008 年《水污染防治法》第 7 条规定,国家通过财政转移支付等方式,建立健全对位于饮用水水源保护区区域和江河、湖泊、水库上游地区的水环境生态保护补偿机制。这标志着湿地生态补偿机制在法律层面的正式确立。2013 年,原国家林业局通过了

〔1〕 陈克亮、黄海萍等:《海洋保护区生态补偿标准评估技术与示范》,海洋出版社 2018 年版,第 48 页。

《湿地保护管理规定》,提出对湿地所有者或经营者合法权益造成损失的应当补偿,对生态系统本身造成损害的也应当补偿,并且提到了湿地补偿的两大对象——损失者和湿地生态系统,这对湿地生态补偿制度的建立具有重要的指示作用,但没有对补偿的方式、内容等问题作出规定。我国在 2014 年修订的《环境保护法》第 31 条第 1 款规定:"国家建立、健全生态保护补偿制度。"这些法律法规与政策的出台,都为湿地生态补偿法律机制的建立提供了立法依据,但这些规定仅具有原则性,对怎样补偿、补偿方式、补偿标准等具体内容缺乏规定。

2009 年,《中共中央、国务院关于 2009 年促进农业稳定发展农民持续增收的若干意见》(中发〔2009〕1 号)中明确提出,要开始启动湿地生态效益补偿试点工作,这成为我国湿地生态补偿机制建立的重要契机。

2010 年,财政部、原国家林业局发布的《关于 2010 年湿地保护补助工作的实施意见》(财农〔2010〕114 号)决定从 2010 年起开展湿地保护补助工作。

2011 年,财政部、原国家林业局印发的《中央财政湿地保护补助资金管理暂行办法》(财农〔2011〕423 号,已失效)规定了多渠道筹集资金和适当补助、突出重点和集中投入、区分轻重缓急和分步实施的中央财政湿地保护补助资金使用原则,并且规定中央财政湿地保护补助资金主要用于监测、监控设施维护和设备购置支出以及退化湿地恢复支出和管护支出。

《全国湿地保护工程"十二五"实施规划》则围绕湿地保护、湿地恢复与综合治理、可持续利用示范、能力建设、湿地生态效益补偿 5 个方面的重点工程,拟给予湿地生态补偿等各项投资 129.39 亿元,其中,中央投资 55.85 亿元,地方配套 73.54 亿元。

2013 年 3 月,原国家林业局第 32 号令公布了《湿地保护管理规定》(已于 2017 年修改),第 27 条规定:"因保护湿地给湿地所有者或经营者合法权益造成损失的,应当按照有关规定予以补偿。”

2014 年,修订的《环境保护法》将“湿地”纳入了“环境”的定义范围,并且规定“国家建立、健全生态保护补偿制度”,由此,我国正式确立了包括湿地在内的生态补偿制度的法律地位。

2014 年 7 月,财政部会同原国家林业局印发了《关于切实做好退耕还湿和湿地生态效益补偿试点等工作的通知》(财农便〔2014〕319 号),进一步明确了省级财政部门、林业主管部门和承担试点任务的县级人民政府及实施单位的责任,提出了加强财政资金管理的要求。

2015 年 4 月,《中共中央、国务院关于加快推进生态文明建设的意见》(中发〔2015〕12 号)指出,健全生态保护补偿机制,具体包括科学界定生态保护者与受益者的权利义务;结合深化财税体制改革,完善转移支付制度;加大对重点生态功能区的转移支付力度,逐步提高其基本公共服务水平;建立地区间横向生态保护补偿机制,引导生态受益地区与保护地区之间、流域上游与下游之间,通过资金补助、产业转移、人才培训、共建园区等方式实施补偿。

2016 年 4 月,国务院办公厅正式印发了《关于健全生态保护补偿机制的意见》(国办发〔2016〕31 号),意见中提到健全生态保护补偿机制的目标:到 2020 年,实现森林、草原、湿地、荒漠、海洋、水流、耕地等重点领域和禁止开发区域、重点生态功能区等重要区域生态保护补偿全覆盖。[1]

2021 年 12 月,第十三届全国人大常委会第三十二次会议审议通过《湿地保护法》,该法 2022 年 6 月 1 日起施行,这是我国首部专门针对湿地保护的法律,该法从维护湿地生态系统整体性出

---

〔1〕 陈克亮、黄海萍等:《海洋保护区生态补偿标准评估技术与示范》,海洋出版社 2018 年版,第 48 页。

发,为加强湿地保护、维护湿地生态功能及生物多样性提供了法治保障。

除了上述法律法规对湿地保护的规定外,一些地方也制定了一些条例保护湿地环境,例如《黑龙江省湿地保护条例》、《湖南省湿地保护条例》以及《江西省湿地保护条例》等。这些地方性条例虽然具有一定的针对性,但是在实践中缺乏执行力。由此可见,从我国目前的环境法体系来看,我国的湿地生态补偿立法还处于初级阶段,单靠一些综合性法律法规和单行法规的零星规定并不能满足湿地保护的现实需要,必须制定关于湿地保护的专项法规。

(二)福建湿地生态补偿的立法回顾

由于福建省拥有丰富的湿地资源和独特的地理环境,该省湿地保护工作启动较早,然而其中关于生态补偿的做法相对较少。早在2005年,福建省人民政府办公厅便印发《关于加强湿地保护管理的通知》,明确了湿地保护管理工作的目标、任务要求。

2013年,十一届福建省政协常委、福建农林大学林学院院长马祥庆撰写提交了《关于进一步加强福建省湿地保护的建议》的提案,建议省里尽快出台“福建省湿地保护条例”、颁布“福建省湿地保护规划”、建立部门联动机制、加强湿地保护执法,引起了省政协的高度重视。2013年11月,马祥庆受邀参加由杨根生副主席带队的调研组,再次深入泉州湾、兴化湾、闽江河口和秀屿土海等地,对福建省的湿地保护情况进行更加深入的调研。随后,省政协在马祥庆原有提案和调研的基础上,形成省政协人口资源环境委员会的《推进生态文明建设必须加强湿地保护》的提案。该提案被列为2014年省政协重点提案,由时任副省长和省政协副主席负责督办。2014年1月,省政协召开“加强湿地保护”专题协商会,时任副省长和省政协副主席,省林业厅、省财政厅、省编办、省政府法制办等多部门领导参加了协商会,对完善湿地保护提出了许多建设性意见。

2015年6月,中国沿海湿地保护网络成立大会在福建省福州市召开。会上宣读并通过了《福州宣言》,指出滨海湿地是我国海岸带极其重要、生产力最高、生物多样性最为丰富的关键区域,是沿海经济发展的生态屏障和未来可持续发展的根本保障。《福州宣言》呼吁,将沿海湿地保护与可持续利用纳入政府工作目标;尽快完成湿地保护立法;以生态保护为重要目标,调整现有土地分类系统;严格控制沿海滩涂和潮间带围垦和填海工程,遏制迁徙水鸟栖息地丧失势头;开展沿海经济社会可持续性评价,建立湿地生态补偿及其他资金支持长效机制;鼓励将生态系统服务价值计入国民经济成本核算体系;鼓励沿海各省(区、市)将湿地保护内容编入《自然资源资产负债表》;加强社会各界及国际合作与交流,共同分享沿海湿地保护与合理利用的成果和经验,号召社会力量关注沿海湿地,在保护的前提下实现可持续发展。[1]

历经2014~2016年的多轮讨论和修改,《福建省湿地保护条例》终于在2016年9月通过了省人大常委会的一审,且于当月底正式通过福建省第十二届人民代表大会常务委员会第二十五次会议审议,并从2017年1月1日起实施。该条例对湿地实行总量控制、名录管理、红线管控三重保护,划入生态红线的重要湿地及相关一般湿地,应确保面积不减少、性质不改变、功能不退化。凡是列入国际重要湿地和国家重要湿地名录,以及位于自然保护区内的天然湿地,禁止占用或改变用途。对重要湿地的占用实行"占补平衡""先补后占"原则,把恢复同等面积和功能的湿地作为前提条件,把同意占用一般湿地或改变其用途的权限上收到省级有关部门。

《福建省湿地保护条例》的通过对于加强湿地保护,推进福建省发挥生态优势,建设国家生态文明试验区,促进经济社会可持

---

〔1〕 滕玲:《"8亿亩"中国湿地保卫战》,载《地球》2015年第8期。

续发展，具有十分重要的意义。《福建省湿地保护条例》从福建省湿地保护的实际情况出发，明确调整范围，理顺管理体制，建立了湿地保护面积总量控制、名录管理和红线管控制度，严格湿地占用的条件及程序，平衡湿地保护与发展的关系，为有效保护福建省湿地资源提供了强有力的法律屏障。〔1〕 2017 年 1 月 1 日，《福建省湿地保护条例》正式施行，这为湿地资源保护、湿地资源可持续发展和合理利用划定了法律界限。2017 年 4 月，福建省政府发布了第一批省重要湿地名录，凸显了湿地在福建省推进生态文明建设中的重大担当。2017 年 12 月，《福建省人民政府办公厅关于印发福建省湿地保护修复制度实施方案的通知》下发。

2017 年 12 月，福建省人民政府办公厅印发《福建省湿地保护修复制度实施方案》，明确提出提高省内湿地保护率，实行湿地面积总量管控，严格湿地用途监管，确保湿地面积不减少。到 2020 年，全省湿地面积不低于 1306 万亩(不包括水稻田)，湿地保护率提高到 50% 以上。〔2〕 2018 年 7 月，《福建省湿地占补平衡暂行管理办法》《福建省湿地名录管理办法(暂行)》等印发执行。2018 年 12 月 1 日起《福建省省级湿地公园管理办法》施行。福建还成立了由 11 个部门参与的省湿地保护联席会议制度，建立了由 189 名专家组成的湿地保护专家库。〔3〕

2022 年，福建省人民代表大会常务委员会《福建省湿地保护条例》进行修订，其中，湿地占用问题是本次修订的重点。《湿地保护法》对占用国家重要湿地有明确规定，但对省级重要湿地和

---

〔1〕 林小燕:《生态文明建设浓墨重彩的一笔——〈福建省湿地保护条例〉解读》，载《人民政坛》2016 年第 10 期。

〔2〕 潘园园:《到 2020 年全省湿地保护率提高到 50% 以上》，载《福建日报》2018 年 1 月 2 日，第 1 版。

〔3〕 刘建波、周冬良:《生态福建魅力湿地》，载《中国绿色时报》2020 年 8 月 18 日，第 2 版。

一般湿地的占用问题并未作出规定。《福建省湿地保护条例》就此作出补充规定,明确禁止占用省级重要湿地,并列明了例外情形。经依法批准占用重要湿地的单位,应当按照规定恢复或者重建与所占用湿地面积和质量相当的湿地;没有条件恢复重建的,应当按照国家有关规定缴纳湿地恢复费;并对擅自占用省级重要湿地和一般湿地等违法行为作了严厉的处罚规定。[1]

本次修订后的《福建省湿地保护条例》共有六章41条,涉及湿地定义、保护原则和制度、地方政府职责、湿地资源管理、保护与修复、监督检查、法律责任等内容。根据《福建省湿地保护条例》,湿地分为重要湿地和一般湿地。重要湿地包括国家重要湿地和省级重要湿地,重要湿地以外的湿地为一般湿地。实行面积总量控制是保护湿地的重要抓手。《福建省湿地保护条例》在《湿地保护法》原则性规定的基础上,对总量控制进行细化规定。《福建省湿地保护条例》要求,省政府应当定期对设区的市湿地保护面积总量情况进行责任审计和考核;设区市政府应当定期对县(市、区)湿地保护面积的总量情况进行责任审计和考核。

从过去湿地生态保护的做法中,不难看出,利用生态补偿保护湿地的做法相对较少,这主要是基于,一方面,生态补偿是一种相对较新的环境政策工具,其理论和实践在我国还处于发展阶段。虽然生态补偿的概念在国际上已经被广泛接受和应用,但在我国,尤其是在地方级别,生态补偿的实施可能还面临一些挑战,如资金短缺、技术缺乏、法规不完善等。另一方面,生态补偿的实施需要一定的科学基础和技术支持,如生态价值评估、补偿标准制定、补偿效果监测等。在早期,这些科学基础和技术还不够成熟,这可能限制了生态补偿的实施。

---

〔1〕 张辉:《新修订的〈福建省湿地保护条例〉明年起施行》,载《福建日报》2022年12月29日,第2版。

第二节　福建湿地生态补偿：理论探究与问题分析

一、湿地生态补偿的理论探究

恢复生态学、生态经济学、环境法学、科学发展观等理论均为建立湿地生态补偿机制提供了理论基础。

研究生态系统退化的原因、退化生态系统恢复与重建的技术与方法、生态学过程与机理的科学——恢复生态学，为湿地生态补偿制度的建立提供了理论基础。我国实施的“三北”防护林体系建设工程及日本对其国内第一大淡水湖琵琶湖的污染治理与恢复就是实施生态恢复的成功例证。在遵循自然规律的基础上，对湿地开展生态补偿，通过人类的作用，根据技术上适当、经济上可行、社会接受的原则，使受害或退化的湿地生态系统重新恢复原有的生态功能，是一个有效途径。

生态经济学同样为湿地生态补偿制度的建立提供了理论依据。从本质上看，湿地生态效益属于公共产品，具有巨大的正外部性，对其实施补偿实质是通过公共政策使其外部效益内部化。湿地生态系统在同一时间里可能使多个个体受益，所提供的生态效益具有极大的外部性，在通常情况下，其周边地区或下游地区都在享受这一湿地的生态效益，因此，对该湿地在生态环境保护和建设上所投入的人力、物力和财力进行补偿，既是必要的，也是合理的。

环境法学为湿地生态补偿制度的建立也提供了理论依据。生态补偿是根据环境正义和公平的需要，通过制定一系列的行为规范，创设一种平衡的权利义务关系，形成和履行生态效益的需求者和供给者之间的契约，以使各方利益实现最大限度的平衡。如果生态效益需求者为了自身利益，总想无偿享有生态产品，而利益相关者因无法受益甚至受损，放弃甚至抵制保护，则容易竭泽而渔,最终双方利益都无法实现。这种"不补偿—不保护"的状态是最坏的结果,也是有违环境正义和公平的。而欲改变这个局面,就要根据环境正义和公平的原则,建立新的关系即补偿与保护良性互动关系,以持续地增加湿地生态效益供给。

和谐发展也为湿地生态补偿制度的建立提供了重要理论依据。以人为本的理念、人与自然协调的理念以及和谐社会的理念就是要通过和谐发展来实现。这就为湿地生态补偿制度的建立提供了新的思维视角。湿地保护及利用涉及当地政府、湿地管理机构、基层组织、企业、农民、渔民等众多利益群体,而和谐发展就是缓解这些利益群体之间利益诉求矛盾的重要途径。通过建立湿地生态补偿制度,协调好人类发展与资源保护的关系,弥补相关利益群体的损失,有效地化解各种矛盾和冲突,从根本上恢复湿地生态功能,同时也是从长远角度谋求社会的和谐稳定。[1]

二、湿地生态补偿的制度构成

(一)湿地生态补偿法律机制构建原则

法律原则贯穿整个法律制度,对法律机制的建立有着十分重要的作用。关于湿地生态法律机制的构建,当前我国主要从以下两个原则出发。

1. 污染者负担原则

污染者负担原则即为"谁开发谁保护;谁污染谁治理"。其含义就是谁对湿地资源造成了破坏,那么谁就负责对其进行治理,使之恢复至原先状态。找到行为主体,就可以确定谁来埋单。

---

〔1〕 李媛辉主编:《面向生态文明的林业法治》,中国政法大学出版社 2013 年版,第 262 页。

2. 受益者负担原则

受益者负担原则即为“谁受益,谁补偿;谁保护,谁受益”。这是从另一个角度找寻生态补偿的责任人。此处的两个受益表示不同的含义,第一个受益指的是享受湿地生态价值的主体,第二个受益指的是主动保护湿地资源、保护其生态价值不受损失的人。首先应该辨别谁是主要受益者,谁是生态服务价值的保护者,从而确定谁应该得到补偿,而谁又应该付出使用费用(此处的费用并不单单指经济补偿);然后确定补偿的标准是多少,应该补偿多少;再者是补偿的方式等。[1]

(二)湿地生态补偿法律制度的内容

1. 划分湿地类型

首先应该根据具体省份的实际情况,参照国家相关研究的类型划分标准,对目标省份内部的湿地进行详尽划分,确定各个湿地类型的具体范围,所涉及的湿地保护区位置、面积等。因为只有对湿地的类型进行了详尽的划分,才能够对福建省的湿地情况有一个更加精细的了解,才能够针对各个类型,具体且详尽地制定湿地保护方案,才能够更好地保护湿地资源。因此,湿地类型的划分是进行湿地保护工作的前提。

2. 明晰湿地生态补偿的主客体及法律关系

参考其他补偿的有关规定,湿地资源由于其公共性质,故而它的补偿主体应该是各级人民政府。究竟是哪一级人民政府,应该根据该湿地的受益范围予以明确规定,受益范围广泛的应该由省级人民政府乃至申请中央人民政府和地方各级人民政府共同补偿,具体的各自承担比例应该合理划分,作出明确规定。湿地周边的人和集体,受到影响是最大的,因为湿地的保护,其自身的

---

〔1〕 赵俊、洪怡恬:《福建省湿地生态补偿法律机制及效用研究》,载《中国农业资源与区划》2017 年第 4 期。

发展会受到必然的限制,这会直接导致其各方面利益的受损;另外,作为离湿地保护区最近的个体和组织,其在对湿地的保护中起着至关重要的作用,会承担起湿地保护工作的绝大部分内容,因此,补偿客体应该是对湿地保护做出贡献和因为湿地的生态保护而使自身利益受到损失的集体和个人。[1]

3. 确立湿地生态补偿方式

对湿地的生态保护需要进行补偿,无论是在学术界还是在公众心理上都是得到认可的,但是如何补偿、怎么补偿是人们关注的热点,也是当前的问题所在。补偿的方式有很多种,从补偿时间来讲可以分为一次性补偿和长期补偿两种,从补偿的方式来讲可以分为金钱补偿、生活技能培训和社会保障等方式,最常见也最常使用的是资金补偿,对造成损失的农户或者集体进行一次性资金补偿。但是人们为保护湿地损失的是世世代代、子子孙孙的发展,进行一次性资金补偿严格来说不太合适,从长远来讲应该为该部分人或者集体谋长远利益,将其纳入社会保障,或者为其生存另谋出路,使其能够保证长期生活品质不降低。也可以鼓励人们对湿地进行可持续性利用,政府为农民进行技术上的培训和指导。[2] 因此,在补偿方式的确立上,应该慎重考虑,应该站在人民的角度,从长远利益着想。

4. 建立湿地生态补偿标准

除了"怎么补"的问题外,湿地补偿的另一个难题是"补多少"的问题。湿地生态补偿标准确立的前提条件是首先对湿地的价值进行测算,然后根据测算结果,结合对人民的补偿意愿的调查,

---

〔1〕 牛伟、肖立新、李佳欣:《复合生态系统视域下生态涵养区建设对策研究——以冀西北地区为例》,载《中国农业资源与区划》2016 年第 4 期;欧世芬:《福建省湿地资源合理利用及保护对策研究》,福建师范大学 2007 年硕士学位论文。

〔2〕 王伟松:《惠安洛阳江湿地生态旅游研究》,福建农林大学 2010 年硕士学位论文。

合理确定补偿标准。湿地的价值是多重的，湿地具有巨大的生态价值是不可否认的，此外，湿地的价值不仅限于此，湿地还可以为生产生活提供丰富的原材料，因此在测算湿地的价值时，应该从多个方面、多个角度考虑。目前在湿地生态补偿标准确立方面比较常用的方法是机会成本法，因为湿地的价值不易测算，因此根据农户或者集体因为保护湿地而损失的机会成本确定补偿的标准是比较科学的方法。[1]

（三）湿地生态补偿法律保障措施

湿地生态补偿的顺利实施源于强有力的保障，主要来源于3个方面的保障，即立法保障、执法保障、监督保障。

1. 立法保障。完善的法律体系可以为湿地生态补偿提供法律依据，依靠法律强制保障其实施。

2. 执法保障。违法或者违约的行为应该承担一定的法律责任，从而保障湿地资源的保护以及生态补偿的到位，体现法律效力。

3. 监督保障。对湿地生态补偿工作的监督，不仅是依靠国家监督部门的监督，更应该利用群众的力量，通过向群众普及湿地生态补偿的相关知识，让群众对身边的湿地问题进行监督，形成一个自发的湿地监督保障系统。只有这样，才能将湿地生态补偿的工作做到最好，也只有这样才能真正地保护好湿地。

（四）湿地生态补偿法律机制建立的效用分析

湿地生态补偿法律机制的建立，可以有效保护湿地资源不被破坏，良好的湿地环境可以调节环境、维持生物多样性，发挥巨大的社会、经济及生态价值。

---

〔1〕 王伟松：《惠安洛阳江湿地生态旅游研究》，福建农林大学2010年硕士学位论文。

1. 湿地生态类型的划分效用

湿地生态类型的划分是进行湿地生态保护的基础，在类型划分的基础上，根据不同类型的特点可以确定相对应的生态保护以及生态补偿方式、补偿标准。

2. 明晰湿地生态补偿法律关系效用

明晰的法律关系以及对补偿主客体的确定，可以使生态补偿的责任得到明确的确认，避免补偿主体不明导致的争议，从而影响生态补偿结果。

3. 生态补偿方式确立效用

根据不同的湿地类型确定湿地生态补偿方式，从而能够保障不同类型的湿地资源得到更加合理的补偿和保护。[1]

三、福建湿地生态补偿的问题剖析

（一）湿地界限不清晰

目前，无论是国内还是国际对湿地都还没有一个确切而统一的定义。已有的定义大都将湿地界定为一个自然综合体或过渡地带，包括水文、土壤和植被三个属性的描述。湿地定义的严密性程度不同，导致了湿地范围有较大的差异。对湿地定义的主要分歧在于积水的深度、积水的时间标准及植被属性。到目前为止，对湿地的界限确定特别是湿地上限标准的研究不足而且分歧最大，还没有一个令人满意的上限界定标准。

尽管绝大多数湿地资源属国家所有，但这种抽象的所有权与使用权、收益权、管理权等相脱离，地方相关政府部门作为中央政府的代理人，行使湿地资源的管理职能，是湿地资源的实际使用者和受益者。产权清晰是开展福建湿地生态效益补偿的基本前

---

〔1〕 赵俊、洪怡恬：《福建省湿地生态补偿法律机制及效用研究》，载《中国农业资源与区划》2017 年第 4 期。

提。产权主体不清晰,就不知道由谁承担保护责任,也就无法确定生态补偿对象和受益主体。有的自然保护区只能对权属清晰的基本农田和第二轮土地承包范围内的耕地进行补偿,受益主体的范围非常小,显然起不到引导和激励更多人参与湿地保护的作用,相反,还会因为补偿的不公平引发诸多社会问题。

(二)保护目标不明确

从长期看,福建湿地生态补偿的对象主要是相关利益主体损失的机会成本。这里的机会成本,就是利益主体被要求停止生产经营活动或降低生产经营活动强度而造成的损失。显然,目前湿地生态效益补偿试点单位并没有对所有(或主要)生产经营活动给出发展规模和作业强度的上限,在以奖代补措施中也很难对主动缩小生产规模或降低作业强度的利益主体进行奖励。[1]

在福建省国家级自然保护区调研时,地市上水利、国土和林业等部门都提出了湿地保护的目标问题,或者说是湿地中生产活动(如采砂、捕鱼、栽苇、种藕、航运等)允许发展的规模以及作业的频度。目前,当地对湖泊区域的生产经营活动对湿地生态环境的影响没有权威的评估,国家对湿地保护的目标也没有顶层设计,因而对湿地区域内生产经营活动强度的限制也没有明确尺度。福建省目前主要针对野象等觅食造成的损失给予补偿,并未就因保护鸟类或其他野生动植物而影响当地的生产和生活提出补偿方案,还处在被动地解决问题阶段。

(三)补偿范围不合理

补偿范围不合理问题表现在两个方面:一是不该补的区域补了。按照《自然保护区条例》的相关规定,核心区禁止任何单位和

---

〔1〕 黄超:《国外湿地生态补偿法律制度与实践研究》,“决策论坛”管理决策模式应用与分析学术研讨会论文,2016 年 4 月于北京。

个人进入且“禁止在自然保护区的缓冲区开展旅游和生产经营活动”，核心区和缓冲区内人口应通过生态移民向外疏散，其中的耕地不应作为补偿对象，不能纳入生态补偿范围。如果将核心区和缓冲区划入生态补偿范围，相当于默认了其中的生产经营活动，这与现有自然保护区的保护法规存在冲突，也不利于引导人口向保护区外疏散。二是该补的区域没补。保护区周边补偿范围仅为1000米，而鸟类和野生动物的活动范围更大，损失的程度也不一定是离保护区越远而越小，而是与作物（或养殖）种类等因素有关。因此，湿地生态效益补偿的范围要做出调整，划定足够大的区域，并允许各地根据实际情况有灵活执行的幅度。

目前福建的长汀国家湿地公园补偿、武平中山河国家湿地公园生态补偿方式单一，以现金补贴为主，粮食补贴为辅，且未完全融入生态补偿体系内，补偿效果欠佳。由于现金补偿不仅要求有足够的资金保障，而且要求长期性和稳定性。其他形式的补偿尚未开展，如智力补偿、项目补偿、技术补偿等，仅靠单一的资金补偿，很难满足保护区的持续发展需要。多样化补偿方式的交叉进行，改变“输血”式的补偿形式，加强“造血”式补偿，才能保证补偿的良好效果。

（四）补偿对象不完整

根据《关于切实做好退耕还湿和湿地生态效益补偿试点等工作的通知》（财农便〔2014〕319号），湿地生态效益补偿主要用于对候鸟迁徙路线上的重要湿地因鸟类等野生动物保护造成的损失给予的补偿支出。补偿对象为属于基本农田和第二轮土地承包范围内、履行湿地保护义务的耕地承包经营权人。就鸟类等野生动物对东洞庭湖湿地及周边造成的损失来看，补偿范围不应限于耕地，还要包括其他利用方式的土地（如养殖水域、苇塘、藕塘等）；补偿对象也就不能仅针对农作物，还要包括水产品、芦苇等。从全面加强湿地保护的角度来看，在允许的生产经营规模和强度下,鸟类等野生动物栖息和觅食造成的所有损失,以及生产经营主体自愿缩小经营规模和降低开发强度所损失的机会成本,都应该成为生态补偿的对象。考虑到全国湿地的地域差异,湿地生态补偿的对象会更广泛,应该在政策调整中逐步纳入。

(五)法律制度不完善

《福建省湿地保护条例》于2016年经福建省第十二届人民代表大会常务委员会第二十五次会议通过。该地方性条例虽然具备一定的针对性,但是在实践中缺乏执行力。由此可见,从我国目前的环境法体系来看,现行生态补偿立法结构极不平衡,过于分散,难以形成体系。我国现行的环境保护法作为环境保护的基本法偏重于环境污染的防范和治理,对生态补偿问题并未涉及。环境保护各部门法所规定的环保措施以及环保资源内容和范围各不相同,缺少一部专门以调整生态补偿为内容的法律制度。[1]在国家层面上,目前只有一些国务院或者原环保总局关于湿地生态补偿的决定或是指导意见,尚没有制定一部关于湿地保护的专门性的或者综合性的法律,保护湿地的一些相关规定只是零散地存在于其他法律法规中,如《环境保护法》第30条第1款规定:"开发利用自然资源,应当合理开发,保护生物多样性,保障生态安全,依法制定有关生态保护和恢复治理方案并予以实施。"该条规定明确了各湿地生态资源开发主体在开发、利用湿地生态环境的同时,必须采取相应措施保护湿地的生态环境。《水法》第28条规定:"任何单位和个人引水、截(蓄)水、排水,不得损害公共利益和他人的合法权益。"该规定明确了湿地资源的利用者在利用湿地资源的水源时,不能以牺牲社会和他人的利益换取自身的经济利益和生活质量的提高。《水污染防治法》第8条规定:"国家

〔1〕 李智娟:《我国湿地生态补偿法律制度研究》,中国政法大学2015年硕士学位论文。

通过财政转移支付等方式,建立健全对位于饮用水水源保护区区域和江河、湖泊、水库上游地区的水环境生态保护补偿机制。”上述规定是在法律层面对湿地生态补偿制度作出的明确规定,为对水源保护区和江河、湖泊、水库等湿地环境进行生态补偿提供了明确的法律依据。[1]

国家层面的湿地生态补偿法律缺失。目前我国一直在促进生态补偿制度的建立,基本法、行政法规以及政府工作报告都提及必须尽快建立生态补偿制度,但生态补偿条例至今也未能出台。地方湿地保护条例虽然对生态补偿也有一些规定,但也多是原则性规定,缺乏可操作性。由于湿地保护工作的特殊性,在保护过程中损害周围居民的利益是不可避免的,所以必须进行湿地生态补偿,但目前的补偿工作仍旧比较混乱,缺乏统一标准,甚至损害居民利益而不补偿的情况也大量存在。出现这种现象的很大一部分原因就是缺乏国家湿地生态补偿立法,地方湿地生态补偿工作的开展没有上一位阶法律的指导,地方政府各自为政,法律位阶低,效力不高。我国缺乏国家层面的湿地保护专项性法律,对湿地的保护采取要素性分割的方式,这直接导致目前湿地管理工作的困境。主要表现在:第一,目前湿地保护工作贯彻综合管理与多部门管理原则,多个部门参与湿地管理工作,这种管理方式往往导致各部门有利益时争抢管理,无利益时则少管理甚至不管理的乱象,在违法者破坏湿地时有时会有多个部门进行处罚,但对居民利益损害进行补偿时由于没有明确规定实施主体,这些主管部门并不会对居民开展补偿工作。前文提到的抚远市内湿地的生态补偿工作只是由抚远县政府及保护区的管理局负责。第二,我国湿地自然保护区尤其是国家级自然保护区的湿地

---

[1] 齐力:《政府与农户博弈视角下退耕还湿生态补偿研究——以黑龙江三江湿地自然保护区为例》,载《求索》2016年第8期。

生态补偿工作应有国家的财政支持,但是由于目前没有法律明确规定,只是部分自然保护区得到了国家生态补偿基金的支持,没有得到补偿基金的保护区生态补偿工作便难以开展,因此我国湿地补偿缺乏统一性,补偿工作随意性大,导致补偿不公平。

我国的湿地生态补偿立法还处于初级阶段,单靠一些综合性法律法规和单行法规的零星规定并不能满足湿地保护的现实需要,必须制定关于湿地保护的专项法规。[1]

第三节 福建湿地生态补偿制度的完善路径

一、湿地生态补偿制度的他地经验与借鉴

(一)国外经验

面对全球环境问题日益突出、湿地资源正面临空前危机的严峻形势,包括发达国家在内的许多国家已经开始尝试利用多种手段解决湿地生态环境问题,以保护湿地资源的合理开发利用,保护湿地生态环境,防止对湿地生态破坏的加剧。具体到湿地生态补偿问题,一般采取两大类政策措施:一类是确立了一系列包含湿地生态补偿内容的管理措施,如制定了一系列相关的法律法规,直接规范补偿问题;另一类是采取多项措施和手段通过建立湿地生态服务市场,利用市场的手段促进湿地生态问题的解决和湿地生态环境的保护,并同时达到湿地生态补偿的目的,这类是间接措施。

1. 美国湿地生态补偿法律制度

采取保护性退耕政策加强生态环境保护是美国政府的一贯政策。具体做法是由政府作为出资人,提供补偿资金,购买湿地

---

〔1〕 丁晓杰:《我国湿地生态补偿法律制度研究》,吉林大学2013年硕士学位论文。

生态效益，补偿给原来耕种土地的农民，补偿依据是这些农民为开展湿地生态保护，自动放弃了耕作，导致机会成本丧失。政府为鼓励农民退耕还林、退耕还草的积极性，提高全国森林覆盖面积，改善湿地生态环境质量，主动承担起出资人的角色。美国的“由政府购买生态效益、提供补偿资金”退耕项目在租金率（补偿标准）方面采取的是竞标机制。竞标原则以农户自愿和各地块具体的自然和经济条件确定。竞标者通过比较该地块自己认同的租金率与政府估算的租金的大小，最终决定是否参加该退耕项目。具体而言，美国政府将保护性退耕计划分作五大工程，每个工程均以合同制方式分段实施，各段所要达到的保护目标各不相同。合同期限多是长期的，一般为 10 ~ 15 年，合同期满以后，农户可以自主决定是否参加下一阶段的退耕项目。此外，美国政府还制定了法定蓄积量可交易权计划，通过行政调节，鼓励私人组织进行森林采伐权的买卖活动。美国政府在确定补偿标准时利用竞标机制确定租金率（即补偿标准），并非由政府统一规定一个具体的补偿标准。同时，美国政府在退耕项目中，还采取一系列有利于农民的优惠政策，采取诸如在国家环境基金项目的资源分配中优先考虑自然遗产保护区、对参加保护区项目的农村地区减免税收、在农村的信用评级中对其加以倾斜、为土地所有人或经营人提供激励机制等多项务实做法。由此可以看出，美国政府在湿地生态补偿方面，既主动承担起作为湿地生态效益的购买者的义务，同时又充分利用市场机制、竞争机制和激励机制，调动农民合作的积极性，将农业生态补偿工作推向了良性发展的轨道。

2. 瑞士湿地生态补偿法律制度

20 世纪 90 年代以来，瑞士公众积极参与环境保护，为保护生物多样性不受破坏、减少对水质的不利影响，自下而上地促使政府于 1992 年重新构建了联邦农业法，实现了农业生态补偿的立法目的。根据该法，结合农业生产的可持续性特点，联邦政府明确对三个层次的农业发展提供政府财政补偿:第一层次针对的是特定的生物类型;第二层次是对特定的生产活动,要求这些生产活动是为满足更高的湿地生态标准而采取的;第三层次针对的是有机农业。瑞士的这些农业环境政策一是依靠湿地生态补偿区域计划,二是依靠湿地生态税计划组织实施。前者的目的是增进自然生物的多样性、保存农业生物的多样性;后者则是将湿地生态保护的费用支付问题纳入全面的税收改革计划中,从而实现生态化农业。在湿地生态补偿区域计划中,瑞士在所有实施农业化的区域中均推行此计划。对自愿遵守湿地环保措施,并已达到湿地生态环境标准的农民给予补偿,如果农民达到某一湿地生态质量的标准,或者参与保护生物群落计划,农民还会获得额外的奖金。瑞士采取激励性税收与财政和公共开支相一致的税收政策,通过改革生态税——具体体现为通过生态补偿、税收措施来支持重要的环境目标,避免与生态环境目标相冲突的补贴。

3. 欧盟湿地生态补偿法律制度

从欧盟整体来看,在农业生态补偿方面仍有普遍的有效做法,正是通过这些具体做法,达到保护农业生态环境的目的。

一是将补贴金额与湿地环保措施挂钩,通过采取休耕、种植可再生原料和实施严格的载畜量规定等措施,引导农民自觉保护湿地环境。农民在休耕期间的收入损失由政府补偿30%。在英国,对签署农林协议书,愿意长期退耕还林的农民,政府给予每年125英镑每公顷的补偿金,为期30年。欧盟同时鼓励牧民和养殖户进行粗放式畜牧养殖,对符合欧盟放养密度规定的牧民和养殖户给予养殖补贴。自1993年以来,养殖密度的规定日益严格,对养殖密度非常低的养殖户发放额外奖金,即"粗放奖"。欧盟各成员国还根据各自养牛、养羊饲料田的情况制定了特殊的湿地环保法规,违者视其造成的湿地环境污染后果给予惩罚、减少直至取消补贴。

二是逐步改变农业生产经营方式,减少化肥和植物保护剂的使用,把农田改作粗放型绿地,规定每块饲料田的最大载畜量,加强环保生产技术的推广和利用,尽量减少湿地环境污染。各成员国可以制定规则,引导农民改变破坏湿地环境的耕作和经营方式,减轻农业生产对湿地环境的压力,减少对湿地环境的污染,如有的成员国规定:如果农民的生产经营方式对环境和风景产生积极影响的,政府即对农民给予货币补贴。

三是通过植树造林,不断提高森林覆盖率,实现美化环境的目标。欧盟对农户在农用土地上的绿化给予一定的补偿。植树造林补贴建立在合同的基础上,补贴的金额以满足植树、维护的费用以及农户因在耕地上植树而减少的收入和为美化庭院自由林而进行的投资为标准。欧盟共同农业基金保障部在1993～1997年财政年度拨出13,250亿元用于该项措施的实施。到1997年,该项措施资助的造林达到70万公顷,改造的老林区达30万公顷。

四是调整农业结构,减轻湿地环境压力。欧盟把调整欠发达地区的农业结构、发展山区和欠发达地区的农业与环境保护结合起来,20世纪八九十年代,分别出台了一系列具体措施,对原农业结构政策进行了改革和修订,以确保山区和欠发达地区的湿地环保措施得以落实。[1]

从上述国家有关湿地生态补偿的相关规定中可以总结出以下几个特点。

1.政策的实施主要是通过补偿、鼓励被补偿者(主要是农民)采取环境友好的生产方式,实现农业、矿业生产方式和生产结构的转变,从而达到保护湿地生态环境的目的。

2.补偿的方式基本上都是政府通过某一项目的实施支付给

---

〔1〕 刘飞:《生态补偿法律问题研究》,吉林人民出版社2019年版,第107页。

被补偿者,并且项目具备一定的延续性,如美国农业补偿的一个合同期至少在10年以上,并且可以连续进行,这样做的优势是将眼前利益与长远利益有机结合,有利于提高被补偿者参与的积极性,并保证政策实施的可持续性。

3. 补偿与相应的环保措施挂钩,以环保成效为目的,政策的制定充分与实际结合,具有很强的可操作性,能够既保护被补偿者的经济利益,又达到环境不断向良性发展的生态效益。

4. 保护项目的实施基本上都是通过政府与被补偿者达成协议的方式实现的,即通过契约在完全自愿的基础上完成的。契约明确了被补偿者所应采取的环保措施,被补偿者要想从政府得到补偿就必须严格履行与政府达成的契约中有关环境保护的相关规定。

通过以上分析和观察,我们可以发现关于湿地生态补偿的实践在美国、瑞士、欧盟及国际公约中均有较早的历史和较成功的做法。这些做法包括将补偿金额和湿地环境保护挂钩、改变农业生产经营方式、调整农业结构等,这些经验对于开展中国湿地生态补偿工作,建立湿地生态补偿法律制度均有着较强的借鉴意义。

(二)国内经验

2010年,财政部、原国家林业局发布的《关于2010年湿地保护补助工作的实施意见》规定了突出重点、分步实施、注重绩效的湿地保护补助资金安排的原则,这一规定标志着中央财政正式启动湿地生态补偿的实践工作,并随后在各年度逐步展开。例如,根据《2021年中央财政湿地等生态保护支出专项资金明细》可知,在2021年,中央财政向福建闽江河口湿地国家级自然保护区拨款1216万元,用于支持湿地保护与恢复工作。这一举措体现了中央政府对湿地生态环境的关切,并为实际保护行动提供了财政支持。

在国家湿地生态补偿实践的基础上,部分省份也通过政策设计和工程建设的形式开展了湿地生态补偿实践工作。目前,全国已有山东、黑龙江、西藏、北京等 19 个省(自治区、直辖市)和 6 个市(自治州)出台了湿地保护条例。例如,山东省政府制定了《山东省湿地保护工程实施规划(2016—2020 年)》与《山东省湿地保护规划(2022—2030 年)》,自 2019 年以来,山东全省实施湿地保护修复项目 140 个,投入资金 20.52 亿元,累计修复湿地面积 120 万亩;自 2015 年以来,云南省先后出台了《云南省湿地保护修复"十三五"规划》《云南省湿地生态监测管理办法(试行)》等一系列规划和办法,加快完善湿地分级管理体系,提高湿地保护率,探索开展了湿地资源变化图斑核查并在此基础上建立起年度监测制度。

在全国范围内,一些市级政府也开始关注湿地生态补偿的重要性,并根据自身的具体情况,因地制宜地积极探索湿地生态补偿制度的实施。例如,武汉市就是典型案例,在湿地自然保护区和市区湿地进行了生态补偿的实践,充分展示了湿地生态补偿在地方层面的可行性和效果,还为其他地区,特别是福建湿地生态补偿的工作提供了有益的借鉴。通过学习和借鉴这些成功的实践,各地政府可以更好地理解和应用湿地生态补偿制度,从而促进湿地保护和可持续发展。

为了大力推进生态文明建设,加强湿地自然保护区的保护管理, 2010 年 1 月,湖北省武汉市出台了《武汉市湿地自然保护区条例》,这在当时全国副省级城市中尚属首例;该条例于 2018 年修正。修正后的条例第 22 条明确载明:"市、区人民政府应当建立保护区生态效益补偿机制。对因保护湿地资源需要而受到经济损失的原有居民和单位,依法给予补偿。"

园林和林业主管部门(现为农业农村主管部门)主管湿地自然保护区生态补偿工作,先由园林和林业主管部门核定受偿的对象,并按照生产经营面积核定补偿金额。补偿资金由市财政通过一卡通下拨至保护区所在地区财政。市、区财政部门负责筹措落实湿地生态补偿专项资金,会同林业主管部门进行资金审核,及时拨付资金并督促检查资金使用情况。各有关区湿地自然保护区管理机构负责核实本区内的湿地生态补偿对象及补偿面积,并与湿地自然保护区生态补偿对象签订湿地保护协议,明确生态保护要求及相关权利和义务,加强日常监督管理。

由市、区发展改革部门负责组织协调湿地保护区生态恢复和保护建设项目的申报,落实并监督建设项目的实施,并由市、区环保部门负责对湿地自然保护区的环境监察、监测,组织对湿地自然保护区生态效益和生态功能进行评价,配合林业主管部门加强对湿地生态补偿成效的考核。

在省际层面上,2017 年 1 月 1 日,河北省实施的《河北省湿地保护条例》提出建立湿地生态效益补偿制度,规定"因湿地保护需要造成湿地所有者、使用者的合法权益受到损失的,应当依法补偿;对其生产、生活造成影响的,应当作出妥善安排。鼓励受益地区与湿地保护地区通过资金补偿、对口协作、产业转移、人才培训等方式建立横向补偿关系"。

湖北省在国家层面生态补偿相关政策指导下,于 2018 年 2 月 12 日印发了《湖北省人民政府办公厅关于建立健全生态保护补偿机制的实施意见》(鄂政办发〔2018〕1 号),为在全省范围内建立生态补偿制度制定了总体思路和方案。其制定的目标任务是:"到 2020 年,实现我省森林、水流、湿地、耕地、大气、荒漠等重点领域和禁止开发区域、重点生态功能区等重要生态区域的生态保护补偿机制与政策全覆盖,跨地区、跨流域补偿试点示范取得明显进展;基本建立与我省经济社会发展状况相适应的生态保护补偿制度体系,生态保护者与受益者良性互动的多元化补偿机制不断完善,促进形成绿色生产方式和生活方式。"关于湿地生态补偿,2018年2月12日印发的《湖北省人民政府办公厅关于建立健全生态保护补偿机制的实施意见》也将湿地作为一个重点领域进行布置,提出:“稳步推进退耕还湿试点,适时扩大试点范围,参照国家退耕还林补助政策制定退耕还湿补助标准。支持各地统筹相关补偿资金,将省级湿地自然保护区纳入省级湿地补偿范围。鼓励各地出台地方性湿地生态保护补偿机制与办法,制定湿地生态保护补偿的相关制度,探索建立标准合理、范围适度的多元化湿地生态保护补偿机制。”[1]除此之外,武汉市也专门出台了《武汉市湿地自然保护区生态补偿暂行办法》,规定了应受补偿的群体,对不同级别的自然保护区制定按面积补偿的标准。总体上,从湖北省层面来看,在全面建立生态补偿机制的背景下,湿地是一个重点领域。2018年开始探索建立多种形式的湿地生态补偿机制,计划到2020年建立较为成熟的湿地生态补偿机制。

值得一提的是,一些地方在设计和评价湿地生态补偿方案时,以全面的科学研究为基础,这在很大程度上推进了国内湿地生态补偿制度的创新。例如,鄱阳湖自然保护区通过建立景观游憩效益的交易市场,为保护湿地生物多样性的当地社区和居民提供生态补偿资金;黄河三角洲湿地则引入环境公益诉讼模式,充分发挥公共参与在生态保护中的作用,以此贯彻生态系统管理思想,使生态补偿制度法律化;江西袁河把流域的断面水质和水量作为生态补偿的考核指标,如果监测断面水质指标值达到控制目标,则对该断面水质不奖不罚,如果监测断面水质指标值优于控制目标或劣于控制目标,则对该断面水质给予补偿或处罚。另外,政府还对袁河超量用水的情况进行处罚。有学者通过对江苏盐城湿地的生态补偿案例进行研究发现,补偿政策设计中的补偿

[1] 王少明、郑联合、马超德主编:《UNDP－GEF湖北省湿地生物多样性保护及自然保护区能力建设》,长江出版传媒、湖北科学技术出版社2021年版,第70页。

水平、合同年限、退出合同的权利、环境绩效等补偿政策属性显著地影响了农户的参与意愿，其中合同年限与退出合同的权利对参与意愿影响最为显著。[1]

总体而言，围绕他省的湿地保护和管理问题，已有不少有关湿地生态补偿的地方政府文件出台。这一现象反映了地方政府对湿地生态价值的重视和保护意识的增强。湿地作为生态系统的重要组成部分，其涵养水源、净化水质、维持生物多样性等功能对整个生态环境的稳定和可持续发展具有关键作用。因此，各地政府纷纷采取措施，通过制定和实施湿地生态补偿政策，旨在促进湿地的保护和合理利用，确保湿地生态系统的健康和完整。这些政府文件不仅为湿地生态补偿提供了法律依据和政策支持，也为其他地区在湿地保护方面提供了借鉴和参考。

二、福建湿地生态补偿制度的具体建议

前文在回顾国家和地方立法状况的基础上，分析了我国湿地生态补偿存在的问题，包括立法滞后、制度缺失，补偿标准低、补偿范围小，资金不足且来源单一，补偿方式单一等问题，下面提出我国湿地有偿使用和生态补偿的对策建议。

（一）加快立法进程，为湿地保护提供法律法规依据

第一，统一“湿地”的法律概念。通常，法律法规调整范围的边界首先取决于各项概念的准确性。在我国的法律法规中，由于对“湿地”的概念无法统一，进而也无法明确其外延，这样就造成了在管辖范围上湿地各项法律法规之间的不少冲突，出现了某一调整对象要么多人管辖要么无人管辖的尴尬局面，因此应该首先

---

〔1〕 陈克亮、黄海萍等：《海洋保护区生态补偿标准评估技术与示范》，海洋出版社2018年版，第51页。

通过立法统一"湿地"或"湿地资源"的法律定义。[1]

第二,实施"一区一法",国家一级的环境资源立法只能针对整个国家的环境与自然资源保护管理,它们只对具有共同性、基本性、原则性的内容予以规定,而不可能对每一个地区的具体事项作出规定。因此,每个湿地保护区有必要制定一套专门的法规,即实施"一区一法"。首先,从立法程序上看,"一区一法"的立法模式有明显的层次性,是符合《宪法》和《立法法》相关精神的;其次,对有较广阔地域分布和具有复杂生态特性的湿地生态系统,"一区一法"可以更灵活、有针对性、因地制宜地管理、保护好不同地域的湿地保护区;最后,从现有法律基础上看,"一区一法"的立法模式是完全可行而且是有益的。

第三,以可持续发展作为立法指导思想。制定专门的湿地保护法律也是实现湿地可持续发展的保证,传统的湿地开发虽然也提倡生态和经济的协调发展,但在实际操作上,常常以经济效益为首要目标,如果没有相关法律的约束,就会步入"先污染后治理"的错误思维中。我国环境保护方面的法律法规中,规定开发利用方面的较多而规定保护方面的较少,这也间接导致了实践中只重视开发利用而忽视保护的倾向。湿地保护立法应将开发利用和保护相结合作为立法原则,要求人们在开发利用湿地资源的过程中,把开发利用和保护结合起来,以达到可持续利用的目的。我国通过的环保方面的法律自21世纪初开始基本上都将可持续发展作为立法指导思想,顺应立法的大趋势,我国湿地保护的专门立法也应将可持续发展——"既满足当代人的需要,又不对后代人满足其需要的能力构成危害的发展"——作为指导思想。

---

[1] 张晓娟:《蓝色经济战略下的黄河三角洲湿地生态保护研究》,中国海洋大学2013年博士学位论文。

（二）划定更明确的湿地保护红线，明晰湿地界限

湿地红线是国家湿地保护法律法规的另一种体现形式，是湿地管理的手段和工具，也是进行湿地评价的尺度和标准。制定湿地红线已经到了关键时期，条件已经成熟，利用目前最新的湿地调查成果，从生态系统安全、社会文化和经济三个方面进行理论指导，科学地确定湿地的数值与空间红线；同时，为了让生态红线真正发挥作用，还需要制定配套的法律法规，建立相应的考核机制、出台相关经济政策等作为保障。将红线制度应用于湿地，将为湿地生态系统和空间资源管理提供有效的政策工具，能够有效降低盲目开发造成的湿地生物多样性丧失、湿地水质恶化、湿地防灾减灾能力弱化、湿地景观永久改变等恶果。[1] 为了给保护区管理部门制定直观的保护目标，建议国家和省林业厅划定更明确的湿地保护红线并制订可操作的考评指标体系。目前，国家仅划定了5333万公顷（8亿亩）的湿地面积红线，这是比较粗放的总量指标。国家应当从提升湿地资源总体质量方面提出一些期望性指标，如水质、生物多样性等，更要从减轻生态破坏的角度提出一些约束性指标，如资源开发强度、污染排放等。福建要根据国家的保护目标，采取更有针对性的保护和治理措施。

加快制定国家湿地保护条例和生态补偿条例。明确湿地资源的权属及各部门在湿地管理上的权责划分。建立湿地登记制度，明确湿地权属，确定湿地资源的所有权人、使用权人以及所登记湿地的具体边界。确定湿地生态保护红线，对湿地进行分区、分级管理，建立湿地分级分类保护名录。划定严格保护、不得占用的湿地范围，以及可以占用，但必须恢复和补偿的湿地范围。遵循湿地“零净损失”原则，建立湿地占用补偿制度。建议在湿地

---

〔1〕 但新球、鲍达明等：《湿地红线的确定与管理》，载《中南林业调查规划》2014年第1期。

保护立法中明确提出湿地“零净损失”原则,设定湿地生态红线,建立湿地总量控制及占用补偿制度。同时,明确要求不仅湿地面积不减少,而且湿地生态功能也不退化。

湿地占用者需得到主管部门的许可,按照占补平衡的原则,在指定地点恢复至少同等面积和功能的湿地。湿地占用者亦可缴纳湿地占用补偿费,由主管部门委托有资质的专业机构承担湿地恢复和创建工程。由于人工湿地的生态功能不及天然湿地,主管部门应按照一定的比例设置湿地补偿率,以保持湿地功能的零净损失。

主管部门应对湿地恢复工程进行监督、检查和验收,建立湿地功能快速评估体系,对被破坏湿地的功能和恢复湿地的效果进行评估。合理确定滨海湿地占用补偿费的标准,根据各地区社会经济发展水平和土地价格实行差别费率。

顶层政策设计要有弹性,给地方更大的自主权。各地发展不均衡,资源禀赋也各具特色,特别是各地的问题和矛盾也有很大的差异性。在这种情况下,需要中央政策增加弹性,给地方更大的自主权。从国家政策层面赋予试点单位更大的先行先试权。采取“一省一策”“一区一策”,试点省和试点单位自主决定补偿内容,在政策的实施中享有更大的自主权,为探索适合本地区的政策,以及未来政策寻找最佳路径。

(三)坚持“受益者补偿、破坏者恢复”的基本原则

为了提高湿地生态补偿的公平性和有效性,建议将补偿范围扩大到保护区周边3000~5000米的区域,通过设定不同区域要素权重的方法体现区位差别。有人认为,补偿范围大小应由保护区管理机构灵活掌握,国家只规定各种土地利用方式的补偿金额上限即可。总之,随着湿地生态补偿资金投入的增加,补偿的范围应扩展到周边更远的区域,尽可能补偿所有因湿地保护经济利益受损的主体,从而发挥鼓励更多利益主体参与湿地保护与恢复

的作用。同时,也需要开展创新与扶贫相结合的补偿机制,目前的生态补偿,还是“输血型”补偿机制,政府是生态补偿的主要购买者。生态补偿不是扶贫,保护成本较高,补偿偏低,从根本上说就是生态补偿既无法解决发展问题,也不能替代发展。位于生态保护区的恰恰多为贫困地区,当地群众被迫陷入要温饱还是要生态的两难选择。

闽东滨海湿地保护区内,由于周边过度利用开发和水质严重污染等问题,降低了湿地保水功能,影响了湿地生物多样性,直接威胁到湿地生态系统的完整性。东北是我国的主要粮食生产基地,野生动物损毁庄稼对我国的粮食安全和当地农民的生计有很大影响;如果从保护生态、保护野生生物的角度出发,制定限制当地农业生产的政策措施,很难说这样的做法是正确的,至少对当地经济发展会有非常不利的影响。随着湿地生态效益补偿试点政策的深化,补偿机制会进一步完善和补充,要考虑保护区人民群众的利益,要处理好补偿与扶贫的关系。拓展和创新出既要温饱小康也要生态良好的“造血型”的生态效益补偿机制,这是今后生态效益补偿的一个方向。

生态补偿的最终效果取决于补偿资金的筹集和落实情况。湿地的公共物品属性决定了政府在补偿资金筹集和管理上的主要责任。目前湿地生态补偿资金主要来源于财政,但仅靠政府的投入还不足以满足生态补偿建设资金的需要,要建立长效的生态补偿机制必须有稳定持续的资金支持。必须建立起政府主导、市场促进、社会参与的生态补偿融资机制,多渠道筹集资金。[1]

按照“受益者补偿、破坏者恢复”的原则,湿地生态补偿资金应来源于湿地保护的受益者和湿地破坏者,主要包括政府、非政

---

〔1〕 孙博、谢屹、温亚利:《中国湿地生态补偿机制研究进展》,载《湿地科学》2016 年第 1 期。

府组织、企业和个人。湿地生态服务具有公共产品的属性，因此，湿地生态补偿资金来源应以政府为主导，湿地周边受益者为辅，争取来自国际组织和非政府组织的支持。其中，政府财政支持的形式主要包括转移支付、专项基金、优惠政策等。对于不同级别的湿地，主导政府的级别也应有差异，如具有国际意义的湿地应大力争取国际社会的必要支持。

另外，应当向湿地资源的利用者和污染者收取资源使用费（如水资源费）和排污费。向湿地占用者收取湿地占用补偿费，收取的资源费、排污费、补偿费等专门用于湿地保护和恢复。除此以外，应引导社会资本合理介入，充分发挥社会资本的灵活性，开拓新的资金募集方式，使得相关湿地保护经费增加，资金使用效率提高。

建立湿地补偿的专业机构和交易平台。湿地补偿措施对专业性、科学性有较高要求，湿地开发者很难具有湿地补偿的能力，因此可委托给具有资质的专业机构进行。建立湿地补偿交易平台，湿地开发者可通过交易平台购买湿地信用，湿地补偿的专业机构也可通过交易平台卖出湿地信用，从而简化程序，提高效率，降低交易成本。

（四）明确不同湿地管理部门，增强补偿的针对性和可操作性

目前，我国已针对森林、草原建立了中央财政支持下的生态补偿机制，区域上下游之间的流域生态补偿实践也有很多。通过对比发现，福建湿地生态补偿目前遇到的问题，有些是因为政策尚未铺开执行造成的，如补偿范围不合理和补偿对象不完整；也有湿地生态补偿特有的或表现更为突出的，如湿地的权属远不如森林、草原的清晰，将来也不容易界定清楚；还有与森林、草原生态补偿一样都要面临的问题，如补偿标准的合理性和补偿方式的有效性。补偿标准和兑现方式是利益相关主体最为关注，也是最容易引起不满的问题。目前，湿地生态补偿试点还处在方案编制

阶段，政策落实过程中还会出现哪些问题我们不得而知。但更多的问题仍会出在补偿标准和兑现方式上，因为与受损主体的预期相比，目前的补偿资金已有很大差距，单一的现金补偿也很难满足受偿主体多样化的需求。既然同样的问题在生态补偿实践中长期存在，我们就有必要从制度设计上找出原因并探索解决的办法。

（五）湿地生态补偿的方式多元化

目前，开展湿地补偿工作的生态补偿方式主要有4种：（1）资金补偿。这种方式是目前最常用的做法，退田还湖、退耕还湿、湿地保护补助、湿地生态效益补偿均采用这种方式。（2）政策补偿。采取优惠政策予以补偿，如税收减免、社会保障、优惠贷款等。（3）实物补偿。给予粮食、种苗、肥料等实物补偿，如对退耕农民给予粮食补偿。（4）技术补偿。对转变生产方式的受补偿者提供免费技术支持、咨询、培训等服务，提高受补偿者的生产技能和技术，以减少其直接损失。由于湿地周边社会经济状况的多样性和复杂性，应将两种或多种补偿方式结合使用，才能提供多种选择以满足不同人群的需求。

生态补偿要与补助、补贴和赔偿有所区别。大多理论研究认为，生态补偿的内涵应该包括：生态保护与恢复成本、因保护而丧失的机会成本和直接经济损失。可以看出，我国现行的生态补偿兼有补助、补贴和赔偿的含义。如果将生态保护与建设投入纳入常规预算并由各级财政分担，野生动物损害赔偿通过商业保险完成，那么，生态补偿就只针对机会成本，则生态补偿的标准就会容易计算，也是利益相关主体都能接受的结果。

要充分发挥生态补偿的引导作用。如果生态补偿范围只针对机会成本，就不应作为给某区域人口的普惠性收入。依据经济学机会成本这一概念，保护区内的受偿主体要在接受补偿还是继续自己原有生产经营活动之间做出选择；选择了接受补偿，就是选择了保护和恢复生态环境的行为，这就体现了生态补偿的引导作用。因此,生态补偿是补偿主体与受偿主体针对特定机会成本的博弈过程,补偿主体为了能够实现生态保护与修复目的,要付出高于受偿主体正常生产经营活动收入的补偿标准,才能说服受偿主体停止不利于保护区生态环境的生产经营活动。目前作为补偿主体的政府部门,应该明确区域生态保护与恢复的重点,然后将生态补偿资金用于对相关受偿主体的补损支付,才能做到有的放矢,也能使补偿效果评价具有针对性。

要积极探索现金以外的补偿方式。加强湿地生态保护将导致区域内的部分人群就业机会的丧失(如渔民上岸),家庭经济收入的减少。采取现金补偿虽然能够弥补家庭经济收入损失,但不是最有效的办法,社会失业率的增加将引发新的社会问题。因此,安置就业也许是补偿的最佳方式。可以用补偿资金发展环境友好型产业(项目),优先吸纳受生态保护影响的家庭人员就业;也可以用补偿资金对需安置人员进行职业培训,还可以用补偿资金扶持自谋生路的个体或给予税收等政策优惠。授人以渔才是生态补偿的最有效途径,同时还能加快生态区位重要地区产业转移的速度。[1]

(六)明确湿地生态补偿对象

生态补偿关系中的实施对象即受偿主体指的是那些为保护和改善生态环境做出积极贡献和为了保护生态环境牺牲自己发展机会的“人”。当然这里的“人”是宽泛的主体,既可能包括自然人,也可能是企业法人、社会组织等,他们向社会供应生态产品或服务、进行生态建设或者运用绿色环保的先进技术等一系列行为,有利于生态系统的保护。

也就是说,生态补偿的对象应该有明确的确定标准,否则会

---

〔1〕 许英英:《城市化进程中白河湿地公园的生态补偿性设计探究》,载《现代园艺》2016 年第 18 期。

造成补偿对象的混乱，如果补偿主体确定过于随意，就会失去生态补偿促进社会公平、公正的意义，违背生态补偿的目的。按照一般理论，生态补偿的对象应该包括以下两个方面。

补偿对象是对生态环境保护做出贡献的主体。为生态环境保护做出了贡献，即生态环境的增益行为。也就是说，对于国家践行环境义务而言，这种创造环境利益的行为是十分有意义的，因为该行为带有明显的“无因管理”和“代履行”的含义，所以国家必须对此进行补偿。但是，与“增加公共利益”一样，对生态环境保护做出贡献，是一个不确定的法律概念。怎么衡量是否增加了公共利益，是否对生态环境存在增益行为，需要由行政主体行使“自由裁量权”，从质和量两个方面对是否增加了环境利益进行考量。[1]

补偿对象是因生态保护需要而丧失了发展机会的主体。丧失发展机会，换句话说，是因为保护生态的行为限制了公民的发展权。国家为了保护更多人和后代人的生态环境，对一些地区的经济建设提出必须保护生态环境为根本的“限制性”标准，而使这部分人失去了发展经济建设的、追求更好生活的可能。例如，“闽江源自然保护区”的建设，目的就在于保护下游水质，防止水土流失。在保护区范围内，几乎看不到任何的经济开发与建设行为，这样一来，保护区内居民的生产和生活活动势必会受到妨碍和限制。也就是说，公民的发展权受到了限制，国家应当为其提供资金、政策、就业等方面的补偿，只有这样才符合“公平、公正”原则。

（七）界定生态补偿范围

根据生态补偿对象的评判原则：对生态环境保护做出贡献或因此丧失发展机会的“人”，补偿的对象大概可分成以下几类。

生态环境的建设者。参与生态环境建设与保护的组织和个

---

〔1〕 顾玲：《苏州让“城市之肾”更强劲》，载《苏州日报》2016年9月20日，第3版。

人都应划入该范围。比如,国务院于2002年批准西部的11个省和自治区推行退牧还草工程,并决定5年内在蒙、甘、宁等省份率先重点治理10亿亩严重退化的草原,这一治理面积约占西部地区严重退化草场面积的2/5。在治理过程中,要求退牧还草区域认真落实"禁牧、休牧和轮牧"的政策,这一期间国家为牧民提供粮食和饲料上的补助。

生态功能区内的公民。所谓生态功能区,指的是对保护生态环境起到重要作用的一个地理单位。在划分的生态系统内部,国家和地方政府为了实现保护生态功能区的目标,会对功能区内的企业和公民提出较多的限制,多数污染企业被强行要求"关、停、并、转"。这样会使地方地区生产总值发展大幅降低,而区域内的就业、教育、交通、医疗卫生以及其他公共事业都会受到限制,随之而来的就是居民生活水平的降低。所以,中央及省级政府应当对受影响区域的地方政府和居民提供相应的资金、实物和政策等。[1]

环保技术研发单位和个人。部分科研部门、高等院校及普通的社会组织,在保护自然资源、维护生态环境方面展开了积极的探索与研究,科学技术是第一生产力,科学技术的发展有利于人们对环境的保护,他们是生态系统服务功能的间接提供者,各级政府对这种行为也应该给予一定的生态补偿。

引进和使用新型环保技术的企业。当前,为了推进和落实"资源节约型、环境友好型"社会的建设,国家十分重视企业对新技术的采用,鼓励他们利用新材料、探索新工艺。国家应当对应用新型材料、发展低能耗、高效率的"绿色"企业给予减免税收或优惠政策等方式的补偿。

---

〔1〕 王斐:《中美两国湿地生态农业补偿机制比较研究》,载《世界农业》2016年第9期。

第六章　福建流域生态补偿制度的实践与完善

近年来,生态补偿尤其是流域生态补偿作为一种环境保护经济措施引起了理论界和实务界的广泛关注和思考。流域生态补偿作为正向激励水污染防治领域市场交易的关键机制,其也是落实和健全《水污染防治行动计划》的重要制度保障。目前,我国大多数流域面临的生态保护、生态修复和生态补偿的任务都十分艰巨。特别是部分江河源头地区在流域生态保护方面入不敷出、不堪重负,经济社会发展长期大大落后于全国平均水平。因此,在当前形势下,建立流域生态补偿机制既是一项十分重要的制度创新,同时又是一种非常必要和迫切的政策需求。

作为生态补偿的一个重要组成部分的流域生态补偿,就是指按照“谁开发谁保护;谁受益谁补偿;谁污染谁赔偿”的原则,由水生态效益的受益主体对水生态保护主体所投入的成本按受益比例进行分担;由造成水环境生态破坏或由此对其他利益主体造成损害的责任主体承担生态恢复责任和补偿责任;对难以明确界定受益主体的公益性生态保护成本,由政府通过公共财政形式予以补偿。流域生态补偿作为一种经济调节手段,实行流域生态保护外部性的内部化,让流域生态保护成果的受益者支付费用,实现对流域生态保护投资者的合理回报和流域生态服务的足额供给,有利于调动流域生态保护的积极性,激励流域内的政府和居民从事生态投资并使生态资本增值,促进生态文明与和谐社会建设。

第一节 福建流域生态补偿实践

一、福建流域资源与流域生态补偿的基本内涵

(一)福建的流域资源

福建省位于我国东南水文区内,地处亚热带季风气候带,年降水量丰富,气候湿润,拥有丰富的流域资源。据统计,福建水系密布,河流众多,河网密度达0.1千米/平方千米。全省河流除交溪(赛江)发源于浙江、汀江流入广东外,其余都发源于境内,并在本省入海,流域面积在50平方千米以上的河流共有683条,其中流域面积在5000平方千米以上的主要河流有闽江、九龙江、晋江、交溪、汀江5条。此外,还有许多由闽中大山带向东独流入海的短小河流。以上流域资源共同构成了福建省独特且丰富的水文环境。

闽江为福建省的最大河流,全长577千米,多年平均径流量为575.78亿立方米,流域面积60,992平方千米,约占全省面积的一半。由于属山地性河流,河床比降较大,水利资源丰富,水利资源蕴藏量居华东地区首位。

九龙江为福建的第二大河流,流域面积约1.4万多平方千

米,深入闽中大山带的南段。九龙江有北溪和西溪两源。

晋江位于闽江和九龙江之间,是闽南大河之一,全长 182 千米,流域面积 5629 平方千米。晋江出于戴云山的东坡,有东西溪两源。东溪源于永春西部,西溪源于安溪西北部,两溪汇流于南安的双溪口(石砻水文站以上 2.5 千米)。在双溪口峡谷以下江面较宽阔,水量也多,向东流经泉州市南门而注入泉州湾。晋江正源为西溪,长 145 千米,流域面积 3101 平方千米,水量约占晋江总水量的 65%。

汀江位于福建南部,发源于长汀县和宁化县交界的山地。上源作北东—南西流向,经长汀县后转为南流,呈北北西—南南东流向,沿途汇纳了朱溪、濯田溪、田溪和旧县溪而达上杭,又汇黄潭溪而至峰市,纳永定溪而入广东大埔县境,广东境内称韩江,流经潮安、汕头入海。汀江长约 285 千米(石下坝以上),流域面积约 9022 平方千米。

交溪是闽东北沿海独流入海的三大水系(交溪、敖江和霍童溪)中最大的河流。交溪在福安市赛岐以上分为长溪和穆阳溪(另称穆水)。长溪的上游又分为东溪和西溪,东溪源出于浙江省泰顺县境,西溪源出于浙江省庆元县境,两溪相汇于东口,东口以下才称为长溪。长溪自东口向南流经福安市区,再流至赛岐镇纳穆水,在赛岐镇以下方称交溪,最后在白马门入海。

木兰溪发源于戴云山脉东坡的德化县境内,经仙游至三江口入兴化湾,全长 105 千米,流域面积 1732 平方千米(其中濑溪水文站以上流域面积为 1070 平方千米)。[1]

总体来说,福建省的流域资源丰富无比,这对于福建省的经济发展、生态保护和社会福祉都具有重要的意义。为了实现经济

---

〔1〕 福建师范大学地理系《福建自然地理》编写组:《福建自然地理》,福建人民出版社 1987 年版,第 119 页。

社会发展和生态环境保护的和谐统一,我们必须加强对流域资源的保护和合理利用。

多年来,福建省内大多数河流的上游地区都投入了大量的人力、物力和财力进行生态建设和环境保护,以保障各流域的生态安全和水资源的可持续利用。然而,福建的大多数河流的上游地区往往是经济相对贫困、生态相对脆弱的区域。这些地区很难独自承担起建设和保护流域生态环境的重任,同时,它们摆脱贫困的需求又十分强烈。这导致流域上游地区发展经济与保护流域生态环境的矛盾十分突出。

在这种情况下,想要协调好这种关系,就需要下游受益省份和中央政府、省政府帮助流域上游地区分担生态建设的责任。因此,建立流域生态补偿机制,实施中央政府及下游受益地区对流域上游地区的生态补偿,尤为重要。这种补偿机制可以有效矫正流域生态服务效益的外部性,理顺流域上下游之间的生态关系和利益关系,加快上游地区经济社会发展并有效保护流域上游的生态环境,从而促进全流域的可持续发展。[1]

(二)流域生态补偿的基本内涵

流域生态补偿最初起源于国外,在国外大多被称为流域生态系统服务付费(Payment for Watershed Ecosystem Services, PWES)。莉娅·布雷默(Leah Bremer)把PWES看作生态系统服务付费(Payment for Ecosystem Services, PES)的一个广泛子集,将PWES定义为下游用水户、非政府组织或政府为上游流域保护提供资金的项目。中国自20世纪90年代开始引入流域生态补偿并得到迅速发展。

有关流域生态补偿法律制度的内涵,学者们从环境经济、流

---

〔1〕 王奕淇、李国平:《基于水足迹的流域生态补偿标准研究——以渭河流域为例》,载《经济与管理研究》2016年第11期。

域管理、法学等多视角进行了探讨,但尚未形成统一观点。如李磊、杨道波认为,流域生态补偿制度是为了矫正上下游之间因为开发水资源导致的利益分配不公平而产生的法律制度。[1] 王清军、蔡守秋认为,流域生态补偿主要是对长江、黄河、珠江等中上游地区在生态建设中付出的成本和丧失的机会成本由国家和下游生态受益地区分担的一种生态补偿方式。[2] 黄锡生教授等从广义和狭义的角度解释流域生态补偿法律制度,他们认为就广义的角度而言,还包括对水污染负有责任的主体向因水污染而受损的主体进行补偿的相关法律制度。[3] 流域生态补偿从狭义的角度来说,是指基于流域生态服务而产生的,由生态服务受益者或国家因生态服务的提供者提供生态服务而付出的代价而向其支付一定补偿的法律制度。[4]

前两种定义认为流域生态补偿制度是下游地区对中上游地区的补偿,这是基于水资源流动的单向性而导致人类生产活动的单向性理论。但上游地区因过度开发和利用污染水源而导致下游地区的经济损失,为污染环境行为担责后,也应当补偿下游地区的损失。环境质量监控有很强的属地管理属性,下游地区政府对上游地区企业无管理权限,也无法采取控制措施。[5] 因此,相较于前两种定义,第三种定义更为宽泛,利于调动各方参与的积

---

〔1〕 李磊、杨道波:《流域生态补偿若干问题研究》,载《山东科技大学学报(社会科学版)》2006 年第 1 期。

〔2〕 王清军、蔡守秋:《生态补偿机制的法律研究》,载《法学研究》2006 年第 7 期。

〔3〕 黄锡生、潘璟:《流域生态补偿制度浅析——兼论流域管理委员会的作用发挥》,"环境法治与建设和谐社会"全国环境资源法学研讨会论文,2007 年 8 月于兰州。

〔4〕 黄锡生、焦念念:《试论流域生态补偿基金制度的构建》,载《时代法学》2013 年第 5 期。

〔5〕 郝杰、何怡婧:《侵权法制度框架下跨界水污染责任纠纷调节机制》,载《四川环境》2022 年第 4 期。

极性,加快我国跨省流域生态补偿法律制度的发展。[1]

另外,流域生态补偿是一种重要的生态保护和管理方式,其主要目的是调动各方面的积极性,保护和改善流域的生态环境。根据补偿的方向和对象,流域生态补偿可以分为横向生态补偿和纵向生态补偿。横向生态补偿是流域生态补偿的重要方式,其核心思想是通过政策或市场化途径,对不具有行政隶属关系的上下游或者左右岸的行政单元进行补偿,调节生态关系密切的各主体间的利益,缓解由生态环境保护、污染等相关事宜产生的矛盾或冲突,[2]从而实现保护和可持续利用流域生态环境系统的目标。[3] 流域横向生态补偿机制作为生态环境治理的一种方式,契合了"合作型治理是一组相互依存的利益相关者为了解决复杂的环境问题而建立跨域(cross boundary)的合作伙伴关系,并以平等协商的方式共同参与,以寻求共识为导向的环境政策制定的过程和制度"。[4] 纵向生态补偿则特指国家通过纵向财政转移支付方式,对地方、流域或区域进行的生态补偿。[5] 整体来看,利用财政资金开展纵向生态补偿是我国生态补偿最早、最主要的实践形式。[6]

在现阶段,福建的流域生态补偿主要包括三个层次的含义:

---

〔1〕 何琴:《跨省流域生态补偿法律制度探究——以赤水河流域治理为例》,载《四川环境》2023 年第 3 期。

〔2〕 张捷、傅京燕:《我国流域省际横向生态补偿机制初探——以九洲江和汀江—韩江流域为例》,载《中国环境管理》2016 年第 6 期。

〔3〕 Gómez – Baggethun E& De Groot R, *The History of Ecosystem Services in Economic Theory and Practice*: *From Early Notions to Markets and Payment Schemes*, Ecological Economics, Vol. 69:6, p. 1209 – 1218(2010).

〔4〕 刘小泉、朱德米:《合作型环境治理:国外环境治理理论的新发展》,载《国外理论动态》2016 年第 11 期。

〔5〕 马存利:《流域生态补偿转移支付模式及法制化研究》,载《中国国情国力》2017 年第 19 期。

〔6〕 李亚菲:《黄河全流域横向生态补偿机制构建》,载《社会科学家》2022 年第 8 期。

一是对流域内保护生态环境的投入成本和发展机会成本给予补偿；二是对因流域水污染所造成的损失进行补偿；三是对流域内为保护跨区域饮用水源作出贡献的地区和居民给予补偿。[1]

二、福建流域生态补偿制度的立法回顾

在行政区域间越界水污染纠纷日趋增多的背景下，国家和地方层面均试图通过跨界水环境补偿方式解决当前和潜在的流域生态环境问题。目前，浙江、山东、海南、福建、陕西、河南、河北、山西、江西、湖北、河南、辽宁、江苏等省(区)均出台了有关流域生态补偿的政策及地方性法规，并且取得了初步的成效。相关的流域生态补偿项目实践也不在少数；特别是在河流较多的浙江、江苏、福建等省份，已初步建立了补偿模式多元的机制(表6－1)。

表6－1　我国流域生态补偿的主要类型与模式

流域生态补偿类型	具体实施模式	具体案例
省级行政辖区内	财政转移支付、政策支持、项目支持等	几乎所有的政府主导型流域生态补偿模式中都会涉及
	排污权交易	浙江省嘉兴市的排污权交易补偿；江苏省太湖流域的排污权交易等
	设立专项资金	浙江省德清县流域的生态补偿专项资金；福建九龙江的生态补偿专项资金；福建闽江流域的生态补偿专项资金；福建晋江、洛阳江流域的生态补偿专项资金等
	水权交易	浙江省东阳市和义乌市的水权交易
	异地开发	浙江省金华市的异地开发

[1] 张君明：《理论与实践——生态补偿法律保障机制研究》，黑龙江教育出版社2019年版，第73页。

续表

流域生态补偿类型	具体实施模式	具体案例
跨省	财政转移支付、政策支持、项目支持等	北京与河北承德之间的“稻改旱”项目
	水权交易	漳河上游的跨省水权交易;东江源区的水权交易

然而,通过对表格进行梳理可知,我国流域生态补偿大多发生于省级内部,跨省的流域生态补偿实践很少,并未形成统一的经典的运行机制。[1] 这一现象引发了我们对流域生态补偿机制的深入思考。

目前,我国和地方现有的政策、法规都对流域生态补偿作出了直接规定。2008 年公布施行的《水污染防治法》第 7 条明确规定:“国家通过财政转移支付等方式,建立健全对位于饮用水水源保护区区域和江河、湖泊、水库上游地区的水环境生态保护补偿机制。”这是我国第一次从国家立法层面作出的规定,为我国建立流域生态补偿法律制度及制定具体的实施办法提供了有力的法律依据。之后,2010 年通过的《水土保持法》第 31 条也对流域生态补偿作出了规定:“国家加强江河源头区、饮用水水源保护区和水源涵养区水土流失的预防和治理工作,多渠道筹集资金,将水土保持生态效益补偿纳入国家建立的生态效益补偿制度。”

在国家政策和立法的引导下,福建省也开始探索流域生态补偿的地方性实践。

2001 年起,福建省在九龙江流域开展生态保护补偿试点,并持续探索逐步完善,基本建成覆盖流域、森林等领域,政府投入与市

---

[1] 郭少青:《论我国跨省流域生态补偿机制建构的困境与突破——以新安江流域生态补偿机制为例》,载《西部法学评论》2013 年第 6 期。

场化补偿相互补充，纵向补偿与横向补偿相结合的多元化、市场化补偿机制体系。

2016 年 3 月，福建与广东签署了汀江 – 韩江跨省上下游横向流域生态补偿协议，汀江 – 韩江成为全国第二个跨省生态补偿机制试点。闽粤两省共同设立汀江 – 韩江流域上下游横向生态补偿资金，每年各出资 1 亿元，根据水质目标达成情况拨付资金；中央财政依据考核目标完成情况确定奖励资金，拨付给流域上游的福建省有关地区用于水污染防治工作。与“下游补上游”的单向补偿不同，汀江 – 韩江流域横向生态补偿实行“双向”补偿奖惩机制，即以双方确定的水质监测数据作为考核依据，当上游来水水质稳定达标时，由下游拨付资金补偿上游；反之，则由上游赔偿下游。自补偿机制实施以来，福建省财政累计投入资金超 28 亿元，生态补偿效益显著，汀江流域水质大幅提升，4 条河流跨省界断面水质连续 5 年稳定保持在Ⅲ类及以上，有效保障了福建与广东两省群众生产生活用水安全。

2017 年，福建省人民政府发布了《福建省重点流域生态保护补偿办法》（2017 年修订），就福建省重点流域生态保护补偿的实施范围、基本原则、资金筹集、资金分配、资金使用、保障措施等作出了进一步明确的规定。具体包括：（1）实施范围：该办法适用于福建省行政区内 12 条主要流域，其中跨设区市的闽江、九龙江、敖江流域生态保护补偿由省有关部门按照该办法组织实施。（2）基本原则：全面推进，多方筹资；责任共担，区别对待；水质优先，奖惩分明；规范运作，公开透明。（3）资金筹集：重点流域生态保护补偿金，按照省政府《关于健全生态保护补偿机制的实施意见》（闽政〔2016〕61 号）提出的“力争到 2020 年补偿资金比 2015 年翻一番”的要求，主要由流域范围内市、县政府及平潭综合实验区管委会集中，省级政府增加投入，自 2018 年起分三年逐步到位。（4）资金分配：重点流域生态保护补偿金，按照水环境质量、森林生态和用水总量控制三类因素统筹分配至流域范围内的市、县。(5)资金使用:分配到各市、县的流域生态保护补偿资金由各市、县人民政府统筹用于流域污染治理和生态保护。(6)保障措施:明确职责分工;加强监督检查;建立奖惩机制;鼓励区域合作等。该办法的发布,体现了福建省政府对生态保护的重视,以及对生态保护补偿机制的进一步完善。同时,它也为福建省内的各级政府、企业、高等院校等提供了明确的生态保护补偿的指导方针和操作方法。

2022年,福建省人民政府办公厅印发了《福建省综合性生态保护补偿实施方案》,该方案对涉流域生态补偿的资金安排作出了明确规划:2022~2023年,涉及九龙江山水项目的部门结合本部门九龙江山水项目资金筹措任务,每年整合资金35,100万元,按照九龙江山水项目资金管理办法有关规定下达项目市、县(区);其余14,900万元资金,先行下达24个实施县(28个实施县中扣除九龙江山水项目交叉重复的4个县)。2024年起,综合性生态保护补偿资金在安排年度部门预算时单列。

三、福建流域生态补偿的主要模式

2003年福建省在全国率先启动九龙江流域上下游生态补偿试点,之后试点范围逐步扩大到闽江、敖江等流域。按照国家生态文明试验区建设的要求,福建省进一步建立了覆盖全省12条主要流域的全流域生态补偿长效机制。同时,随着补偿机制的进一步完善,福建省对重点流域生态补偿金筹措力度不断加大。2018年,福建省下达重点流域生态保护补偿资金13.36亿元,比上年度增加2.32亿元;2019年下达补偿资金14.75亿元;2020年下达16.6亿元。此外,从水源地生态补偿角度,福建省目前已启动了8个省级试点水库生态建设,包括平潭三十六脚水库、莆田市东圳水库、东山县红旗水库、三明市东牙溪水库、宁德市金涵水库、德化县龙门滩水库、上杭县岩下溪水库和浦城县东风水库。

2017年，福建省人民政府印发了《福建省重点流域生态保护补偿办法（2017年修订）》（闽政〔2017〕30号），该办法规定了流域生态保护补偿金主要由流域范围内市、县政府及平潭综合实验区管委会集中，省级政府增加投入。从市、县政府集中部分主要有按地方财政收入的一定比例筹集和按用水量的一定标准筹集两种方式。流域生态保护补偿金按照水环境质量、森林生态和用水总量控制三类因素统筹分配至流域范围内的市、县。其中，水环境质量因素占70%权重，森林生态因素占20%权重，用水总量控制因素占10%权重。为鼓励上游地区更好地保护生态和治理环境，为下游地区提供优质的水资源，因素分配时设置的地区补偿系数上游高于下游。闽江流域包含市、县共计33个，流域上游三明市、南平市及所属市、县的补偿系数为1，其他市、县的补偿系数为0.8；九龙江流域包含市、县共计11个，上游龙岩市、漳州市及所属市、县补偿系数为2.5，其他市、县的补偿系数为2；敖江流域上游市、县的补偿系数为1.4，在此基础上对各流域省级扶贫开发工作重点县予以适当倾斜，补偿系数提高20%。同时，属于两个流域上游的连城县、古田县，补偿系数取两个流域上游相应地区补偿系数的平均数1.98和1.32。流域下游的厦门市的补偿系数为0.75，福州市及闽侯县、长乐区、福清市、连江县和平潭综合实验区的补偿系数为0.3。分配到各市、县的流域生态保护补偿资金由各市、县人民政府统筹用于流域污染治理和生态保护。〔1〕

2019年，为支持推进重点流域水环境综合整治，福建省共下发重点流域生态补偿资金147,460万元，其中5000万元统筹用于综合性生态补偿试点工作。流域生态补偿资金按照水环境质量、森林生态保护和用水总量控制三类因素统筹分配，主要用于流域污

---

〔1〕　郑国权、秦蓓蕾、赖国友：《基于水权交易的广东省东江流域生态补偿机制研究》，兰州大学出版社2020年版，第62页。

染治理和生态保护。[1]

为深入了解福建省流域的生态补偿和资源有偿使用的具体模式,我们以福建省内的关键流域——汀江为例,探索该地区生态补偿工作的实际开展情况。

汀江是福建省第三大河流,是“客家母亲河”,又是广东韩江水系的源头,是福建省唯一的省际河流,龙岩境内的最大河流。近年来,龙岩市始终高度重视汀江流域水环境保护工作,通过强化沿江沿河重点工业污染源排放监管,严格限制高污染、高耗能企业落户,加快城乡生活污水垃圾处理设施建设等有力措施,确保了汀江流域水环境的持续优化。据监测,龙岩市交给广东省的水质始终保持在优于地表水类水质以上(广东大埔青溪水质自动站的监测数据显示大部分时间段处于Ⅱ类以上水质)水平。应当说,龙岩市很好地履行了作为上游地区的环境保护职责,把优良的水质、丰富的水量交给了下游地区。但是,汀江流域各县也因此损失了很多的发展机会,保护资金的大量投入也占用了流域各县本就有限的财政资源。基于国内外流域上下游共建共享、公平发展的普遍认识和探索经验,龙岩市各级各部门及社会各界广泛呼吁要求建立汀江-韩江生态补偿机制。

近年来,龙岩市高度重视汀江流域水环境保护工作和汀江-韩江流域生态补偿机制的建立工作,为此做了很多积极的努力。龙岩市委书记、市长在全国党代会、人大会议上,均提出了建立汀江-韩江流域生态补偿机制的建议,在小组会议、讨论和媒体采访中均提出要加快这一工作进程,促进“生态龙岩、美丽龙岩”建设。龙岩市环保、财政等有关部门,人大代表、政协委员通过各种场合、各种形式,向财政部、原环境保护部及福建省委省政府请求协调建

---

〔1〕 陈煜:《福建实施重点流域全流域生态补偿》,载《经济日报》2019年4月3日,第14版。

立福建、广东两省的汀江－韩江流域上下游生态补偿机制。2012～2014年，财政部、原环境保护部从中央排污费专项资金中，每年列支5000万元专项用于长河县开展汀江水污染防治工作。应当说，省、市、县及广大人大代表、政协委员这几年做出了积极的努力，国家层面高度重视、积极协调。为发挥政策效益，福建省龙岩市编制了《汀江（韩江）流域水污染防治规划（2016—2020年）》，平和县编制了《平和县九峰溪流域水污染防治行动计划实施方案》，细化年度环境保护和治理实施方案，2016～2017年总投资32亿元，推进159个重点项目。通过精准规划定位，将规划贯穿汀江流域生态环境治理工作的全过程，保障汀江－韩江跨省流域生态机制的落实。汀江流域沿线的龙岩、漳州两市均成立了以党政主要领导为组长的汀江－韩江流域水环境补偿工作领导小组，将目标任务落实到各县（区）政府和有关部门，全面落实河长制、环境保护监督管理"一岗双责"制度，按照"谁主管，谁负责"原则，加强协调配合，形成齐抓共管的良性工作机制。

最终，在国家、省、市的共同努力下，2016年3月21日，财政部、原环境保护部在龙岩市联合召开部分省份流域上下游横向生态补偿机制建设工作推进会，福建、广东两省签署汀江－韩江流域水环境补偿协议。根据协议，2016～2017年，广东、福建两省及中央部委每年出资5亿元，作为汀江－韩江流域水环境补偿资金，汀江成为继新安江之后又一个全国性生态补偿试点。

第二节　福建流域生态补偿：理论探究与问题分析

一、流域生态补偿制度的理论探究

流域生态补偿是生态补偿的一个重要分支，它是一种通过政府宏观调控实现公平利用流域内水资源的经济管理政策，主要包括流域生态破坏补偿和流域生态保护补偿两种类型。流域生态破坏补偿，是指对流域生态环境产生破坏或不良影响的生产者、开发者和经营者应对环境污染、生态破坏进行补偿，对生态环境由于现在的使用而放弃的未来价值进行补偿。流域生态保护补偿，是指通过行政、法律和市场等手段，实现流域生态保护受益地区对因保护流域生态环境而受到各种限制和失去发展机会的上游地区给予优惠政策、资金、技术和实物等形式的补偿，其实质是通过流域上中下游地区之间部分财政收入的重新分配，把流域生态保护的责任和利益进行分割，中下游受益区对上游生态环境保护做出的牺牲进行补偿，以实现“责任与利益”的平衡。〔1〕

流域生态补偿的主体包括：(1)一切从流域水资源中受益的群体，包括工业生产用水、农牧业生产用水、城镇居民生活用水、水力发电用水、利用水资源开发的旅游项目、水产养殖等；(2)一切生活或生产过程中向外界排放污染物，影响流域水量和流域水质的个人组织和单位，主要包括具有排放污染物的工业企业、商业、家庭、市政用水、水上娱乐及旅游用水等。流域生态补偿的对象主要是执行水环境保护工作等保障水资源可持续利用作出贡献的地区。

补偿额度的测算是流域生态补偿的核心和技术关键，国际上一般以上游土地的机会成本作为补偿的依据，具体测算方法包括土地耕种净收益的估算和居民支付意愿调查等。我国学者认为，流域生态补偿额度的测算主要以上游地区水环境保护的直接投入和机会成本，以及上游地区新建的流域水环境保护设施和受惠地区所接受的水量与水质为依据。〔2〕

流域生态补偿的方式和途径很多，按照不同分类方法有不同

---

〔1〕 杨佩国：《潮白河流域生态补偿机制研究》，中国科学院研究生院 2007 年博士学位论文，第 17 页。

〔2〕 陈克亮、黄海萍等：《海洋保护区生态补偿标准评估技术与示范》，海洋出版社 2018 年版，第 61 页。

的分类体系。按照补偿方式可以分为资金补偿、实物补偿、政策补偿、技术补偿和产业补偿等；按照补偿方向可以分为纵向补偿和横向补偿。补偿实施主体和运作机制是决定补偿方式本质特征的核心内容。目前，国外流域生态补偿主要通过公共支付、开放式贸易、协商贸易、生态标记等市场化途径进行支付；我国流域生态补偿机制以政府支付为主，具体可分为基于大型项目的国家支付、地方政府支付、小流域自发的交易模式、水权交易和水资源量的用水费支付等方式。[1]

同时，在具体实行流域生态补偿时，往往还遵循一定的基本原则。

（一）受益者补偿原则

早在20世纪，日、德、美等国就贯彻受益者补偿原则。[2] 随着我国经济的高速增长，水资源稀缺形势也愈发严峻，公众对公共服务的需求不断增加，公共工程如跨流域调水工程的开支也越来越大，政府公共财政日渐捉襟见肘等问题都对寻求解决方案提出了新挑战。受益者补偿原则的理论基石是公平理念，而完善流域生态补偿制度的关键也正是体现公平原则，公平分配利益、承担责任或履行义务，受益者公正地回馈或补偿受损者。我国流域生态补偿应当坚持受益者补偿原则，由生态保护受益者向因此付出代价的受损者支付相应报酬；这里的"益"不仅指一般实物意义上的收益，还应包括受水区居民生活质量提高及其带来的相关收益。

另外，流域生态补偿会涉及流域上下游政府之间部分财政收入的再分配，这种利益再分配对地方政府的影响相对较大。从实

〔1〕 周雪玲、李耀初：《国内外流域生态补偿研究进展》，载《生态经济（学术版）》2010年第1期。

〔2〕 肖军：《日德美受益者负担金制度及其启示》，载《广东行政学院学报》2012年第5期。

践来看,跨界水污染之所以难治理,很大程度上是因为行政区域之间的产业政策和环境政策脱节。因此,欲通过流域生态补偿的实施达到落实地方政府治污责任的目的,就必须考虑上下游政府对产业发展的诉求,协调相互的产业发展规划,使上下游共同承担水环境治理责任以及共同分享良好水质带来的经济、社会利益。此外,还要考虑支流地区及乡镇政府的利益,这是因为受侵害的群众遇到生态环境问题,往往直接找乡镇政府寻求救济或补偿。所以应确保乡镇政府能参与生态补偿的决策过程,尽量就补偿工作的开展取得各层级政府的共识。

(二)与扶贫相结合原则

流域生态补偿具有实现环境改善和促进农村经济发展双重目标的显著潜力。农村居民作为生态系统服务的提供商,其在履行保护责任的同时也理应获得相应的奖励。在中共福建省委、福建省人民政府举全省之力打赢扶贫开发攻坚战的当下,流域生态补偿的经济潜力也成为其发挥效用的题中应有之义。现有的国际经验表明,在这些居民及其所在社区已经有了保护和改善当地环境的愿望的前提下,生态补偿可以帮助他们实现脱贫致富的目标,并为他们过渡到生态友好的生产体系提供资金。因此,流域生态补偿应当被放入一个更大的与农村扶贫相结合的发展政策框架内进行制度设计。这可能是最有效的,能够帮助决策者优先考虑和理解自然资源的利用或退化与农村发展之间的关系。

(三)参与原则

流域生态补偿会涉及诸多主体之间的利益平衡,具有广泛性和社会性,所以遵守参与原则可以最大化将流域生态补偿制度的运行置于有效的监督之下。

流域生态补偿机制的建立,初期离不开以政府为主体的行政机关的主导;然而使补偿机制稳定化,却是一个庞杂的社会利益大博弈和制度创新过程。在流域生态补偿过程中，政府允许利益相关者就所涉及的相关私益或公共利益，以提供信息、表达意见、阐述利益诉求等方式参与其中，从而提升流域生态补偿制度的公正性、正当性和合理性。[1] 不仅如此，若要实现流域水环境的彻底好转，必须通过生态补偿制度引导居民转变生产生活方式；而居民有效地参与其中，并将其利益诉求反映到补偿关系中是达到这一目标至关重要的一环。需要注意的是，空谈公众参与是没有任何意义的。为实现公众参与，很多时候需要环保组织的介入；而且，必须确保所有或至少绝大多数利益相关方都能参与到生态补偿机制的决策过程中，以便协商解决集中关注的重要议题。

（四）公开原则

信息公开既是地方政府之间合作的基础，也是后续协商决策的前提。没有补偿信息的公开机制，公众和流域上下游政府就无从了解补偿资金的流向，根本不可能建立起对流域生态补偿机制的信任；这样会给地方试点带来极大的障碍。因此，在生态补偿实施中，福建省政府应清晰地阐述补偿目标和实现目标的措施；确定流域上下游政府的角色和责任；以及公开补偿信息、水质数据和生态补偿重点工程项目的进展情况，确保将适当的信息提供给公众，努力实现生态补偿机制在公开透明、有效监督的层面上运行。

（五）利益协调原则

利益协调是消解利益失衡的必要方式。它运用控制机制把利益分化限制在合理范围内，使不同利益主体之间以及利益主客体之间表现为和谐状态。

---

〔1〕 才惠莲：《我国跨流域调水生态补偿制度的完善》，载《中国行政管理》2013年第10期。

利益关系是传统中国社会关系的体现，利益分配机制就是社会秩序形成机制。[1] 当代社会的利益关系还表现为，资源稀缺使各个国家必须实施可持续发展战略，既重视人与人之间利益关系的协调，又注重人与自然之间利益关系的协调。

流域生态补偿沿线利益差别和利益主体的存在，导致不同利益主体的冲突甚至尖锐对立。稀缺水资源在满足不同利益主体需求时的有限性和条件性，使相关利益主体由于目标追求不同而产生利益纷争。流域生态补偿制度的完善，需要运用利益平衡原则协调冲突性利益，矫正失衡状态，实现流域生态补偿沿线社会公平和环境公平目标。

二、福建流域生态补偿的问题剖析

从严格意义上说，目前龙岩市会同福州、厦门、漳州等地共同开展闽江、九龙江流域生态补偿工作还不是真正的生态环境保护补偿机制，仅仅是初步的工作和探索，或是仅针对整治项目的补助，即流域专项整治资金政策。福建省流域生态补偿的具体问题如下：

（一）补偿资金有限，补偿方式单一

开展流域上下游地区间的生态保护补偿，就必须遵循“谁受益谁补偿，谁污染谁治理”的原则，保证上游提供的生态环境产品和下游的生态需求相互对应，促使补偿资金和物质等在流域上下游之间的顺利拨付，实现补偿资金、补偿技术和物质的充分流动、充分利用。但是，目前流域生态补偿主要依靠转移支付、财政补贴等政府主导的资金，资金缺口较大，与生态保护、环境治理方面的投入相比属于杯水车薪，不能从根本上解决上游地区生态环境保护修复的财力支撑问题。

---

〔1〕 贾玉娇：《社会建设：利益协调与有序社会》，载《重庆大学学报（社会科学版）》2012 年第 4 期。

首先,在补偿资金方面,一是主要以环境污染专项资金为主,补偿额度与流域治理的投资相比差距较大,不能满足流域上游地区环境保护的需求,应该全面考虑生态补偿资金的用途,“按需分配”补偿资金;二是补偿资金主要依靠政府,依靠上下游各级政府协商确定,渠道较为单一;三是补偿范围较小,不能满足上游环境保护的需求。目前的专项资金规模较小,只能对养殖业和城乡环保基础设施建设项目给予一定的补助。

同时,输血型补偿过多,可持续性不强,上游地区缺乏新的长期的收入来源。不仅如此,一些环境基础设施建设的养护需求也给后续地方财政带来新增压力。同时,通过市场机制引导社会资金进行多元化投入的机制尚未形成,不能体现生态产品的市场价值,也难以满足生态环境保护对资金的迫切需求。生态环境的正外部性特点以及资金的趋利性使私人资本不愿主动介入该领域。调研中发现,汀江－韩江流域生态补偿的政策稳定性仍显不足,中央财政支持政策存在脱钩的趋势,两省协议补偿期限仍属短期、政策前景不明朗等都是急需解决的难题。〔1〕

另外,补偿额度与流域治理的规划投资相比差距较大,不能满足上游环境保护的需求;特别是在山区和贫困地区,问题更为突出。例如,三明市中村乡有1.4万人口,为保护三明的重要饮用水水源东牙溪,经济发展受到严重制约,而每年得到补偿的水资源保护费仅为40万元,远低于保护成本。并且,资金由省财政、环保统筹分配,并由省级部门监督资金使用;而上下游地市之间的“责、权、利”未明确,相互之间的沟通联系与协作关系还不够紧密。

(二)资金使用未形成合力,使用实效不高

在生态补偿资金投入的问题上,我们发现重点流域生态补偿、

〔1〕 福建省人大常委会环城工委:《福建省流域生态补偿探索研究》,载《福建省人民代表大会常务委员会公报》2020年第6期。

森林生态效益、综合性生态保护补偿、生态保护财力转移支付等不同渠道的生态补偿资金常常投向同一区域。然而,各领域的生态补偿工作基本都是由各个主管部门独立组织和管理的。例如,万里安全生态水系、畜禽养殖污染治理、污水垃圾治理、农村环境整治、小流域治理、造林绿化、水土保持、节能减排等具备生态建设功能的专项资金,分散在水利、农业、住建、林业等不同部门,各自有独立的资金管理办法,未纳入流域生态补偿机制进行统一管理,导致资金使用缺乏合力。

此外,一些市县流域补偿资金分配使用不合理,未能抓住当地水环境治理中存在的主要问题和矛盾进行重点投入,不能发挥集中财力办大事的优势,从而使生态补偿资金使用效益不高。

(三)补偿标准和考核指标体系不够科学合理

当前流域生态补偿模式为自上而下式的实施模式,补偿资金、补偿方式及补偿标准多在上级政府指导下由双方协商确定,实际生态环境保护成本、生态效益等因素未充分体现。生态系统价值核算缺乏统一规范的技术体系和评估指标,很难准确核算闽江、九龙江、敖江流域的生态系统价值,无法精准对流域生态补偿标准进行定量分析。福建省在推行流域生态补偿考核的过程中尽管考虑了水质、用水量等因素,但是还不够全面和科学,没有考虑年度平均降雨量这一影响水质的重要因素,丰水期和枯水期差异性明显。现行的考核办法将森林覆盖率作为考核因素,未考虑林分结构,而林分结构又是衡量森林质量的重要指标。在考核手段上,当前以手工采样为主,人为和短时天气影响较大,不能精准体现一个流域的水环境质量。

同时,也没有出台相应的基于上下游区域共建共享、公平发展原则的一揽子政策措施。流域生态补偿的落实主要靠地方政府签订责任状形式进行行政区交界断面的水质管理,上下游基于市场交易的“流域上下游环境协商”机制还只是初步的,补偿责任和治理要求还不十分明确具体。

另外,值得关注的是,流域生态补偿机制还存在一些其他不科学合理的地方。这一问题并非孤立存在的,而是与流域生态保护的复杂性和多样性密切相关。一是目前九龙江流域尚未构建环境监管体系,流域内人类活动、企业生产对环境的影响不能被快速地监测监控,对水环境污染事件的应急反应能力较弱,无法及时获得流域内水生态安全的数据和信息,应该建立监测体系,对项目取得的生态、经济和社会效益进行全面的跟踪监测与评估。二是流域的生态补偿试点是在省政府的大力推动下开始实施的,目前已实行了5年,但是全省及流域上下游都没有出台专门的生态补偿的规范制度,在国家层面也没有相关的政策法律规范,还未形成流域上下游良性互动、责权统一的流域生态补偿模式,还没有形成补偿的长效机制。三是流域水电开发建设严重影响了流域内的自然生态环境。因此,急需在流域生态补偿机制的进一步完善中考虑水电开发的因素,通过生态补偿机制改善流域不合理的产业结构布局。

(四)部门之间及上下游之间协调配合不够紧密

流域保护不仅是上下游共同的责任和义务,还涉及地方各职能部门的联动配合,目前地方补偿协议大多围绕补偿资金和补偿指标的设定,在构建合力保护的机制上着力不够,缺乏对流域保护长效机制的探索。部门之间的工作重点不同,上下游之间的利益驱使不同,导致配合协调程度不高,流域生态环境补偿呈现出多头管理、相互博弈的局面。

福建省开展的流域生态补偿实践属于水资源保护补偿,即下游地区补偿保护水源的上游地区。从流域生态补偿机制的实践过程来看,补偿和接受补偿的地区都位于福建省内,而且生态补偿机制被相关地区尤其是下游地区主动接受,下游地区具有较好的支付意愿,这突出表现在补偿资金的大幅增加上。由于九龙江和闽江干流分别是厦门和福州重要的水源地,因此下游地区对水源区生态环境保护具有迫切的需求。假如这两个城市的水源地不在两江干流,那么对水源区生态环境质量的要求必然不会那么迫切,流域生态补偿机制的建立也就不会像目前这样顺利。因此,对于水资源保护补偿类型的流域生态补偿,下游地区对上游水源区提供生态环境服务的需求程度是这种补偿机制建立的基础。

第三节 福建流域生态补偿制度的完善路径

一、流域生态补偿制度的他地经验与借鉴

为了深入理解流域生态补偿制度的实践和经验,我们将以美国、德国、法国和澳大利亚为例,探讨这些国家在实施流域生态补偿制度方面的经验和教训。

(一)美国

流域生态补偿是调节利益相关者主体行为、实现可持续发展以及保护水生态环境的一种重要政策工具。国际上最早的流域生态服务起源于流域管理;早在1933年,美国实施的田纳西河流域管理计划,成为流域管理的成功典范。

1933年5月,罗斯福向美国国会建议成立田纳西河流域管理局(Tennessee Valley Authority,TVA),负责该流域多元区域规划和建设。田纳西河流域的生态补偿是以政府为主导的生态补偿模式;一旦一个水资源开发工程具有较好的综合效益,政府就会给予许多优惠政策。总统的直接拨款是地方流域管理局主要的启动资金。联邦政府拨款用于地方流域管理局的发展项目,并按照要求限额偿还。为鼓励流域居民的生态补偿和绿色生产,在该地区的社会经济发展和就业等方面,地方流域管理局进行了直接补偿。地方流域管理局对流域水资源和其他自然资源的开发管理,不仅能带来水资源的综合开发效益,而且能给该流域的800万居民提供便宜的电力。从1960年开始,地方流域管理局开始发行债券,为

电力发展筹集资金。政府还设立了最大的农业研发中心,以引导农民合理利用土地。同时,为了促进地方发展经济,地方流域管理局成立了经济发展贷款基金。自1995年以来,贷款总额为1.1亿美元,新增投资额达到30亿美元。地方流域管理局提出的"优质社区机会",不仅协助社区制定长远的发展目标及战略部署,而且提供资金和技术,促进了流域内的可持续发展。另外,从1985年开始,美国田纳西州和纽约市的流域管理部门还以购买生态敏感土地的形式建立自然保护区;同时,对保护区以外能提供重要生态服务的农业用地实行"土地休耕计划"(Conservation Reserve Program,CRP),通过对流域内的农场主进行补贴获取水质改善和流域保护效应。[1]

(二)德国

在欧洲国家中,德国是早期进行流域生态补偿的。比较典型的例子是易北河流域的生态补偿政策。易北河是跨界河流,其中,上游属于捷克,中下游属于德国,因此流域治理的难度较大。自20世纪80年代开始,易北河水质日益恶化。1990年后,德国和捷克签订了共同治理易北河协议,成立了双边合作组织,以达到保护水资源环境、减少污染物排放、提高灌溉用水质量、丰富生物多样性的目的。通过制定短期、中期和长期目标,以生态补偿的方式分步治理水质污染。短期目标是制订落实整治计划,降低水质污染程度,筹集启动资金,在易北河畔建立了7座国家公园,占地面积为1500平方千米。建设200个自然保护区,禁止所有影响生态环境的行为,比如禁止在保护区建设和设置工厂,或进行密集的农业活动。易北河上游水达到饮用水标准是中期目标,水可以用于农业灌溉,鱼可以生存。长期目标是提高易北河的生物多样性。经过

---

〔1〕 樊辉、赵敏娟:《流域生态补偿:基于全价值的视角》,社会科学文献出版社2018年版,第133页。

这些处理措施,效果显著,易北河水质基本达到饮用水的标准,在中长期目标实现的同时,取得了明显的经济效益和社会效益。易北河流域治理的良好效果是多方筹措资金的共同结晶,资金的主要来源包括金融贷款、研究经费、排污费(企业和居民的污水处理费是由污水处理厂统一收费的,污水处理厂按一定比例留存一部分资金后再缴纳给环境保护部)和下游对上游的补偿。

(三)法国

法国东北的莱茵河－默兹河(Rhine－Meuse)流域在20世纪80年代水质因大量的农业活动而受到威胁。Perrier Vittel S. A. 矿泉水公司(以下简称Vittel公司)认为,迁移到新的水源地或者建造过滤工厂比保护该地方的水源所需的成本要高。因此,Vittel公司决定实施一项水质改善计划,通过农业方面的措施减少硝酸盐及农药含量,从而恢复水源自净功能。Vittel公司投资了大约900万美元,用于农业用地约1500公顷,并无偿给农户使用。同时,Vittel公司还与农场和乳制品厂签订了期限为18～30年的合同,规定对农场以每年每公顷土地320美元的价格进行支付,用于补偿上游的农户,促使其改变不合理的土地利用方式,这个计划持续了7年时间。该公司还向农场提供免费的技术支持,支付农场设施购置与建设费用;公司在合同期间拥有设备的所有权,并监督其使用。通过这项水质改善计划,Vittel公司有效地减少了非点源污染,满足了对优良水质的需求。在这一水质改善计划中,Vittel公司是生态补偿的支付方和受益方,该公司在前7年一共支付了约2450万美元。该计划的受偿方是莱茵河－默兹河流域上游的奶牛养殖户和林地所有者。

(四)澳大利亚

澳大利亚是农业大国。长期的农业开发和牧场利用,使其流域生态系统服务的功能降低,导致土壤盐碱化、水质下降和水土流失等环境问题。为了实现环境保护,澳大利亚流域管理部门设计了低成本、高效率的市场化流域生态补偿模式。2005 年,位于澳大利亚的墨累 – 达令流域盆地(Murray – Darling Basin)的 28,000 公顷盐碱地的水供应问题通过反向拍卖的途径解决了。具体的过程如下:关于土地能提供的生态服务,先由该土地的所有者申请土地资源价格,再由澳大利亚流域管理部门按照预测的降低土地盐碱含量所需单位费用将申请的价格分类,然后再核实现金补偿或确定保留价格。

澳大利亚另一项重要的流域生态补偿项目是被称为“灌溉者支付流域上游造林”的项目。这一治理措施的参与者是新南威尔士州的林业部门(SF)和麦考瑞河流域食品和纤维协会(MRFF)即由麦考瑞河周边集水区的 600 名灌溉农场主组成的协会。MRFF 为所获得的流域生态系统服务价值付费,这些生态系统服务是林业部门和上游土地所有者保护生态环境的结果,上游土地所有者作为第三方参与协议的履行。1999 年,新南威尔士的林业部门和 MRFF 达成“引水控盐协定”。由 MRFF 向州林业部门购买盐分信用,以麦考瑞河流域上游新建的 100 公顷森林蒸腾水量为缴纳标准。州林业局通过植物了解蒸腾作用或降低盐分信用,MRFF 依据每年多蒸腾的水量确定价格。目前,农民每蒸腾 0.1 万立方米的水就需要支付 17 澳元,或接受每公顷每年 85 澳元的赔偿。农民同意支付 10 年的时间。为了增加森林的蒸腾量,州林业部门利用 MRFF 所缴纳的费用在下游集水区开展植树造林行动。

从以上国际流域生态补偿的实践可以看出,流域生态补偿有两种基本途径:一种是发挥政府的主导作用,通过公共支付体系即政府付费的方式实现流域生态系统服务及其产品的提供;另一种是利用市场的手段,即使用者付费的方式,实现生态系统服务或产品的供给,主要包括一对一交易模式、开放的贸易体系和生态标记等形式。特定流域的界限相对比较明确,生态系统服务的利益相关方比较容易确定,而且流域生态系统的跨区流动性比较突出,利于生态补偿相关方通过市场交易的方式提供生态补偿。因此通过使用者付费方式进行补偿是国际流域生态补偿的方向和趋势。

(五)他国实践对我国的借鉴和启示

通过对域外流域生态补偿实践的深入研究,我们可以明显看出,流域生态补偿作为一种激励式的环境保护政策,在世界各国得到了广泛的应用。然而,值得注意的是,各国的具体补偿方法和补偿标准根据特定的国家和地区的情况各有不同。这些国际实践对我国的借鉴和启示主要体现在以下几个方面:

1. 产权明晰是流域生态补偿实践取得成功的关键

产权具有激励和高效配置资源的功能。世界上大多数国家的产权制度比较完善,有利于采用市场机制进行补偿。我国《宪法》规定,重要的自然资源属于国家所有,即通常所说的全民所有,并且由政府进行代理托管。但是,这种产权制度在生态系统服务领域尚未发挥有效的作用。所以,明晰资源环境的产权,实行流域内水权的初始分配,调动利益相关主体的积极性,才能保证高效的流域生态补偿的最终实现。

2. 完善的流域生态补偿法律体系是取得成功的保障

国外流域生态补偿案例取得成功的重要保障是完善的流域管理法律体系。各国都认为完善的法律法规是生态补偿的条件和依据,如美国的《田纳西流域管理法》以及各种水法规中有关流域管理的条款。《欧盟水框架指令》的主要目标是:在2015年之前实现欧洲的"良好水状态",整个欧洲采取统一的水质标准,遏制地下水超采现象。因此,我国可以根据国内流域生态补偿的情况,完善相关流域法律体系。

3. 流域生态补偿需要政府和市场共同发挥作用

生态系统服务市场化,是流域生态补偿的重要依据和环节。市场在国外流域生态补偿实践中充分发挥"看不见的手"的作用,加上政府的管理和引导，最终显著提升了流域管理效率。我国的市场经济发育不够成熟，因此我国的流域生态补偿仍然是以政府补偿为主的，但市场途径也是流域生态补偿的重要模式。因此，在利益受损方与受益方明确、责任关系清晰的流域，可以考虑引入市场补偿模式，发挥市场在流域生态补偿实践中的调节作用，由生态系统服务的受益者直接对受损者进行付费补偿。

4. 补偿标准的确定是流域生态补偿的难点和重点

如何确定科学的补偿标准是流域生态补偿的难点和重点。生态补偿标准可以从生态保护或生态恢复的直接投入和机会成本、生态受益者获益或者生态系统服务价值等角度确定。科学的补偿标准能够促进流域生态补偿项目的顺利实施，协调受益者和受损者的利益关系，保证生态环境保护预期目标的达成。

5. 流域生态补偿要注重发挥利益相关方的作用

流域生态补偿是一个复杂的系统工程，涉及的利益主体众多。因此，为了提高公众参与的积极性，在流域管理机构设置和治理方面应该注重发挥利益相关方的作用。例如，设立代表各利益相关方的协会组织，在流域管理机构中吸纳相关专业的专家、流域居民、用水者、社会组织代表等，从而提高决策的科学性和民主性，以及补偿效果的公平性。

6. 流域生态补偿的具体模式因国情不同而存在差异

各国有关流域生态补偿的具体做法受本国社会、观念、历史、文化及经济等方面的影响，解决的问题不尽相同，流域生态补偿实践所采用的具体模式也会有差异。我国幅员辽阔，各个地区的资源禀赋以及生态环境的差异很大；因此在制定各个地区的生态补偿政策时，在适当借鉴国外成功经验和做法的同时，应该充分考虑我国不同地区之间的差异，兼顾不同地区对生态补偿不同模式的具体需求,从而满足各个利益相关主体的利益诉求。[1]

二、福建流域生态补偿的重点把握

生态补偿尤其是流域生态补偿作为一种环境保护经济措施引起了理论界和实务界的研究和探讨。流域生态补偿作为保护水资源和合理开发水资源的一项必要机制,其具体实施时应重点把握以下几点:

(一)充分认识生态补偿在流域水环境保护中的重要性

在传统的命令控制方式之外,当前日益重视通过经济诱因推动流域水环境保护,主要是出于以下三个原因:

首先,对流域生态服务增加的经济需求。表现在:一是人们的生产和生活对清洁水有着巨大的需求,而目前大多数人口居住在流域下游,很容易受到流域水质退化的影响;二是在流域生态保护上的投资,往往比建设和维持水处理设施耗资少。以美国为例,通过投资在流域上游土地保护和保育上约10亿美元,纽约市已经避免花费在水过滤和处理厂上的40亿~60亿美元投资;波特兰和西雅图等城市估算出在流域保护上每投资1美元,能够在建设新的水过滤和处理厂上节省7.5~200美元的花费。[2]

其次,寻找新的环境保护资金来源以保护和修复流域生态环境需要巨大的资金投入。尽管依照法律,流域上游负有保护生态环境的责任和义务,应提供达到水质标准的水资源,如果水质不达标则应追究上游政府的责任;但仅寄希望于行政的责任追究而没有相应的资金投入,无法保证上游政府能严格地负担起生态环境

---

〔1〕 樊辉、赵敏娟:《流域生态补偿:基于全价值的视角》,社会科学文献出版社2018年版,第133页。

〔2〕 熊志强:《东江流域上下游横向生态补偿机制协议签署》,载《中国环境报》2016年10月22日,第1版。

的治理责任,尤其考虑到我国大多数河流的上游地区往往是经济相对贫困的区域。因此,在地方政府财力不足的情况下,中央政府需承担补充责任。问题是,中央目前的财政支持资金远远无法满足流域环境保护需求。

生物多样性保护的受益者可能是整个人类社会;而流域水环境保护主要局限于地方和区域内,比较容易识别出受益者。在此背景下,当上游政府确实无力单独承担保护责任时,基于公平的考虑,源头区域牺牲发展机会保护生态环境是为了整个流域的长远发展,应该享受整个流域社会经济发展的成果。此时,需要下游补偿上游的治理资金和发展机会成本,通过补偿机制实现上下游利益均衡,共享流域发展成果。

最后,推动环境治理方式上的改变。在水资源管理和水污染防治中,生态补偿的一个重要作用在于借助上下游之间的资金转移支付,使流域地政府成为水污染治理责任的强制回归主体,促使其改善辖区内的水质状况。亦即,在水质状况较好的流域内,由上下游政府共同分担生态保护的责任;在水质污染严重的流域内,由上下游政府共同分担环境污染治理的责任。

此外,生态补偿不单纯是资金上的转移,更重要的是借此实现流域水环境改善上的区域合作。如果换个角度看,生态补偿其实是区域水污染物排放总量的再分配,即通过下游对上游的补偿,减少上游的污染物排放总量,减少下来的容量相应地转移到下游。因此,借助生态补偿推动区域在经济发展和环境保护方面的合作,实现区域内的水污染排放交易,实现区域内社会经济发展和环境资源保护之间的协调。

(二)合理定位流域生态补偿的功能

实践中,流域生态补偿的功能定位较为模糊,表现在:一方面,将其视为经济发达地区对落后地区的“扶贫”,以无拘束的道义责任替代补偿的法律义务性;另一方面,将其视为资源利用者承担的水环境保护治理义务的金钱上的对价,借此筹集治污资金,因混淆于水资源费、水土保持补偿费、排污费和风景名胜资源有偿使用费等,而受到公众的重复征收指责,陷入合法性争议中。据此,有必要在深入理解生态补偿概念的基础上,将流域生态补偿与相类似的水资源管理和有偿使用制度区分开来,使其充分发挥制度功能。

根据 2013 年《国务院关于生态补偿机制建设工作情况的报告》,生态补偿是在"综合考虑生态保护成本、发展机会成本和生态服务价值的基础上,采取财政转移支付或市场交易等方式,对生态保护者给予合理补偿,是明确界定生态保护者与受益者权利义务、使生态保护经济外部性内部化的公共制度安排"。可见,从制度定位上看,流域生态补偿是在现行的对水资源的使用收费或排污收费之外,在生态保护者与受益者之间建立的一种均衡生态保护责任、分享生态保护利益,将外部性内部化的环境经济手段。通过准确定位流域生态补偿的功能,使之能够成为其他规制手段的有效补充而非替代方案,避免相互之间的不协调甚至效果上的抵消。[1]

(三)充分认识流域生态补偿的动态性

我国流域生态补偿的动态特征,是指那些生态补偿活动中动态存在的、可变的特征,主要表现在以下三个方面:

一是补偿过程的持续性。流域中的水资源配置并非水资源简单的空间位移,它通过对沿线生态环境的改造,影响生态环境各子系统并干扰整个生态环境。又因为生态环境变化牵一发而动全身,最终导致整个生态系统发生变化,有些因素的变化甚至是不可逆转的;因此,生态补偿必须考虑环境问题潜在性、全局性等特点,应对各种复杂的风险因素,即便对某一种因素的忽视都可能导致严重后果。从生态系统保护的内在要求出发,生态补偿是极其复

---

〔1〕 张明波:《跨省流域生态补偿机制研究》,西北农林科技大学 2013 年硕士学位论文。

杂、长期的过程,绝非立竿见影、速见成效。

二是补偿阶段的推进性。流域生态补偿在我国呈现出阶段推进的特点,不同社会发展阶段基于一定的经济水平、技术手段等,生态补偿的内容、方式各有特点,一切有利于恢复调水沿线生态环境的补偿措施都有可能被利用。计划经济条件下,政府补偿显得更具合理性,政策优惠、专项资金、项目补偿表现出积极的效果;而随着社会主义市场经济的发展,专项资金、项目补偿往往被认为是生态补偿的权宜之计,流域区域大多要求引入永久性、与市场经济相适应的生态补偿机制。可见,流域生态补偿需要随着社会发展而不断变化与调整,补偿方式具有很强的时效性、阶段性。

三是补偿方式的多元性。我国流域生态补偿包括政府补偿和市场补偿两大组成部分,补偿机制的不同导致了补偿方式的多元性,各种不同的补偿方式相互兼容,通过综合作用展开生态补偿实践。政府补偿指政府以非市场途径对生态系统进行补偿,包括财政转移支付制度、专项基金、优惠政策、对资源综合利用和优化环境予以奖励等形式,其中最主要的形式是财政转移支付制度和专项基金。市场补偿由市场交易主体在法律法规范围内,利用经济手段通过市场行为改善生态环境,主要包括生态环境税费补偿、环境产权市场交易补偿、环境责任保险等形式。

综上所述,流域生态补偿机制是一个动态的过程。对流域水环境保护,没有任何一个单一的政策工具可以提供明确的解决方案,这是因为经济、制度和技术的发展都会影响问题的解决。然而,构建流域生态补偿机制的过程本身就是有价值的:通过这个过程,才能在实现协调保护与发展的双重目标时,发挥地方的积极性,获得更大的灵活性和适应性。因此,对流域生态补偿的实施,需要付出耐心和时间,这是一个看起来简单却难以做到的要求。流域生态补偿涉及各级政府间的多重合作与层级关系,不仅有纵向的上下隶属关系,还有横向的平行关系;因此生态补偿机制的建立需要花费漫长的时间，才能将每一个步骤稳定化。国外实践证明，流域层次的管理经过数十年才能成功建立，如“现代流域管理的典范”——澳大利亚墨累-达令河流域委员会花了接近80年的时间，才实现了有效运转。我国实施流域生态补偿的时间还较短，试点经验相当有限，更多的方式还没有尝试，决策者应认真调查、评估，发现存在的问题，有针对性地予以完善，而不是向现实妥协。

三、福建流域生态补偿制度的具体建议

完善流域生态补偿机制要以问题为导向，要结合福建的实际情况，统筹考虑资金、标准、考核等重要因素，有针对性地进行改进和创新，进一步提升福建流域环境治理体系和治理能力现代化。

（一）做大“盘子”，持续加大流域生态补偿力度

建立流域生态补偿机制对福建具有重要意义。福建水系密布，河流众多，上游为下游提供的流域生态服务的价值巨大。建立流域生态补偿机制，可以使得流域生态建设的责任在全体受益地区之间公平分担，减轻上游的生态建设负担和财政资金压力；同时，也可以增强流域下游地区的生态共建共享意识和上游合作的观念，提升福建省在流域综合治理与区域经济发展中的话语权和领导力。[1] 然而，目前我们面临的挑战是，流域生态补偿资金渠道单一，资金缺口还很大。

为了解决这个问题，我们需要采取一系列措施。首先，我们需要坚持政府主导，保持生态环境保护的决心，努力增加公共财政对生态补偿的投入。在跨省流域补偿方面，我们需要积极争取中央、广东对福建长期的转移支付，签订更长的协议期，保持资金投入的稳定性。在重点流域生态补偿方面，我们需要加大下游地区尤其

---

〔1〕 王艺蒙：《云南高原湖泊生态补偿法律问题研究》，昆明理工大学2015年硕士学位论文。

是经济发达的县(市)区的上缴资金额度,补偿扩充资金池,逐步探索以绿色专项基金等方式承载这部分新增补偿资金。其次,我们需要积极建立配套实施一系列涉及财税、金融、土地供给、政府采购等的政策制度,确保上游地区在补偿资金之外还能得到更多的政策优惠,解决现阶段补偿资金偏少的矛盾。

此外,我们还需要关注到,从我国大陆接水到金门,为台湾同胞解决缺水难题,已是老话题,但一直未能实现。2011 年,水利部与福建省政府签订了合作备忘录,明确支持福建加快建设金门供水等工程。厦门市亦将"适时推进向金门供水工程建设"写入《厦门市深化两岸交流合作综合配套改革试验总体方案》。2011 年年底,国家发改委作出批复:"积极推进厦门市深化两岸交流合作综合配套改革试验,更好地发挥厦门市在海峡西岸经济区改革发展中的龙头作用,促进两岸关系和平发展。"2012 年,福建省提出铺设管道为金门供水,并确定了两条备选跨海线路:一条是从晋江围头到金门,另一条是从厦门大嶝到金门(厦门向金门供水的方案基本形成)。

因此,九龙江不仅是福建省漳州市、厦门市饮用水的主要水源,还是已规划的厦门向金门供水的重要水源。近年来,福建省采取九龙江上下游生态补偿机制,大力开展水环境综合治理。在"十二五"和"十三五"期间,厦门市也投入大量资金用于九龙江水环境综合治理;经过整治,水质已有一定好转,但仍有差距。在《厦门市水利改革发展"十四五"规划》中,明确厦门市将为提升水安全、水资源、水生态、水环境治理和管理能力计划总投资 194 亿元,"十四五"计划投资 98 亿元。[1] 然而,从流域水环境可持续发展的角度出发,以及从支持海峡西岸建设、台海两岸合作、促进两岸关系和

---

〔1〕 厦门市水利局:《厦门:为建设高颜值生态花园之城注入强劲水动能》,载《中国水利报》2022 年 1 月 6 日,新闻版。

平发展的角度考虑，我们应当将九龙江治理从省级层面上升至国家层面。这样做可以对九龙江上下游生态补偿给予必要的政策倾斜和资金支持，让龙岩市有足够资金用于九龙江流域水环境整治，确保流域水质得到根本好转。

（二）勒紧“袋子”，提高流域生态补偿资金的使用实效

在生态补偿资金有限的情况下，资金使用实效将直接影响到流域环境治理效果以及社会公众的获得感。要统筹使用资金解决地区重点流域环境问题，支持地方以县（市）区为平台，按照“统一规划、统一建设、统一运营”的原则加大财政资金整合力度，对省下发的专项资金，可以在确保完成省级下达的工作目标的前提下，在同一类级科目下统筹使用，集中投入流域环境整治。还要扩大补偿资金的使用范围：由于各地流域环境短板不一，可以参照当地阶段性发展需要，赋予地方更大的资金使用权限，开展山水林田湖草治理、矿山修复治理等项目，使资金使用更加具有针对性。要围绕生态产业化和产业生态化，积极谋划流域生态补偿项目与当地社会经济发展同频共振，利用有限的财政配套投入，撬动台资、侨资，发展生态农业、生态旅游业、生态农产品加工业等长久的绿色发展项目，积极引导公众参与，提升人民群众的获得感。

例如，福建省政府应当主动邀请国家水利、环保、林业等部门和流域下游的省份或由国家联合召开流域工作会议，具体研讨流域生态补偿问题；通过签订流域环境协议，明确福建在其行政交界断面的水质水量标准和补偿的额度标准，下游各省按其受益比例共同出资建立流域共建基金，专项用于指定流域的生态建设和环境污染综合整治，并落实到具体的项目中。同时，为了保证共建基金的有效运行，应配套建立行政交界断面水质水量监控制度、基金资金投向的监督制度及议事协调仲裁制度；并应率先以建立闽江生态补偿共建基金为突破口，对闽江流域给予生态补偿。随后，在闽江共建基金运作成熟的情况下，建立九龙江、晋江、汀江共建基

金。当然,因为这些河流都是重要的区域性河流,所以中央政府的协调和中央财政的投入是至关重要的。

(三)拓宽“路子”,加快推进流域生态补偿多元化模式

积极培育资本市场,开放生产要素市场,使资源资本化、生态资本化,使环境要素的价格真正反映它们的稀缺程度,从而达到节约资源和减少污染的双重效应。要积极引导社会各方参与,探索多渠道、多形式的生态补偿方式,鼓励受益地区与生态保护地区、流域下游与上游通过资金补偿、对口协作、产业转移、人才培训、共建园区等多种方式加大生态保护补偿的实施力度。要积极推进碳排放交易、排污权交易等市场化的补偿模式,运用市场机制降低治污成本,提高治污效率。以环境公用设施、工业园区及开发区、重点行业污染治理、生态环境综合整治领域为重点,推进环境污染第三方治理,积极培育生态补偿市场主体。福州可以开展大樟溪流域生态补偿机制试点,以大樟溪流域引调水工程为载体,在水权相对明晰的基础上,引入第三方评估机构,通过市场化机制,把保护生态环境的成本计算入水价中,并将征收水价中的环境水价部分反哺永泰发展。

同时,除了财政资金外,流域生态补偿基金的筹措还可以尝试以下途径:(1)完善排污收费制度,逐步扩大排污收费的范围,进一步提高排污收费的标准,从排污费中提取部分作为专项流域生态补偿资金;(2)在下游受益地区的水费中或在提高水价的增量中,抽取一定比例的费用作为流域补偿的一个资金源;(3)征收水资源生态补偿税或水资源开发使用费,对直接开发、占用、利用和使用水资源的单位和个人收取一定标准的税费,并在其中拿出一定比例的资金作为流域生态补偿的资金;(4)发展环保产业,培育环境交易市场,逐步形成中小流域的私人投资和产权交易渠道,广泛吸纳社会资金投入。

(四)校准"尺子",优化流域生态补偿标准和考核体系

完善流域生态补偿要从制度出发,围绕科学性、合理性和可操作性,进一步优化补偿标准和考核体系。适时提高上游的补偿标准,充分考虑上游为保护生态而放弃部分产业发展的预期利益,减少在重点流域补偿中下游城市(如福州、厦门)的补偿系数。要完善考核因素,将区域林分结构、年度平均降水量、区域污染整治任务纳入重点流域生态补偿考核因素,合理分配指标比重,综合考虑短期与长期、结果与过程、整体与局部,更加注重"按劳分配",加大对生态治理任务较重的上游地区的资金倾斜。要优化考核手段,利用大数据,合理使用自动监测站数据,加密监测,更加精准表现区域水环境质量。要支持和推广双向补偿方式,引导和鼓励开发地区、受益地区与生态保护地区、流域上游与下游通过自愿协商方式实现合理的生态补偿。要完善考核约束性措施,更好体现"奖优罚劣"的绩效导向。对发生重大水环境污染事故的市县,根据严重程度,每次扣减一定比例的补偿资金;对挪用补偿资金的市县,视情节轻重扣减部分乃至全部生态补偿资金;上述扣回资金作为省级筹措资金来源的补充。

在省内各地市(州)之间加快推进流域生态补偿机制。各地市(州)之间也可以通过横向财政支付的形式实现流域下游受益地区对上游保护地区的直接补偿,以实现上下游的平衡发展。流域生态补偿的财政转移支付资金应当专项用于补贴流域环境保护机构和农牧民,建设流域生态保护设施,培养上游的生态恢复和增殖功能,如水库涵养保护、防护林工程建设、流域综合整治、生态农业、生态工业和生态村镇建设等。在政府进行财政投入的过程中,要特别注重补偿的"输血"和"造血"功能的不同,按照"把握域情,因地制宜"的原则,合理有序地开展一系列的流域补偿工作。为提高各级政府建立流域补偿机制的积极性,可以考虑将流域生态补偿纳入地方党政领导干部政绩评价体系,建立生态补偿绩效考核和

问责制度。

（五）搭好"台子"，依托河长制平台建设集聚流域生态补偿合力

建立流域生态补偿机制不仅是一种利益协调，更需要一个权威的利益协调平台。已经相对成熟的河长制在解决跨地区、跨部门和多利益主体的复杂涉水问题方面有着明显的制度优势，可以充分利用河长制高位推动的优势，实现跨部门跨流域"一盘棋推进"，促使流域生态补偿各项工作落到实处。着力发挥河长制"一河一档""一河一策"等补偿数据的科技支撑作用，补充完善流域生态补偿技术方法，实现补偿依据稳定可靠、补偿标准科学准确。着力发挥河长制部门协同作用，改变"环保不下河，水利不上岸"的局面，建立健全实时监测网络和自动监测系统，提高监测数据的准确性。着力发挥河长制统筹兼顾作用，由省级河长制办公室牵头，协调上下游生态、产业等资源，实施多样化的流域生态补偿方式，探索建立统一的水权交易市场，逐步开展市场化补偿模式。着力针对汀江－韩江流域，进一步加强省际沟通协商，由两省省级河长牵头，成立汀江－韩江流域河长联合办公室，挂靠河长办，定期会商流域环境问题，集聚生态补偿工作合力。[1]

汀江－韩江流域水环境补偿协议签订后，龙岩市作为协议的主要执行单位和受益者，将按照协议要求，全面履职，主动作为，持续抓好汀江流域水环境保护工作。要完善项目运作机制和各项配套政策措施，用好、用足补偿资金，确保流域补偿资金的效益最大化；要更加严格执行2014年《环境保护法》，加强环境监测和监管，严厉打击环境违法行为，确保不发生水污染环境事件，力争实现水质目标，确保出境水质只能更好，不能更差；要加强与下游广东梅州的环保方面协作，协商建立信息通报、联合执法和预警应急机

〔1〕 福建省人大常委会环城工委：《福建省流域生态补偿探索研究》，载《福建省人民代表大会常务委员会公报》2020年第6期。

制，努力实现成本共担、效益共享、合作共赢的流域生态补偿目标，争取将汀江－韩江流域建设成为跨省流域上下游横向补偿机制的全国性示范点，为推进流域生态补偿工作提供可借鉴的成功经验。

第七章　福建矿产生态补偿制度的实践与完善

矿产资源构成了人类生存和发展的基础物质支柱，但其开发利用过程伴随许多负面效应。这些效应不仅表现为矿区的塌陷、积水和各类地质灾害，还涉及生态破坏和环境污染，如废气、废水和废渣的排放。习近平总书记指出：只有实行最严格的制度、最严密的法治，才能为生态文明建设提供可靠保障。在此背景下，生态补偿制度的建立和完善成为生态文明制度建设的关键环节。福建省的矿产资源开发也暴露出资源浪费、环境破坏、监管不力等问题；这些问题既危及了当地的生态安全，也制约了社会的可持续发展。因此，完善福建矿产资源开发的生态补偿制度尤为重要。这一举措不仅有助于减缓矿产资源开发对环境造成的负面冲击，还能推动资源的合理利用和环境保护。尤其是通过构建合理有效的补偿机制，平衡矿产资源开发与生态保护的关系，将对福建矿区的生态文明建设产生深远影响。

第一节　福建矿产资源生态补偿实践

一、福建矿产资源与矿产生态补偿的基本内涵

（一）福建的矿产资源

党的二十大报告首次站在战略的高度，为生态文明建设勾勒了新的使命任务，深刻阐释了它在推动中国式现代化、全面推进中华民族伟大复兴以及全面构建社会主义现代化国家的内在要求方面的新时代内涵。[1] 这一战略方向不仅描绘了全面的目标，更强调了在开发和利用矿产资源时，必须坚持自然生态系统和环境保护的原则。在这样的大背景下，福建省的生态保护与矿产资源开发的协调关系显得格外重要。

福建省属于环太平洋成矿带中的重要成矿区之一，具有良好的矿产形成条件；矿产资源种类相对齐全，能源、黑色金属、有色金属、稀有金属、稀土金属、非金属等矿种，在省域范围内均有分布。

截至2020年底，福建全省已发现矿产138种，目前探明储量矿产122种，已列入福建省矿产资源储量表的固体矿产102种（不包含18种普通建筑用砂类矿产、2种水气矿产），其中，能源矿产1种（煤），金属矿产28种，非金属矿产73种。已上表矿区总数1752个，其中，大型矿区54个，中型矿区146个，其余为小型矿区。福建省储量较大的主要为非金属石材类矿产资源，能源矿产及金属矿产种类及储量不丰富，本省已探明的矿产资源中煤、铁、铜、铅、锌、钨、金、水泥用灰岩、普通萤石等在福建省国民经济

[1] 刘少航、周千然：《走人与自然和谐共生的现代化之路》，载中国社会科学网，https://www.cssn.cn/jjx/jjx_jjxp/202303/t20230302_5600424.shtml。

建设中占有重要地位。[1]

进入2021年,福建省自然资源厅进一步明确了矿产资源的开发方向,组织编制了《福建省矿产资源总体规划(2021—2025年)》。这一规划提出了到2025年的规划目标,即基础性地质作用更加凸显、矿产资源保障更加有力、开发利用结构和布局更加合理、资源和生态保护更加有效、非法违法开采矿产资源行为被有效遏制。同时,展望2035年,力争铜、稀土、萤石等战略性矿产资源的储量明显增加,资源保障能力进一步提高,矿产资源开发利用结构和布局明显优化,资源利用效率进一步提升,监管体制机制更加完善,与生态文明试验区相协调的绿色矿业格局基本形成。[2]

在福建省经济发展过程中,开发利用本土矿产资源是社会经济发展的需要。一方面,矿产资源的开发加快了福建省社会经济的发展,一定程度上提高了人民的生活水平;另一方面,开发利用矿产资源破坏了福建省的资源生态环境,造成了生态环境破坏,产生了一系列社会问题,引发了大量的群体性冲突事件。因此,在开发利用福建省矿产资源的过程中,必须考虑环境保护和生态补偿问题。这就要求福建省在加强生态文明建设的新形势下,结合本省矿产资源的实际情况,合理借鉴国内外先进经验,探索基于生态环境补偿的矿业发展模式,努力实现福建矿产资源的可持续发展;这对完善我国生态环境补偿机制来说也是一种有益的尝试。生态环境补偿原理在矿业经济中的运用,主要是借助经济手段合理调控或适度控制矿产资源开采、开发,保护资源的合理利用、保护生态环境和经济的可持续发展,使矿业经济发展和生态

---

〔1〕 福建省自然资源厅:《2020福建省自然资源年报》。

〔2〕《福建省自然资源厅等五部门关于印发〈福建省矿产资源总体规划(2021—2025年)〉的通知》(闽自然资发〔2022〕71号)。

环境保护相得益彰，最终在经济发展、环境保护、社会和谐之间找到平衡点，保护和加强环境系统的生产和更新能力，实现福建省矿产资源的可持续发展。

（二）矿产资源生态补偿的基本内涵

随着生态问题的日益突出，生态补偿被广泛研究。目前，生态补偿作为生态保护的有效机制和调整生态保护及建立相关方之间利益关系的制度安排，逐步向矿产资源保护领域渗透。学术界对资源开发生态补偿提出的观点较多，主要包括对生态价值提升的行为进行补偿，对生态系统修复、还原的补偿，对资源开发导致的环境污染破坏进行补偿，对提升生态系统功能性价值的行为给予补偿等。〔1〕

矿产资源生态补偿作为自然资源有偿使用制度的一种，〔2〕生态补偿制度规定，根据国家法律或主体之间的协议，对损害环境或从资源和环境中获取利益的行为，应当由获益者（包括环境资源的开发利用者等）支付相应费用或采用其他形式给予补偿，使施益者（包括环境资源的保护建设者等）的利益得以合理补偿，进而保护和恢复生态系统服务以实现生态目标与公平的社会目标。〔3〕

关于矿产资源开发生态补偿的具体内涵，国内部分文献进行了界定，但在补偿范围、补偿主体、受偿主体等方面的表述存在一定差异。如补偿范围的界定，张智玲等〔4〕认为矿产资源生态补

〔1〕 冯聪、曹进成：《我国矿产资源开发生态补偿机制的构建》，载《矿产保护与利用》2018年第5期。

〔2〕 曹明德：《矿产资源生态补偿法律制度之探究》，载《法商研究》2007年第2期。

〔3〕 杜群：《生态补偿的法律关系及其发展现状和问题》，载《现代法学》2005年第3期。

〔4〕 张智玲、王华东：《矿产资源生态环境补偿收费的理论依据研究》，载《重庆环境科学》1997年第1期。

偿费应包括资源补偿、环境污染和生态破坏等损失；康新立等[1]则认为不应包括资源补偿费；高彩玲等[2]认为补偿范围是矿区生态系统的破坏和矿区居民的损失，而环境污染损失不应包括在内；落志筠[3]则认为应包括环境修复费用(包括新产生的和历史遗留的环境问题)。关于补偿主体和受偿主体，孟立贤[4]认为是矿山企业对国家、矿区居民、后代的补偿，以及受益区域对矿区的补偿；王世进等[5]认为是政府和企业对受损者的补偿；曹明德[6]认为是国家对受损者的补偿，补偿资金来源于向矿山企业征收的相关费用；孙前路等[7]则认为是政府—企业—居民之间利益关系的协调机制。

可以发现，现有研究对矿产资源开发生态补偿的内涵界定在本质上并无明显不同，即矿产资源开发利用的受益方对受损者给予一定的补偿，只是在对补偿范围、补偿主体、受偿主体等方面的具体表述略有差异。[8]

尽管在补偿范围、补偿主体、受偿主体等方面的具体表述上

---

〔1〕 康新立、潘健、白中科：《矿产资源开发中的生态补偿问题研究》，载《资源与产业》2011 年第 6 期。

〔2〕 高彩玲、赵英明等：《煤炭资源开采的生态补偿概念剖析》，载《中国矿业》2008 年第 5 期。

〔3〕 落志筠：《矿产资源生态补偿制度探析》，载《内蒙古师范大学学报(哲学社会科学版)》2015 年第 2 期。

〔4〕 孟立贤：《矿产资源开发生态补偿机制研究》，石家庄经济学院 2010 年硕士学位论文。

〔5〕 王世进、卢俊辉：《论矿产资源开发生态补偿制度的完善》，载《江西理工大学学报》2012 年第 2 期。

〔6〕 曹明德：《矿产资源生态补偿法律制度之探究》，载《法商研究》2007 年第 2 期。

〔7〕 孙前路、孙自保、唐佳：《矿产资源开发中的生态补偿与中国化》，载《沈阳大学学报(社会科学版)》2012 年第 4 期。

〔8〕 李国志、张景然：《矿产资源开发生态补偿文献综述及实践进展》，载《自然资源学报》2021 年第 2 期。

存在一些差异,但我们可以将矿产资源生态补偿划分为狭义和广义两种类型。狭义的矿产资源生态补偿,主要是指在矿产资源开发活动过程中,对生态系统和自然环境所造成的污染进行补偿、恢复、综合治理等一系列活动的总称。然而,当我们从广义的角度看待矿产资源生态补偿时,内涵则更为丰富。广义的矿产资源生态补偿不仅包括狭义的补偿内容,同时也涵盖了矿产资源开发活动中与之相关的矿区居民的经济补偿和赔偿。这种更广泛的视角,使我们能够更全面地理解和应对矿产资源开发带来的各种影响。

矿产资源开发生态补偿的核心理念,不仅仅是对矿产资源开发中的自然生态功能进行修复,更是对负外部性的生产者进行惩罚,对负外部性的受害者进行补偿。同时,也需要对正外部性的受益者进行收费,以实现正负外部性在相关利益主体之间的均衡,即将外部性内部化。[1]

生态补偿和资源有偿使用作为新型的环境管理制度,虽然相关研究理论、方式方法快速增多,但现有的研究还远不能满足实际需要。在中国的矿产资源开发利用过程中,虽然已经从法律和管理手段上开始重视生态环境的保护问题,并且在理论与实践中得到了一定程度的解决,但生态环境补偿原理还没有在具体的矿产资源的评价中广泛地应用。因此,建立矿产资源生态补偿机制,对矿区生态环境进行合理修复和及时治理,已经成为福建省当前贯彻落实科学发展观、实现可持续发展的一项重要任务。

二、福建矿产资源生态补偿的工作回顾

在回顾福建省以及我国其他地区在矿产资源生态补偿工作的历程时,我们可以看到一条从探索到实践再到逐步完善的发展

---

〔1〕 张君明:《理论与实践——生态补偿法律保障机制研究》,黑龙江教育出版社2019年版,第150页。

轨迹。我国地方矿产资源生态补偿费的征收最早始于1993年：当时云南省以昆阳磷矿为试点，每吨矿石征收0.13元，用于矿区植被和周边破坏的生态环境修复。随着时间的推移，到了20世纪90年代中期，矿产资源生态补偿费的实践在更大范围内展开，广西、福建、江苏等14个省份的145个县相继开始试点。值得一提的是，1989年，江苏省人民政府制定并实施了《江苏省集体矿山企业和个体采矿收费试行办法》(已失效)，规定对集体矿山和个体采矿业开始征收矿产资源费和环境整治基金，环境整治基金的征收标准为矿石销售收入的2%～4%，由环保部门管理和征收。福建省也从1990年1月开始，对煤矿征收生态环境保护费，标准为0.5元/(吨·年)。

福建省是全国较早对矿产资源的开发征收补偿费的省份之一。早在1992年，福建省政府就颁布了《福建省外商投资矿山企业采矿登记管理办法》(已失效)，规定"外商投资矿山企业，应按有关规定，向有关部门缴纳矿产资源开发管理费、矿产资源补偿费和资源税"。自1994年开始，福建省对煤矿、铅锌矿、铁矿等8种矿种开征生态环境保护费，其中大部分为矿产资源补偿费。这一措施对矿山生态恢复治理起到了一定的积极作用。[1] 然而，尽管在1997年，福建省第八届人大常委会通过的《福建省矿产资源条例》再次明确了"开采矿产资源，必须按国家有关规定缴纳资源税和资源补偿费"的要求；但征收矿产资源生态补偿费缺乏严格的法律依据，不仅增加了征收工作的困难，而且在2002年全国整治乱收费的过程中，许多地方的生态补偿费征收由于立法依据不足而被取消。[2] 这一问题在2006年得到了部分解决。2006年，

---

〔1〕 龚高健：《关于提高福建生态补偿标准的若干思考》，载《福建理论学习》2009年第10期。

〔2〕 孔凡斌：《中国生态补偿机制：理论、实践与政策设计》，中国环境科学出版社2010年版。

全国各地根据财政部、原国土资源部、环境保护总局发布的《关于逐步建立矿山环境治理和生态恢复责任机制的指导意见》(已失效)的要求,先后建立起矿山环境治理和生态恢复责任机制。据我们所知,2006 年以后,包括福建在内的 26 个省(区、市)已经建立了矿山环境治理和生态恢复保证金(备用金)制度。

2006 年,福建省国土资源厅、财政厅、环境保护局联合下发的《福建省矿山环境恢复治理保证金管理办法(试行)》(闽国土资文〔2006〕195 号)规定:"凡在本省行政区域内的采矿权人必须按照本办法的规定,编制矿山生态环境恢复治理方案,与国土资源行政主管部门签订矿山生态环境恢复治理协议书,并缴纳保证金。"同时规定可分期或一次性缴纳矿山生态环境恢复治理保证金(以下简称保证金)。保证金纳入同级财政监督管理,实行专户存储、专户管理,严禁挪作他用。

采矿许可证有效期 3 年以下(包括 3 年)的,采矿权人应在领取采矿许可证时一次性全额缴纳保证金。采矿许可证有效期超过 3 年的,保证金可一次性全额缴纳,也可以每年度按一定比例缴纳。每年度按一定比例缴纳的,首次缴纳的保证金应不少于总额的 20%;余额每年度按一定比例缴纳,但在采矿许可证期满前 1 年,应缴纳全部保证金。采矿权人拒绝缴纳或者不足额缴纳保证金的,以不按规定提交矿产资源开发利用年度报告依法处理。

同时,上述方法还规定:采矿权人在开采过程中,应当根据矿山生态环境恢复治理方案实施生态环境恢复治理工作,一般应实行边开采边治理;根据矿山开采状况和技术措施,停办、关闭矿山前可以实施恢复治理的或采矿许可证有效期超过 1 年的,应当进行边开采边恢复治理。采矿权人分期实施矿山生态环境恢复治理的,可以申请使用已缴纳的保证金;但经国土资源行政主管部门批准返还部分保证金后,专户中保证金的余额应不少于总额的 20%。停办、关闭矿山的,采矿权人应当按照矿山生态环境恢复治理方案和矿山生态环境恢复治理协议书的要求，自停办、关闭矿山之日起6个月内完成矿山生态环境恢复治理工作。

2008年3月28日，福建省地方税务局发布《关于生态恢复治理保证金税前扣除问题的通知》（闽地税发〔2008〕58号）。其中，就有关矿山生态环境恢复治理保证金税前扣除的问题作出规定：凡纳税人按照法律、行政法规以及省级行政主管部门规范性文件的规定向国土资源行政主管部门缴纳的矿山生态环境恢复治理保证金，允许在缴纳当期税前扣除。纳税人在生产经营期间为生态环境恢复工作而发生的治理费用允许在当期据实税前扣除。纳税人应将国土资源行政主管部门返还的保证金（含利息）冲减当期费用 。上述规定自2007年度起执行。

2012年，福建省国土资源厅、省财政厅、省环境保护厅联合出台了《福建省矿山生态环境恢复治理保证金管理办法》，旨在规范矿山生态环境恢复治理保证金的缴存、管理和返还。该办法强调，今后采矿人开采矿产必须边开采边恢复，以减少对矿山周边生态环境的破坏。此举标志着一项重要的政策转变，即矿山生态环境恢复治理保证金将作为采矿权人预先缴存的暂存资金，用于预防和恢复治理矿区地面塌陷、地裂缝、含水层破坏等问题。此外，该办法还明确了保证金的收缴原则和程序，即按照“谁发证，谁收取”的原则，由颁发采矿许可证的国土资源主管部门负责具体收缴，并要求采矿权人在申请采矿许可证时，编制矿山生态恢复治理方案，签订承诺书，并缴存保证金。〔1〕

2017年，福建省国土资源厅等三部门联合作出了一项重要决策，即下发《关于退还矿山生态环境恢复治理保证金有关事项的通知》。该通知标志着福建省决定建立矿山地质环境治理恢复基

〔1〕 刘笑迪：《福建省规范矿山生态环境恢复治理保证金管理》，载《福建日报》2012年6月13日，第2版。

金，并取消原有的矿山生态环境恢复治理保证金制度。具体来说，自2018年1月9日起，福建省的矿山企业将不再需要缴存矿山生态环境恢复治理保证金。已经设立的矿山生态环境恢复治理保证金专户的将按程序取消，省级缴存的保证金（含本息）将经过清算后一次性转至县级，由县级国土资源部门会同财政部门按照分类处置的工作要求进行退还和处理。对于按规定不予返还的部分，统一缴入国库，纳入预算管理，并专项统筹用于矿山地质环境治理。此外，凡由于矿山生态环境恢复治理保证金缴存事宜被列入福建省矿政“黑名单”的企业，将一次性从矿政“黑名单”中移出。这一政策的实施不仅体现了福建省在矿山生态环境治理方面的决心，还为矿山企业提供了更为灵活和合理的操作空间，有助于推动矿山地质环境的持续改善。

为了贯彻落实《国务院关于印发矿产资源权益金制度改革方案的通知》《财政部、国土资源部、环境保护部关于取消矿山地质环境治理恢复保证金建立矿山地质环境治理恢复基金的指导意见》，督促矿山企业切实履行矿山地质环境治理恢复与土地复垦义务，2020年3月20日，福建省自然资源厅、财政厅、生态环境厅联合制定并印发《福建省矿山地质环境治理恢复基金管理办法（试行）》。该办法旨在督促矿山企业切实履行矿山地质环境治理恢复与土地复垦义务，规范矿山地质环境治理恢复基金的计提和使用。该办法详细规定了基金的计提、使用、监督管理等方面的内容，强调了矿山企业应当按照“谁开发谁保护，谁破坏谁治理”的原则，承担矿山地质环境保护、治理、修复、监测和土地复垦责任。此外，办法还明确了对未按规定计提基金或拒不履行义务的企业的处罚措施。该办法自印发之日起施行，有效期为5年。

第二节　福建矿产生态补偿：理论探究与问题分析

一、矿产资源生态补偿的理论探究

关于矿产资源生态补偿理论基础的研究，主要是基于外部性、公共产品与自然资产价值等基础理论展开的。赵烨[1]从矿产资源的价值理论、耗竭性理论以及外部性理论三个方面对矿产资源生态补偿的理论基础进行了分析。景普秋等[2]从矿产资源耗竭性理论、外部性理论、生态环境价值理论以及区域可持续发展能力理论四个方面构建了矿产资源开发生态环境补偿理论框架。赵玉娟等[3]在矿产资源、生态环境的价值理论、矿产资源的耗竭性理论和矿产资源可持续发展的财富观理论的基础上，分析了矿产资源开发中的生态补偿理论基础。王雅丽等[4]围绕生态经济的外部性理论、生态产品的公共物品属性以及生态资本理论三个方面阐述了资源开发生态补偿的理论基础。

在矿产资源生态价值补偿标准方面，早在1996年，卞正富和张国良就对我国矿山土地复垦费用进行了核算。何金凤[5]从征收范围、征收机构、征收标准、管理使用和罚则五个方面阐述了陕西制定生态环境补偿费征收管理办法的主要内容。黄锡生等提

---

〔1〕 赵烨：《我国矿产资源生态补偿机制的现状分析与对策建议》，载《思想战线》2008年第4期。

〔2〕 景普秋、张复明：《我国矿产开发中资源生态环境补偿的制度体系研究》，载《城市发展研究》2010年第8期。

〔3〕 赵玉娟、盛勇：《矿产开发中资源生态补偿机制的理论基础研究——基于可持续发展的视角》，载《经济研究导刊》2009年第26期。

〔4〕 王雅丽、唐德善、刘洋：《基于循环经济理论的资源开发生态补偿机制》，载《现代经济探讨》2009年第3期。

〔5〕 何金凤：《陕北能源开发生态环境补偿机制研究》，载《陕西环境》2000年第3期。

出通过提高矿产资源补偿费征收标准、征收环境补偿费和矿业城市补偿费的形式建立完整的矿产资源生态补偿体系。欧阳慧〔1〕认为应该将矿区使用费、资源税和资源补偿费合并为资源补偿费并提高标准;加大排污收费力度并新开征生态补偿费和石油城市补偿费,以完善石油资源开发补偿体系。

矿产资源生态价值补偿的途径主要包括两个方面:其一,征收相关税费。王金南等〔2〕提出设立环境税、能源税,征收环境补偿费等方法;王学军等〔3〕指出征收生态环境补偿费是解决资源保护和生态环境污染的有效手段之一;谭旭红等〔4〕提出健全生态环境法律保护机制是实现生态价值补偿的有力保障;徐涛等〔5〕认为能源税制不同于环保税制,是一个复杂的体系,分布在税收体系的各个方面,是生态补偿的适宜途径;贺秋华〔6〕主张征收生态效益补偿费,以解决资源的价值补偿问题。其二,实行排污收费制度。排污费征收制度借用国家力量,强制转嫁成本,即排污者缴纳排污费,由国家统一安排治理污染。排污收费制度是我国最早对环境污染收费并且专款专用的一项生态收费制度。欧阳慧〔7〕认为,通过征收排污费加大开采石油的"污染成

---

〔1〕 欧阳慧:《完善石油资源开发的资源和生态环境经济补偿体系建议》,载《经济研究参考》2007年第17期。

〔2〕 王金南、杨金田等:《市场机制下的环境经济政策体系初探》,载《中国环境科学》1995年第3期。

〔3〕 王学军、李健等:《生态环境补偿费征收的若干问题及实施效果预测研究》,载《自然资源学报》1996年第1期。

〔4〕 谭旭红、杜真芝:《矿产资源开发中的生态价值补偿探讨》,载《生态经济(学术版)》2012年第1期。

〔5〕 徐涛、苗俊峰:《能源税制的国际比较及启示》,载《地方财政研究》2006年第1期。

〔6〕 贺秋华:《征收生态环境补偿费的理论依据与现实意义》,载《贵州师范大学学报(自然科学版)》2003年第2期。

〔7〕 欧阳慧:《完善石油资源开发的资源和生态环境经济补偿体系建议》,载《经济研究参考》2007年第17期。

本”,一方面迫使企业减少排污,另一方面使由于排污所造成的环境破坏能真正得到补偿。

关于矿产资源生态价值的补偿机制,我国学者提出了诸多方案。高彤等〔1〕以庆阳地区为例,针对石油资源开发所造成的生态环境破坏问题,从补偿主体与责任、法律体系、补偿体系以及补偿资金等方面探讨了矿产资源开发生态补偿机制的构建。王生卫等对矿产资源开发生态补偿的定价机制进行了分析,指出生态补偿定价应以生态损害程度、环境改善程度以及生态价值的增减为依据,同时将行政机制与市场机制、科学定价与依法定价相结合确定定价模式。熊娟等对矿区资源生态补偿的社会补偿方式进行了分析,提出矿区生态补偿机制的补偿方式应多元化,可分为输血式补偿(包括资金补偿和实物补偿)和造血式补偿(包括政策补偿、项目补偿以及智力技术补偿等),从长远来看应采用造血式补偿方式。有学者对油气资源开发生态补偿机制进行了研究,认为油气资源开发生态补偿的主体是油气资源开发企业,补偿客体应是自然资源环境和油气资源;油气资源开发补偿机制应体现权利公平。〔2〕

总体来看,国内对矿产资源价值补偿机制的研究成果不少,但目前具有影响的还不多,而且当前的研究还主要是从对策的角度讨论资源开发利用中资源自身价值和外部环境价值的补偿问题。在对资源开发中的资源自身价值和环境损失的评估方法研究方面,国内还主要是对西方方法的介绍和简单运用,没有提出创新性的理论和方法论体系。

---

〔1〕 高彤、杨姝影:《国际生态补偿政策对中国的借鉴意义》,载《环境保护》2006年第19期。

〔2〕 谭旭红、陈梅、张倩:《矿产资源价值计量及补偿研究》,中国矿业大学出版社2014年版,第47页。

二、福建矿产资源开发的问题表征

矿业是福建省的支柱产业。对福建省矿产资源开发利用所导致的主要生态环境问题进行客观分析,对矿山环境治理与生态恢复政策的实施效果进行有效评估,才能找准制约福建省矿产资源生态补偿机制建立的内生体制机制障碍;并结合各地区的实际情况,以国家法律法规的形式对矿产资源生态补偿的补偿主体、补偿对象、补偿标准以及补偿方式等进行科学设计和规定,从而建立和完善福建省生态补偿机制。[1]

根据以上分析,本书将矿产资源开发与生态环境污染严重区域(闽侯、福安、秀屿、漳浦、泉港等地区)作为重点调研区域,选取具有代表性的煤炭、有色金属、非金属等矿山企业对矿产资源行政管理部门、矿山企业管理者、矿山从业人员、矿区居民等进行了实地调查、走访座谈。综合归纳起来,目前福建省矿产资源开发生态补偿中普遍存在的问题表征有以下两点:

(一)矿区环境破坏严重

矿业是福建省的支柱产业;近年来,采矿业的发展也带来了严重的生态环境破坏。无论是煤炭、有色金属、化工,还是建材矿山,在开发时都广泛存在不同程度的生态环境污染。从调研来看,这些污染主要表现为地表水污染、粉尘污染、有毒气体污染、废弃矿渣堆放、地面沉降等。然而,矿产资源的环境价值难以准确确定,因为污染的程度、总量、范围、长期后果等因素都难以确认。目前能够实施的估计仅限于对可见的污染进行简单的估算,所得到的价值也远远小于矿产资源的真实环境价值。这导致用于生态补偿的资金严重偏低,难以满足未来的矿山环境修复和赔

---

〔1〕 孔凡斌:《完善我国生态补偿机制:理论、实践与研究展望》,载《农业经济问题》2007 年第 10 期。

偿需求。更为严重的是,矿产资源开发企业进行的所谓环境生态恢复工作往往仅限于表面的种树种草、平整土地等措施。对地下水、重金属、有毒气体等深层次污染,基本没有进行治理,潜在的生态环境污染隐患较大。例如,2019 年 7 月,中央第二生态环境保护督察组在福建省漳州市漳浦县督察时发现,漳浦蔡坑矿区、长桥矿区生态破坏严重;在督察组进驻后,当地政府紧急要求矿主复绿,企业将大量盆栽苗木简单覆土,甚至直接摆放在场地,搞"盆栽式复绿",并未深入解决因当地矿产过度开发而导致的生态破坏问题。

(二)矿产资源浪费严重

目前,地方政府(乡)以包代管将矿点以土地承租形式给个体、集体开采,助长了乱采滥挖之风,增加了执法难度。磷矿资源开采无统筹规划,各自乱挖滥采,剥上埋下、采富弃贫、采块丢粉严重。由于装备简陋,无选矿设施,仅挖掘品位高的原矿维生,造成矿体严重破坏,浪费极大。基本上是采 1 吨高品位块矿,丢 2 ~ 3 吨粉矿和中品位矿,加剧了磷资源的消耗速度,致使福建优质磷矿储量锐减。

矿产资源的浪费现象在大中型以上矿山也存在,但小矿的问题更为突出。福建省内多小矿,福建小矿企业在促进矿业经济发展的同时,也体现出总体规模效益差,资源浪费较严重的特点。[1] 由于各种因素的综合影响,小矿发展没有规划,布局结构不合理,监管不到位,开发秩序混乱。不同的市场主体受利益驱动,许多小矿乱采滥挖、采富弃贫、以采代探、大矿小开、一矿多开以及蚕食大中型矿等急功近利、掠夺式开采现象时有发生,有的还比较严重。这些不合理开采行为对矿产资源造成极大的破坏和浪费,其后果不可忽视。

---

〔1〕 姜宏汝:《福建省矿业循环经济发展研究》,中国地质大学(北京)2010 年博士学位论文。

一般来说,对小矿山几乎不投资进行地质勘查,多数是矿点,更没有正规的地质勘探报告,所谓的储量多是估计的334级、333级的预测量。由于小矿地质勘探程度低,储量不够准确,可靠性较差,对矿体的边界控制不够,因而造成在开采时多数矿山只能边采边探,或只采不探。由于探矿工作跟不上,在采矿中丢失矿体现象时有发生,生产处于被动状态。

三、福建矿产生态补偿的问题剖析

福建省在矿产资源的生态补偿制度建设实施过程中所遇到的问题并非孤立存在,而是由多种因素共同造成的。因此,深入系统地分析造成这一局面的原因,将有助于我们更精准地解决福建省矿业发展的问题,并为未来的可持续发展提供指导。

(一)矿产资源开发生态补偿主体过窄

《福建省矿山地质环境治理恢复基金管理办法(试行)》第4条明确了“谁开发谁保护,谁破坏谁治理”的原则。根据这一规定,矿山企业需承担地质环境保护、治理、修复、监测和土地复垦的责任,并设立矿山地质环境治理恢复基金。同时,采矿权人或申请人应主要负责矿山生态环境保护与恢复治理。这一过程中,采矿权人或申请人往往需投入大量资金,例如按《矿山地质环境治理恢复与土地复垦方案》确定的费用计提基金,而且,如果矿山企业累计计提的基金无法满足矿山地质环境实际的治理需要,还应当予以补足,这在一定程度上可能限制了采矿权人或申请人的投资与发展。

然而,这一规定在实际执行中暴露出一些问题。相对于采矿权人或申请人,其他矿产资源开发与利用的受益者并没有投资风险和发展困境,这在一定程度上对采矿权人或申请人显得不公平。这一不平衡状况导致了“谁破坏谁补偿,谁受益谁补偿”的原则在福建省的矿产资源开发生态补偿工作中并未得到充分体现和执行。

在福建省当前的实践中,这一问题的根源在于立法的不完善。一些关于矿产资源开发生态补偿主体的规定过于原则,许多制度没有具体细化,从而导致了在实际操作中的困难和不公平现象。这一问题的解决需要对现有法规进行更精确的解读和实施,确保所有相关方的合理权益得到保障,同时促进矿产资源的可持续开发和生态环境的保护。

(二)矿产资源开发生态补偿费征收标准过低

福建省的资源税费制度存在一些问题。自 1994 年开始,福建省对煤矿、铅锌矿、铁矿等 8 种矿种开征生态环境保护费,其中大部分为矿产资源补偿费。福建省出台的一系列关于对矿产资源补偿费和环境保护费的征收政策和办法,在一定程度上对福建省矿区生态环境的治理与恢复起到了促进作用。

福建省经济在不断地快速发展,但矿产资源补偿费的征收标准还沿用过时的规定。如《福建省物价局、福建省财政厅、福建省水利厅关于水土保持补偿费收费标准等有关问题的通知》(闽价费〔2015〕1 号)第 1 条第 2 款所示:“开采矿产资源的,建设期间,按照征占用土地面积一次性计征的,每平方米 1.5 元,或者按照弃土弃渣(含探矿洞渣)一次性计征的,每立方米 1.5 元;开采期间,按照开采量(采掘、采剥总量)每吨 0.4 元计征。”这与当前福建省矿产资源总量大幅度减少和矿产资源价格大幅上涨的趋势严重脱轨,征收标准过低显然已经不符合当前福建省的社会要求。[1]

此外,虽然针对矿产资源开发的收费项目有很多;但这些项目的制定有的缺少科学依据,不能反映出其实际的资源有偿使用

---

〔1〕 林龙、刘槟榔:《论福建省矿产资源开发生态补偿制度的完善》,载《环境与发展》2018 年第 2 期。

标准，脱离实际情况。目前大部分项目的征费都较低，还没有形成一整套资源有偿使用费用征收、使用的体系，降低了有偿使用收费的效率。同时，还存在严重挪用现象，专款专用的机制没有严格贯彻执行。资金的不足严重限制了生态补偿机制的进一步完善和发展，生态恢复和发展很难顺利进行。

显然，这些问题揭示了福建省现行的资源税费制度不合理，导致资源有偿使用落实困难。就我国目前的情况来说，现行的税费制度不能真正体现其设立初衷——“保障和促进矿产资源的勘查、保护与合理开发，维护国家对矿产资源的财产权益”。对于资源税，我国一直实行从量计征，实施“普遍征收、级差调节”的原则；根据资源赋存状况、开采条件、资源等级、地理位置等客观条件的差异规定了幅度税额，这是不恰当的。现行增值税并不利于节约资源、环境保护，根源在于税目偏少或低税征收的规定。因此，福建省需要对资源税费制度进行改革和完善，以更好地保护和利用丰富的矿产资源；同时保护生态环境，促进经济和社会的持续健康发展。

(三)矿产资源开发生态补偿监管不到位

近年来，福建省政府及其各部门对矿产资源开发工作的监管有待加强，违法开发和利用矿产资源的行为在福建省的各个矿区频繁地被爆料出来。《福建省矿山地质环境治理恢复基金管理办法(试行)》第16条对企业矿山地质环境治理恢复的监管作了明确的规定。

该办法在福建省范围内明确了县级以上自然资源主管部门、环境保护主管部门(现为生态环境主管部门)等相关主管部门的监督管理职责，以实现矿山生态环境保护与恢复治理的“谁开发谁保护，谁破坏谁治理”的原则。同时，它也规定了矿山企业应承担的地质环境保护、治理、修复、监测和土地复垦责任，并要求企业按照办法的规定设立矿山地质环境治理恢复基金。

该办法虽然具体界定了自然资源主管部门和生态环境主管部门的监管职能，但在实际执行中，监管职责的具体分工并未明确。这导致各部门之间的职能重叠，使得行政权力的行使缺乏协同，从而难以形成有效的监管合力。这一局面进一步导致矿产资源开发利用与生态环境保护之间的关系难以达到最佳状态，从而不利于福建省整体推动经济发展和改善生态环境。

政府部门在管理上的职权冲突和生态补偿监管体系的不完善也是一个突出问题。政府在矿产资源生态补偿方面的协调性不足，市场补偿制度尚不成熟，环保和生态补偿之间缺乏整体的协调机制。各级政府的管理权限是以严格的行政区域划分为基础的，造成了补偿行为在横向和纵向上的分割。

此外，矿产资源的管理涉及农业、林业、自然资源等多个部门的协调管理，而很多管理部门又都是条块分割、各自为政；另外，各个部门的管理目标不一致，政绩考核时其主要的考核目标也不一致，造成了各个部门之间缺少联合协作。各个管理部门之间的权责不清，在监督管理时互相推诿也就不可避免。加之一些地方领导、矿产行业的经营者和管理者以及人民群众保护生态资源的观念薄弱，片面追求经济利益，生态环境被忽视就成为必然。最终导致矿山生态保护工作很难开展，矿山生态环境治理恢复进展缓慢。[1]

到目前为止，还没有形成对矿产资源管理部门的规范监督机制，容易产生权力“寻租”现象，甚至有的政府官员隐性参与矿产资源开采，使得矿山的开采成本降低，且不能由市场调配相应资源，矿山开采的机会掌握在少数人手中，使矿山开采市场陷入无序竞争的境地。最终不但损害了经济利益，而且对生态保护带来消极影响。

---

〔1〕 秦玉才、汪劲主编：《中国生态补偿立法：路在前方》，北京大学出版社2013年版。

第三节 福建矿产资源生态补偿制度的完善路径

一、矿产资源生态补偿制度的他地经验与借鉴

国外发达国家对矿产开发生态环境的管理与补偿,无论是法律法规的制定还是监督管理体制的选择都已经比较完善,形成了丰富的实践经验,对福建矿产开发生态补偿机制的构建有着非常重要的借鉴意义。

(一)坚持预防为主

欧美发达国家在矿业开采方面坚持"预防为主"的原则,通过一系列精心设计的预防措施,将矿产开发过程中可能产生的环境污染与生态破坏降到最小程度。

以美国为例,政府明确要求,在矿山项目运营之前,企业必须向主管部门提交一系列详细报告。这些报告包括环境影响评价报告、环境管理和监测计划、矿地复垦计划等,旨在确保矿山在开采过程中对环境的损害被有效控制或降至最低。

澳大利亚,作为世界上环保工作做得尤为出色的国家之一,也秉持了相似的原则。在1992年,澳大利亚政府颁布了《国家生态可持续发展战略》,在其中确立了以预防为主的方针。这一战略明确规定,一旦出现严重或不可逆转的环境破坏风险,宁可选择不开采。同时,该战略还要求采矿公司在开采前必须进行全面的环境调查,提交环境影响、保护措施和复垦报告,并与当地社区进行充分磋商。只有在所有这些条件均得到满足的情况下,开采项目才可能获得批准。

这些做法体现了发达国家在矿业开采中对环境保护的高度重视,为全球其他地区在矿业开发与生态保护之间寻找平衡提供了有益的借鉴。

（二）明确补偿责任

许多国外地区已将矿区的生态环境治理明确划分为立法前和立法后两个阶段，以确保矿区生态损害恢复治理的责任明晰。对法律颁布后出现的矿区生态环境破坏，坚持"谁破坏，谁恢复"的原则，由矿主负责修复。而对法律颁布前已被破坏的废弃矿区，则由国家通过设立治理基金的方式组织恢复治理。

在矿产资源开发的生态补偿方面，一些国家的做法颇具代表性。例如，德国和美国对历史遗留的生态破坏问题，均由政府负责治理。美国采用基金方式筹集资金；而德国则由中央政府（占75%）和地方政府（占25%）共同出资，成立专门的矿山复垦公司负责生态恢复工作。对立法后的生态破坏问题，责任则完全由开发者承担。日本政府在矿山环境生态补偿方面的基本思路也值得关注：对有责任人的矿山，由矿业公司负责治理；对无责任人的矿山，则由国家及地方公共团体采取治理对策，国家依据各种制度给予补助。这些国际经验反映了对矿区生态环境治理的深入理解和全面规划，为确保矿业开发与生态保护之间的平衡提供了有益的借鉴。

（三）制定"闭坑计划"与科学复垦

全球许多国家都对矿业项目申请者提出了严格的要求，其中包括提交矿地恢复计划。例如，美国实施了煤矿开采恢复计划，南非推行了环境管理计划，加拿大安大略省则有着被称为"闭坑计划"的特殊规定。

在加拿大安大略省修订的矿法中，明确规定了所有正在开采的矿山以及矿山复垦部门认为勘查的项目或废弃的矿山对周围环境有影响时，都必须由开采部门提交"闭坑计划"。这一计划的报告书中，必须包括复垦的目标、可选的复垦工程和技术、闭坑后预期的矿山状态和影响评价、复垦的时间进度表、各阶段的资金消耗进度以及保证金附件等详细内容。

这些规定的实施反映了国际社会对矿业环境保护的重视。事实上,早在20世纪50年代和60年代,许多工业发达国家就已经比较自觉地进入了科学复垦时代,将环境保护和可持续发展的理念融入了矿业开发的各个方面。[1]

(四)积极引导公众参与

随着全球矿业发展趋势的演变,越来越多的矿业受害群体开始积极参与矿业开发监督活动。这不仅已成为世界矿业发展的新趋势,而且也是被纳入了矿业立法的重要内容之一。矿区民众,作为矿业活动的直接受害者和复垦与矿区生态恢复补偿机制的直接受益者,他们的积极参与不仅有助于推动生态环境补偿法律法规的有效实施,还能分担政府的监管责任,从而激发企业的自律意识。

例如,在国外,有关环境影响评价的听证做法相当普遍。为了鼓励公众参与,加拿大的环境影响评价法要求采矿权申请者承担项目环境评价的评议和调解费用。此外,公众还被赋予了起诉权利。在美国,多部主要的环保法规(涵盖空气污染、水污染、危险废弃物和有毒垃圾等方面)都允许市民提起诉讼并索赔。墨西哥的《生态总法》也规定了类似的权利。

然而,相较于国外的先进做法,包括福建在内的国内地区在矿山环境保护和生态补偿方面的意识仍显不足,乱砍滥伐现象严重。一些矿业权人或业主追求短期利益,进行掠夺式开采,当地政府的监管不力则进一步加剧了矿产资源的浪费和矿山生态环境的破坏。

---

[1] 彭秀丽:《基于实物期权的矿产开发生态补偿机制研究》,西安交通大学出版社2017年版,第97页。

（五）注重发挥市场作用

一是排污权交易，这一机制更多地运用了市场手段调控环境问题。美国经济学家戴尔斯于1968年首次提出排污权交易的理论，随后在德国、英国、澳大利亚等国家得到实践。其核心做法是由政府机构评估确定一定区域内的污染物最大排放量，并将其分割为若干规定的排放份额，每份额构成一份排污权。政府通过招标、拍卖等方式将排污权有偿出让给排污者。这一制度的独到之处在于，它运用经济杠杆平衡经济发展与生态环境保护之间的关系，从而促使排污者进行技术改造和综合利用，加强污染源的控制。

二是碳汇交易，即发达国家向发展中国家购买碳排放指标的交易。虽然这主要是通过市场机制实现森林生态价值的补偿，但所筹集的资金可以用于矿产开发的生态补偿，如矿区土地的复垦和植树造林等。因此，从更广泛的视角来看，碳汇交易也构成了矿产开发生态补偿机制的重要组成部分。[1]

二、福建矿产资源生态补偿制度的具体建议

近年来，生态补偿和资源有偿使用得到了国内外学者的广泛关注，在生态补偿政策的制定与应用等方面进行了大量的研究。自生态补偿概念提出以来，我国学界和实务界对其内涵尚无定论。我国矿产资源开发生态补偿法律规范体系已基本成形，但其结构性缺陷制约了生态补偿制度功效的实现。尽管福建省在矿产资源开发利用过程中，从法律法规和管理手段上已经开始重视生态环境保护的问题，在理论与实践中取得了一定的效果；但对生态环境已经造成的破坏，还需要采取多种措施予以弥补或补

---

〔1〕 彭秀丽：《基于实物期权的矿产开发生态补偿机制研究》，西安交通大学出版社2017年版，第97页。

偿,生态环境补偿机制也需要在理论和实践中不断丰富和完善。

在国内,对采矿业的生态环境补偿的实践较为缺乏:大多数学者仅是从理论层面对矿产资源生态补偿和资源有偿使用进行研究,希望通过对生态环境补偿制度问题进行系统的分析,从宏观角度进行论述,参照国外经验探讨中国矿产资源开发利用过程中对生态环境破坏的生态环境补偿制度的实施问题。研究成果主要是在全面分析福建省矿产资源环境开发利用状况和存在问题的前提下,深入探讨矿产资源生态补偿、资源有偿使用和福建经济社会发展之间的内在关系;对生态补偿理论问题进行研究;对相关的补偿主体和对象进行划分认定,科学确定生态补偿地域范围,明确生态补偿载体与补偿对象,建立合理的生态补偿经济标准核算方法。加强生态补偿和资源有偿使用的制度建设,就是要把制度建设贯穿于资源配置市场化的各个环节,形成用制度规范从政行为、按制度办事、靠制度管人的机制;规范相关法律法规,设计具体的生态补偿标准和环境修复标准。[1]

在世界各国特别是发达国家,"资源有价""环境友好"成为人们普遍认可的资源开发模式。[2] 受此价值取向所引导,各国相继出台了详尽的矿业开发与生态保护的政策措施与严格的法律法规。尽管如此,对矿产生态环境补偿的准确认识总会存在差异。实际上,生态环境补偿的实质是,基于人类生存和发展对良好生态环境的需要,要求对生态环境的直接或间接享用者,必须进行保护,并按照公平负担原则承担相应义务。

目前,我国已初步建立了"政府主导、市场参与"的资源有偿使用和生态补偿机制,并且相关法律制度也积极跟进。2014 年修

---

〔1〕 李恒炜、杨佩刚:《矿产资源有偿使用的国际经验借鉴与税费改革走势》,载《改革》2013 年第 7 期。

〔2〕 乔刚:《生态文明视野下的循环经济立法研究》,西南政法大学 2010 年博士学位论文。

订的《环境保护法》第31条规定:“国家建立、健全生态保护补偿制度。……有关地方人民政府应当落实生态保护补偿资金……”但是,由于缺少可操作性、权威性的法律与政策指引,环境资源的区域性和差异性特征明显,我国生态补偿制度还很不完善。

福建省要发展矿业经济,满足国家经济社会发展对矿产资源的需求,就必须在合理地开采与开发利用矿产资源的同时做好生态环境补偿工作。根据前面的研究和福建矿产资源开发生态补偿中存在问题的分析,结合福建省情,提出以下建议:

(一)建立符合省情的矿业发展原则

实现福建省矿业经济的可持续发展必须保护生态环境。在矿产资源开发利用过程中,应遵循生态环境发展规律,根据我国生态环境问题的特征和国家生态安全的需要,建立生态补偿和资源有偿使用的机制。以生态系统服务功能为科学基础的原则,生态系统服务功能是指人类直接或间接从生态系统得到各种利益。通常与国家生态安全密切相关的生态系统服务功能主要有水源涵养、土壤保持、生物多样性保护、防风固沙、碳固定、灾害防护、调节气候、环境净化、病虫害控制等。生态补偿最直接的目的是保护上述生态系统服务功能赖以存在的生态系统,从而实现生态系统服务可持续提供的目标。因此,生态系统提供的服务功能是生态补偿制度设计的重要科学基础。

其一,可持续发展原则。结合福建省区域内的矿产资源分布情况,合理安排矿产资源的开采活动。宏观调控矿产资源,优化资源配置。通过矿业开发布局,实现资源开发与生态环境保护的协调,努力在资源开发过程中做到代际、代内公平。对生态环境补偿实行预先性支付,在矿产资源开发决策阶段,对生态环境的破坏行为采取措施,对在开发利用过程中可能造成的损失采取补偿、减缓或避免等措施进行生态环境补偿投资,将生态系统的质量和数量损失降到最低。[1]

其二,受益者补偿原则。可以借助多种经济手段,补偿矿产资源的自然资源价值、生态环境价值、劳动投入所产生的价值等。受益者补偿原则,通俗地说就是"谁受益,谁付费"。生态环境保护的成果是向社会提供生态服务功能。生态服务功能是一类特殊的公共产品,按照市场经济社会的普遍原则,享受产品和服务的个人和社会应该向该产品和服务的提供者付费。矿产资源开采过程中,生态环境补偿实施"谁污染谁付费,谁利用谁补偿,谁破坏谁恢复"的原则。由于生态保护是一种具有很强的外部性的经济活动,保护者不能直接从保护中获得经济收益,如果对生态保护者不给予必要的经济补偿,就会严重影响保护者的积极性和保护行为,引起生态资源的不合理利用,导致生态服务功能的不断退化,威胁生态安全。解决办法是对产生外部经济效应生态系统服务功能的提供者,给予相应的直接经济补偿,使生态保护不再是政府的强制性行为和社会的公益事业,而成为投资和收益相对称的经济行为,从而将生态保护成果转化为经济效益,鼓励人们更好地保护生态环境。

其三,政府主导、全社会参与原则。由于生态保护的成果——生态系统服务功能是公共物品,受益者可以是全人类、特定国家和区域的居民、企业、社会团体和个人等。由于生态保护的成果受益者通常是一定地域范围内的大多数居民,因此,政府有责任代表全民建立和实施生态补偿制度。同时,作为生态系统保护成果的受益人、企业和团体也应积极参与。利用政府财政转移支付制度、环境税收制度等,完善生态环境产权机制、交易机制、价格机制,发挥市场机制对生态环境资源供求的引导作用,建

[1] 师红聪:《生态环境补偿机制下矿产资源价值评估与管理研究——以云南省矿产资源为例》,中国地质大学2013年博士学位论文。

立公平、公开、公正的生态利益共享以及责任分担机制。

其四,权利与责任对等原则。生态补偿的目的是实现生态系统保护,从而提供持续的生态系统服务功能;生态保护的效果是衡量生态补偿政策实施效果最重要的方面。因此在生态补偿政策设计过程中,必须明确受偿者在得到补偿之后生态保护的责任、范围、面积,将权利与义务统一起来,使生态补偿切实发挥作用,最终达到生态保护的目的。[1]

(二)完善矿区生态环境管理部门,注重监管机构设置

矿产资源开采造成的生态破坏涉及大气圈、水圈、生物圈和岩石圈。目前,各管理部门分别针对不同的生态资源征收治理费用,如矿产资源开采导致的废水污染由水利部门征收排污费,矿产资源开采造成的土地占用由国土部门征收耕地占用费,矿产资源开采造成的植被等生物圈的破坏由环境部门征收环境税。不同部门的分别管理不利于生态补偿费的征收和矿区生态环境的治理,可能会导致重复收费;所以应由环保部门协助,在自然资源部门中成立跨部门的矿区生态环境治理专门机构,负责生态补偿费的征收和矿区生态环境的恢复治理工作。

发挥政府在生态环境保护中的作用,增加对生态补偿和环境保护方面的投入,建立专门完善的矿区生态环境管理部门,鼓励多种形式的矿山环境修复和改造。由于生态补偿机制的建立涉及多个部门、多个行业、多个主体,因此只有政府单一主体参与不可避免地会存在疏漏。应充分发挥各个主体的积极性,建立专门的管理部门,负责领导、协调各部门的事务,统筹生态补偿标准的确定、生态补偿金的使用、生态补偿主体的确定,提高环保部门的行政效率有助于提高矿山环境的治理和恢复效果。

---

〔1〕 吕宾:《矿产资源补偿费费率调整及征收细化研究——以稀土、铜等矿种为例》,中国地质大学(北京)2012年博士学位论文。

同时,针对福建省当前矿产资源开发生态补偿监管主体不明确,监管职责交叉并且具体操作分工模糊,重复行使行政权力,难以形成合力的情况,一方面,福建省自然资源主管部门和生态环境主管部门在履行监管职责时要遵循有法可依、有法必依、执法必严和违法必究的原则,要追究违法工作人员相应的法律责任,并给予相应的行政或者刑事处罚;另一方面,自然资源主管部门和生态环境部门等主要部门要努力消除福建省当前存在的监管职责条块分割的局面,消除各个部门职能交叉的弊端。因此,“改革生态执法体制,努力消除现阶段条块分割与部门职能交叉的弊端,实行垂直管理,以减少地方保护主义对生态执法的干预,彻底解决执法力度不够、监控力度偏软的问题”。[1] 在福建省人民政府及其部门制定的规章和条例中明确规定由哪个部门负责行使生态环境的恢复与治理的监管职责,才能使福建省人民政府及其部门对矿区的监管职责履行到位,避免造成行政资源的浪费和行政权力的滥用,充分实现矿产资源开发过程中的全面补偿。具体而言,可以从以下方面突破:

1.明确生态补偿的具体监督机构

《环境保护法》和《福建省矿山地质环境治理恢复基金管理办法(试行)》的相关条款规定国务院环境保护行政主管部门、县级以上自然资源部门都有权对环境履行监督职能,这样容易造成实践中无人管或者管的部门太多的问题,所以要在相应的法律制度中明确规定由哪个部门履行矿产资源开发生态保护和恢复治理的监督职能。

2.确立生态补偿费用监管制度

目前,福建省生态补偿费用实行财政代管专户存储、专款专

---

〔1〕 李连英、朱青:《我国矿产资源开发生态补偿存在的问题及解决对策分析》,载《中国矿业》2010年第11期。

用的原则。建议相关立法确立生态费用监管制度，在费用收取、存储、发放的各个环节中应当允许相关的公众参与到各个环节中，遵循公正、公开、公平的基本原则。公开相关信息方便其他公众的查询，保证知情权；建立对违法行为进行举报的途径，同时保障相关人员的安全。

3. 地方各级政府严格落实巡察制度

2016年3月，福建省确定23名国家级矿产督察员负责对省内125个矿山进行重点巡察，显示出福建省对巡察工作的重视程度。各级督察员应当分工巡察，把各个地区的矿产资源开发生态补偿账进一步细化，真正落实督察职责。对巡察中发现的违法行为，除了相关部门责令限期改正、国土主管部门不得通过其采矿许可证年检外，还应当强制其停止开发行为，并给予相应的处罚。[1]

（三）完善生态环境法律法规

制定生态环境保护中生态补偿方面具体可行的规范，增加生态补偿制度的相关内容，从法律上明确生态补偿中的各种可行措施，完善矿产资源管理机制，改进管理方式。同时，充分考虑福建矿产资源大省和旅游资源大省的实际，以及旅游和矿产作为福建两大支柱产业的发展需要，切实从矿产资源开发利用和生态环境保护协调发展的角度出发，制定适合实际的生态补偿制度的实施细则。在各级主管部门尤其是县以下主管部门、矿山企业内部设立独立的管理机构，配备相应专业的技术人员，使政府、企业、科技联动，确保矿山生态环境防治工作科学、有效地开展。同时，设立矿山生态环境防治的执法队伍，严格执法，加大矿山开采企业的违法成本，使其按照法律规定保证将一定的经费投入矿山生态环境保护中。

---

〔1〕 杨惠菊：《福建省矿产资源开发生态补偿法律制度研究》，载《内蒙古煤炭经济》2016年第20期。

完善资源税费征管办法和利益分配机制。加强对资源税的征管,强化依法征收,规范减免政策,严格入库管理,确保资源税应收尽收。按照不同的矿种,进一步完善矿产资源有偿使用制度,充分体现国家资源所有权益。在收益分配上,构建中央和地方矿产资源收益的合理分配机制,使矿山所在地的社区居民得到合理的补偿和受益。促进资源开发地区的可持续发展,进一步调动地方的积极性,利益分配机制要更多地向地方和欠发达地区倾斜。

在推进生态环境法律法规的完善过程中,我们还必须认识到福建省矿产资源开发生态补偿费的征收标准是完善福建省矿产资源开发生态补偿制度的核心问题。对于福建省来说,科学合理地确定矿产资源开发生态补偿费的征收标准具有至关重要的意义。福建省矿产资源生态补偿费的征收标准可以从两个方面予以确定。

一方面,我们需要根据福建省各地市矿产资源开发地的生活水平条件确定。这是由于福建省的地域面积较大,闽南闽东和闽北闽西的生活水平差距很大,尤其是在省域内部,一些资源丰富的地区可能已经形成了以矿产为主的产业结构,而一些资源较为匮乏的地区则可能依赖于其他产业的发展。为实现生态补偿费的合理征收,需兼顾这一现实情形,在提高矿产资源开发生态补偿费的征收标准的同时,充分合理地考虑各地区的实际情况,以确保既能保护生态环境,又能促进地区经济的可持续发展。另一方面,我们还需要根据福建省矿产资源在各个矿区种类和储量的分布情况确定。这是由于福建省的矿产资源在各个矿区的矿种分布差别很大,相应的开采方式、开采难度也各不相同。鉴于此点,需在提高矿产资源开发生态补偿费征收标准的同时,充分考虑开采的难易程度和矿产资源种类的稀有程度。例如,对于开采难度较大如高品位、低渗透性等矿产资源,可以提高生态补偿费征收标准,以弥补企业在开采过程中所面临的技术难题和成本压力；而对于开采难度较小的矿产资源，则可以适当降低生态补偿费征收标准。[1]

(四)建立多元化的生态补偿机制和保障机制

福建省委书记曾经强调，建立生态补偿机制是共识，单靠政府投入无法解决生态效益的问题，需要发动企业一起参与。为了拓宽福建省矿产资源开发生态补偿资金的收入来源，建立多元化的福建省矿产资源开发生态补偿资金筹集机制是福建省人民政府的当务之急。这样，福建省矿产资源开发生态补偿资金来源才能多样化，从而保证有充足的矿产资源开发生态补偿资金以供使用。[2]

福建省矿产资源生态补偿资金的筹集可以从两个方面展开：一方面，采矿权人或采矿申请人除了缴纳一般性矿产资源税费外，还需按国家规定缴纳补偿费、排污费、采矿权使用费等；另一方面，矿产资源开发与利用的受益者也应承担生态环境治理与恢复的责任，包括缴纳消费者税。

在这一基础上，我们应将生态和环境资源视为资产，并逐步纳入有形资产账户进行管理。这涉及环境产权界定和资产管理纳入法治化轨道，并借助地方政府示范推动实施。

此外，还需加强矿产资源生态补偿费(基金)制度建设。[3]通过经济刺激机制，确保产权所有者在承担风险的同时获得回报，从而推进生态环境产权制度的建立。

最后，为构建多元化、多渠道的矿山生态恢复治理投资体制，我们不仅需依靠国家投资，还可以通过优先权等方式鼓励企业或

[1] 林龙、刘槟榔：《论福建省矿产资源开发生态补偿制度的完善》，载《环境与发展》2018年第2期。

[2] 杨惠菊：《福建省矿产资源开发生态补偿法律制度研究》，载《内蒙古煤炭经济》2016年第20期。

[3] 李文华、刘某承：《关于中国生态补偿机制建设的几点思考》，载《资源科学》2010年第5期。

个体恢复治理废弃矿山。同时,我们还可以通过对外交流、引进外资和广泛动员社会力量,鼓励企业自主解决环境污染与生态破坏问题,不允许其转嫁给社会。

加强资源有偿使用的制度建设,推进矿业权的市场化配置,是实现资源合理利用的关键。矿产资源的有偿使用,是指在矿产资源有用、有限、有价的基础上,使用矿产资源时应根据资源的价值和稀缺程度承担必要的费用。自20世纪80年代以来,我国开始探索有偿使用矿产资源的政策法律制度,逐渐形成了一套完整的法律体系,调整矿产资源勘查、开发过程中的经济关系。这一体系要求我们将制度建设贯穿于矿产资源配置市场化的各个环节,形成用制度规范从政行为、按制度办事、靠制度管人的机制。为了实现这一目标,我们需要对涉及矿产资源配置市场化的制度进行全面审查。对没有制度的部分,要及时建立;对有明显缺陷的部分,要适时修订完善;对需要细化的部分,要尽快制定实施细则;对需要制定配套制度的部分,要抓紧制定。我们的目标是确保制度建设进程与市场化进程相适应,提高制度建设的质量,增强制度的针对性、实效性和可操作性。[1]

福建省正按照统一、开放、竞争、有序的原则,积极建立资源要素交易市场,改善市场管理和监督,推进资源要素价格改革,确立以市场形成价格为主的机制。在一级市场上,将矿产资源有偿使用制度实施到位,新设的探矿权和采矿权通过招标、拍卖等方式出让。在二级市场上,发展矿产资源产权交易市场,建立完善的交易制度,实现产权按市场规则流转。

与此同时,福建省矿产业的发展战略也在积极推进。这涉及加大资源勘查力度,为企业提供资源保障,形成合适的储量,加快

〔1〕 樊玲、张清华:《云南建立矿产资源有偿使用机制研究》,载《现代商贸工业》2011年第5期。

重点成矿区内矿产资源的勘查,增加可采储量。省政府统一安排地勘资金,由省自然资源部门组织开展工作。在编制探矿权、采矿权方案时,要征求相关部门的意见,采用市场竞争方式出让探矿权和采矿权,促进矿产资源的合理开发利用,满足社会可持续发展需求。

（五）将探矿权和采矿权纳入市场运作

在矿产资源开发中,可把探矿权和采矿权全部纳入市场运作,以挂牌形式将探矿权和采矿权在市场上出售,把两权出售收益按国家、省、州（市）、县（市、区）、乡（镇）、村委会和村民小组7级界定分配比例,大头放在国家和村民小组两级,将乡（镇）、村和村民小组分得的比例纳入利益补偿金,加大利益补偿金额度。具体是对探矿权和采矿权实行价值管理。一是资产评估,应由具有一定评估资质的评估单位对探矿权和采矿权涉及的矿产资源量进行价值评估,确定矿产资源量价值和出售价格,并建立矿产资源量价值评估台账,为实行价值管理打好基础。二是建立规章制度,建立各种有关探矿权和采矿权资产化的管理规章制度,进一步明确资源保值的责任,由省人大授权负责资源价值管理的机构制定具体的规章制度。三是矿产资源有偿使用,对于投入开采利用的矿产资源一律实行有偿使用。在目前资源定价方式和价格不健全的情况下,可适当参照国际市场相关资源产品的平均价格水平,结合国内现行价格水平进行合理调整,逐步与国际价格接轨。四是"两权"上市,将探矿权和采矿权在市场上进行公开、公平、公正交易,采取竞拍办法,通过竞拍使资源量最大价值化。通过这种方法,可以把获得的利益补偿金用于采矿后对环境的治理及矿区农民生活的改善。[1]

---

〔1〕 雷霆:《环境质量资源有偿使用制度的探索》,载《新疆大学学报（哲学社会科学版）》2005年第1期。

(六)科学确定生态补偿的对象范围

福建省曾在《福建省矿山生态环境恢复治理保证金管理办法》中对矿产资源生态补偿主体“谁引发谁治理,谁破坏谁恢复”作了原则性的规定。这一原则主要针对的是采矿权人或者采矿申请人,强调的是由引发环境问题的一方负责解决问题,由破坏环境的一方负责恢复环境。因此,福建省人民政府及其部门应当在相应的规章或者条例中明确规定由采矿权人或者采矿申请人履行和承担生态环境治理与恢复的责任。

然而,我们也需要注意到,除了采矿权人或者采矿申请人外,矿产资源开发与利用的受益者也应当承担和履行相应的生态环境治理与恢复的责任。因此,福建省应当在相应的规章或者条例中扩大矿产资源开发生态补偿的主体,将采矿权人或者采矿申请人之外的受益者也纳入矿产资源开发生态补偿的主体。并且,根据受益者的受益情况,应当按照一定的比例缴纳矿产资源开发生态补偿费,承担和履行相应的矿山生态环境治理与恢复的责任。这样,我们不仅可以确保矿山环境的恢复,也可以让更多的受益者参与到环境保护中来,共同维护我们的生态环境。

第八章　福建区域生态补偿制度的实践与完善

福建省是全国经济发展较快，也是较早提出和开展生态省建设试点工作的省份之一。随着生态省建设的深入和支持海西建设上升为国家战略，生态补偿问题已经成为福建省贯彻科学发展观和体现发展的公平正义的重要抓手。一般而言，区域生态建设（恢复）的效率和成败，不仅与生态恢复的技术和资金投入有关，同时也有赖于对生态建设相关者的利益调整和相应的社会经济机制建构。生态补偿制度建设则是其中的核心问题之一。

区域生态补偿（regional eco - compensation）就是将生态保护者、受益者和破坏者等生态补偿机制中的利益主体定位于区域尺度，关注于区域主体、区域产权和区域利益，并根据生态系统服务价值、生态保育的成本，区域发展的机会成本等，通过适当的经济、政策手段或制度安排，调节不同区域之间生态、环境和经济利益的不平衡，从而实现保护生态系统服务功能,提升整体环境质量,促进区域协调发展的目的。[1]

在区域生态补偿的实践过程中,执行者深刻地感受到我国在生态保护方面还存在结构性的政策缺位,特别是有关生态建设的经济政策严重短缺。这种情况造成生态效益以及相关的经济效益在保护者与受益者、破坏者与受害者之间的不公平分配;导致受益者无偿占有生态效益,保护者得不到应有的经济激励,破坏者未能承担破坏生态的责任和成本,受害者得不到应有的经济赔偿这一局面。这种生态保护与经济利益关系的扭曲,不仅使中国的生态保护面临很大困难,而且也影响了地区之间以及利益相关者之间的和谐,不利于生态和环境保护,不利于城乡间、地区间和群体间的公平性和社会的协调发展。

第一节 福建的区域生态补偿实践

一、福建生态功能区划与区域生态补偿的基本内涵

(一)福建生态功能区划的基本情况

贯彻科学发展观、树立生态文明的观念,应当运用生态学原理,坚持以人为本,协调经济发展与生态环境保护的关系,增强生态支撑能力,以促进经济、社会可持续发展为目标,在充分认识福建省生态系统结构、过程及生态服务功能空间分布规律的基础上,划分生态功能区,明确对保障福建省生态安全有重要意义的区域,为区域生态补偿主体的确定以及补偿标准提供依据。

根据《福建省人民政府关于印发〈福建省生态功能区划〉的通知》(闽政发〔2010〕26号)可知,福建省级生态功能区划按3级分区进行划分,第1级区为生态区,第2级区为生态亚区,第3级区

---

〔1〕 王翊:《跨区域生态服务提供与补偿的理论分析》,载《求索》2011年第6期。

为生态功能区。生态区是根据生物气候带的自然分布划分的，全省共划分为两个生态区；生态亚区是在生态区的框架下，根据地貌结构及相应的自然与经济特征划分的，全省共划分为5个生态亚区；生态功能区是在生态区、生态亚区的框架下，突出自然与人的关系，根据福建的生态环境特征及其地域分布规律、生态环境敏感性、生态服务功能重要性和主导生态功能的区域分布，在5个生态亚区下划分出107个生态功能区。

1. 生态区

以中亚热带气候为基带的闽东、闽中和闽北、闽西生态区，涉及南平、三明、龙岩、宁德市，以及福州、莆田、泉州、漳州市的部分县(市)。该区陆域面积约97,481平方千米，占全省陆域总面积的80.3%；海域面积6596平方千米。

以南亚热带气候为基带的闽东南生态区，涉及厦门市，以及福州、莆田、泉州、漳州市的部分县(市)。该区陆域面积约23,919平方千米，占全省陆域面积的19.7%；海域面积16,744平方千米。

2. 生态亚区

闽北、闽西山地盆谷生态亚区。该区面积5.46万平方千米，占全省陆域面积的45%，涉及南平(邵武、武夷山、建阳、顺昌、浦城、光泽、松溪7个县市，建瓯大部分乡镇，政和、延平部分乡镇)、三明(梅列、三元、明溪、清流、宁化、建宁、泰宁、将乐8个县市，永安和沙县的大部分乡镇)、龙岩(永定、长汀、武平，连城和上杭的大部分乡镇，新罗大池镇)、漳州(南靖、平和的部分乡镇)。

闽东、闽中中低山山原地生态亚区。该区面积3.88万平方千米，占全省陆域面积的32%，涉及南平(政和、延平部分乡镇，建瓯迪口镇)、三明(尤溪、大田，永安2个乡镇，沙县湖源乡)、宁德(寿宁、柘荣、屏南、周宁、古田，福鼎、霞浦、福安和蕉城的部分乡镇)、福州(闽清、永泰，闽侯、晋安、连江、罗源的部分乡镇，福清的一都镇)、莆田(涵江、仙游的部分乡镇)、泉州(德化,永春、安溪的部分乡镇)、漳州(平和、华安、南靖的部分乡镇)、龙岩(漳平、新罗、连城、上杭的部分乡镇)。

闽东沿海海岸带与近岸海域生态亚区。该区陆域面积3884.8平方千米,占全省陆域面积的3.2%,涉及宁德(福鼎、霞浦、福安和蕉城的部分乡镇)、福州(罗源、连江的部分乡镇);海域面积6596平方千米,涉及福鼎、霞浦、福安、蕉城、罗源、连江所辖的近岸海域(其中连江只包括罗源湾部分)。

闽东南西部低山丘陵盆谷地生态亚区。该区面积1.09万平方千米,占全省陆域面积的9%,涉及福州(福清大部分乡镇)、莆田(城厢、荔城、涵江、仙游的部分乡镇)、泉州(洛江、南安、永春、安溪的部分乡镇)、漳州(长泰,以及诏安、云霄、漳浦、平和、南靖、华安、龙海、芗城的部分乡镇)、厦门(同安西北部)。

闽东南沿海台丘平原与近岸海域生态亚区。该区陆域面积1.3万平方千米,占全省陆域面积的10.8%,涉及福州(长乐、马尾、鼓楼、台江、仓山、平潭,连江、福清、闽侯、晋安的部分乡镇)、莆田(秀屿,城厢、荔城、涵江、仙游的部分乡镇)、泉州(石狮、晋江,惠安、泉港、鲤城、丰泽,南安和洛江的部分乡镇)、厦门(海沧、湖里、思明、集美、翔安,同安绝大部分乡镇)、漳州(龙文、东山,芗城、龙海、漳浦、云霄、诏安的部分乡镇)。海域面积16,744平方千米,涉及连江黄歧半岛以南至诏安县的沿海县(市、区)所辖近岸海域。

3. 生态功能区

在全省107个生态功能区中,陆域生态功能区以维护和恢复森林生态系统功能为重点的生态功能区类型组面积最大,约53,956平方千米,占全省陆域总面积的44.5%;以农业发展生态服务并控制、治理农业生产生态问题为重点的生态功能区类型组个数最多,面积约42,878平方千米,占全省陆域总面积的35.3%;

以城镇(或与城郊农业、与集约化高优农业)发展的生态服务为重点的生态功能区类型组面积和比例分别为17,571平方千米和14.4%;以陆域水环境生态维护为重点的生态功能区类型组的面积和比例分别为6319平方千米和5.2%;以文化遗产地及其背景景观维护为重点的生态功能区类型组的面积和比例分别为673平方千米和0.6%。

全省海域生态功能区类型组的总面积为36,445平方千米。海域生态功能区有4种类型,分别是典型海湾港口发展和生态系统保护生态功能区类型、典型海湾型港口发展和污染控制生态功能区类型、河口湾港口和生物多样性保护生态功能区类型以及近岸海域渔业与海洋生态系统保护(或海岸自然遗迹保护)生态功能区类型。4种类型海域生态功能区的面积分别占全省海域生态功能区总面积的9.9%、1.0%、35.5%和53.6%。

(二)区域生态补偿的基本内涵

生态补偿的核心目的是解决人地关系中的区域关系,这就涉及区域生态补偿问题。地理运动构造了地理环境的整体性,但现实中的区域都具有产权区域属性,这种产权区域分割了地理环境的整体性,使跨区域的地理运动演化为一个区域对其他区域的影响,即区域外部性问题。正如赫特纳所言:“地理学关注的现象间的联系,一是同一地方的,一是地方之间的。”地理学的研究覆盖了区域差异和区域关联,不仅考虑区域的个性和独特性,同时也关注区际横向联系,特别是区域间物质流、能量流和信息流的相互影响。

在这一背景下,目前关于生态补偿的研究,大多是从外部性出发探讨补偿机制的选择。在涉及跨区域性质的环境或资源时,补偿主体和对象分属两个区域,就需要深入探讨区域生态补偿的问题。区域生态补偿包括两种情况:一种是区域内的经济活动对区域的生态和环境产生外部作用;另一种是一个区域的经济活动对其他区域产生环境生态影响。这些补偿可以由中央政府或两地共同的上级政府协调,也可以通过区域间协商、谈判直接解决。

进一步来说,国家、各级政府、区域、社会组织、企业及个人在不同层面的生态补偿中承担着不同的"角色",并且随着责任的转变,他们的角色形象也在不断变化。当前,我国区域发展的价值取向已逐渐转变为协调发展,可持续协调发展全面替代经济增长模式,经济、自然、社会的协调发展已经成为区域发展是否高效合理的主要评价标准。

在探讨区域生态补偿的具体内涵方面,国内学者也进行了深入的研究。例如,王昱等从经济学、地理学、生态学等理论需求出发界定区域生态补偿的内涵,强调区域尺度上的"生态—经济"问题和资源环境问题,通过区域政策实现生态补偿。[1] 李宁等则从另一个角度出发,指出现有的财政政策在实现生态补偿过程中存在的局限性,如基层政府财权与事权的不对称、区域产权的不明确等问题。金波则以区域生态足迹和区域生态系统服务价值为基础构建生态补偿量化模型,探讨了在生态盈余区和赤字区之间构建合理的生态补偿机制问题。

可见,区域生态补偿,作为一种关注于区域尺度上的资源环境问题和"生态—经济"过程的概念,是整个生态补偿尺度体系中极其重要的组成部分。它通过适当的经济、政策手段或制度安排,调节不同区域之间生态、环境和经济利益的不平衡,从而实现保护生态系统服务功能,提升整体环境质量,促进区域协调发展的目的。[2]

综上所述,区域生态补偿机制主要是以区域为载体、以政府

---

〔1〕 王昱、丁四保、王荣成:《区域生态补偿的理论与实践需求及其制度障碍》,载《中国人口·资源与环境》2010年第7期。

〔2〕 金波:《区域生态补偿机制研究》,北京林业大学2010年博士学位论文,第16页。

补偿和市场补偿为主要手段对相关区域进行补偿，以调整区际的利益关系，使区域外部效应内在化。与传统的生态补偿相比，区域生态补偿更加注重补偿主体与客体的区域性以及产权的区域性。为了更好地明确区域补偿主客体和区域产权，必须对区域的概念进行界定。政府补偿主要是通过财政手段进行，补偿额度应与各受益区的财政能力相匹配。[1]

二、福建区域生态补偿的立法回顾

2010 年 1 月，福建省发布《福建省生态功能区划》，其不仅系统地分析了全省各区域的生态环境特征、主要功能、区域开发现状和主要问题，还明确了各区域在保障全省生态安全中的地位和作用。更为重要的是，该政策还详细提出了资源开发、产业发展的优势条件和限制因素，以及鼓励性、限制性、禁止性的产业发展方向。

例如，福建沿海的经济发达地区与内陆山区之间的财力差距显著，以至于山区的财力甚至难以提供基本的公共服务保障。为了缩小这一差距并支持山区的发展，福建省级财政采取了一系列措施，包括大量的支付转移和专项资金拨付。

福建沿海地带和内陆南平 - 三明 - 龙岩河谷地带是福建的两条以工业为主导的产业走廊带。这里人口密集、城镇密布、经济发达，是福建省经济发展最快、最具活力的经济核心地带。这两条走廊带以人工生态系统和半自然生态系统为主，工业和城镇社会活动对自然生态的影响大于农业的影响，环境变化的速度大于福建其他地区，进行生态保护与建设的能力远强于其他区域，人地关系也不同于其他区域，其生态环境特征、生态功能及生态

---

〔1〕 程文:《大型跨区域调水工程生态补偿机制研究》，华中师范大学 2012 年博士学位论文，第 10 页。

保育和建设的重点均有其独特性。因此在生态功能区划中,应作为特殊的、以人类社会经济活动因子为主导的生态功能区。[1] 正因如此,2012 年,福建省编制的《福建省主体功能区规划》中将三明大部分区域划分为主要生态功能区和限制开发区,这为探索生态补偿对农户的增收提供了契机。三明市进行了生态公益林保护、生态搬迁移民、"雨露计划""福林带""林票制"等多种生态补偿方式的探索。2018 年,三明生态搬迁移民 653 户,聘用 111 户贫困农户为生态护林员,发放工资 63.82 万元。通过林权流转进行抵押贷款盘活林业资源助力产业发展,组织农户进行种养殖、小吃制作等技术培训。[2]

2018 年 3 月下旬,福建省人民政府办公厅印发《福建省综合性生态保护补偿试行方案》,将《福建省主体功能区规划》划定的重点生态功能区所属的县(市),以及纳入国家重点生态功能区转移支付补助范围的县(市),共 23 个县(市)纳入省内综合性生态保护补偿试点实施范围,探索实施绩效挂钩的补偿制度。主要做法是:按比例统筹整合 9 个部门 20 个与生态环保相关的专项资金,设立综合性生态补偿资金池,根据试点县的生态指标考核结果,给予分档奖励。

在考核方式上,综合了林业、生态环境、水利、住建、工信、自然资源、统计共 7 个部门的指标,设置考核指标 11 个,涵盖了区域水质、森林覆盖率、空气质量等环境要素指数,污水处理、垃圾处理等生活环境质量评价,以及工业能耗、农田任务完成等区域发展绩效的评估,兼顾了区域生态系统中的方方面面,改变了传统的"九龙治水"的考核及资金分配方式。

---

〔1〕 郑达贤、汤小华主编:《福建省生态功能区划研究》,中国环境科学出版社 2007 年版,第 83 页。

〔2〕 李军龙、周法法、张志强:《不同生态补偿方式对农户的增收效应》,载《宜宾学院学报》2022 年第 1 期。

在补偿方式上，强化结果导向，将补偿资金与生态环境质量改善指标考核结果直接挂钩，采用先预拨后清算的办法，并加大对完成综合性生态保护目标的正向激励力度，倒逼各地从以往注重完成工作量向注重绩效结果转变。探索权限下放，赋予实施县安排项目和资金的自主权，支持实施县与本级资金捆绑使用，针对本地生态环境的重点环节、重点领域和重点问题，因地制宜地制定实施方案和年度计划，集中投入、综合治理。

经过一年多的试点，综合补偿机制成效初步显现。23个实施县生态环境质量持续改善，11项生态环境指标中有10项指标的平均值明显好于或优于上一年度水平。

三、福建区域生态补偿的政策实践

根据国家主体功能区的总体部署以及福建省主体功能区的划分，实行分类发展和管理的差别化区域政策，形成与主体功能区要求相匹配的政策引导机制和利益保障机制。

（一）财政转移支付政策、补贴政策

福建沿海经济发达地区与山区财力差距悬殊，山区财力连提供基本公共服务保障都有困难。福建省级财政为了支持山区的发展，进行了大量支付转移和专项资金拨付。据统计，仅在20世纪90年代，福建省对下发放专项资金（其中包括山区发展资金）由1994年的8.38亿元，增加到1999年的15.83亿元，2005年支援不发达地区支出42,714万元，政策性补贴支出6.32亿元，农业支出20.3亿元，林业支出4.79亿元，水利和气象支出8.06亿元。这些资金分散在众多的部门和项目上，其中不少与生态建设有关。

2013年12月，福建省财政厅印发《福建省生态保护财力转移支付办法》，该办法对福建省限制开发区域和禁止开发区域因保护生态环境承担的相关支出给予适当补助，并通过对相关生态环境指标的考核建立激励约束机制，进一步调动县（市、区）保护生

态环境的积极性,促进经济社会可持续发展。其中还就补助资金的种类作出细化说明:补助资金分为生态保护补助资金和生态保护激励资金两个部分,各占50%权重。生态保护补助资金采用因素法分配,从2013年起,新增资金按照限制开发区域面积和面积比重两个指标各占50%权重计算。生态保护财力转移支付资金主要用于保护生态环境和涉及民生的基本公共服务领域。2018年3月出台的《福建省综合性生态保护补偿试行方案》,以县为单位开展综合性生态保护补偿,加大了对23个重点生态保护区域县的倾斜力度。

（二）生态公益林补偿

2001年,福建省荣列全国11个森林生态效益补助资金试点省区之一。在福建的国家公益林中,86.67万公顷被选为补助资金试点对象。国家对公益林的管护费用给予补助,平均标准为每公顷每年75元。其中,30%由林业(现为林业草原)行政主管部门掌握,用于森林防火、病虫害防治、生态资源监测等费用,将70%实际补助给管护人员,如护林员工资、联防组织劳务性费用等。相较之下,省级公益林的补助标准较低,仅为28.5元,且只补助给护林员。自2006年起,福建省一级和二级保护的生态公益林补偿性支出标准也达到每公顷每年75元。三级保护的生态公益林因允许更新性采伐,有部分收益,每公顷补助标准为45元。这一措施基本解决了中央级重点公益林和省级生态公益林补偿标准的差距问题。2017~2019年,福建省累计安排森林生态效益补偿资金18.8亿元。其中,每年从下游地区对上游地区的森林生态效益补偿中筹集1.29亿元,从水资源费中筹集0.35亿元。此外,福建省在下达生态保护财力转移支持、综合性生态保护试点、重点流域生态保护补偿资金方面,均已将森林生态指标作为重要分配因素。[1]

(三)环境整治、保护与生态建设专项资金

福建省在环境整治、保护和生态建设方面的投入持续增长,反映了政府对生态文明建设的坚定承诺。在"十三五"规划期间,全省生态环保支出达到了1099亿元,其中2021年仅用于国家生态文明试验区、绿色低碳等方面的相关资金就高达134.9亿元。这些资金主要用于集中财力,打好污染防治攻坚战,展现了政府在环境保护方面的决心和行动力。以流域水环境质量的改善为例,2015~2021年,省财政累计筹措下发补偿资金约95亿元,其中上游地区约86亿元。这一举措不仅有力地改善了流域水环境质量,还促进了流域社会经济的可持续发展。[2]

(四)资源与环境容量有偿使用政策

以矿产资源有偿出让制度为例。为贯彻落实《生态文明体制改革总体方案》,更好地发挥矿产资源税费制度对维护国家权益、调节资源收益、筹集财政收入的重要作用,推进生态文明领域国家治理体系和治理能力现代化,2017年4月,国务院印发了《国务院关于印发〈矿产资源权益金制度改革方案〉的通知》(国发〔2017〕29号)。该方案规定:在矿业权出让环节,将探矿权采矿权价款调整为矿业权出让收益。将现行只对国家出资探明矿产地收取、反映国家投资收益的探矿权采矿权价款,调整为适用于所有国家出让矿业权、体现国家所有者权益的矿业权出让收益。以拍卖、挂牌方式出让的,竞得人报价金额为矿业权出让收益;以

〔1〕《福建省林业局关于省十三届人大三次会议第1262号建议的答复》(闽林函〔2020〕57号),2020年4月9日公布。

〔2〕福建省财政厅:《财政政策赋能助力流域生态保护和高质量发展》,载福建省财政厅网2021年11月15日,https://czt.fujian.gov.cn/ztzl/sdgjz/202201/t20220114_5815566.htm。

招标方式出让的,依据招标条件,综合择优确定竞得人,并将其报价金额确定为矿业权出让收益。以协议方式出让的,矿业权出让收益按照评估价值、类似条件的市场基准价就高确定。矿业权出让收益在出让时一次性确定,以货币资金方式支付,可以分期缴纳。具体征收办法由财政部会同原国土资源部另行制定。同时,加快推进矿业权出让制度改革,实现与矿产资源权益金制度的有机衔接。全面实现矿业权竞争性出让,严格限制协议出让行为,合理调整矿业权审批权限。

2017 年 9 月,福建省人民政府发布了《福建省人民政府办公厅关于贯彻落实国务院矿产资源权益金制度改革方案的通知》(闽政办〔2017〕107 号),该通知规定:省财政厅、国土厅要密切跟踪中央改革动态,牵头建立统筹协调机制,明确职责分工,研究制定我省矿产资源权益金征收使用具体管理办法及矿山地质环境治理恢复基金管理细则。各市、县(区)政府要承担起组织推进本地区矿产资源权益金制度改革的主体责任,妥善做好新旧政策的过渡衔接,切实将矿业权出让收益、矿业权占用费纳入一般公共预算管理。各级财政和国土部门要做好矿业权出让收益征收管理准备工作,将相关信息纳入勘查开采信息公示系统,实现征收情况实时查询。

同时,为充分发挥市场在矿产资源配置中的决定性作用和政府的作用,全面推进矿业权有偿取得制度,2017 年,中共中央办公厅、国务院办公厅还印发了《矿业权出让制度改革方案》(厅字〔2017〕12 号)。在福建、山西、江西、湖北、贵州、新疆 6 个省(自治区)开展矿业权出让制度改革试点,探索全面推进矿业权竞争性出让,除协议出让等特殊情形外,对所有矿业权一律以招拍挂方式公开出让,由市场判断勘查开采风险,决定矿业权出让收益;同时,严格限制矿业权协议出让的范围,仅限定在国务院确定的特定勘查开采主体和批准的重点建设项目,以及大中型矿山已设采矿权深部。《矿业权出让制度改革方案》对矿业权出让制度改革作出了顶层设计，为我国矿业权出让方式改革指明了方向。[1]

第二节　福建区域生态补偿：理论探究与问题分析

一、区域生态补偿制度的理论探究

开展区域生态补偿的理论和应用研究，在学术上，对于深入了解这一系统形成过程、结构特点和内在机理，优化人地关系的地域结构，深化地理学基础理论研究具有重要意义；在实践上，生态补偿问题是新发展观下的协调发展问题（人地协调、区域协调和产业协调等）的重要内容，也是生态省建设的重要环节和手段。在福建省开展生态补偿机制和模式研究，不仅对福建省进行生态省建设和海峡西岸经济区建设具有重要意义，而且对全国其他区域的生态建设也具有重要的参考价值。

按照经济学的解释，在无外部干预的条件下，正的区域外部性（如环境保护、生态建设和发展扩散等）趋向于供给不足，而负的区域外部性（如环境污染、生态破坏和发展剥夺等）则趋向于过度供给。因此，在追求生态、环境和经济等多重目标协调发展的时代背景下，必须实施区域生态补偿政策。面对福建各区域间生态建设发展不协调的问题，区域外部性理论能较好地回应这一问题。区域外部性所要解决的核心问题是判断外部性的“作用区域”，从而讨论外部性的空间特性，包括作用方向、范围和空间格局，并最终得到关于区域分布和区域关系的更加深入的认识。区域外部性理论能从特定的角度回答诸如为什么要实施区域生态补偿，如何确定补偿中的责任主体，如何设计补偿方式和确定补

---

〔1〕　许书平、孔宁、陈志广等：《我国矿业权出让方式政策演变及建议》，载《矿产保护与利用》2018年第2期。

偿标准等区域生态补偿中的一些基本理论问题,从而成为其重要的理论基础。

辨别区域之间的利益关系,从而明确责任主体,就是要回答"谁来补偿"的问题。区域外部作用的地理载体,其运动方向、作用范围、格局等因素决定了区域外部性的空间特征,在一定程度上影响到区域生态补偿中区域主体间的责任关系。第一,证实有些地表物质的地理运动在空间上无法分割,属于整个区域系统,因此就具有公共物品的属性,如生物多样性、大气中的二氧化碳等温室气体、大气运动所携带的细小颗粒物(沙尘)。由于这样的区域外部性无法区分具体的区域分布和区域责任,属于公共外部性,所以区域生态补偿就是全球行动或者是国家的中央政府的责任。第二,证实有些地表物质的地理运动可以判断其地理方向、距离、范围和分布,可区分区域责任,具有较强的私人外部性特征(最典型的就是流域上的问题),所以区域生态补偿就应当是在区域之间建立协调的制度和机制,即区域之间的补偿。[1]

区域外部性所具有的公共外部性或私人外部性属性取决于相应的地理要素运动的空间特征,如扩散式的地理运动往往导致区域间的公共外部性,而线性的、方向性的地理运动则更接近于私人外部性。区域外部性要求地方政府与中央政府共同承担生态补偿的责任,因此当前只由中央政府(或是上级政府)承担补偿责任的体制必然存在缺陷,经济发达和生态获益区域并没有承担相应的责任,导致"搭便车"现象成为区域协调发展的障碍因素。在特定的产权安排和区域制度背景下,区域之间的生态补偿可有效地解决区域外部性问题,但不能指望它能解决所有的问题。[2]

---

〔1〕 杜振华、焦玉良:《建立横向转移支付制度实现生态补偿》,载《宏观经济研究》2004 年第 9 期。

〔2〕 王昱、丁四保、卢艳丽:《基于外部性视角的区域生态补偿理论问题研究》,载《资源开发与市场》2012 年第 8 期。

二、福建区域生态补偿的问题剖析

在福建省主体功能区生态补偿的实践过程中，福建省各级政府对各个功能区的生态环境要求作了严格的界定与限制，出台相关法规、政策对限制开发区周边一些污染较重的工业企业进行严格限制，严禁企业开展任何高污染、高耗能的项目或工程。积极发展旅游业，开发限制开发区的生态旅游价值，构建绿色经济。在限制开发区和禁止开发区严格限制污染工业企业的审批，提高准入门槛，控制该地区可能对生态环境造成危害的农牧业发展规模。对禁止开发区要实行严格的强制保护，严禁不符合功能定位的各类开发活动。

近年来，福建省各级政府积极发挥政府职能，加大对违法行为的惩治力度，对限制开发区禁止开发区域非法开采、涉污企业、乱砍滥伐等违法活动严格查处。对破坏生态系统安全的情况及时监控，对减少社会资源的限制与浪费的局面发挥了积极作用。政府在对生态工程的管理过程中，采取专家会商、统一规划、统一调度、合理进行资源配置，发挥市场对资源配置的基础作用，利用经济手段进行宏观调控，通过收取水资源费、排污费等促使企业和居民节约自然资源、提高资源利用率、提高生态环境保护意识。在禁止开发区中设立各类自然生态保护区，形成了庞大的在国内具有影响力的自然保护区保护网络。

随着国家生态文明建设步伐的快速推进，人民群众环保意识的不断增强，福建省各主体功能区所辖地方政府、社会各界以及广大的人民群众都在为生态环境的保护和可持续发展不断努力，并且探索了一系列的生态补偿措施，取得了一定的成效，但是在取得成绩的同时也出现了不少问题值得我们去思考。

（一）主体功能区生态补偿主体和客体不明晰

根据生态补偿的理论，我们应遵循“谁受益谁补偿，谁污染谁付费”的基本原则确定主体功能区生态补偿的主客体。在生态补偿实践过程中,确定谁补偿谁的首要任务是要明确产权的主体,从生态学来看,补偿主体划分为生态破坏者、生态受益者以及最终的管理者三种类型。在这三种类型中,生态受益者和管理者的利益是应得到充分保护与补偿的。由于生态补偿过程的复杂性,相关因素的不确定性以及受到多方因素的相互影响相互作用,我们在生态补偿的实践中无法十分清晰地将生态补偿的产权主体进行有效划分。特别是在不同功能区间的生态补偿,产权上始终存在诸多难以解决的问题和矛盾。例如,在福建省主体功能区划中,一些自然保护区零星分布在优化、重点开发区范围内,使得它们可能已经作为生态补偿的对象得到了补偿,但是从总的区划来说它们又分布于优化开发区与重点开发区中,应当作为区域补偿主体对其他禁止开发区进行补偿,再加上主体功能区与实际行政区划范围不完全重叠等问题导致生态补偿的主客体不明确,这势必会造成生态补偿相关政策的实施力度减弱。因此,福建省各功能区间不仅要分清“破坏者”“受益者”是谁,还要具体分清“破坏者”和“受益者”具体是在生态效益还是经济效益方面受益,最终才能明确补偿的主体和客体,完善生态补偿机制。[1]

(二)主体功能区生态补偿标准难以测算

从理论上来讲,生态补偿的最佳补偿额应该以生态系统服务价值作为生态补偿的标准。生态补偿标准决定了补偿的多少,关系到生态补偿的实施效果。但是,对生态系统服务价值的研究水平还处于初级阶段,方法还不完善,争议也较多,具体实践起来困难很多,再加上现阶段对生态系统服务价值研究的目的并不是直接为生态补偿制度的建立而服务的。因此,以生态系统服务价值

---

〔1〕 王昱、丁四保、王荣成:《区域生态补偿的理论与实践需求及其制度障碍》,载《中国人口·资源与环境》2010年第7期。

作为生态补偿的标准在现阶段还无法普遍推行。生态系统服务价值难以用数字计算,而可以计算的替代价值又缺乏一定的准确性。[1] 特别是在主体功能区分区的基础上,对限制开发区和禁止开发区利用生态系统服务价值的估算作为补偿标准,还需要我们对其核算方法和过程进行更具体、更深层次的研究和优化。

(三)区域生态补偿方式比较单一,缺乏市场参与

目前跨区域生态保护补偿的费用多出自中央政府的转移支付和工程支付,以生态为目的的区域之间的横向转移较少。生态补偿项目多来自上级政府的指示,缺乏市场参与机制。单一的政府主体责任尽管是生态补偿资金的主要来源,但是单一的政府责任,也会限制生态补偿的资金来源,不利于区域生态补偿机制的完善。而且,从责任相适应的原则看,区域生态环境的受益者应该是补偿的主体,这也是立法的基本精神。从区域生态补偿保护的长远利益来看,中国应该建立政府补偿为主、政府补偿与市场机制相结合的补偿制度体系。按照市场化原则的要求,以及"谁受益,谁补偿"的环境原则,积极建立环境权交易市场,推动中国区域补偿市场化的进程。

(四)生态保护建设项目投资力度不足,地方财力薄弱,配套资金落实困难

一般来说,财政转移支付是生态补偿最直接的手段,也是最容易实施的手段,但在具体实施时,不仅纵向转移制度存在明显的局限性,而且横向转移支付制度也具有相当的薄弱性。特别是生活污水和垃圾处理厂的建设和运行项目,地方政府承建任务重,资金少,即使处理厂建起来,也因无力支付管网建设费、运行

---

〔1〕 陈晓勤:《生态补偿法律制度研究》,中国政法大学2010年硕士学位论文。

费而难以发挥其应有价值。现行生态补偿也多为短期支持，缺乏长效补偿机制。生态补偿资金来源单一，仅依靠中央转移支付和地方政府财政支持难以达到生态补偿的目的。[1]

1. 纵向转移支付。“退耕还林”“退耕还草”“天然林保护工程”等都是中央财政通过纵向转移开展的生态补偿，但这些是以项目建设方式对特定地区的专项支出，没有形成制度化，补偿的覆盖范围也很有限，从实际效果看，还存在许多不合理之处，如补偿数额不足、时间过短等。现行的纵向转移支付制度仍将主要目标放在平衡地区间财政收入能力的差异上，体现的是公平分配的功能，对效率和优化资源配置等调控目标则很少顾及。即使从平衡地方财政收支的角度考量，其作用也十分有限。虽然近年来中央用于转移支付的资金量逐渐增加，但是总量仍然偏小，不能根本改变地方财政尤其是贫困地区财政困难的局面，中央转移支付的规模是由当年中央预算执行情况决定的，随意性大，数额不确定，而且资金拨付要等到第二年办理决算时才实行，满足不了建设和保护生态环境的即期需求。

2. 横向转移支付。与纵向生态补偿相比，对横向生态补偿的国内外研究和实践均较少，从全国情况看，生态环境服务基本还是“免费的午餐”。这项制度的核心是解决生态服务辖区间效益外溢而导致的低效率供给问题，但对政府间转移支付制度进行国际比较之后发现，采用专门的、规范的措施实现外部效应内在化的国家很少，虽然有的国家在一些特别项目拨款中涉及调整州（省）际效益外溢问题，但具体操作方法、内容比较含糊。而横向生态补偿机制的缺失，恰恰是造成我国许多地方环境保护进展乏力，生态破坏、环境污染难以遏制的主要根源，同时也严重影响了

---

〔1〕 陆远如、刘志杰：《生态补偿与区域经济协调发展研究——基于区域分工视角》，载《学术研究》2010 年第 12 期。

社会公平和资源配置效率。[1]

（五）法律法规和政策体系不完善

虽然我国目前建立了较为完备的资源和环境保护的法律体系，但是生态补偿的立法明显滞后于发达国家，缺乏专门针对生态补偿立法的法律法规。2014年4月修订的《环境保护法》第三章“保护和改善环境”第31条提出：“国家建立、健全生态保护补偿制度。国家加大对生态保护地区的财政转移支付力度。有关地方人民政府应当落实生态保护补偿资金，确保其用于生态保护补偿。国家指导受益地区和生态保护地区人民政府通过协商或者按照市场规则进行生态保护补偿。”这些原则性的规定并不能满足福建各区域间生态补偿的具体政策要求。我国应尽快出台具有较强针对性的生态补偿法律法规，明确规定生态补偿的内容、标准及方式等操作性细节，具体指导区域间生态补偿的实施。[2]

第三节　福建区域生态补偿制度的完善路径

一、区域生态补偿制度的他地经验与借鉴

区域生态补偿不仅关注生态保护和恢复，更深入涉及地方经济发展、社会公平和可持续战略。在国内不同地区的实践中，生态补偿制度展现出多样化的特点和丰富的经验。这些经验不仅反映了生态补偿的多元化实现路径，也为福建等地区的生态补偿实践提供了宝贵的借鉴和启示。

---

〔1〕张君明：《理论与实践——生态补偿法律保障机制研究》，黑龙江教育出版社2019年版。

〔2〕李国平、王奕淇、张文彬：《区域分工视角下的生态补偿研究》，载《华东经济管理》2016年第1期。

(一)广东省生态保护补偿转移支付

《广东省生态保护补偿办法》(2014 年 10 月修订)明确从 2014 年起,广东省财政每年安排生态保护补偿转移支付资金,对重点生态功能区的县(市)给予补偿和激励,主要用于行政区域内生态环境保护和修复、保障和改善民生、维持基层政权运转和社会稳定。列入补偿范围的县(市)须同时满足以下 3 个条件:(1)《国家主体功能区规划》确定的国家重点生态功能区所属县(包括县、县级市、市辖区);(2)《国家主体功能区规划》确定的国家禁止开发区;(3)《广东省主体功能区规划》确定的省级重点生态功能区所属县,其中第(1)(3)项规定的对象统称为重点生态功能区县。在补偿资金分配办法上,对重点生态功能区县的生态补偿资金,分为基础性补偿和激励性补偿两个部分,两者占比分别为40%和60%。其中,基础性补偿部分根据县级基本财力保障需求和国土面积情况辅以调整系数计算确定;激励性补偿部分根据生态环境保护指标考核结果计算确定。对禁止开发区的生态补偿资金,根据禁止开发区的面积和数量等因素计算确定。补偿资金分配下达至禁止开发区所在县,由县级政府统筹用于指定禁止开发区的保护和建设。

(二)江苏省生态补偿转移支付

2013 年 12 月,江苏省颁布实施《江苏省生态补偿转移支付暂行办法》,成为首个建立和实施生态补偿转移支付制度的省份。江苏生态补偿范围覆盖具有重要生态功能、提供重要生态产品的自然保护区、重要湿地、饮用水水源保护区、重要水源涵养区、重要渔业水域、清水通道维护区、洪水调蓄区、太湖重要保护区沿岸部分等主要补助区域,面积合计为 18,771 平方千米,占全省生态红线区域面积的 77.9%。生态补偿转移支付为一般性转移支付,具体分为补助和奖励两个部分,其中补助是主要组成部分。

对不同区域、不同级别、不同类型的生态红线区域，采取不同标准进行补助，一级管控区给予重点补助，二级管控区给予适当补助。

（三）镇江市主体功能区生态补偿

2015年，镇江市人民政府办公室发布和实施《镇江市主体功能区生态补偿资金管理办法（暂行）》，办法规定，每年一次通过一般转移支付，对因保护生态使经济发展受限的地区给予重点性、基础性及激励性财力补偿，镇江市建立主体功能区生态补偿资金池，该资金池主要有3个来源：（1）统筹市区增量财力，市财政自2014年起按预算年度每年安排部分本级财力，列入年度政府专项资金预算。专项集中辖市（区）年度财力增量的5%，以后年度以2014年为基数按每年5%的幅度增长（年收入增幅低于5%的按实际增幅计算）。（2）争取省级转移支付，中央、省级下达的各类生态补偿转移支付资金，全部纳入主体功能区生态补偿资金池集中使用，并按中央、省转移支付管理要求，重点用于各辖市（区）主体功能区生态环境治理和生态修复工程。（3）各辖市（区）财政也应设立本级生态补偿资金池，集中本级财力专项用于增加对主体功能区生态补偿投入。

辖市区、乡镇（街道）作为补偿对象，分别实施“重点性补偿”“基础性补偿”“激励性补偿”。对主体功能区中的“生态红线保护区域”“高标准基本农田保护区域”实施重点性补偿。根据各功能区域的比较优势、经济发展程度和财政实力差异，对公共民生项目环境保护和生态修复任务较重、生态领域投入较多的区域实施基础性补偿。通过对生态投入和生态指标的完成情况实施考核激励，调动基层政府落实功能区保护和建设职责。统筹整合政府性专项资金，加大主体功能区的投入力度。结合各地公共服务、基础设施、区域发展的现状和财力需求，将政府性专项资金使用与主体功能区功能定位和发展需求相匹配。统筹市级、辖市区、乡镇(街道)三级财力和资金,集中用于保障主体功能区建设,实现市、县、乡三级联动。

(四)南京市重要生态保护区域生态补偿

2016年,南京市政府印发《南京市生态保护补偿办法》。南京市以重要生态保护区域作为开展生态保护补偿的重点区域,包括:(1)生态红线区域;(2)耕地;(3)生态公益林;(4)水利风景区。重要生态保护区域实行目录清单管理,由市生态保护补偿工作联席会议提出,报市人民政府批准后公布。根据生态保护和生态产品产出能力的实际需求,按照"应保尽保"原则,逐步扩大实施生态保护补偿范围。重要生态保护区域补偿实行综合补偿与分类补偿有机结合的方式。对于生态红线区域,根据各行政区生态红线区域类型、面积、级别以及区财政保障能力等因素,综合计算生态补偿的区域面积和补偿资金。补偿资金主要用于各行政区生态红线区域内的环境保护、生态修复等工作。生态红线区域补偿=市级生态保护补偿资金总额(扣除耕地、水稻田、公益林和水利风景区补偿资金)×(区生态红线区域面积/各区生态红线区域面积总和)。其中,生态红线区域面积=(一级管控区折算面积×0.7+二级管控区折算面积×0.3)×区财政保障能力系数;生态红线一级、二级管控区折算面积=(自然保护区面积+重要湿地面积+饮用水水源保护区面积)×1+(重要水源涵养区面积+重要渔业水域面积)×0.8+(清水通道维护区面积+洪水调落区面积)×0.6+(风景名胜区面积+森林公园面积+地质遗迹保护区面积+湿地公园面积)×0.4+生态绿地×0.2。

二、福建区域生态补偿制度的具体建议

(一)明确区域生态补偿的权利义务关系

1.区域生态补偿的主体分析

在环境保护的实践中,政府、环保机构、开发者、使用者、公民

个人、公众等各方所扮演的角色、所处的位置等问题一直存在争议。生态补偿的产生及其所针对的补偿对象是环境问题中权利或者利益受损的一方。在从法学理论的视角研究生态补偿的过程中，明确生态补偿的主体以及划分环境权利组成了生态补偿制度化的基本要素，也是明确生态补偿中权利义务的前提。

环境主体最早在经济学中得以研究和发展，20 世纪 30 年代，英国经济学家庇古在其著述中首次提到环境问题。他认为，环境污染是一种负外部性问题，社会在治理污染或承受污染产生的损害时，丧失了部分社会福利。为了解决负外部性问题，也就是保护环境，应该对产生负外部效应的企业或个人征收一定的税费。在负外部性理论中，只要外部性产生者补偿了受害者的损失，其开发利用资源的行为就是被认可的。因此，依据主体—环境关系反映的环境支撑作用性质，在外部性理论中，环境主体为有能力开发利用环境资源的经济个体。20 世纪 60 年代美国经济学家科斯对环境问题的分析又产生了另外一种解释。科斯认为，如果交易成本为零，环境开发或环境保护中的受益者和损害承受者会通过市场交易确定是实施环境开发还是环境保护。也就是说，如果环境产权既定，环境问题中的受益者和受害者会通过市场交易方式确定解决环境问题的途径。因此，在科斯理论中，环境主体为受害者与受益者。具体环境主体即是环境要素产权主体。而且，环境主体可以通过环境要素产权的市场交易发生变化。

除了经济学外，生态学和 20 世纪 60 年代以后发展起来的环境科学，也对环境主体作了界定。E. 海克尔在 1866 年提出“生态学”概念时，就将其定义为“研究有机体和它们的环境之间相互关系的科学”。1935 年，英国生态学家 A. G. 坦斯利提出了“生态系统”的概念。因此，在生态学中，环境主体就是生物体。广义上的环境科学沿袭了生态学定义，将人类与其他生物都视为环境主体。狭义上的环境学以环境问题为切入点，视人类社会为主体。[1]

根据我国《宪法》《环境保护法》中的相关规定，我国环境主体中确定无疑的是国家和政府。国家和政府在环境保护中的地位得到了凸显，但仅从社会集体层面只将国家和政府定位为环境主体，不但使政府同时担任多重角色，更会造成我国环境保护监督方面的严重缺失。即便是在法律范畴中，也应将主体与环境紧密相连，环境主体不能单一从人类社会集体层面角度予以规定。只有明确环境主体之间的关系，才能确定真正适合我国环境法律制度的环境主体。从环境的本质角度来看，环境主体可以分为两个部分：自然主体和衍生主体。环境支撑作用及其状况变化直接影响的主体，即自然主体。衍生主体是通过环境媒体接受其他人经济活动或接受环境资源间接作用及其状况变化间接影响的主体。[2] 环境法的主体分类与自然环境相结合，才能避免实践中环境主体单一和环境主体缺位的问题，生态环境保护的受益者是补偿主体，而企业是最大的受益方。生态补偿中主体的界定，离不开环境主体的范畴。所以，在规定生态补偿主体的时候，不仅要将主体的社会集体层面的定义加以归类，也应该相应将环境主体所包含的广泛主体纳入其选择范围。

由于生态补偿主体的确定牵涉其法律关系及各方权利义务、各方利益，所以应对其进行明确的类型化的划分。有的学者基于"补偿"二字，将其分为补偿和受偿的两方主体，即生态补偿法律关系中承担相应义务的补偿主体和主张、享有权利的受偿主体。补偿主体包括政府、可以明确界定的生态受益者、导致生态利益

---

〔1〕 杨润高、李红梅：《试论我国环境保护中的主体缺位问题》，载《生态经济》2006年第4期。

〔2〕 杨润高：《环境剥夺与环境补偿论》，经济科学出版社2011年版。

减损的环境资源开发利用者。[1] 受偿主体包括特定生态功能区、因保护和改善生态环境而自身利益受损者、资源开发或破坏的直接受害者。还有学者基于生态补偿与生态赔偿不同的功能价值取向,将生态补偿主体分为受益或受损及补偿或受偿两大类。受益或受损中包含生态受益主体和生态受损主体。补偿和受偿中包含生态补偿主体和生态受偿主体。基于前面关于生态补偿的概念,生态补偿分为补偿和受偿两方主体的方法更为合适。

区域生态补偿的主体,简单来说就是由谁受偿,就由谁补偿。区域生态补偿的主体与生态补偿的主体相似,划分为补偿主体和受偿主体两种。按照环境法基本原则中的受益者负担原则,补偿主体应是生态环境保护的受益者。[2] 生态补偿相关的法律规定中政府、企业、社会组织和个人也在补偿主体的范围之内。在区域生态补偿主体中以上4种主体哪个属于补偿主体、哪个属于受偿主体、是否有其他新的主体的出现,下面依次进行分析。

中国一部分地区存在“贫穷污染”的问题,这部分地区只能通过牺牲生态环境求生存。由于对自然资源和生态环境的高度依赖,此地区的整体发展水平减速甚至下降。对减少生态破坏者的补偿,从一定程度上来说也是一种激励。在一定程度上,这些区域对自然资源和生态环境破坏的减少也是另一种意义上对生态保护作出的努力。对自愿减少生态环境破坏的主体给予补偿,维持生态脆弱地区的基本生存,也应是区域生态补偿主体范围的一部分。

生态环境破坏中的受损者作为受偿主体符合一般经济规律,也被大众伦理道德的认知接受。生态环境破坏中的受损者包括

[1] 史玉成:《生态补偿制度建设与立法供给——以生态利益保护与衡平为视角》,载《法学评论》2013年第4期。

[2] 汪劲:《环境法学》(第2版),北京大学出版社2011年版,第104页。

环境破坏过程中的受害者和环境治理过程中的受害者。环境破坏中的受害者因为环境破坏行为而受到经济上的、精神上的、身体上的损失,甚至生命受到威胁。

2. 区域生态补偿的客体分析

区域生态补偿客体根据区域生态补偿主体双方的权利义务指向,分为两类:一类是区域内或区域间,对自然资源和生态、环境系统的破坏及损失;另一类是区域内或区域间,对生态环境的建设和保护的活动。前者是补偿主体由于自身从环境资源和生态环境中受益,而对受偿主体造成经济上的、精神上的、身体上的损失,甚至是生命上的威胁等方面的补偿。后者是受偿方由于对生态建设和环境保护做出贡献甚至牺牲己方利益从补偿方得到相应的补偿。区域生态补偿客体承载了环境资源和生态环境下各主体之间的利益,为区域生态补偿建设提供了协调区域内区域间环境问题的法律依据。

3. 内容分析

各国对环境权的讨论和研究是自 20 世纪 60 年代开始的,德国和美国先后开始了是否将环境权明文确定并加入人类本权利的讨论。环境权和其他传统的法定权利的不同之处就在于:首先,环境权在法律上没有具体规定;其次,环境权的性质、内容主体都存在不明确的因素。所以环境权在司法实践中往往很难判定,甚至遭到否定。但是直至今日,“环境权”已经被很多国家定位为公民的基本权利之一,并在宪法中作出明确的规定。环境权丰富了现代环境法的理论,如环境的内在价值论、世代间衡平论等。在现代环境法理论得以丰富的同时,环境法的地位也进一步确定下来。

一些国家的宪法中所规定的环境权,是一种狭义的环境权,其中不包括公民所承担的环境义务。狭义的环境权,指的是公民有权在舒适、良好的环境中生活,是一种基本权利。生态补偿主体所提倡的环境权,应该是一种广义的环境权。生态补偿主体的基本环境权应该是:以生态平衡价值理念为基础,使人类拥有生活在良好环境中的权利和生态系统及其组成物种拥有的生存和演变的自然权利。[1] 其看似单方面地将受偿主体的环境权进行了规定,而实际上"使人类拥有生活在良好环境中的权利"中也包含了补偿主体的环境权。补偿主体的权利在于利用生态环境及其资源进行可持续的经济发展,但只有可持续的经济发展才能确保当代人、世代人间的利益能够长久地存在下去。"使人类拥有生活在良好环境中的权利"正是可持续发展的现实体现。补偿主体还应按照国家有关的生态补偿收费,自然资源开发许可,其他有关生态补偿的相关法律、法规、规章进行补偿。补偿方给予受偿方的补偿是补偿方的义务所在,而对生态效益维护、增值的相互转换则更为灵活。根据区域的特点将补偿方式进行选择性组合,形成多样的新型补偿方式是一种补偿方式多样化的现实体现。

(二)明确福建省区域生态补偿的标准

福建省作为首批国家主体功能区建设示范省区,同时又为我国东南地区重要的生态大省,在福建主体功能区生态补偿机制的建设过程中,我们要按照各主体功能区的区位特征和需要,有针对性地构建一整套合理而有力的生态保障长效机制。这是我们建立和完善福建主体功能区生态补偿机制最有力的助推器,有利于我们在主体功能区框架内更好地实现生态效益最大化,维护福建省经济社会与自然环境和谐、公平、可持续发展。

区域生态补偿是一种立足于维持区域内与区域间的生态系统健康状态、实现生态保护目的而建立的有效保护机制。补偿标

[1] 那艳华:《环境权制度性保障研究》,吉林大学2016年博士学位论文。

准是区域生态补偿机制中的重要内容,也是我国区域生态补偿实践中的难点之一。

经济学在选择补偿标准时更加注重生态系统管理者、生态服务购买者、受偿者之间的支付水平与服务供给量之间的关系。经济学对生态补偿标准的主要研究方法基于不同的经济学理论,如市场理论、价值理论、半市场理论,从而建立微观经济学模型进行经济学推导。经济学角度上,将生态服务系统功能作为商品,围绕商品建立一个由生态补偿者与受偿者为买卖双方的市场,根据数学模型对补偿系数进行计算。经济学的计算方法固然具有逻辑严谨的特点,但是其所讨论的大量理论数值关系并未被实证研究所证实。

法学理论上,我国众多学者对补偿标准的选择有多种不同的观点。有的学者将生态补偿的标准总结为三种,包括生态环境治理与恢复成本、生态保护机会成本、国家统一的自然资源开发初始获取补偿标准;有的学者提出将生态服务功能价值作为补偿依据,将生态保护建设的直接成本和因此丧失的机会成本作为核算依据;还有的学者将生态补偿分为基本补偿、产业结构调整补偿、生态效益外溢补偿三个阶段。以上观点中,有些标准并未经过客观推理和计算,缺乏严谨的逻辑。

区域生态补偿标准的选择应结合经济学推导和法学分析方法,并根据区域公平与共同发展的合理途径的需要制定相应的、与区域特点相结合的生态补偿标准以及合理的政策与制度。法学理论分析也应该适当地加入经济学方法,对区域内与区际之间的生态效益、社会效益进行评估,并建立一套合理的计量模式才能更好地处理生态效益、经济效益之间的矛盾与冲突。

区域生态补偿是一种利益再次分配的方式。其针对的是对自然资源和生态环境的开发利用与保护恢复权利相脱离,从而造成的区域间发展权利不平等的现象。在区域生态补偿机制中,仅了解单个区域个体内的生态价值是不够的，并不能平衡不同区域间的生态经济效益，因此必须寻找一个能够衡量各个区域之间的生态价值供需不平衡的方法。目前为止，由于生态系统服务价值的评估过于复杂，世界各国对生态服务价值的评估方法并没有一个统一的核算标准。在区域生态补偿资金分配框架模型的构建上使用较为广泛的是生态足迹方法，对生态足迹的分析可以为我国区域生态补偿标准提供基础和依据。生态足迹方法是由加拿大经济学家提出的。生态足迹方法可以衡量可持续发展的程度，又具有基于生物生产性土地的量化指标、简便的计算方法、完整的理论体系、较为科学的思路等方面的优点，在世界范围内的应用十分广泛。生态足迹方法运用生物生产土地面积，测量和比较人类经济活动对自然生态系统服务的需要和自然生态系统的供给力之间的差距。〔1〕将生态足迹模型作为我国区域生态补偿标准的核算基础，从而建立生态足迹模型，不仅可以衡量人类需求与自然的有效供给，而且其作为自然评估方式的便捷性也会随之体现。在区域内，根据不同区域对生态服务功能的占用，可以更加合理地建立补偿机制，解决了生态服务价值评估困难、生态补偿额度难以确定、中央政府的财政负担等多方面问题。

在区际，通过对区域生态足迹、生态盈余、生态赤字的计算和分析，可以得出区际资源的供需差异。将资源供需差异和区域生态价值的供需差异相结合，可以为区域间由于资源产品、生态服务利用不平衡等问题的解决，提供理论依据。通过对区域间经济发展与生态环境保护的协调，可以促进我国经济活动更加合理地限制在生态系统承载能力之内。

---

〔1〕 汪运波、肖建红：《基于生态足迹成分法的海岛型旅游目的地生态补偿标准研究》，载《中国人口·资源与环境》2014年第8期。

(三)明确各主体功能区进行区域生态补偿的补偿责任

在福建目前的生态补偿实践中,较为常见的区域生态补偿方式是上级政府参与的间接的生态补偿方式,这种政府参与的生态补偿模式有利有弊,需要我们在生态补偿过程中继续完善与发展。为了有效地促进主体功能区生态补偿的实施,建立全方位、多元化的生态补偿结构体系,可以尝试采用多种补偿主体、多种补偿方式与途径相结合的方式。在确立补偿主体时,应当强调各主体功能区域之间的补偿责任。在开展主体功能区生态补偿的工作中,常常遇到两种问题:第一,各主体功能区所在地方政府在经济发展与生态环境面临两难选择的过程中更重视本区域的经济发展利益,忽视对生态环境的保护以及对其他区域生态环境的影响。第二,由于主体功能区自身的功能定位不同,有些区域受到强制保护,因此这些地区因维护整体利益而承受自身利益的损失。针对上述两种情况,在我们在生态补偿的实践中,必须明确各主体功能区内有关市、县(区)、乡镇作为分摊生态补偿投入的主体责任,并平衡各个区域之间的补偿责任。[1]

根据《福建省生态功能红线划定工作方案》(闽环发〔2014〕23号)的规定,生态功能红线划定工作是一项系统工程,涉及面广、工作量大,各类保护目标分属不同部门管理,划定过程需要市(县、区)政府及省直各部门的紧密协作,具体分工如下。

省环保厅:负责全省生态功能红线划定的统筹协调工作,推动全省生态功能红线划定及配套管控政策制定工作。负责牵头完成集中式饮用水水源地保护红线划定和边界落图工作;根据遥感影像和生态评估结果,配合水利部门初步划定水源涵养区保护红线和水土流失敏感区保护红线。

---

〔1〕 余波:《基于主体功能区的云南省生态补偿机制研究》,云南师范大学2014年硕士学位论文。

省海洋与渔业厅:负责牵头组织实施全省海域生态功能红线划定和边界落图工作,以及全省海域生态功能红线划定具体工作方案、技术规范、管控方案;负责全省水产种质资源保护区、深沪湾海底古森林遗迹国家级自然保护区等全省海洋部门主管的各级自然保护区的边界落图工作;提供海域生态功能红线划定技术成果。

省发展和改革委:负责审核把关全省生态功能红线与《福建省主体功能区规划》的协调性;提供主体功能区规划相关图件矢量图件及文件等资料,将生态功能红线管理系统纳入"数字福建"规划建设。

省财政厅:负责保障生态功能红线划定工作的专项经费及管理工作。

省国土厅:负责完成全省各级地质公园、莆田平海海滩岩、沙丘岩市级自然保护区等国土部门主管自然保护区的边界落图工作;提供国土二调相关数据等资料。

省住建厅:负责完成世界文化和自然遗产地、世界自然遗产地、全省各级风景名胜区边界落图工作;协助水利部门开展陆域重要水体及生态岸线保护红线(不含湿地公园、重要湿地)边界落图工作。

省交通厅:负责审核把关全省生态功能红线与交通路网建设及规划的协调性。

省林业厅:负责完成全省林业部门主管自然保护区、自然保护小区和森林公园、湿地公园、重要湿地、生态公益林、沿海基干林带的边界落图工作;协助海洋与渔业部门开展海域生态功能红线边界落图工作。

省水利厅:负责完成三十六脚湖省级自然保护区等全省水利部门主管的自然保护区、水利风景区、陆域重要水体及生态岸线保护红线(不含湿地公园、重要湿地)边界落图工作;结合专业资料核实、确认技术组初步划定的水源涵养区保护红线和水土流失敏感区保护红线。

省旅游局：负责完成旅游部门主管的宁化湖村化石市级自然保护区的边界落图工作。

省测绘地理信息局：负责提供最新 1:10000 全省基础地理信息数据及 2.1 米分辨率资源三号遥感影像等资料。

各市、县(区)政府、平潭综合实验区管委会：成立相应的工作组，负责辖区相关工作的统筹协调。具体负责核实技术组提出的红线划定各阶段成果，针对辖区的实际情况，提出修改完善建议。会同省直相关部门共同做好生态功能红线边界落地核查工作。

(四)拓宽生态补偿资金来源，完善生态补偿财政政策

从 1998 年起，我国将部分增发国债用于环境保护方面的支出，使环境保护投资占国内生产总值(GDP)的比重逐年大幅增加，效果非常显著。但必须认识到，中国经济目前仍处于转轨过程中，政府职能范围在不断扩大，而财力却十分有限，完全依靠政府的大量投入完成全面生态补偿是不可能的。今后在继续利用国债的同时，还应采取各种财税政策，鼓励多渠道投资，比如，通过提供低息贷款、延长贷款偿还期、给予税收减免、允许固定资产加速折旧等优惠政策，鼓励私人积极参与绿色产业的投资。

首先，明确建立完善的主体功能区生态补偿基金制度的必要性。在生态系统服务上存在联系或者矛盾的各主体功能区，往往平级的地方政府之间的利益协调较为困难，区域之间的生态补偿交易活动会因产权界定、分配标准、分配原则等问题无法进行。福建省政府作为福建各地方政府的共同上级可以考虑建立一种区域之间的合作基金制度，专门用于解决主体功能区之间由于生

态环境外部作用问题引起的矛盾,维护两地共同的生态环境。[1]

建立主体功能区之间的生态补偿基金制度,可以广泛地调动在生态服务上存在联系的各地方政府、企事业单位乃至个人参与生态补偿的积极性,使生态服务获益地区的政府和当地拥有多余资金的企业或个人将资金投到维护生态环境的工作中,而生态环境建设者与保护者可以利用这些资金继续开展生态环保工作,不再为付出巨大成本维护生态环境却得不到补偿的问题而担心。

主体功能区之间的生态补偿基金制度,由福建省政府统一管理和运行,这种基金制度作为各区域间的纽带,为双方合作提供了平台。主体功能区生态补偿基金制度的构建,避免了政府间的直接碰面,节约了谈判费用;同时,由第三方进行统一操作与管理,可以保障生态补偿工作的公平合理性。这种区域间的合作基金制度,可以充分利用社会各界的闲散资金,发挥资金的规模优势,灵活地应用于生态服务提供区域的环境保护建设中。在资金的使用上,设立统一的基金管理部门,综合分析情况,在兼顾各方利益的基础上合理地利用补偿资金。同时,主体功能区之间的生态补偿基金制度也实现了各区域的利益共享与风险共担,所有生态环境受益地区共同分担维护生态环境的成本,共同分享良好生态系统服务所带来的生态效益,也共同承担生态环境治理项目建设的风险,真正体现生态补偿的基本原则。

其次,明确区域间生态补偿基金的来源。建立有稳定资金来源的主体功能区生态补偿基金,对实施生态补偿政策具有重要作用,具体表现为:一是整合闲散资金,形成规模效益。汇集不同渠道的资金,消除生态补偿政策部门化带来的弊端,统一使用资金,提高资金的利用效率。二是调整生态补偿政策的使用方向,扩大生态补偿的政策范围。三是通过基金制度增加新的资金来源,提

---

〔1〕 金波:《区域生态补偿机制研究》,北京林业大学2010年博士学位论文。

高国家生态补偿能力。我们可以借鉴西方先进国家的做法进行主体功能区之间的生态补偿，如德国政府以州为基本单位的财政平衡基金模式，实现了财政补偿资金的横向转移。在福建省建立主体功能区域间的生态补偿基金，通过各区域各级政府形成机制，相互协作，福建省政府统一协调管理，实现生态在各个功能区间的有效交换。生态补偿基金由主体功能区内的生态环境受益区和提供区政府的财政资金拨付形成，在综合分析当地人口规模、经济发展水平等因素的基础上确定补偿供给费用。

主体功能区生态补偿基金的主要资金来源可以从以下 5 个渠道获取。

第一，从国家开征的资源税收入中，按一定比例划拨专项生态补偿资金。按照现行国家税收政策，资源税的征收对象与生态补偿并没有很大关系，但是，从生态系统服务的角度来看，把资源税收入用于生态补偿，符合我国社会主义的税收性质。根据现行资源税征收制度与政府财政管理制度，各地征收资源税所得额全部纳入预算，与其他资金一并安排使用。福建省在生态补偿机制的建设中，可以合理地从资源税的收入中切出一定比例，专项用于区域间生态补偿，这种方式在操作层面上完全可以实现。

第二，资源有偿使用费。目前，我国正在逐步建立健全资源有偿使用制度，生态作为一项重要的资源已经得到大家的公认，其价值表现在两个方面：一是生态资源的自身价值（如矿产资源、水资源等），二是包括生态效应外溢所体现的价值。在资源有偿使用费的计算办法中，应该包括基于生态环境外溢效应所产生的价值，所以我们认为资源环境有偿使用费中，应当包括进行生态补偿的相关资金。[1] 在具体实践中，从资源环境有偿使用费用中

---

〔1〕 顾航平：《环境容量资源有偿使用研究》，浙江大学 2007 年硕士学位论文。

挤出一部分资金专项用于生态补偿,具有可操作性。

第三,生态惩罚性收入。对负的生态效应外溢所形成的价值征收的排污费用,这种行政性收费是一种典型的生态惩罚性收入,生态惩罚性收入是对负的生态效应的弥补。福建省早在1991年就颁布了《福建省征收排污费实施办法》(已失效),规定将征收的排污费分别缴入各级财政,纳入预算,按专项资金管理,不参与体制分成,作为环境保护补助资金和污染源治理专项基金,以促进重点污染源的治理,发挥资金的使用效益。因此,在理论和操作层面上,将这类生态惩罚性收入用于区域间生态补偿领域是行得通的。但是,目前在这些专项资金管理中存在一些问题需要及时解决,比如,一些地方采取了先把专项资金收入的部分与一般预算收入进行通盘考虑,剩下部分再进行资金专项管理的方式,不利于生态保护的建设。

第四,土地出让金。土地出让金是由于土地价值级差形成的,级差地租很重要的因素就是区域内土地原先的生态功能在社会发展过程中逐步转化为经济功能而产生的土地价值差异。比如,城市郊区这些欠发达地域的地价较低,就是因为这些区域的土地主要承担农业耕种、水源保护、环境绿化等生态功能,而较为发达的城市中心土地的这些生态功能几乎丧失,取而代之的是巨大的经济功能。级差地租越高,两个区域生态系统就越不平衡。因此,福建省各主体功能区内的地方政府将土地出让金收入所体现的级差地租中划分出一部分资金纳入统筹管理的主体功能区生态补偿基金,也是拓展生态补偿基金渠道的一种新的尝试。

第五,拟开征生态资源补偿费叫停。生态资源补偿费实质上是一种行政性收费,此前一度实施却被广泛叫停。实际上,像内蒙古、山西等地,已经恢复了这一行政性收费的征收。从这些地区的试点情况看,只要地方政府重视,恢复开征环境补偿费的难度并不大。2012年,福建省人民政府出台的《关于进一步加快林业发展的若干意见》(闽政〔2012〕48号),明确从2013年起征收森林资源补偿费。在新的时期,还需要重新对征收方式、标准、对象、范围等进行论证,从率先示范的地区汲取经验,广泛征求社会各界的意见,合理确定管理办法。各地生态资源补偿费的收入应全部纳入主体功能区框架下生态补偿专项基金中用于福建省的生态补偿。

(五)完善福建省区域生态补偿法律法规及政策

在市场经济条件下,利益调节必须具有强有力的法律支持。国家有关部门必须对区域生态效益补偿进行立法,必须依法界定如下内容:一是界定有关区域地方政府作为补偿主体;二是界定补偿资金的来源。

第一,加快完善主体功能区生态补偿法律法规,规范生态补偿工作。主体功能区生态补偿的法治化是生态补偿工作顺利进行的重要保证。国家和福建省政府应在借鉴国外发达国家生态补偿立法工作先进经验的基础上,结合各主体功能区的实际情况,坚持以人为本,努力构建生态文明,加快完善主体功能区生态补偿法律法规。通过制定法律法规明确各主体功能区生态补偿利益相关者的责任、权利、义务以及生态补偿的对象、生态补偿标准、生态补偿途径等内容。同时,法律法规制定部门要专门设置详细的惩罚措施,对各主体功能区内违反法律法规的企业与个人进行处罚,严格约束区域内破坏生态环境的行为。

此外,我们要对现行的相关法律法规进行修改和完善,调整领导干部考核体系的结构,构建绿色GDP评价体系,对各地方主要负责人实行生态环境考核一票否决制与责任问责制。对环境行政权应当以控制为主,激励为辅。应当准确定位政府在环境法中的角色,政府是“责任主体”“权力主体”。这样从法律角度可以使主体功能区生态补偿工作有章可循、有法可依,保证生态利益补偿的权威性和规范性,提高各地生态建设的积极性,推进生态补偿工作健康发展。[1]

第二,推进主体功能区生态补偿的制度建设,形成长效机制。建立主体功能区生态补偿组织协调制度。由于主体功能区的生态补偿问题涉及不同范围和区域,地方利益与区域公共利益不一致时,利益冲突也在所难免。为保证福建省主体功能区生态补偿工作的顺利实施必须要由福建省政府牵头,设立专门的协调组织机构开展各主体功能区地方政府以及生态补偿利益相关各方的沟通、协调工作。同时,还要负责建立区域生态信息资源共享平台、制定统一的补偿标准、征收管理办法,对生态补偿进行监督管理等工作,最大限度地减少生态补偿引起的纠纷,实现各主体功能区之间的生态合作。协商机制就是从公平角度出发,构建统一管理的区域生态合作谈判和投票机制,各主体功能区利益主体广泛参与、形成民主的生态补偿。

---

〔1〕 江永清:《绿色政府绩效研究:逻辑起点、模型构建与技术路径——基于绿色 GDP 核算的相容性设计》,载《南京社会科学》2014 年第 1 期。

第九章　福建海洋生态补偿制度的实践与完善

人类对海洋的开发利用已经有几千年的历史,海洋开发利用活动是指人类对海洋资源的开发和对海洋及其空间的综合利用活动。现代海洋开发利用活动中,海洋石油、天然气的开发,海洋运输,海洋捕捞以及制海盐规模和产值巨大,但同时也加深了人类对海洋生态资源的整体破坏,海洋生态补偿是人类可持续利用海洋资源的应然之举。海洋生态补偿的初衷在于支持与鼓励保护海洋生态环境的行为,即一旦海洋使用人或受益人在合法利用海洋资源过程中对海洋生态环境造成损失,则由海洋资源的所有权人进行补偿。

第一节　福建海洋生态补偿实践

一、福建海洋资源与海洋生态补偿的基本内涵

(一)福建的海洋资源

福建的海洋资源得天独厚,海域面积

13.6万平方千米、为陆域面积的1.1倍，大陆海岸线长度3752千米、居全国第二位，可建万吨级以上泊位的深水岸线长210.9千米、居全国首位，全省有海岛2214个、居全国第二位，具有发展海洋经济的独特优势。[1] 福建省丰富的海洋资源主要体现在以下五大类别中。

1.海洋生物资源

福建沿海属亚热带海洋性气候，海岸线长而曲折，港湾岛屿众多，各种水系交汇，海域地形较复杂，为海洋生物的繁殖和生长提供了良好的生态环境。据统计，截至2023年，闽江口及近海海域有浮游植物207种、底栖生物289种，其中软体动物最多，为164种。海洋鱼类资源丰富，常见的有250种，经济价值较高的有100多种；蟹类100多种，经济价值较高的有20多种。头足类最常见的有6种，海产贝类达164种，海藻类149种，并伴有多种经济价值高的名贵水生珍稀动物，如石斑鱼、鲥鱼和西施舌等。

2.海洋空间资源

福建东临台湾海峡，海域面积广阔，200米等深线海域面积13.6万平方千米。海岸线蜿蜒漫长，总长3752千米，居全国第二；[2] 海岸线曲折率1∶7.01，居全国第一位。沿海岛屿星罗棋布，大小海岛2214个，海岛总面积约1156平方千米。大小港湾125个，其中，深水港湾22处，可建5万吨级以上深水泊位的天然良港东山湾、厦门湾、湄洲湾、兴化湾、罗源湾、三沙湾、沙埕港共7个，港口开发潜力大。

---

〔1〕 福建省发展和改革委员会：《海岸线》，载福建省发展和改革委员会官网，http://fgw.fujian.gov.cn/ztzl/hxlsjjsyqzt/haxjj/202207/t20220714_5953615.htm。

〔2〕 国家海洋环境监测中心：《海洋生态环境监测这十年·福建篇》，载福建省生态环境厅官网，https://sthjt.fujian.gov.cn/zwgk/sthjyw/stdt/202301/t20230106_6088044.htm。

3. 海洋矿产资源

福建的海洋矿产资源具有可开采矿种多，优势矿种突出，海底油气资源储量较大的特点。目前已经发现和勘探的有60多种，其中，有工业利用价值的21种。福建滨海砂矿成矿条件好，品质优良，综合利用率高，主要分布在闽江口以南滨海一带，玻璃砂、型砂、标准砂、建筑用砂、高岭土等具有很高的开采价值；福建的海底油气资源储量较大，据石油地质勘探，台湾海峡西部海域具有较好的成油条件，福建海底有多个成油拗陷带，推测其油气资源总量为$28\times10^8\sim78\times10^8$吨。

4. 海水化学资源

福建沿海海水盐度除江河入口处较低外，一般均在32‰以上。福建沿海地区滩涂平坦辽阔、降水量相对较少、气温高、日照时间长、风力大、蒸发量较大，发展海水制盐业条件优越，盐田平均产盐80吨/公顷左右，居全国首位，海盐质量优良，是我国南方的主要盐区之一。

5. 海洋能资源

福建省是全国潮汐能丰富的省份，全省潮汐能理论计算年发电量284.4×10^8千瓦·时，可开发装机容量1033×10^4千瓦，居全国首位，福建潮汐能主要分布在福清湾、兴化湾、湄洲湾、三都澳、罗源湾；福建沿海突出部及岛屿年有效风能2500~6500千瓦·时；福建闽江口以北海域的平均盐度28.2‰~30.7‰，闽江口以南增至32‰以上，海水盐度差能蕴藏量约800×10^4千瓦，海水盐度差能主要分布在交溪、闽江、晋江、九龙江4条河流的河口。[1]

---

〔1〕 陈传明：《福建省海洋资源的合理开发利用研究》，载《海南师范学院学报（自然科学版）》2004年第4期。

（二）海洋生态补偿的基本内涵

“海洋生态补偿”的概念是“生态补偿”法律概念的一个衍生概念。目前，法律法规并没有明确界定“生态补偿”的法律概念。但大体可以理解为，海洋生态补偿是生态补偿的一个类型，是以合法性为前提，以保护海洋生态资源为目的，通过海洋资源开发利用的使用人（或受益人）支付对价给海洋资源的权利人（或为保护海洋生态环境而致利益受损者）的方式，保障不同利益主体间的利益公平，进而确保海洋生态系统的稳定性，促进海洋资源的可持续发展。西方国家经过漫长的实践，在海洋生态补偿领域逐步确立了政府购买、转移支付、制定限额交易等制度，通过政府投入对海洋生态的建设者进行补贴，对海洋生态的破坏者采取排污许可的方式进行惩罚。〔1〕

海洋生态系统的生态补偿，其内涵可以涵盖生态学、经济学、法学领域，如在海洋保护与管理中实行的增殖放流与建立自然保护区，就是通过人工修复与自然生态系统自我修复的方式，实现对海洋生态系统的补偿。实行海洋开发利用收费和海洋环境污染处罚，体现了经济杠杆和法律的强制性效应，其最终目的也是减少对海洋生态环境的破坏，促进海洋生态系统的自我补偿。不同学者对其给予了不同定义，王淼等提出，海洋生态补偿是指“海洋使用人或受益人在合法利用海洋资源过程中，对海洋资源的所有权人或为海洋生态环境保护付出代价者支付相应的费用，其目的是支持与鼓励保护海洋生态环境的行为，而不是一味地向海洋索取经济利益”。〔2〕 曲艳敏等认为，海洋生态补偿的目的是保护

---

〔1〕 王潇：《新〈海环法〉下我国海洋生态补偿法律制度探析》，载《广西质量监督导报》2019年第8期。

〔2〕 转引自郑冬梅：《海洋自然保护区生态补偿探析》，载《海洋开发与管理》2008年第11期。

海洋生态环境,实现海洋资源的可持续开发利用;其手段可以包括市场经济调节、制度管理、行政处罚和政府补贴;其实现方式可以包括自然养护与人工修复。[1] 罗汉高指出,可以将海洋生态补偿界定为:是对海洋生态资源保护行为的一种利益驱动机制、激励机制和协调机制,目的是解决海洋生态资源保护(或破坏)领域的外部性问题,使海洋生态资源被适度、持续地开发、利用和保护,从而达到海洋经济发展与生态资源保护的协调,促进海洋生态效益的可持续发展。[2]

基于以上定义,本书将海洋生态补偿定义为:以促进海洋环境保护和资源开发协调发展、实现海洋可持续开发利用为目的,运用政府和市场手段激励海洋环境资源保护行为,调节海洋环境资源利益相关者之间利益关系的公共制度。[3] 海洋生态补偿是保护或改善海洋资源环境的一种手段和机制,具体包括以下内容:对恢复和治理海洋生态系统服务功能的恢复成本或费用的补偿;对受影响的群体及所在区域经济发展的损失的补偿;对海洋生态保护者为生态保护和建设进行的直接投入的补偿;[4] 对个人、群体或地区因保护海洋环境而放弃发展机会的行为的补偿;让海洋环境保护成果的"受益者"支付相应的费用,使其经济活动的外部成本内部化。[5]

---

〔1〕 曲艳敏、张文亮等:《海洋生态补偿的研究进展与实践》,载《海洋开发与管理》2014 年第 4 期。

〔2〕 张继伟:《海洋环境风险的生态补偿机制》,中国环境科学出版社 2011 年版。

〔3〕 崔凤、崔姣:《海洋生态补偿:我国海洋生态可持续发展的现实选择》,载《鄱阳湖学刊》2010 年第 6 期。

〔4〕 贾欣、王淼:《海洋生态补偿机制的构建》,载《中国渔业经济》2010 年第 1 期。

〔5〕 丘君、刘容子等:《渤海区域生态补偿机制的研究》,载《中国人口·资源与环境》2008 年第 2 期。

二、福建海洋生态补偿的工作回顾

(一)我国海洋生态补偿的工作回顾

“十三五”以来,我国在海洋生态环境保护方面取得了卓越的成就。渤海综合治理攻坚战的阶段性目标和任务已经圆满完成,陆海统筹的近岸海域污染防治也在稳步推进。此外,“蓝色海湾”整治行动和海岸带保护修复工程等也在深入实施中。海洋生态环境总体上已经得到改善,局部海域的生态系统服务功能也有了显著提升。[1] 与此同时,全国外来入侵物种的调查已经完成,中国外来入侵物种数据库已经建立,共查明 50 多种外来入侵海洋物种。在政策方面,我国研究并推动了海洋生态补偿制度的实施。天津、山东、浙江、广东、福建等地的海洋生态补偿已被列入国家生态补偿试点。此外,相关部门还发布了《海洋生态损害国家损失索赔办法》,印发了《海洋生态损害评估技术指南(试行)》等相关标准。在保护区域方面,我国建立了 270 多个海洋保护区,总面积超过 10 万平方千米,占国内管辖海域面积的 4.1%。重点开展了海岸带和近岸海域的海洋生态建设,实施了 53 个生态修复示范工程,有效恢复了 1000 平方千米的海域面积,占受损海洋生态区域面积的 2.5%。此外,还利用“蓬莱 19 - 3”溢油事故的 16.83 亿元赔偿补偿款推进生态修复,并创建了珠海横琴新区等 12 个国家级海洋生态文明示范市、县(区)。总的来说,我国海洋生态补偿的内容正在不断充实和完善,有关海洋生态补偿的政策文本也在逐渐增加。这一系列的努力和成就展示了我国在海洋生态保护方面的坚定决心和显著进展。

早在 1982 年 8 月,第五届全国人民代表大会常务委员会第

---

〔1〕《生态环境部生态环境执法局有关负责人就〈“十四五”生态环境保护综合行政执法队伍建设规划〉答记者问》,载《中国环境监察》2022 年第 1 期。

二十四次会议就通过了《海洋环境保护法》,截至目前已先后进行三次修正、两次修订,其中第20条明确规定:国务院和沿海地方各级人民政府应当采取有效措施,保护红树林、珊瑚礁、滨海湿地、海岛、海湾、入海河口、重要渔业水域等具有典型性、代表性的海洋生态系统,珍稀、濒危海洋生物的天然集中分布区,具有重要经济价值的海洋生物生存区域及有重大科学文化价值的海洋自然历史遗迹和自然景观。对具有重要经济、社会价值的已遭到破坏的海洋生态,应当进行整治和恢复。

2006年,《国家海洋局关于进一步规范海洋自然保护区内开发活动管理的若干意见》(国海发〔2006〕26号)明确要求:"海洋自然保护区内严格控制各类建设项目或开发活动,因重点建设项目确需在保护区实验区内进行开发建设的单位和个人,必须提前一个月向保护区管理机构提交申请,并附建设项目或开发活动基本情况报告、对保护区生态环境影响报告及相应的生态环境保护措施,对保护区生态环境造成影响的应给予一定的生态补偿,用于保护区生态监测和生态恢复。"

2008年2月,《国务院关于国家海洋事业发展规划纲要的批复》(国函〔2008〕9号)中明确:"按照国家节能减排的总体部署,加强海洋环境整治与陆源污染控制,加快实施以海洋环境容量为基础的总量控制制度,遏制近岸海域污染恶化和生态破坏趋势。加强海洋生态调查与评价,加快重点海域综合整治工作,积极实施渤海环境保护总体规划。"同年7月,国务院办公厅印发的国家海洋局"三定"方案中在海洋生态环境保护管理职能方面指出:掌握分析海洋生态环境保护情况、存在的问题并提出完善制度机制和改进工作的建议,严格依据法律法规规定的条件和程序办理海洋环境保护行政许可并承担相应责任。依法监督陆源污染物排海,组织起草海洋自然保护区和特别保护区管理制度和技术规范并监督实施,完善海洋生态补偿制度,组织开展海洋生物多样性保护工作,组织实施重大海洋生态修复工程。

2010 年 10 月,《中共中央关于制定国民经济和社会发展第十二个五年规划的建议》中将我国“十二五”期间的海洋经济发展提升到国家战略的高度,发展蓝色海洋经济已经成为我国可持续发展的重要保障。

2014 年 10 月,党的十八届四中全会通过了《中共中央关于全面推进依法治国若干重大问题的决定》,并提出:用严格的法律制度保护生态环境,加快建立有效约束开发行为和促进绿色发展、循环发展、低碳发展的生态文明法律制度,强化生产者环境保护的法律责任,大幅度提高违法成本。建立健全自然资源产权法律制度,完善国土空间开发保护方面的法律制度,制定完善生态补偿和土壤、水、大气污染防治及海洋生态环境保护等法律法规,促进生态文明建设。

2017 年 9 月,福建省人大出台了《福建省海岸带保护与利用管理条例》,其第 43 条规定:因海岸带保护需要,对相关权利人的合法权益造成损失的,政府应当给予补偿,并对其生产、生活作出妥善安排。因海岸带开发利用项目对相关权利人造成损害的,项目单位应当给予赔偿。

2018 年 4 月,厦门市人民政府出台了《厦门市海洋生态补偿管理办法》,该办法有效期为 3 年,其涉及的补偿类型包括海洋生态损害补偿和海洋生态保护补偿。紧接着,2018 年 6 月,厦门市海洋与渔业局印发《厦门市海洋开发利用活动生态损害补偿标准(试行)》,该标准有效期为 3 年。2022 年 4 月,厦门市海洋发展局、厦门市财政局印发《厦门市海洋渔业资源养护补贴政策实施方案》,该方案明确规定:海洋渔业资源养护补贴政策采取后补助的方式,对上一年度严格执行海洋伏季休渔制度和负责任捕捞制度措施的国内海洋捕捞渔船予以适当补贴。为了做好与“十三五”相关政策的衔接,作为过渡期发放 2020 年度补贴,依据本方案的补贴对象、补贴标准上限和“十三五”国内机动渔船油价补助的规定和要求予以发放；2022 年（发放 2021 年度补贴）及以后年度，应当按照本通知设定的规定和要求发放补贴。

（二）福建海洋生态补偿的工作回顾

我国在 2005 年之前几乎没有正式提出建立生态补偿机制的问题，滞后于生态保护的现实需要。2005 年 12 月公布的《国务院关于落实科学发展观加强环境保护的决定》（国发〔2005〕39 号）中提出了“要完善生态补偿政策，尽快建立生态补偿机制……国家和地方可分别开展生态补偿试点”的要求。这是我国较早提出建立生态补偿机制的国务院中央文件，明确指出国家和地方可以开展生态补偿试点，生态补偿制度建设得到了中央的有力支持。

2008 年 5 月，福建省海洋与渔业厅印发《福建省海域使用补偿办法》，这是我国第一部省级海域使用补偿办法。该办法规范了海域使用补偿秩序，切实保障海域使用权人的合法权益。

2009 年 8 月，《国家海洋局关于进一步加强海洋生态保护与建设工作的若干意见》（国海发〔2009〕14 号）明确提出：国家海洋局将制定出台《海洋生态损害补偿赔偿办法》及相关标准，建立健全海洋与海岸工程生态补偿、生态污损事故赔偿等海洋环境经济政策，条件成熟的沿海地区海洋部门要积极开展海洋生态损害补偿赔偿工作试点。

2011 年 11 月，根据原环保部办公厅、国家发改委办公厅、原国家海洋局办公室《关于印发“十二五”近岸海域污染防治规划编制组织机构组成人员名单的通知》（环办〔2010〕151 号）的要求，福建决定成立福建省近岸海域污染防治“十二五”规划技术报告编制领导小组。2018 年 4 月，厦门市人民政府办公厅印发《厦门市海洋生态补偿管理办法》，该办法有效期为 3 年，该办法重点设置了“海洋生态损害补偿管理”与“海洋生态保护补偿支出管理”章节，对海洋生态损害补偿和海洋生态保护补偿工作的开展具有重要意义。

福建省目前正在研究制定“福建省海洋生态补偿管理办法”。近年来,福建在海洋生态补偿的实践中,加强海洋生态保护区建设,在全省建立了40多个各级各类海洋保护区和5个国家级海洋公园,对开发利用导致的生态损害进行修复。2009年以来,全省共投入逾6000万元用于渔业资源增殖放流,在莆田市南日岛、漳州诏安城洲岛等6处投入3700多万元开展以人工鱼礁工程建设为主要内容的海洋牧场示范区项目建设。2014年石狮市万弘海产有限公司在石狮市海洋与渔业主管部门的组织和指导下,在石狮市永宁镇黄金海岸海域开展海洋生态补偿鲈鱼放流活动,共放流鲈鱼苗90,000余尾,苗种费约7.5万元。此外,在厦门市、泉州市等沿岸地区大量种植红树林,对于恢复海岸生态环境起到了极其重要的作用。[1]

2018年4月4日,福建省厦门市人民政府办公厅印发《厦门市海洋生态补偿管理办法》(因有效期届满失效),该办法强调海洋生态损害补偿实行“谁使用,谁补偿”的原则,海洋生态保护补偿实行“政府主导、社会参与”的原则,并明确了有关监督与管理规定。在海洋生态损害补偿管理方面,厦门市明确,凡在厦门市管辖海域内依法取得海域使用权,从事海洋开发利用活动导致海洋生态损害的单位和个人,应采用实施生态修复工程或者缴交海洋生态补偿金的方式对其造成的海洋生态损害进行补偿。

该办法还明确规定,采取生态修复工程方式进行海洋生态损害补偿的,用海单位和个人应按照市海洋行政主管部门批准的海洋环境影响报告书(表)中确定的生态补偿方案,实施相应的生态修复工程。采用缴交海洋生态损害补偿金方式进行海洋生态损

---

〔1〕 陈克亮等编著:《海洋保护区生态补偿标准评估技术与示范》,海洋出版社2018年版,第43页。

害补偿的，填海造地用海、构筑物用海和临时用海的用海单位和个人应在工程竣工验收前，一次性缴交海洋生态损害补偿金。其他用海方式的用海单位和个人可以选择一次性缴交或逐年缴交海洋生态损害补偿金。海洋生态损害补偿金纳入市财政一般公共预算管理，由市海洋行政主管部门征收；海洋生态损害补偿金优先用于海洋生态环境保护、修复、整治和管理，以及因责任人破产无法承担补偿责任时生态修复计划的实施。在海洋生态保护补偿支出管理方面，厦门市要求，市、区政府应对海洋自然保护区、海洋特别保护区、重点海洋生态功能区、海洋生态保护红线控制区及其他重要生态敏感区域进行保护和修复，相应支出纳入年度预算。另外，鼓励单位或个人在厦门市管辖海域内实施其应尽环境责任之外的海洋生态保护活动，市、区政府或海洋生态保护的其他受益者可按照办法的规定，对其进行合理的保护补偿支持。

第二节 福建海洋生态补偿：理论探究与问题分析

一、海洋生态补偿制度的理论探究

从近年来的理论研究和地方实践来看，在海洋管理中引入生态补偿机制，是解决海洋开发利用与海洋生态系统损失之间矛盾的有效手段之一。生态补偿机制是以保护生态环境，促进人与自然和谐为目的，根据生态系统的服务价值、生态保护成本、发展机会成本，综合运用行政和市场手段，调整生态环境保护和建设相关各方之间利益关系的一种管理手段。从国内外的实施情况来看，经济补偿是海洋生态补偿最常见的方式。这一类的海洋生态补偿基于“生态系统服务付费”或者“环境服务付费”理论，即以保护生态系统服务为目标而开展的付费活动，其概念起源于20

世纪70年代,1996年哥斯达黎加最早在《森林法》中规定了生态系统服务付费制度,美国和欧洲很多国家目前都建立了不同形式的生态系统服务付费制度。近年来,我国学者针对围填海、风电、跨海大桥等的多种类型用海活动开展了海洋生态系统服务价值测算的大量研究,最近几年一些地区逐渐应用到实际的海洋管理中,具体实践中大多针对用海活动所造成的生态系统服务功能的损失进行货币化评估,在此基础上向用海单位收取生态补偿金。[1]

理论上,一切从保护区建立中享受生态效益的群体和个人都是生态补偿的主体,但在实际操作中很难让所有受益者都对此付费。生态服务功能具有消费或使用上的非竞争性与受益上的非排他性,因此无法将那些不愿意为其享受的生态效益买单的人排除在该服务功能的受益范围之外,交费与否都不影响其享受保护区带来的生态服务功能。这就造成一部分享受生态服务功能的人怀着侥幸心理,无限制无偿地享用生态服务功能;另有一部分人因收入的限制,没有能力交费,尤其是在经济较落后的地区,这种情况更加常见。而且一旦出现这种不付费同样能受益的“搭便车”现象,就容易引起其他人效仿,原本愿意付费的人也可能因此拒绝付费。因此,在目前公民生态服务付费意识不强的情况下,肯定会出现环境得益者提出种种理由而不愿承担保护、治理环境成本的现象,由个人为所享受的生态效益付费的可行性较低。

基于环境问题的社会性以及环境保护的公益性,国家作为补偿主体已经达成共识。建立保护区的主要目的是生物多样性保护和生态功能恢复,同时,保护区在改善环境和保持生态平衡等方面发挥着重要作用,保护区发挥的这些效益有的是当地居民在享受,有的甚至是全民和国家在享受。补偿过程中,国家应该始

---

〔1〕 高如峰、彭琳等:《以生态修复为导向的海洋生态补偿模式研究》,载《海洋开发与管理》2019年第1期。

终处于主导地位。海洋保护区带来的生态效益作为准公共物品，所带来的利益是所有人共享的，因此应有一个受益人共同的代表行使相应权利，这个代表就是国家。国家通过中央政府和地方各级政府贯彻执行相应制度和政策。另外，生态补偿具有延续时间长、耗资大的特点，政府具有组织人力、物力、财力等优势，其补偿相对最为稳定，能保证保护区长期稳定的发展。原环保部相关人士曾分析，与国外环保受益地区直接向环境保育地区“输血”相比，我国的生态补偿机制更适合通过财政转移支付机制实现。从各地生态补偿试点的经验看，如果没有中央政府居中做主，发达地区会苛责欠发达地区称保护环境是应尽义务而不愿意“输血”，欠发达地区则指责发达地区“占尽好处、不愿扶贫”。再加上许多生态功能不具备市场化的条件，目前生态补偿机制尚不成熟，主要还得依靠政府转移支付，也就是说政府是主要的补偿主体。在今后一段时间内，政府也将是补偿的主要主体。

二、福建海洋生态补偿的问题剖析

目前，生态补偿在福建海洋资源管理中的应用还很有限，还未建立起完善的海洋生态补偿机制，只是在某些领域制定了相关的规定和实施了一些补偿工作，并且补偿工作大多是局限在渔业资源管理领域。例如，2020 年 10 月，由厦门港航道保障中心、厦门象屿港湾开发建设有限公司主办的厦门港海沧航道扩建四期工程生态补偿增殖放流启动仪式在厦门下潭尾湿地公园举办。该增殖放流方案分为 7 个批次，涵盖黄鳍鲷、黑鲷、长毛明对虾、日本囊对虾、刀额新对虾 5 个品种，共计 2.314 亿尾。近年来，人口增长和消费需求增加的压力使我国海洋经济活动的强度大幅增加，人类开发利用海洋资源的活动方式越来越丰富，除了传统的海水养殖、海洋捕捞、海洋运输、滨海旅游外，还转向海洋油气开发、海洋工程建设开发等更深层次的用海方式。然而，海洋经济活动的发展是以破坏海洋生态环境为代价的。由于福建目前的海洋管理体系尚未采纳生态系统方法，这一现状使政府在进行海洋资源管理决策时，不能综合考虑海洋资源开发利用活动对海洋生态系统的实际和潜在影响。相反，管理重点仅仅集中在针对单个物种或单一问题的分散管理上。因此，在其他海洋资源管理领域中，生态补偿几乎是空白。除了上述问题外，福建海洋生态补偿还存在以下几个主要方面的挑战。

（一）海洋生态补偿意识淡薄

海洋生态补偿意识是指利益相关者对海洋生态补偿的理解、认知与看法。福建海峡沿海各地的一些政府部门、海洋企事业单位以及社会大众对海洋生态补偿认识不足、理解不透，海洋环保意识和生态补偿意识淡薄，海洋生态环境责任感不强。海洋常被误视为取之不尽、用之不竭的资源和能源宝库，以及漫无边际、容量无限的巨型垃圾场，忽视了海洋资源环境的可持续发展能力，以及海洋生态系统承载力和自我净化能力。围海造田、海洋垃圾大肆倾倒、海洋资源无序开发、海洋鱼类与珍稀海洋物种被过度捕捞等现象层出不穷。[1]

"海洋生态补偿机制是一种经济利益协调机制，要通过补偿实现海洋生态资源与环境的可持续发展，需要沿海各级政府、海洋资源开发利用企业和沿海地区居民等社会各方，具有较强烈的生态环境责任感。"[2]海洋资源作为一种公共物品，具有显著的外部性，公众在使用过程中，容易产生"搭便车"心理，甚至认为海洋生态保护责任理应由政府承担。目前在海洋生态补偿中，粤港

---

〔1〕 刘碧强：《生态文明视域下的福建海峡蓝色经济区海洋生态补偿机制探讨》，载《广东海洋大学学报》2014 年第 2 期。

〔2〕 贾欣：《海洋生态补偿机制的问题与对策分析》，载《渔业信息与战略》2012 年第 3 期。

澳大湾区主要是政府发挥力量，企业和公众参与的力度相对还比较小，公众的海洋环境保护意识不够，海洋生态补偿意识薄弱，在享受海洋生态权利时，不愿主动承担海洋生态责任。[1]

另外，值得注意的是，现行的国民经济核算是按照联合国制定的国民账户体系（SNA）进行的，是以国内生产总值（GDP）作为主要的核算指标，这种核算体系是以市场交易信息为基础进行投入产出核算。由于目前生态资源交易的市场机制还不存在，因此，生态资源的价值变化和环境成本在国民经济核算中没有得到体现。人类的社会经济活动对生态资源环境的污染和破坏会造成直接或间接的经济损失，这些经济损失的实质就是生态资源价值的损失，传统的国民经济核算体系并未把生态损失考虑在内，这就使得海洋生态资源与环境的开发利用主体不能在主观上认识到海洋生态资源的价值所在，不能认识到海洋生态资源遭到掠夺性开发利用后的价值损失。为了保护生态资源与环境会产生一定的费用支出，这一费用支出项目未被纳入环境成本核算而是被计入部门总产值及增加值中。当前各级政府的政绩考核机制是采取与 GDP 增长直接挂钩的方式，这就导致沿海各级政府对实施海洋生态补偿缺乏积极性，并且各级政府在制定经济政策和经济发展战略时也是依据传统的国民经济核算的基础数据，这会造成沿海政府所制定的海洋生态保护政策与经济发展政策相矛盾，从而干扰和影响海洋生态补偿的顺利实施。

（二）海洋生态补偿法规滞后

福建海洋生态补偿机制建设，离不开法律制度的引领、促进和保障。然而，目前福建尚未出台专门针对海洋生态补偿的法规政策。尽管在局部地区已经签署了环境保护行政合作协议框架，

---

〔1〕 郑湘萍、谢东燕：《生态正义视阈下粤港澳大湾区海洋生态补偿机制研究》，载《桂海论丛》2020 年第 1 期。

但其执行力和约束力远远不够,合作进程和成果更多依赖于政府的自我实现、监督和评价。

福建省在海洋环境保护方面的努力在全国范围内属于先行探索。然而,仔细审查其地方立法的内容,我们可以发现,这些立法更多地集中在海洋污染的防治上,而不是海洋生态的补偿方面。立法者似乎是从事后的角度考虑海洋生态保护,而不是从预防和补偿的层面入手。值得一提的是,福建省早在2013年就将相关的管理办法列入年度立法计划的预备项目中。但遗憾的是,直到现在,这些办法仍未成功制定,在近几年的立法计划中甚至没有发现与之相关的内容。目前,福建省海洋环境立法中关于界定、判断方法和标准的部分仍然模糊不清。这不仅反映了立法过程中的一些挑战和困难,而且还可能导致一些实际操作中的问题。故而,福建省在海洋环境保护方面的立法探索虽然值得肯定,但是在实际执行和立法内容的精细化方面仍然存在一些不足。这些问题的存在可能会影响海洋环境保护工作的效果和效率,因此需要进一步改进。

总体来看,福建省尚未正式出台与海洋生态补偿有关的地方性法规,导致补偿依据不充分、适用地域和补偿范围有限、补偿效力不明确、履行方式不规范等弊端。这一现状进一步突显了福建省在海洋生态补偿方面的立法和实施的复杂性及挑战性,也为未来的改革和完善提供了方向。[1]

(三)海洋生态补偿筹资渠道单一,征收难度大

由于海洋生态系统的整体性、流动性、复杂性、脆弱性,福建海峡蓝色经济区的海洋资源环境保护难度大,海洋生态系统维护和修复所需的资金缺口大。当前,福建省海洋生态补偿所需资金

---

〔1〕 刘慧、黄秉杰、杨坚:《山东半岛蓝色经济区海洋生态补偿机制研究》,载《山东社会科学》2012年第11期。

主要来自政府主管部门,通过财政补贴、财政援助、财政转移支付等方式提供资金。政府主导的海洋生态补偿筹资渠道单一、金额有限,资金分配不合理,财政转移支付不完善,资金使用与监管机制不健全,随意使用、滥用海洋生态补偿资金的现象时有发生。同时,由于海洋生态补偿主体和标准厘定困难、补偿金额核算不科学、补偿者缴费自觉性低,加大了生态补偿资金的征收难度。[1]

另外,海洋生态补偿政策原本应是渔民、涉海企业、社会团体、政府各方博弈的结果,但福建公共政策的制定往往缺乏相关利益者广泛参与的渠道,由于没有广泛听取利益相关者的诉求,现有的政策大多体现政府的意志,导致政策出台后,一些利益群体出于自身利益考虑而抵制生态补偿政策。同时,由于在制定补偿标准的过程中缺少利益相关者的广泛参与和基于市场的分析评价,造成现行海洋生态补偿相关政策的补偿标准严重脱离现实,直接影响了具体政策的实施效果。[2]

(四)海洋生态补偿沟通与协调机制不健全,权责利不明确

海洋资源作为一种外部物品和公共资源,如果不能厘清补偿主体,明确主体职责,就会严重影响海洋生态补偿的实施。在进行海洋生态补偿的过程中,福建的补偿对象范围过窄,不能充分调动各方人员保护海洋环境的积极性。补偿标准"一刀切",未充分考虑各地区的实际情况,政策实施容易脱离实际,收效大打折扣。[3]

海洋生态环境复杂,涉及环保、水利、海洋与渔业、林业、海

---

〔1〕 刘碧强:《生态文明视域下的福建海峡蓝色经济区海洋生态补偿机制探讨》,载《广东海洋大学学报》2014 年第 2 期。

〔2〕 刘自俊、刘睿:《论我国海洋生态补偿制度的建构》,载《宁波广播电视大学学报》2013 年第 1 期。

〔3〕 郑湘萍、谢东燕:《生态正义视阈下粤港澳大湾区海洋生态补偿机制研究》,载《桂海论丛》2020 年第 1 期。

事、旅游、财政等不同部门。海洋生态补偿机制设计与实施需要各部门协调努力、各司其职、全面统筹。在海洋生态补偿的实践中，由于受制于海洋生态系统的自然属性和行政区域管制，各级政府之间、相关政府部门之间的海洋生态管理职能边界模糊，在海洋环境规划、海洋生态补偿政策制定、财政资金预算与分配、生态补偿资金征收、海洋环境执法与监管等方面缺乏持续、有效的沟通与协调，海陆缺乏有效的生态补偿统筹，海洋生态补偿合力难以形成。[1]

（五）海洋生态补偿司法保护不周全

生态补偿司法，是指法院和检察院通过审判、公诉等形式，对违反生态补偿法律法规的行为加以惩罚，对遵守生态补偿法律法规的合法行为加以肯定的活动。我国现有的生态补偿司法实践主要是因陆地资源纠纷引起或违法犯罪行为展开的，目前直接涉及海洋生态补偿的司法实践不多见。如前所述，我国环境保护法律制度的立法理念尚处于人类中心主义阶段，如《刑法》第338条关于污染环境罪的规定就具有一定的代表性。不少法院依据此条规定，在对一些破坏环境保护的违法犯罪行为判处刑罚时未体现资源生态效益价值，罪与非罪及刑罚的轻重判断标准主要考虑人身和财产损失，对生态损失不予考虑。一些破坏环境的行为若没有造成人身伤亡或重大财产损失，即使造成了重大环境污染也不会受到刑事追究。同时，这种重人类利益轻生态利益的司法理念，导致在司法实践中重对当事人的处罚轻对自然界的生态补偿。[2]

（六）海洋生态资源的产权制度缺失

海洋生态补偿实施的关键是为人类海洋活动所造成的海洋

---

〔1〕 刘碧强：《生态文明视域下的福建海峡蓝色经济区海洋生态补偿机制探讨》，载《广东海洋大学学报》2014年第2期。

〔2〕 刘自俊、刘睿：《论我国海洋生态补偿制度的建构》，载《宁波广播电视大学学报》2013年第1期。

生态资源价值的变化进行定价的问题，而产权明晰是海洋生态资源合理定价的基础。正是现有的海洋生态资源产权的不明确性、非排他性和非专一性，导致了海洋生态资源生产与消费中的权利与义务、成本与收益的背离，造成在开发海洋生态资源时发生“公地悲剧”。分析其发生的深层次原因，主要是对海洋生态资源的产权界定不清，缺乏明确的产权主体，对海洋生态资源的进入与使用未加限制，导致公有财产沦为无主财产，引发过度使用的悲剧。产权界定不清主要表现在以下方面：第一，在所有权上，海洋生态资源归国家所有属于公有财产，但缺乏明确的产权主体对使用者进行有效约束与监督，导致一些海洋生态资源成为无主财产。第二，在使用权方面，很多海洋生态资源使用权的获得未支付应有的代价以形成环境成本约束，对使用者的开发利用行为未加以限制以形成产权约束，这种权利与责任的严重不对等，导致海洋生态资源的使用中产生很大的负外部性。第三，海洋生态资源产权的交易权制度缺失。目前，我国海洋生态资源产权的交易权制度安排尚处于理论探讨阶段，并未形成正式的交易权安排制度。这一制度缺陷导致海洋生态资源使用权的获得者缺乏追求使用效率的激励和约束，最终出现浪费海洋生态资源使用权的现象，海洋生态资源的配置无法达到最优状态。正是以上原因使很多人形成了“海洋生态资源无价”或“低价”的观念，认为海洋生态资源与环境是公共产品无须付费，因而对实施海洋生态补偿的必要性缺乏认识，认为海洋生态补偿应是政府行为，没有参与海洋生态补偿的主动性和积极性，甚至对海洋生态补偿产生抵触心理。以上这些问题都会制约海洋生态补偿的顺利实施。

（七）海洋生态系统服务功能与价值的评估技术应用尚不成熟

海洋经济活动所导致的海洋生态系统服务功能及价值的变化分析将是确定海洋生态补偿范围、对象和标准的重要依据，而这一分析的主要内容就是海洋生态系统服务功能与价值的评估。

关于海洋生态系统服务功能与价值的评估技术，国内外学者近年来开展了一些有价值的研究，主要集中在区域性海洋生态系统服务价值的计算、单个海洋生态系统的服务价值与海洋生态系统单项服务价值的评估研究。21 世纪初以来，我国的研究人员在对海洋生态系统服务功能与价值的分类、价值的评估技术等方面进行了深入研究，取得了很大的进展。当前国家自然资源主管部门已经开始着手建立海洋生态系统服务功能定量模型和服务价值计算方法的标准体系，虽然已经建立了我国海洋生态系统服务功能分类体系、量化指标和价值计算指标体系，但由于缺乏相应的制度和组织保障，相关的定量评估技术在评估海洋生态系统服务价值损益中的应用很少，尤其在海洋生态补偿工作中，补偿依据的确定并未建立在应用科学、规范的定量技术评估生态系统服务功能的价值变化量的基础上。

三、福建海洋生态补偿问题的影响因素

目前在福建的海洋资源管理领域，海洋生态补偿的实施之所以存在很大的局限性，主要是因为存在以下几个方面的不利影响因素。

（一）观念影响因素

在海洋生态补偿机制建立和实施的过程中，各级政府、企业、社会公众存在各种不正确的观念，导致这种公共制度的建设障碍重重。具体来说，可以概括为以下几个方面的观念因素。

1. 重经济发展轻生态环境的观念

在通常意义上，资源的价值往往是根据其直接的市场交易价格进行评估，而海洋生态系统所提供的很多服务的价值往往无法通过市场来体现，因此就会造成对海洋生态资源价值的低估。由于各级政府、企业对海洋生态系统所提供的各项产品和服务的价值缺乏了解和重视不够，认识不到海洋生态环境破坏所导致的生

态价值损失的严重性，因此一味追求经济发展而忽视生态环境保护。正是这种错误观念的制约，使福建海洋生态补偿机制的建立得不到应有的重视，海洋生态补偿的实施面临重重障碍。

2. 重污染治理轻生态建设的观念

由于海洋生态环境遭到污染和破坏的后果给人们带来的主观体验比较深刻，所以人们往往比较重视海洋生态环境污染的治理工作，工作重心是对破坏行为的实施者进行处罚和治理污染，为此花费再大的费用和成本也在所不惜。对海洋生态保护和建设，由于没有环境破坏所带来的直接感受，就会在这方面的投入力度不够。这种观念实际上是非常错误的，因为治理污染只是一种事后的行为，只能减缓海洋生态环境恶化的进程或减弱对海洋生态环境破坏的程度，不能从根本上改善海洋生态资源和环境的质量。而海洋生态保护和建设有利于从根本上改善海洋生态资源和环境的质量。

3. 重城市建设轻农村发展的观念

海洋生态系统的保护和建设是一项系统性、全局性的工作，需要社会各界的广泛参与。福建的经济结构具有城乡二元化的特点：城市经济相对发达，居民文化水平和素质相对较高，制度相对完善；农村经济落后，农民的文化素质水平普遍较低。这种格局造成了城市和农村海洋生态保护和建设的不均衡发展。城市的海洋生态环境的保护受到极大的重视，而在广大的沿海渔村，渔民的渔业活动和日常生活对海洋造成的污染和影响却很广泛，经济相对落后、文化素质水平较低，使对海洋生态资源和环境的保护往往得不到足够的重视。但是，海洋生态环境保护和建设的主要力量在沿海的农村地区，而城市则是海洋生态保护和建设的受益者。在海洋生态保护的利益博弈中，由于沿海农村渔民的文化素质相对较低，缺乏谈判能力，因而在这一博弈中处于弱势地位，这对于海洋生态补偿的顺利实施非常不利。这种状况就是由长期以来的重城市轻农村的固有观念所致。

（二）技术影响因素

海洋生态补偿是一项技术性非常强的工作，以下 4 个方面的技术问题制约了海洋生态补偿机制的建立和实施。

1. 海洋生态系统服务的量化问题

进行海洋生态补偿的基本依据是海洋生态破坏的价值损失，而评估海洋生态破坏所造成的损失的基础是对海洋生态系统服务的量化，这是建立海洋生态补偿机制的最基本要求。海洋生态系统除了提供有形的海产品和原材料外，还提供了人类生存和发展所必需的其他很多的无形服务，这些服务对于人类的价值要远远高于产品价值。由于这些服务是无形的，因而对这些服务的范围和强度的量化是一件非常困难的事情，因为目前人类对海洋的认识还很有限，因此，海洋生态系统服务的量化问题成为建立海洋生态补偿机制首先要考虑的技术制约因素。

2. 海洋生态价值的货币化问题

海洋生态补偿归根结底是一种经济手段，因此，最终要以货币化的形式体现海洋生态价值。由于我国的市场经济体制建立的时间很短，尚未建立与目前市场经济发展相适应的海洋生态资源价格体系，这就使海洋生态价值的货币化缺乏统一的标准和依据。这一问题是制约海洋生态补偿的不可忽视的技术因素。

3. 统计数据的可获得性问题

确定海洋生态补偿量需要相关的海洋生态资源的存量和增量的数据。无论是海洋生态资源的数量化还是其价值的货币化，都需要准确可靠的统计数据。海洋生态资源的数量化需要大量的有关海洋生态资源变化的动态监测数值，海洋生态价值的货币化需要海洋生态资源的价格数据等。由于海洋生态补偿处于起步阶段，相应的统计指标和体系还未建立，因此，海洋生态资源相关的统计数据在可靠性和完备性方面的不足制约了海洋生态补偿的实施。

4. 海洋生态补偿的主体和对象的界定问题

补偿主体和对象的界定是海洋生态补偿机制的基础，是解答谁补偿谁的问题。界定海洋生态补偿的主体和对象需要进行利益相关者分析，甄别出受益者和受损者。在现实中，由于海洋生态资源的价值是长期的和连续的，其影响的区域和范围也是广泛的，并且由于海洋生态资源本身具有的整体性和系统性特点，利益相关者的范围可能很广，因此，要准确划定受益和受损的群体和范围也是一个技术难题。

(三)资金影响因素

海洋生态补偿的目的是通过经济手段激励海洋生态保护和建设行为或抑制生态破坏和过度利用的行为，因此，海洋生态补偿需要大量、充足的资金支持。经济发展不足和投入力度不够，使资金问题成为制约海洋生态补偿工作的主要瓶颈。

(四)制度影响因素

海洋生态补偿在很大程度上还受到现有的行政区划的制约。海洋生态保护和建设的外部性，加之每个地区的政治、经济、社会发展程度以及资源禀赋的不均衡，导致各个地区所追求的目标具有差异性。海洋生态补偿往往是地区之间的双边或多边关系，由于缺少对地区间生态补偿行为进行协调的机构和相关的法律法规，这就在一定程度上制约了海洋生态补偿的进行。再者，与海洋生态保护和建设相关的部门众多，部门之间各自为政，而海洋生态补偿的实施需要各部门的通力合作，所以在一定程度上也制约了海洋生态补偿。如果没有体制、法律、政策上的有力推动，海洋生态补偿是不可能实现的。〔1〕

---

〔1〕 贾欣：《海洋生态补偿机制研究》，对外经济贸易大学出版社2020年版。

第三节　福建海洋生态补偿制度的完善路径

一、海洋生态补偿制度的他地经验与借鉴

(一)国际经验

目前,国外海洋生态补偿的实施主要围绕海洋溢油损害事故开展。为了在溢油污染事故发生后能够使受害人得到充分的补偿,同时也为了能够及时地消除和降低油污对海洋生态系统的不利影响,国际海事组织在制定相关条约的基础上形成了国际海洋溢油损害补偿机制。加拿大政府在这一国际机制的基础上进一步通过立法补充和完善了其海洋溢油损害补偿机制,美国则通过制定《油污法》确立了更加严格的海洋溢油损害补偿机制。国际上这些成功的模式和经验对于我国建立和实施海洋生态补偿机制具有非常重要的借鉴意义。

1. 国际海洋溢油损害补偿机制

1969 年 11 月,针对日益严重的海洋石油污染损害,政府间海事协商组织(现称为国际海事组织)在比利时的布鲁塞尔召开国际会议,会议审议并通过了《1969 年国际油污损害民事责任公约》(以下简称《1969 年 CLC 公约》),《1969 年 CLC 公约》涉及的是关于油污损害责任的相关问题。在此基础上,该组织在 1971 年通过了《1971 年国际油污损害赔偿基金公约》(以下简称《1971 年 IOPC 公约》),《1971 年 IOPC 公约》是对前者的必要补充。这两个公约生效以后,由于海洋运输活动方式及技术方面发生了变化,国际海事组织先后三次进行修正:1992 年通过了《〈1969 年国际油污损害民事责任公约〉1992 年议定书》、《〈1971 年国际油污损害赔偿基金公约〉1992 年议定书》(又称《1992 年国际油污损害赔偿基金公约》),2000 年通过了《〈1992 年国际油污损害赔偿基

金公约〉2000年议定书》。《1969年CLC公约》和《1971年IOPC公约》以及相关议定书基本确立了通过统一的规则和程序确定船舶的油污损害责任并适当补偿遭受损害的利益方的国际海洋溢油损害补偿机制。

(1)溢油损害民事责任的确定

《1969年CLC公约》明确了赔偿责任无过错的归责原则、赔偿责任的主体、赔偿范围、油污责任强制保险制度及直接诉讼制度。无过错责任原则,指无论溢油是否由船舶所有人或代理人的过错引起,船舶所有人或代理人均须承担赔偿责任。船舶所有人负有第一位的赔偿责任。赔偿范围仅限于“污染损害”,包括直接损害、预防措施费用及由此造成的损害。《1969年CLC公约》还要求适用该公约的船舶必须投保油污损害责任险或由其他保证人提供财务担保,以保障受害人获得赔偿。受害人还可以直接向保险人或保证人提出索赔。

《1969年CLC公约》为海上溢油事故后明确界定赔偿责任人提供了清晰的路径,便于受害人识别索赔对象,迅速解决纠纷。其赔偿范围仅考虑了财产性损害及清污费用,对海洋生态环境损害未给予足够重视,仅对可量化的生态环境损害进行补偿,虽然在一定程度上具有补偿性质,但并不全面。

(2)国际油污损害赔偿基金提供的补偿

在《1969年CLC公约》下,船舶所有人承担第一位的污染损害赔偿责任。为了解决可能的赔偿不足问题,1971年国际海事组织通过了《1971年IOPC公约》,设立了国际油污赔偿基金,为缔约国船舶发生的溢油损害提供补充性补偿。基金的资金来源是向石油进口方征收摊款。最高赔偿限额曾多次提高,2000年10月达到2.03亿美元特别提款权。基金适用于缔约国的领海或专属经济区域所发生的污染损害,也适用于补偿防止或减少溢油污染损害的合理措施费用。受害者可以直接向国际油污赔偿基金提出索赔，索赔范围主要是清污作业费用和财产损失成本。对海洋生态环境的损害，只有在损害能用货币计量的情况下才给予补偿，并支付修复被污染海洋生态环境的合理费用。这一补偿机制虽然主要解决了溢油事故的负外部性问题，但是通过向相关石油进口企业分摊基金款项，可以使受损方得到更好保障，防止海洋生态损害的进一步扩大，及时修复受损的海洋生态环境，体现了“使用者付费”的生态补偿原则。

2. 美国海洋溢油损害补偿机制

美国的生态补偿实践最早可以追溯到20世纪30年代，早期的生态补偿集中于特大洪灾、严重的沙尘暴和保护性退耕等方面，这给海洋生态补偿实践带来了相应的启发与借鉴。美国是海洋大国，拥有世界第一的海域面积和2万多千米的海岸线，由于美国是一个非常重视环境保护的国家，因此，近年来，美国制定了完善的关于海洋生态补偿的法律法规，并开展了海洋生态补偿实践。

（1）美国的相关立法及规定

1969年，美国通过《国家环境政策法》，标志着环境法从治理为主转向预防为主，并为海洋资源利用与环境保护提供了基本法层面的指引。此外，美国还颁布了《海洋资源和工程发展法》，设置了国家海洋资源和工程委员会，负责制定海洋资源利用与环境保护的国家规划与管理规定。在海洋生物资源保护方面，美国通过了《渔业保护和管理法》《濒危物种法案》《海洋哺乳类动物保护法案》等，以保护海洋生物多样性和保障海洋生态环境健康。在海洋资源利用与环境执法方面，美国国家海洋与大气管理局负有预测、监察、分析海洋环境的职责，并开展海洋生态安全保障执法。美国还制定了一整套防止海洋污染的法规，如《海洋倾倒法》《船舶污水禁排条例》《防止船舶污染法》《1990年油污法》等，以防治海洋倾废，保护海洋资源环境。

（2）美国《1990 年油污法》

美国《1990 年油污法》（又称《OPA1990》）是美国为了建立更严格的国内海洋溢油损害补偿机制而制定的法律。该法明确了溢油事故责任主体的赔偿责任，设立了 10 亿美元的油污基金，并对基金的来源、使用和管理进行了严格规定。

①赔偿责任：《1990 年油污法》对损害赔偿责任主体、赔偿限额及免责条件的规定较国际机制严格。责任主体不仅包括船舶所有人，还包括光船承租人、船舶经营人和第三人。《1990 年油污法》规定的船舶所有人的责任限额较高，并规定了油污责任者的无限责任，强制要求进入美国海域的油轮必须投保一定金额的油污保险。

②赔偿范围：《1990 年油污法》对环境损害的赔偿更加重视，美国商业部的国家海洋与空间署（NOAA）专门制定了量化环境损失的导则，详细说明了对环境损失的评估、量化技术及修复环境的方法。

③美国国家油污基金：《1990 年油污法》设立了 10 亿美元的国家油污基金，由国家油污中心负责管理。基金的来源主要是对运输和进口石油的企业征收石油税，还包括基金的利息收入、追回的清污费、罚款等。基金分为紧急基金和主要基金，用于支付清污费用、评估油污所造成的自然资源损害、补偿损失等。

国家油污基金中心的主要任务包括为清除油污提供资金援助、评估油污损害、补偿损失、追缴损害赔偿费及清污费、颁发油污财务责任证书等。该中心还建立了应急反应机制，一旦发生溢油事故，将立即派遣事故处理小组前往现场开展补偿工作。

总体而言，美国的《1990 年油污法》体现了立法者的基本意图，即优先保护溢油污染受害方的利益，通过给责任方施加更多的义务防止和减少对海洋生态环境的污染，促使责任方在事故发生后及时采取措施减轻损害。

3. 加拿大海洋溢油损害补偿机制

加拿大是最早通过立法建立海洋溢油损害补偿机制的国家，其海洋溢油损害补偿机制是目前国际上比较完善的机制之一。其主要有以下几个方面的经验。

（1）通过立法为海洋溢油损害补偿机制的建立提供法律依据

1971 年，鉴于溢油事故所造成的严重污染，加拿大政府对《航运法》进行了修改，在其中增加了有关溢油责任的篇章。通过立法的形式确立了船舶所有人的溢油损害赔偿责任，并且建立了海上油污赔偿基金以补偿超出船方损害赔偿责任限额的损失，为海洋溢油损害补偿机制的建立和实施奠定了法律基础。

（2）油污损害补偿更为全面

根据海洋溢油损害补偿机制实施的经验，加拿大政府又进一步修改《航运法》，扩大了油污损害的赔偿范围使油污损害补偿更为全面和充分。新修改的《航运法》设立了船舶油污基金（the Ship - source Oil Pollution Fund，SOPF），与原海上油污赔偿基金相比，SOPF 增加了国际油污基金未涵盖的方面，并且作为第一支付手段在未获得国际油污基金补偿之前向私人索赔者支付补偿金，这使油污损害补偿更加全面和完整。

（3）实行国际机制与国内机制一体化的补偿机制

加拿大是《1969 年 CLC 公约》和《1971 年 IOPC 公约》的缔约国，因此其溢油事故的受损方可以通过国际补偿机制获得补偿。为了补充国际油污基金不能涵盖的方面，加拿大以 SOPF 弥补国际油污基金的不足，这种补充作用包括：向私人受损方垫付国际油污基金应支付的补偿金；在国际公约所规定的补偿限额基础上追加最高限额为 1 亿加元的补充赔偿；补偿船方无力支付或超出其责任限额的部分；支付加拿大领海以外的属于加拿大捕鱼区所发生的损害；支付除油轮以外其他船舶的赔偿；对无法确定肇事者的溢油事故所导致的损害进行补偿。SOPF 负责收取和管理国内油污基金，统一向国际油污基金交纳摊款。发生船舶溢油事故以后，SOPF 先行垫付清污费用和部分补偿款，在尽可能将损失控制在最小范围内的同时，尽快地弥补受损者。之后，SOPF 再根据有关法律和国际公约的规定统一向赔偿责任人或国际油污基金索赔。

4. 德国海洋生态补偿相关法律制度

作为世界上最早开始关注环境问题的国家之一，德国不仅制定了环境基本法，还制定了各种具体的环保法律，法律规定明确具体，操作程序简便。从20世纪60年代末至今，德国先后制定了《废弃物处置法》《联邦水管理法》《能源节约法》《化学品法》《原子能控制法》《废水纳税法》等法律，德国的环境法制体系达到了比较完善的程度，并且有些先进的原则和制度设计常常被欧盟立法参考借鉴。

(1)德国海洋生态补偿措施

德国采取了一系列措施促进海洋生态补偿工作的实施，具体包括：第一，建立了完善的海洋环境保护法律体系。德国立法机关参考国际和欧盟等有关海洋环境保护的条约和法律，结合本国海洋生态环境的现实状况，建立了相对完备的海洋生态管理的法律体系，并且在此基础上，由各州制定配套的实施细则或办法，为海洋生态管理工作提供各个层级的法律法规。第二，大力提升全体公民的环保意识。德国非常重视对公民的环保知识教育，采取各种措施提高公民的环保意识，比如由政府组织发起，在各个海洋生态自然保护区内设立免费开放的环保教育基地，让公民身临其境地主动学习环保知识，有针对性地开展科普宣传。第三，政府制定海洋生态补偿工作机制，以促进海洋生态资源与环境的可持续发展。在政府的组织下，首先进行海洋生态补偿相关利益主体的分析，在"污染者治理、使用者付费、受益者补偿"等原则的指导下，以法律形式进一步确定补偿主体、补偿对象、补偿标准和补偿流程等各方面的内容和措施。第四,要求海洋资源开发主体必须要证明其开发对环境所造成的影响在可接受的范围内。对没有通过环境影响评价的海洋资源开发项目,要求开发主体说明其开发行为所造成的环境影响是可以接受的,否则禁止建设。第五,健全海洋生态环境评估标准体系。德国立法者依据其海洋生态环境特点和海域使用情况,借鉴欧盟和国际组织制定的有关生态环境的标准,建立了完善的本国生态环境标准体系,在本国生态环境评估标准的规范下,制定了定期检查海洋环境承受力等相关配套条例,对海洋工程以及海洋渔业产业进行定期检查评估,监测是否超出海洋生态环境承载力,做到对海洋环境定时监控、定时评价。

(2)德国海洋环境管理职能划分

德国的海洋环境管理部门主要有联邦海洋与水道局、联邦环境自然保护和核安全部、环境保护局等部门。联邦海洋与水道局是德国海洋管理的综合管理部门,它的主要职责是:负责制定海洋开发利用规划、审批海洋工程建设项目;监测海洋生态环境、组织沿海水文地理调查、航运管理、海洋环境处罚等。联邦环境自然保护和核安全部的主要职责是制定各种环境保护政策、法规和制度及环境标准,其下属的环境保护局等有关部门负责具体实施工作。德国联邦政府执行机构制定环境保护法规、标准等,州政府依照国家环保政策,制定具体的实施细则并监督实施。德国海洋以 12 海里为界,实行区域内和区域外统一管理的办法,德国境内各沿海政府主要负责管理 12 海里及其以内的海洋生态环境开发利用活动,德国联邦政府的相关行政主管部门负责 12 海里界限以外的海洋生态环境保护管理工作。[1]

---

〔1〕 贾欣:《海洋生态补偿机制研究》,对外经济贸易大学出版社 2020 年版。

(二)国内经验

目前,除了福建省走在海洋生态补偿制度建设的前列外,浙江省、山东省、广东省等也积极开展了海洋生态补偿的立法和实践。

浙江省在海洋生态补偿的实践方面采取行动较早,主要表现在:第一,在海洋生态保护区生态补偿方面,为保护和修复海洋生态环境,各级政府都投入了大量的人力、物力、财力,用于开展人工鱼礁、海洋特别保护区及渔业资源增殖放流等生态建设工程。浙江省规划2003～2020年在浙江省沿海岛礁附近建设15～18座人工鱼礁。浙江省海洋与渔业局从2011年开始着手在瓯江南口海域筹建海洋生态公园,该地区已经种植秋茄、桐花树及一些红树林等其他实验品种,种植面积300多亩,[1]极大地改善了龙湾海洋生态环境,缓解了海洋开发活动给海洋生态造成的破坏,修复了受损的海洋生态系统。此外,2007年舟山市根据上级有关法律法规着手实施海洋生态补偿新机制,即由相关涉海企业出资,在有关部门的监管下,对特定海域进行渔业资源增殖放流,增殖放流是舟山市实施海洋生态补偿的主要方式。第二,针对海洋开发利用活动的生态补偿工作较多,例如,2007年针对污染严重、影响大的围填海、海上爆破等工程进行海洋生态补偿试点;2008年在全市范围内对所有涉海工程实施海洋生态补偿。据统计,2008年至2013年7月底,全市共签订涉海工程海洋生态补偿合同183份,合同金额8620万元,目前已到位2144万元,到位率约25%,实际用于海洋生态修复资金约2000万元。2011年6月10日,浙江省洞头县首例填海项目海洋生态补偿成功实施。温州海华欣润玻璃有限公司于2010年8月通过公开出让方式取得洞头县大

[1] 亩为非法定计量单位,1亩=1/15公顷。

门镇乌仙头嘴东侧一宗建设用海,根据项目海洋环境影响报告对海洋生态资源经济损失的估算,通过渔业增殖放流的形式对海洋生态进行补偿。第三,2014 年 4 月 29 日,根据"谁开发、谁保护,谁破坏、谁恢复"的原则,龙湾区海洋与渔业局协助业主单位对甬台温高速公路复线温州乐清至瑞安段跨海桥梁(机场段)工程采取人工种植红树林的生态修复措施,在龙湾树排沙海洋公园进行海洋生态补偿,该修复措施严格按照《温州市海洋工程生态补偿验收流程》开展,共计红树林秋茄胚轴 1258.5 千克,83,069 株,补偿金额为 33.16 万元,成为浙江省海洋生态补偿的又一成功案例。[1]

2016 年以来,舟山市突出"重要湿地建设优先""生态修复为主"两个重点,在实施"蓝色海湾"整治行动项目中,引入浙江海洋大学等科技林业团队,拓增港池面积 10 万平方米,生态化修复滩涂湿地 15.05 万平方米,在北纬 30 度实现国内红树林人工引种示范,为浙江海洋生态补偿机制实践新增一项重大成果。[2] 此外,普陀区"蓝色海湾"整治项目入选浙江自然资源系统践行"两山"理念 16 个典型案例,"成为海洋生态补偿机制在浙江实践的又一重大成果"。项目实施中不断创新治理模式:一是坚持"海洋陆域"同步治理,通过截断陆域污水入海、拆除废旧码头和清淤疏浚、恢复建设生态湿地等措施,提升港湾环境生态修复实效;二是在全国首创半咸水河道立体化生态治理,有效恢复海洋生物多样性。以人工种植红树 6.5 万株形式恢复生态湿地 15.05 万平方米,刷新目前国内红树林人工引种最北界的纪录。

2010 年 6 月,山东省海洋与渔业厅联合印发了《山东省海洋生态损害赔偿费和损失补偿费管理暂行办法》(已失效),这是我

[1] 陈克亮、张继伟、陈凤桂主编:《中国海洋生态补偿制度建设》,海洋出版社 2015 年版,第 43 页。

[2] 苗晨颖、王旺华:《舟山市创新"科技林长"制度　发展海岛"林业 +"体系》,载《浙江林业》2023 年第 8 期。

国出台的首个针对海洋生态方面的补偿和赔偿办法。该办法共分为七章26条,主要内容包括:总则部分、海洋生态损害赔偿、海洋生态损失补偿、赔偿费和补偿费的征收管理、赔偿费和补偿费的使用管理、监督检查和附则部分。同时,制定了《山东省海洋生态损害赔偿和损失补偿评估方法》作为海洋生态损失评估的补偿标准,为海洋生态损失的评估提供具体可操作的技术规则。《山东省海洋生态损害赔偿费和损失补偿费管理暂行办法》在6个方面作了创新规定:(1)规定了海洋生态损害赔偿费和海洋生态损失补偿费的征收范围,即发生海洋污染事故、违法开发利用海洋资源等行为导致海洋生态损害的以及实施海洋工程、海岸工程建设和海洋倾废等导致海洋生态环境改变的,应当缴纳海洋生态损害赔偿费和海洋生态损失补偿费,并排除了单位和个人在水域滩涂进行养殖造成损害、损失的赔偿和补偿;(2)规定了海洋生态损害赔偿和损失补偿的实施主体,规定代表国家提出海洋生态损害赔偿和损失补偿要求的主体是县级以上人民政府海洋与渔业行政主管部门;(3)确立了海洋生态损害赔偿和损失补偿的标准,即按照《山东省海洋生态损害赔偿和损失补偿评估方法》(省标准号:DB37/T1448-2009,已废止)中的规定评估确定海洋生态损害赔偿费和损失补偿费金额;(4)首次将"海洋生态补偿纳入环境影响评价报告书(表)"中,即在"环境影响评价报告书(表)"中明确生态补偿内容,并在"环境影响评价报告书(表)"批复前或者取得海域使用证前缴纳海洋生态损失补偿费;(5)率先采用了"损赔、损补合二为一"的方法,在同一个立法文件中,将海洋生态损害赔偿和损失补偿进行结合,统一规制;(6)在海洋生态补偿费用使用和分配方面,实行"三级分成"的分配模式,并确定了各级行政主管机关具体的分配份额,即按照县级35%、市级15%、省级50%的比例进行划分。

山东省朝阳港和石岛湾海岸带保护修复工程是典型的海洋

生态补偿项目,通过政府纵向的转移支付等方式,修复朝阳港沿线砂质岸线8.45千米,完成海堤生态化改造13.53千米,恢复盐沼35公顷(525亩),恢复植被约16.63公顷,"退养还海"约237.133公顷(3556.99亩),"退养还滩"约16.51公顷;修复石岛湾海岸线2800米,干滩面积15万平方米。项目通过海堤生态化改造、沙滩岸线恢复等,修复项目区生态环境,提升海洋灾害防治能力,将荣成市北部那香海(4A)、鸡鸣岛(4A)、成山头(5A)、西霞口(4A)多景区串联,打造特色滨海步道,丰富城市生态旅游体验;将荣成市南部海滨公园、凤凰湖公园、桃园滨海公园等多座大型滨海公园衔接,实现了"生态溢价"空间的有效提升。此外,荣成市联合中国水产科学研究院黄海水产研究所近海生态养殖团队与山东荣成楮岛水产有限公司开展鳗草(海草)幼苗培育项目,将900万株试验室繁育的鳗草幼苗全部移植入海,累计修复扩增海草床60公顷,依托海草床强大的"碳捕获"和"碳封存"能力为"碳中和"提供了一条绿色解决途径。[1]

2020年10月20日,山东省人民政府正式印发《关于支持八大发展战略的财政政策》,以八大发展战略为主线,提出8个方面26条政策措施。其中,为确保海洋生态补偿更科学、更精准、更有效,山东省财政厅会同省生态环保、自然资源、海洋等部门进行了多次调研和数轮论证,最终决定从生态保护成果、直接影响因素、间接影响因素三个层次出发,开展海水水质、入海污染物控制、海岸带生态系统保护三类补偿。一是海水水质方面。对海水水质达到国家标准的市给予基本补偿,对同比改善的市给予奖励,对同比恶化的市要求向省级赔偿。二是入海污染物控制方面。有入海断面总氮年平均浓度高于基准值的河流,或者有直排海污染

---

〔1〕 董虹妤、邹建强、孙远超等:《县域生态产品价值实现路径——基于荣成市生态系统生产总值(GEP)核算的案例分析》,载《林业科技通讯》2023年第9期。

源日均值超标情况的市,要向省级缴纳赔偿资金。三是海岸带生态系统保护方面。根据自然岸线长度、滨海湿地面积、沿海防护林面积和海水淡化规模等因素,由省级对各市补偿。通过落实多层次、多类别的补偿和赔偿,推动各地主动落实环保责任,采取针对性措施改善辖区海洋生态。[1]

实际上,广东省也早已在生态补偿领域进行了实践探索和立法规制。2001 年,广东省人大就以决议的形式投资 8 个亿建设沿海人工鱼礁,进行渔业环境的生态补偿。2008 年,珠海市人大常委会制定了广东省内最早涉及生态补偿的地方性法规——《珠海市环境保护条例》(已被修改),其中规定,“各级人民政府及其有关部门应当科学划分适宜开发区、限制开发区和禁止开发区,开展生态示范创建工作,逐步建立生态补偿机制”。此后,广州市、深圳市、中山市和东莞市等地级市及广东省也相继制定涉及生态补偿的地方性法规或政府规章,内容涉及生活垃圾、水污染、流域、森林等方面的生态补偿,逐步建立起契合广东省经济社会发展的生态补偿法制体系。其中,广东省人民政府办公厅于 2012 年颁布了专门规制生态保护补偿的省级规范性文件——《广东省生态保护补偿办法》(已失效),该办法着重从补偿的基本原则、补偿范围、分配方式、资金管理、保护措施 5 个方面规定广东省内的生态补偿,有着较高的指导意义和实用性。随后,该办法于 2014 年进行了修改,完善了补偿的基本原则、补偿范围、分配方法、资金管理等内容,增加了补偿资金来源和信息公开的规定,进一步提升了办法的适用性和可操作性。可见,广东省在生态补偿领域的法制建设是比较积极的,在海洋生态补偿领域也进行了一定的探索。

---

〔1〕 李艳芝:《财政政策“组合拳”:山东印发〈关于支持八大发展战略的财政政策〉》,载《中国财政》2020 年第 22 期。

在广东省直接、专门涉及"海洋生态补偿"的立法文件中，珠海市的实践较为典型。2019 年 1 月，珠海市海洋农业和水务局（原市海洋农渔和水务局）印发《珠海市海洋生态修复和生态补偿专项资金使用管理办法（试行）》的通知，旨在加强珠海市海洋生态修复和生态补偿，提高海洋与渔业资源环境损失赔偿款使用效益。

广东省涉及"海洋生态补偿"原则内容的立法文件数量较为丰富。在地方性法规中，2009 年 7 月，广东省第十一届人民代表大会常务委员会发布《广东省实施〈中华人民共和国海洋环境保护法〉办法》，该办法于 2015 年、2018 年两次修正。2021 年 7 月，深圳市第七届人民代表大会常务委员会发布《深圳市经济特区生态环境保护条例》，其中第 24 条规定：市、区人民政府应当根据国家和广东省有关规定，建立和完善生态保护补偿机制，落实禁止开发区域、重点生态功能区以及森林、河湖水系、湿地、海洋、耕地等重点领域生态保护补偿。在地方性政府规章中，2008 年 1 月，深圳市人民政府发布《大鹏半岛保护与发展管理规定》，其中第 18 条规定："海洋主管部门、环保主管部门应当每季对大鹏半岛海水水质进行监测，并定期公告海域环境状况。海洋主管部门应当建立海洋危险生物预警监测制度。"2017 年 12 月，湛江市人民政府发布《广东湛江红树林国家级自然保护区管理办法》，其中规定，"红树林保护区内违反林业、农业、水务、国土资源、海洋渔业、环境保护等有关法律、法规的违法行为，由相关行政主管部门或委托红树林保护区管理机构予以行政处罚"。此外，2019 年 6 月，广东省财政厅印发《广东省生态保护区财政补偿转移支付办法》，其中第 8 条规定："禁止开发区和海洋特别保护区补助对象是国家级、省级禁止开发区和国家级海洋特别保护区。根据各县禁止开发区域和海洋特别保护区的面积、个数及该县基本财力保障需求计算确定。资金下达至禁止开发区和海洋特别保护区管理机构所在地，有关市县财政部门应及时将资金足额拨付至所属管理单位或资金使用单位。用公式表示：禁止开发区、海洋特别保护区补助 = 禁止开发区和海洋特别保护区补助总额 × (某地所辖禁止开发区和海洋特别保护区个数因素 + 面积因素 + 基本财力保障需求因素) ÷ Σ(各地禁止开发区和海洋特别保护区个数因素 + 面积因素 + 基本财力保障需求因素)。其中，某地所辖禁止开发区和海洋特别保护区个数、面积直接运用《广东省主体功能区规划》及国家海洋特别保护区批复文件数据。”

总的来说，我国沿海各省市在海洋生态补偿的政策法规制度建设方面，以及海洋生态补偿工作的开展方面都积累了一定的经验，为我国进一步开展海洋生态补偿制度的建立和完善奠定了基础。

第一，关于海洋生态补偿机制的目标，首先，我们要明确并非对所有的海洋资源进行补偿，而是对海洋中具有重要生态功能的资源进行补偿。由于海洋生态补偿需要花费巨大的人力和财力，因此不可能对所有具有生态价值的海洋资源进行生态补偿。其次，海洋生态补偿的范围应当针对特定的海域，以适应我国的经济情况。

第二，从实施方面来看，目前在国家级海洋行政主管部门核准的海洋工程中环境影响评价方面，有关海洋生态影响防治对策及生态补偿方案的要求已经得到了落实。部分沿海地区还采取法律手段加强海洋生态补偿费的征收，有助于海洋生态补偿工作的推进。

第三，关于海洋生态补偿方式，沿海各省市主要以政府为主导，采取了一系列的补偿措施，取得了良好的效益。同时，各地区也在不断探索新的补偿方式和资金来源，如厦门市的尝试等。这些探索虽然还存在一些问题，但是代表了海洋生态补偿机制市场化的未来发展方向。

第四，从资金来源方面来看，海洋生态补偿资金的来源逐渐多样化。以往主要依赖政府财政转移支付，现在各沿海省市在资金来源上进行了探索，如山东省和浙江省舟山市的做法等。这些探索虽然不够成熟，但已迈出了重要一步。

第五，我国的海洋生态补偿标准取得了一定的进展。例如，山东省颁布的相关评估方法成为我国海洋生态补偿的第一个标准，虽然其适用范围有限，但为国家和其他地方的补偿标准提供了借鉴。[1]

二、福建海洋生态补偿制度的具体建议

（一）加强海洋生态文明教育，构筑海洋生态补偿意识文明

要加强海洋生态文明知识、政策和法规的宣传教育，增进利益相关者和社会公众对福建海峡蓝色经济区和海洋生态补偿的理解和认知，倡导生态海洋、和谐海洋、人文海洋理念，培育和增强社会公众的海洋生态文明意识和海洋生态伦理。推动海洋生态文明知识进学校、进农村、进企业、进机关等宣传教育活动，营造关心海洋、热爱海洋、珍惜海洋、保护海洋的良好海洋生态社会氛围，在全社会牢固树立海洋生态文明理念。打造福建海峡海洋生态文明宣教基地，做好“4·22世界地球日”“6·5世界环境日”“6·18世界海洋日暨全国海洋宣传日”等重点纪念日的海洋生态文明和海洋生态补偿宣教工作。

（二）健全海洋生态补偿政策法规，打造海洋生态补偿制度文明

按照《福建海峡蓝色经济试验区发展规划》，要建立依法治海新体制，健全地方性海洋法律法规，完善海岸带综合管理等方面的法规体系。可以借鉴山东、浙江两省的海洋生态补偿立法经

---

〔1〕 陈克亮、张继伟、陈凤桂主编：《中国海洋生态补偿制度建设》，海洋出版社2015年版，第44页。

验,加快“福建省海洋生态补偿管理办法”“福建省海洋环境污染溯源追究管理办法”的编制工作。加强海洋环境保护、陆海统筹、溯源追究、府际协调管理等与海洋生态补偿有关的法制建设。制定兴化湾、湄洲湾、厦门湾等跨行政区域的海洋生态环境保护规章,制定海洋生态评估、海洋生态损害赔偿等专项规章制度。完善与海洋生态补偿有关的区域性投融资和财税政策、海洋功能区与海岛规划、海岸带综合整治和海域生态修复政策。建立重点海湾污染物排放总量控制和核查制度,制定工业用海、排污控制指标以及污水海洋处置标准规范,完善海洋环境影响评价制度和涉海工业企业环境准入制度。

(三)拓宽海洋生态补偿筹资渠道,夯实海洋生态补偿物质文明

1. 加大海洋生态补偿财政投入,完善财政转移支付制度

要根据福建海峡蓝色经济区发展需要和海域生态环境治理要求,加大对海洋生态补偿的财政投入,完善财政补贴和财政援助制度,确保海洋生态补偿财政预算资金的稳步增长。按照海洋生态补偿陆海统筹的要求,在福建省财政厅、福建省海洋与渔业厅、福建省环保厅等主管部门的协调下,健全陆海之间、河海之间、不同群体之间的海洋生态横向转移支付制度。设立旨在保护海洋生态环境的福建海峡蓝色经济区专项海洋生态基金,将海洋资源环境利用补偿费专项资金纳入地方财政预算。地市海洋行政部门可以建立海洋生态补偿专项资金,坚持统一管理、专款专用,对资金预算与资金收支进行有效监控。

2. 完善海洋资源税费,健全海洋生态项目金融支持政策

适时征收海洋生态税、海洋资源税。对海洋生态治理项目和工程予以信贷优惠,扩大贷款抵(质)押物范围,探索船舶、在建船舶抵押融资模式和海域使用权质押贷款等新型海洋环保产业信贷模式。充分利用资本市场,支持符合条件的涉海环境企业发行债券、股票上市以及通过银行间债券市场融资。

3. 加强海洋生态补偿资金征收,引导社会资金投入

依法加强海洋生态补偿资金的征收力度,依法赋予政府主管部门的海洋生态补偿资金征收权限,规范征收程序,明确海洋生态补偿资金征收的责权利。健全海洋生态补偿资金征收责任机制,加大对违法乱纪者的惩处力度。按照《福建海峡蓝色经济试验区发展规划》,拓宽海洋经济发展的资金渠道,积极引导社会资金投入海洋生态补偿,提升海洋经济开放水平。按照"谁开发、谁保护,谁受益、谁补偿"的原则,拓宽海洋生态补偿的筹资渠道,吸收来自企业、非政府组织、基金会、社会大众等社会资金参与海洋生态补偿。

(四)加强海洋生态补偿沟通协调,引导海洋生态补偿行为文明

1. 设置海洋生态补偿协调机构,实行联席会议制度

根据福建海峡海洋功能分区特点,发挥福建省海洋和渔业厅的主导作用,整合福建省经济贸易委员会、福建省发改委、福建省财政厅、环境保护厅、旅游局、农业农村厅、林业厅、海事局、水利厅等相关部门,以及福建沿海地市海洋与渔业主管机构,组建跨行政区域、跨部门的"福建海峡蓝色经济区海洋生态补偿协调委员会"。充分发挥海洋生态补偿协调委员会的综合决策、协调与监督作用,建立海陆统筹的海洋污染防治与生态保护工作协调机制和联合监督检查机制。建立和完善跨行政区域、跨部门的福建海峡蓝色经济区海洋生态补偿联席会议制度,加强定期的海洋生态补偿沟通与交流,共商海洋生态补偿大计。

2. 加强海洋生态补偿协同执法,构建跨海域海洋生态防治体系

建立分工合理、权责明确、运转规范的海洋生态补偿协同执法体系,明确各级海洋主管部门和生态环境部门在海洋生态补偿过程中的责任、权力、义务。加强涉海机构协同海洋环境执法,定期联合开展海洋生态环境监测观测、海洋环保信息通报、海洋环

境污染预警、海洋环境灾难性事故处理、海洋倾废监控、海洋生态联合执法、联合巡航监视，及时发现潜在的海洋环境风险，督促海洋环境与资源破坏者自觉履行海洋生态补偿义务。实行福建海峡海洋环境分级控制管理，加强对用海项目的生态补偿联合执法检查，推动海洋生态补偿信息公开。推进福建海峡两岸海巡机构、海洋和渔业机构的海洋生态补偿执法合作。

3. 健全海洋生态补偿责任与保险机制

《海洋环境保护法》规定，“造成海洋环境污染损害的责任者，应当排除危害，并赔偿损失；完全由于第三者的故意或者过失，造成海洋环境污染损害的，由第三者排除危害，并承担赔偿责任”。合理界定海洋环境污染损害赔偿责任主体，依法酌情追究责任主体的民事责任或刑事责任。实现海洋生态补偿目标管理，落实福建省《沿海设区市海洋环保责任目标（2011—2015）》，将海洋生态补偿纳入海洋环保目标考核范畴。健全海洋生态环境责任强制保险，明确海洋生态环境保险责任范围和例外责任范围、投保金额、索赔方式等。探索大宗水产品出口保险制度，减少海洋生态污染风险。

（五）加强海洋生态损害评估，明确海洋生态补偿标准

1. 加强海洋生态损害评估

海洋生态损害事件主要包括溢油、危险品化学品泄漏、围填海、排污、海洋倾废以及海洋矿产资源开发等类型。可以从海洋质量、生态状况和海洋灾害等方面综合评价海洋生态环境质量，健全涉及海洋质量、生存状况、海洋灾害等方面的海洋生态环境质量评价指标体系。[1] 将生态补偿纳入海洋工程项目环境评估、项目日常监督、竣工验收、项目运行监督，加强海洋工程项目的生

〔1〕 李双建、魏婷：《广东省海洋生态环境质量评价与保护措施研究》，载《海洋开发与管理》2013年第7期。

态环境效益评估。贯彻落实《海洋生态损害评估技术指南(试行)》,规范准备阶段、调查阶段、分析评估阶段和报告编制阶段等海洋生态损害评估工作程序,明确海洋生态状况的调查内容与要素,科学确定海洋生态损害对象、范围与程度,科学计算海洋生态损害价值。

2. 明确海洋生态补偿标准

在确定海洋生态补偿标准时,必须综合考虑福建海峡蓝色经济区的经济社会发展和海洋循环经济的现状。这一标准应体现海洋生态补偿受让方的生态需求和经济利益,同时也要考虑支付方的支付意愿和生态承受能力,兼顾海洋的经济效益、社会效益和生态效益。具体来说,海洋开发活动的生态补偿依据与标准的制定,主要应依据受损海洋生态系统恢复的成本支出进行计算,对于无法就地恢复的情况,可通过替代性修复或区域性保护实现。[1]

同时,为了确保海洋生态补偿的实施更加精确和可信,福建省海洋主管部门还需采取一系列措施。首先,应在已建立的海洋生态系统服务功能分类、量化和价值计算指标体系的基础上,将这一技术指标体系应用于海洋生态补偿领域,尽快建立海洋生态补偿量的核算指标体系,并用制度强化的方法明确核算的具体指标及方法。其次,福建省海洋主管部门还应建立海洋生态补偿价值评估机制,并支持相应评估机构开展核算工作。此外,还应建立评估资质审查制度,负责管理和监督相关机构的工作,同时积极组织培训和认证工作,确保评估人员掌握标准的量化技术,为海洋生态补偿价值的核算工作奠定坚实的技术基础。

(六)推进海域综合整治和生态修复,加强海洋生物多样性保护

推进福建海域综合整治和生态修复,逐步恢复或改善海洋生

---

〔1〕 王金坑、余兴光等:《构建海洋生态补偿机制的关键问题探讨》,载《海洋开发与管理》2011 年第 11 期。

态系统的结构和功能,保护与修复滨海湿地、盐沼、红树林、珊瑚礁和海草床等重要海洋生态系统。做好泉州湾、白马港、东山岛东部海域等示范点的污染治理与生态修复工作,推进罗源湾岐头－北山沿岸的海岸带环境整治及入海污染物总量控制示范工程建设,加强对闽江、九龙江、敖江、晋江、龙江、木兰溪、交溪等重点流域排污监控和整治。开展海洋生物多样性普查,建立海洋生物多样性信息管理系统。加强海洋濒危物种保护和外来入侵物种防范管理,加强海洋保护区规划和管理。完善海洋生态监控体系,加快实施无居民海岛生态修复工程,继续加大增殖放流力度。推动福瑶列岛、长乐、湄洲岛、城洲岛等国家级海洋公园建设步伐,加强海洋资源综合利用和海洋生态保护。[1]

在推进海域综合整治和生态修复的同时,福建的海洋管理部门还需与专家共同论证下一阶段的生态修复任务,建立海洋生态修复项目库(待修复海域的信息包括面积、拟定修复手段、修复预算、修复时长等),按照海域需要修复的紧迫性、生态修复工程投资和生态资产增益比等因素对等待修复的海域进行排序,制订修复计划;在先期财政资金的基础上,持续利用收取的补偿基金,依次开展修复海域的修复工作。

与此同时,未来的制度设计也需考虑到海洋经济开发利用的负外部性与正外部性,以确定不同的补偿标准。负外部性的补偿涉及对环境和渔民损害的补偿,需采用科学方法评估受损的经济价值,并可能采用“阶梯”形式进行不同档次的补偿。正外部性的补偿则依照“谁受益,谁补偿”的原则进行,或者依据保护者的投入成本进行比例补偿。这些补偿措施的设计必须精确和灵活,以

---

〔1〕 刘碧强:《生态文明视域下的福建海峡蓝色经济区海洋生态补偿机制探讨》,载《广东海洋大学学报》2014 年第 2 期。

确保其有效性和公平性,促进海洋生态环境的长期保护。[1]

（七）探索海洋排污权交易,培养海洋生态产品交易市场

按照《福建省综合性生态保护补偿试行方案》,制定各入海河流和陆源排污口污染物排放总量控制目标,探索海洋排污权交易。排污标准管制、排污税费、排污权交易是海洋环境管理的三大政策工具。海洋排污权交易利用市场手段,以海洋排污许可证和排污消减信用为载体,在实行海洋污染物总量控制的条件下,通过实施海洋排污权的初始分配和二次交易,实现海洋环境外部性内部化。要明确海洋排污权市场交易的主体、客体、价格、程序、市场规则,加强海洋排污权交易审核、市场监管和社会监督。建立福建省海洋排污权交易中心,明确交易中心的职能、权责、管理制度,做好海洋排污权储存、结算、租用、转借、买卖、拍卖、市场服务等。充分发挥地方政府、海洋企业等多元主体在海洋排污权交易中的主体作用,加强环保部门、海洋与渔业部门、渔民、社会公众等对海洋排污权交易的监督。

（八）明晰海洋生态资源的产权界定

实施海洋生态补偿的目的是解决海洋生态资源利用的外部性问题,所以在设计海洋生态资源的产权制度时要完成和加强对负外部性的抑制和正外部性的激励。要建立和完善海洋生态资源产权中所有权代理的制衡和激励机制。由于行使对海洋生态资源的所有权必须委托福建省的海洋管理部门代理,为了避免出现“政府代理失效”,应通过建立权力制衡机制规制代理者,还要通过绿色政绩考核体系的建设形成对各级海洋生态资源国家所有权代理者的激励机制。在此基础之上对海洋生态资源的产权

---

〔1〕 何跃军、陈淋淋:《认知滞后与制度滞后:海洋生态补偿的双重滞后与改进》,载《海峡法学》2020 年第 1 期。

进行明确和清晰的界定。从经济学的角度来看,产权是一组行为权利,包括所有权和由此派生的占用权、支配权、使用权和收益权,产权规定了使用资源时的行为规范。

因此,应通过立法明确界定各种行为权利的归属,通过海洋生态资源产权制度的法律安排规定其使用的责、权、利关系。当前,虽然在海域使用权方面已通过立法形成了制度,但是全面的海洋生态资源产权制度体系还未建立。福建有关立法部门应根据海洋生态资源的公共性和外部性特征的不同设计所有权和使用权的组合方式。对一些如海洋生物多样性、海洋生物基因资源等具有很强公共性和外部性的海洋生态资源,所有权和使用权不应分离,由政府委托相关公共事业部门经营。而对具有很强的排他性和竞争性、公共性和外部性相对较弱的海洋生态资源,如海洋矿产资源等,应将所有权和使用权进行技术性分离,允许使用经营权进入市场交易。在海洋生态资源产权明晰的基础上,才能明确界定补偿主体和对象,为海洋生态补偿的顺利实施创造有利条件,从而抑制破坏海洋生态资源的行为、激励海洋生态保护与建设行为。

第十章　福建耕地生态补偿制度的实践与完善

福建省作为中国东南沿海的重要省份，拥有丰富的耕地资源，这些耕地不仅是粮食和农产品生产的基础，更是生态环境保护的重要组成部分。然而，随着经济的快速发展和城市化进程的推进，福建的耕地面临严重的压力和挑战。具体来看，一些问题逐渐显现，例如，补偿资金过度依赖政府财政拨款，资金来源单一化，地方政府面临较大的财政压力；补偿方式过于单一，缺乏多元化的补偿手段，如技术指导和政策扶持等；法律法规方面也未对其他补偿方式作出明确规定，导致补偿制度运行受到限制。正因为这些问题的存在，重视福建耕地生态补偿显得尤为重要。在当前的背景下，合理的耕地生态补偿不仅能够保护和合理利用耕地资源，还能推动农业现代化和农村振兴，为实现可持续发展目标做出积极贡献。

第一节　福建耕地生态补偿实践

一、福建耕地资源与耕地生态补偿的基本内涵

(一)福建的耕地资源

土地是实现一切生产与生存所必需的物质条件,切实抓好土地资源工作,对各部门经济的发展都非常重要。根据《福建省第三次国土调查主要数据公报》可知:“全省耕地931,993.49公顷(1397.99万亩),位于年降水量800mm以上(含800mm)地区,一年三熟。其中,水田790,507.24公顷(1185.76万亩),占84.8%;水浇地31,847.15公顷(47.77万亩),占3.4%;旱地109,639.10公顷(164.46万亩),占11.8%。南平、三明和龙岩3个地市耕地面积较大,占全省耕地的51%。”

“全省耕地按坡度划分,位于2度以下坡度(含2度)的耕地323,907.69公顷(485.86万亩),占全省耕地的34.8%;位于2~6度坡度(含6度)的耕地231,169.76公顷(346.76万亩),占24.8%;位于6~15度坡度(含15度)的耕地245,100.96公顷(367.65万亩),占26.3%;位于15~25度坡度(含25度)的耕地87,845.25公顷(131.77万亩),占9.4%;位于25度以上坡度的耕地43,969.83公顷(65.95万亩),占4.7%。”“全省耕地中,有灌溉设施的耕地822,354.39公顷(1233.53万亩),比重为88.2%,无灌溉设施的耕地109,639.10公顷(164.46万亩),比重为11.8%。”[1]

---

〔1〕 福建省自然资源厅:《福建省第三次国土调查主要数据公报》,载福建省自然资源厅官网,https://zrzyt.fujian.gov.cn/zwgk/zfxxgkzl/zfxxgkml/tdgl_19753/202112/t20211231_5805488.htm。

(二)耕地生态补偿的基本内涵

鲁德·库珀鲁斯(Ruud Cuperus)等最早定义的生态补偿,是指为了提高在发展中造成生态功能和质量损害的受损地区的环境质量,或者用于创建新的具有相似生态功能和环境质量的区域,而给予的一种补助。毛显强等认为生态补偿是指通过对损害(或保护)资源环境的行为进行收费(或补偿),提高该行为的成本(或收益),从而激励损害(或保护)行为的主体减少(或增加)因其行为带来的外部不经济性(或外部经济性),达到保护资源的目的。沈满洪等认为,生态补偿是一种政策或者制度,即通过一定的政策手段实现生态保护外部性的内部化,让生态保护成果的受益者支付相应的费用;通过制度设计解决生态产品这一特殊公共产品在消费中的"搭便车"问题,激励公共产品的足额提供;通过制度创新解决好生态投资者的合理回报问题,激励人们从事生态保护投资并使生态资本增值。中国生态补偿机制与政策研究课题组认为,生态补偿是以保护和可持续利用生态系统服务功能为目的,以经济手段为主调节相关者利益关系的制度安排。综合学者的观点,可以认为,生态补偿,是指为了实现生态环境的可持续发展,通过对生态受益者收费和对生态保护者进行补偿,矫正或消除环境外部性,使得外部性内部化,调整私人成本和私人收益,最终实现社会成本和社会收益的一致。

耕地生态补偿作为生态补偿的重要组成部分,在内涵的实质方面与其具有同一性,是生态补偿概念的具体化,相对来说补偿内容更具有针对性。学术界对耕地生态补偿的研究较少,耕地生态补偿的内涵汇总见表 10 - 1。

表 10－1 耕地生态补偿的内涵汇总

学者	耕地生态补偿的内涵
博登海默（1999）	耕地消费者（外部性受体）向耕地生态效益生产者和供给者（外部性供体）实施的补偿行为，以显化耕地利用和保护耕地生态效益
路景兰（2013）	国家和社会主体对城市建设占用耕地以及不合理利用耕地而造成的生态环境破坏的耕地进行生态补偿，补偿范围包括耕地数量、耕地质量以及耕地生态功能的动态平衡
付二光（2013）	国家、社会、耕地利用者及相关利益者以资金或其他方式给予的，保护耕地生态价值、生态服务功能以及耕地自我调节及恢复能力，以及用于赔偿受害者、为保护耕地可持续利用付出劳动的主体给予适当补偿的制度
张燕妮（2013）	基于耕地生态保护和建设的成本，通过政府主导、市场交易和社区参与的方式，调节耕地生态环境保护中相关利益方的利益关系
杨欣等（2012）	为了保护农田生态系统功能的不降低而对其保有者进行经济补贴，将外部的、非市场化的环境价值转化为现实的财政激励措施的一种利益驱动机制

综上所述，耕地生态补偿，是指为了保护耕地的生态系统服务功能，以经济手段为主，调节耕地相关者之间利益关系的制度安排，即通过对耕地生态受益者（或者破坏者）收费和对耕地生态保护者（或者放弃发展机会者）补偿，使得外部性内部化。最终调整私人成本与私人收益，实现社会成本与收益的一致。

对耕地生态补偿内涵的理解应包括两个方面：一方面是对耕地资源生态系统本身的补偿，即对已经遭受损害的耕地生态系统进行恢复和重建；另一方面是对人的补偿，即为保护耕地生态系统做出贡献者或放弃发展机会者进行经济补偿，使得由耕地资源公共物品属性带来的外部性内部化，将耕地资源的生态价值纳入耕地资源的利用收益中。[1]

二、福建耕地生态补偿的立法实践

（一）国内耕地生态补偿的立法实践

在耕地生态补偿的实践方面，中国的起步较晚，在国家耕地资源生态保护政策的推行下，中国部分区域也开始逐步进行了改革试点探索。上海市为了推动农业的现代化发展和转型升级，在2009年实施了《关于本市建立健全生态补偿机制的若干意见》和《生态补偿转移支付办法》两个有关耕地生态补偿的政策；[2]吉林、陕西、河北、安徽、云南等省份基于当地农业土地资源的状况，在地方政府的主导下已经有耕地轮作休耕的实践探索；[3]2016年，原农业部等十部委联合印发了《探索实行耕地轮作休耕制度试点方案》，河北等地开始探索耕地轮作休耕的试点改革工作，这一项试点方案的实行，代表着我国从国家层面开始了耕地生态补偿的试点探索。目前从试点规模看，试点面积由41.07万公顷扩大到200多万公顷，试点省份由9个增加到17个，累计实施休耕轮作超过666多万公顷/次，推广保护性耕作466多万公顷，让耕地得到休养生息，土地综合生产能力得到保护。[4] 2021年，中共中央办公厅、国务院办公厅印发了《关于深化生态保护补偿制度改革的意见》，将耕地保护补偿机制纳入生态保护补偿制度，明确要求“完善以绿色生态为导向的农业生态治理补贴制度。完善耕地保护补偿

〔1〕 沈满洪、魏楚等：《完善生态补偿机制研究》，中国环境出版社2015年版，第148页。

〔2〕 杨依卓、付坚强：《我国耕地生态补偿法律制度的实践探索——以苏州为例》，载《农村实用技术》2020年第3期。

〔3〕 毕淑娜：《耕地轮作休耕制度中美比较分析——基于生态补偿效率的思考》，载《地方财政研究》2018年第9期。

〔4〕 刘玲：《休养生息背景下福建省耕地保护生态补偿制度研究》，载《台湾农业探索》2022年第6期。

机制,因地制宜推广保护性耕作,健全耕地轮作休耕制度”。经过这一系列实践,试点改革区域的耕地生态补偿已经取得了一定的成效,促进了试点区的耕地生态系统保护与修复,这些区域的探索也为其他区域实施耕地生态补偿提供了良好的示范和借鉴,对相关制度的建立健全也给出了较好的实践经验。[1]

刘利花、杨彬如曾以中国各省为例,采用当量因子法和功能价值法相结合的方法,全面系统地分析了中国各省耕地生态系统服务的正、负面价值,研究结果表明:排除海南省及香港、澳门特别行政区后,剩余省级行政区中,耕地生态补偿标准较高的5个省(市)分别为上海、福建、江苏、广东、浙江,相对较低的省级行政区为山西、宁夏、青海、甘肃、西藏,最高值的上海是最低值西藏的202.02倍。结合各省级行政区的耕地面积,可以得出各省级行政区的耕地生态补偿额度,有24个省级行政区的补偿额度占省财政收入的比重小于15%,其中,有15个省级行政区的补偿额度占省财政收入的比重小于10%;7个省级行政区的补偿额度占省财政收入的比重大于15%。黑龙江、广西、吉林、河南、湖南、内蒙古、云南是7个补偿额度占省财政收入的比重大于15%的省级行政区,原因在于这些省级行政区的耕地面积大,是我国粮食主产区,尤其是黑龙江,其耕地面积在全国位列第一,耕地生态补偿额度占财政收入的比重最高,接近30%。[2]

在法律法规方面,我国《土地管理法》第四章规定了耕地保护的内容,主要内容为对占用耕地数量的补偿,其中也提及关于耕地生态保护,但条文数量较少。《基本农田保护条例》也只是规定了占用基本农田数量的保护,对农田生态补偿问题未涉及;《农业法》

---

〔1〕 刘玲:《休养生息背景下福建省耕地保护生态补偿制度研究》,载《台湾农业探索》2022年第6期。

〔2〕 刘利花、杨彬如:《中国省域耕地生态补偿研究》,载《中国人口·资源与环境》2019年第2期。

中有几处涉及农业生态环境的内容，但只是提到政府的监管和保护义务，并没有与耕地生态补偿相关的事项。

另外，在鼓励和优惠措施方面，我国法律中有对肆意破坏耕地的行为进行惩罚性或者一些禁止性规定。在《环境保护法》中规定，对保护和改善生态环境有突出贡献的单位和个人，由当地人民政府提供奖励，条文中对耕地保护做出贡献的鼓励的规定并未细化。在《土地管理法》和《基本农田保护条例》中，奖励措施也未得到具体化。

面对纷繁的问题，全国各地也对农田生态补偿机制做过实践探索。为切实保护耕地，保障承担耕地保护任务者的利益，确保经济社会可持续发展，2012 年 5 月，东莞市对基本农田实行经济补偿，由市财政每年按照 500 元/亩的标准进行补贴，专项用于农田建设、农业开发和公共管理支出。[1] 2015 年 3 月，中山市人民政府办公室印发了《中山市耕地保护补贴实施办法》，该办法于 2019 年 1 月修订，修订后的办法第 5 条明确规定："补贴标准与中山市经济社会发展状况相适应，基本保持同步增长模式，根据生态补偿工作动态评估进行周期性调整：（一）划入基本农田保护范围的耕地，2018 年至 2022 年分别按照 212、225、239、253 和 268 元/年・亩的标准予以补贴；（二）基本农田以外的其他耕地，2018 年至 2022 年分别按照 106、112、119、126 和 134 元/年・亩的标准予以补贴。" 2016 年 1 月，昆山市人民政府印发《昆山市生态补偿实施办法》，明确对昆山市范围内的基本农田、水稻田的补偿标准：基本农田每亩补偿 100 元、水稻田每亩补偿 700 元。

（二）福建耕地生态补偿的立法实践

仅就福建耕地生态补偿实践而言，2000 年以来，福建坚持落实

---

〔1〕《东莞市下拨 6.3 亿对基本农田经济补偿》，载广东省农业农村厅官网，https://dara.gd.gov.cn/snnyxxlb/content/post_1485298.html。

耕地占补平衡责任,严格遵守耕地占补平衡三个原则,严格实行“耕地数量、水田面积、粮食产能”三项指标核销制,落实“先补后占、占一补一、占水田补水田”,保证耕地占补的数量及质量。通过土地整治进行补充耕地,严格补充耕地的计划管理,强化新增耕地的质量保证,截至 2020 年已连续 20 年实现耕地的占补平衡,完成国家下达的 126.33 万公顷耕地保有量目标;同时,强化管理健全机制,划定了 107.27 万公顷的永久基本农田保护,坚持实施耕地质量保护与提升,推进高标准农田建设,开展耕地质量调查评价,大力提升耕地地力,福建全省耕地质量状况得到持续改善。

在耕地保护和生态补偿方面,2016 年制定的《福建省人民政府关于健全生态保护补偿机制的实施意见》(闽政〔2016〕61 号)中明确提出各类耕地生态补偿的具体措施,按照各地承担的基本农田实际保护面积,安排基本农田补贴、加强高标准农田建设、加强土壤污染防治工作、探索农业生态治理补贴制度、选取地市级以上农业产业化龙头企业和列入省级规范社名录的农民合作社等开展绿色生态农业补贴试点。2022 年的《福建省综合性生态保护补偿实施方案》(闽政办〔2022〕51 号)提出以县为单位开展综合性生态补偿,根据考核指标进行耕地生态补偿行为的具体实施。

同时,福建省坚持将耕地保护作为保证粮食安全的基础性工作,严格落实土地整治、高标准农田建设、耕地补贴和规模种粮补贴等政策措施。一是设立土地整治专项补助资金,2022 年省财政通过预算安排资金 6.57 亿元统筹用于补充耕地、耕地提质改造、永久基本农田保护与建设等支出。二是在中央财政补助资金的基础上,省级财政配套安排相应资金用于推进高标准农田建设,全省每年安排相关资金超 40 亿元,用于高标准农田建设、粮食产能区建设等,持续提升耕地地力等级,改善耕地基础设施,挖掘潜力增加耕地。三是加大对规模种粮的补贴力度,以确权耕地面积为依据,向拥有耕地承包权的种地农民发放耕地地力保护补贴,向实际种粮农民发放一次性补贴,弥补农资成本上涨带来的增支影响,2021年合计下达13.5亿元,推进耕地地力保护补贴与农民保护耕地责任相挂钩。[1]

总体而言,福建省作为我国东南沿海的重要省份,其耕地资源对于保障粮食安全和生态环境具有重要的意义。然而,由于经济发展和城市化进程的推进,福建的耕地面积受到了一定的压力。为此,福建省政府采取了一系列的耕地生态补偿措施,以保护耕地资源,维护生态环境,促进经济社会可持续发展。首先,福建省政府实施了耕地保护制度,对耕地进行了严格的保护,限制了非农建设对耕地的占用。同时,对因公共利益需要而被占用的耕地,实施补偿制度,以保障农民的权益。其次,福建省政府推行了耕地质量提升项目,通过科技创新和技术引进,提高了耕地的生产力,同时也提高了耕地的生态价值。这些措施不仅提高了粮食产量,也有利于保护和改善生态环境。最后,福建省政府还探索了市场化的耕地生态补偿机制,通过政策引导和经济激励,鼓励农民参与耕地保护和生态建设,实现了经济效益和生态效益的双重提升。

第二节 福建耕地生态补偿:理论探究与问题分析

一、耕地生态补偿制度的理论探究

一直以来,传统理论对耕地价值的认识只是单纯地停留在耕地经济价值的层面上,而忽略了耕地所拥有的涵养水源、维持土壤肥力、美化净化环境、水土保持等生态功能以及保障粮食安全和社会稳定的社会功能,而耕地资源经济、社会和生态价值三者的有效统一、有机结合才是最理想的状态。

---

[1] 刘玲:《休养生息背景下福建省耕地保护生态补偿制度研究》,载《台湾农业探索》2022年第6期。

多年来,国外有关耕地生态补偿市场机制方面的研究工作陆续展开,1986 年美国政府农业生态保护的主要措施是休耕计划,主要内容是农民主动提出与政府签约要求,将那些生态脆弱或者不适于耕作的耕地转为草地、林地或停止耕作,政府对参加休耕计划的农民进行补偿。德国十分重视本国的生态农业,注重耕地的净化空气、涵养水源、保持土壤肥力、旅游观光价值等生态系统服务功能,而且在土地利用规划中也强调耕地的生态功能。德国在保护耕地数量、农地转为非农用地的过程中,也注重对耕地质量的保护,防治耕地生态环境的污染和破坏,实施环境友好型的农业生产方式,建立绿色、生态、安全可持续的农业发展体系。在理论研究方面罗尔丹·穆拉迪恩(Roldan Muradian)等认为生态补偿协议是建立在土地管理行为和农田生态系统产出这一关系基础上的。这种关系存在一定程度的不确定性。范诺德韦克(Van Noordwijk)和贝利亚·莱莫纳(Beria Leimona)等都认为生态补偿能够使生态服务的提供者和维护者的利益得到确保,使土地管理者和生态服务的使用者达成一致,处于和谐状态。

目前国内也有关于耕地生态补偿或者农田生态补偿的提法。传统经济学对农地价值的认识仅仅停留在单纯的或狭义的经济价值(农产品价值)的基础上,忽视了农地所拥有的生态功能、景观功能、食物安全以及世代公平等社会价值与生态价值,以及耕地价值应体现耕地的经济价值、社会价值和生态价值。为了更好地保护耕地资源,学者们从不同的角度研究耕地资源的生态价值,为耕地生态补偿机制的建立打下了坚实的基础。牛海鹏在耕地资源保护外部性测算中,核算了耕地资源的生态效益。宋敏在对湖北农地资源外部性价值量估算时,尝试估算生态服务价值。李秀霞等从完全资源价格角度出发,探讨了农用地生态价值构成,并利用资源环境经济学的影子价格法、市场替代法、碳税法对其生态价值进行评估。李翠珍和孔祥斌等探讨了耕地资源经济价值、社会保障价值、生态价值的估算方法，并计算出北京 2005 年的生态价值为 70.87×10^8 元。由于生态价值供给能力总体呈下降趋势，生态价值的总体需求和多元需求呈不断增长趋势，所以需要保持和提高耕地表面的植被覆盖度，为此政府有必要对农民因种植耕地给予其一定的生态补偿。张效军从区域需消耗耕地和实际耕地盈余与赤字方面提出补偿标准。从耕地保护和粮食安全角度考虑，朱新华把外部性补偿界定为粮食主产区和粮食主销区之间的经济关系。蔡银莺和张安录通过对农地非市场价值进行货币化计量后认为征地补偿制度不合理，并将其纳入资源成本核算体系。

一些学者从理论上探讨耕地生态补偿。曹明德从土地资源生态补偿概念着手阐述土地生态补偿实现模式和土地生态补偿的基本法律制度。田春和李世平从耕地资源生态补偿的必要性、合理性和有效性三个方面进行分析。杨永芳总结了国内外的土地征收补偿中都存在生态补偿缺失的问题，认为应当建立有效的市场化运作手段，通过对农地生态价值的正确评估，公平、合理地补偿失地农民的损失。俞奉庆和蔡运龙认为耕地资源价值重建为农业补贴政策提供了理论依据和实施标准，农业环境补贴作为耕地资源生态价值的实现应补贴给农民。

生态补偿的标准是补偿机制建立的核心问题，也是外部性内部化的一种直接方式。补偿标准关系到补偿的力度和补偿效果，确定补偿标准时除了依据合理的核算技术工具外，还需要考虑支付能力、土地资源特征、环境背景和主体生态环境的认知等因素。目前的补偿标准较低，以耕地价值核算其是现在征地补偿标准的 2.51 倍。章锦河分别以居民退耕还林还草的直接收益损失、退耕还林还草的生态效益、旅游者与当地居民的生态足迹效率差确定补偿标准，最低是直接收益损失，户均应补偿 2159 元，人均应补偿 472 元。要确定合理补偿标准，必须对保护区生态系统服务价值要有较完善的认知和评估。[1]

二、福建耕地生态补偿的问题剖析

(一)耕地生态补偿主体范围不明确

在法学视角下,耕地生态补偿主体就是在耕地生态补偿过程中承担补偿义务和享受补偿权利的主体,根据权利与义务相一致原则,补偿义务的承担者通常为耕地生态保护的受益者,受偿权利的享受者通常为耕地生态环境的保护者。在当前福建耕地生态补偿法律制度中,对补偿主体与受偿主体范围尚未明确规定,主体间的权利与义务难以落实,耕地生态保护过程中产生的主体利益不平衡问题亦难以得到公平解决。

耕地资源关乎社会公共利益和国家粮食安全,目前无论是在耕地生态补偿法律制度还是实践中,都更加注重耕地作为公共物品的属性,因此补偿主体普遍被认为是省级、市级、区(县)级的政府或政府部门,其代表国家承担补偿义务。当前福建对耕地补偿主体的规定大多模糊带过,仅提及国家承担耕地生态补偿的义务,而未明确划分不同等级、不同部门的国家机关和地方政府的义务和责任,也未提及其他类型的补偿主体。由于耕地生态补偿涉及的政府职能部门数量繁多,模糊的标准会导致部门之间分工不清晰,职能分散交叉,实践中经常出现受偿主体意图上访却难以找到主管部门的情形。除了政府应作为补偿主体外,在 2021 年出台的《关于深化生态保护补偿制度改革的意见》中再次强调了"受益者付费"原则,从耕地生态保护中受益的不仅有政府,还有其他组织和个人,但目前在地方性法规及 2020 年的《生态保护补偿条例(公开征求意见稿)》中均尚未对其他类补偿主体作出详细规定,这显

[1] 马爱慧:《耕地生态补偿及空间效益转移研究》,华中农业大学 2011 年博士学位论文,第 28 页。

然缩小了耕地生态补偿主体的范围，违背了权利义务相一致的法律原则。

由于耕地上的权利主体具有复杂性，耕地生态补偿法律关系中的受偿主体范围在实践中也往往难以明确界定。从当前我国各省市已经开展的耕地生态补偿实践试点来看，受偿主体主要是农户和村集体组织，但如果仅将上述主体纳入受偿范围，难免有些片面。随着近些年来农村生产力的发展，我国调整了农村生产关系以便与其相适应，实行土地所有权、承包权、经营权的“三权”分置。同两权分离的情形相比，“三权”分置下耕地生态受偿主体范围的界定会更加复杂。放开土地经营权以后承包人和经营人往往并非同一个人，在一处耕地上可能存在多个并存的权利主体，土地经营者同时也会受到耕地开发利用的限制，因此仅将农户确定为受偿主体显然有悖于公平原则，可能忽略真正的耕地生态保护义务承担者，主体的合法权益很难得到保障。

（二）耕地生态补偿标准不合理

我国地广物博，人口众多，不同地区的耕地土壤质量、耕地生态状况、农作物产量等都有所差异，相应的耕地生态价值也有所不同，而耕地生态价值对于确定耕地生态补偿标准具有重要意义。

当前中央尚未出台其他关于生态补偿标准的法律或规范类文件，地方政府在设置耕地生态补偿标准时通常参考其他地区条例或政策中的相关规定，经济发展水平接近的地区大都采取“一刀切”的补偿标准，未考虑地区耕地资源禀赋、生态价值、补偿主体支付能力等因素的差异性。此外，在国家发改委 2020 年起草的《生态保护补偿条例（公开征求意见稿）》中规定“国务院财政、农业农村主管部门应当根据轮作休耕区域原有种植收益、土地管护投入等确定轮作休耕补偿标准”，此条规定仅将耕地的经济价值和保护性投入作为核算补偿标准的依据，并未参考耕地生态价值的评估结果，因此亦缺乏合理性。

在经济学视角下,耕地生态保护过程中会产生一定的外部性,如果不将外部性价值内部化,则极易导致利益和资源在主体间分配不公平,从而造成利益关系的失衡和资金、技术等资源的低效利用等。在法学视角下,耕地生态补偿法律制度需要以法律的形式确保耕地生态利益在主体间的公平分配,保障社会公平和环境正义,合理的补偿标准恰恰是实现利益公平分配的重要前提。然而当前一些补偿标准的制定结果有违公平原则,导致耕地生态补偿制度徒有其表,有些地区存在低补偿甚至无补偿的情形,农户的切身利益得不到保障,此种牺牲农户利益换取耕地生态利益的情形显然损害了耕地生态保护主体的受偿权。

综上所述,目前我国不同试点间的耕地生态补偿标准相差不大且较为笼统,各省市在制定标准时缺乏科学的量化和核算依据,往往以耕地的经济价值为参考且忽视地区耕地生态价值、经济发展水平、补偿主体支付能力等因素,耕地生态补偿也难以达到预期效果,因此制定合理的耕地生态补偿标准,向耕地生态保护义务主体发放应得的利益补偿是我国耕地生态补偿法律制度需要解决的重要问题。

(三)耕地生态补偿方式单一

耕地生态补偿主体在一定程度上决定了耕地生态补偿方式,由于政府在耕地生态补偿工作中处于宏观指导地位,因此耕地生态补偿方式也带有强烈的行政色彩。耕地生态补偿方式分为资金补偿、实物补偿、技术或教育补偿和政策补偿4种,前两者补偿属于直接补偿,也是现阶段采用最多的方式,一经发放便能直接见效,可以解决农户的燃眉之急;后两者则是出于长远发展考虑,通过间接补偿的方式帮助耕地生态保护者,此类补偿方式虽不像资金或实物补偿那样可以在短期内立即见效,却能产生更加深远的影响。

当前福建在耕地生态补偿过程中存在一定的问题,主要表现在过度依赖行政手段。具体来说,补偿过程往往依靠政府发放资金,而忽视了结合市场等其他手段为补偿方式增添可能性。然而,至今中央或地方政府尚未在法律中对其他补偿方式作出规定,也未以法律形式完善相关配套制度。因此,在实践中耕地生态补偿方式仍以资金补偿最为普遍,通常由地方政府直接向耕地生态保护者发放补偿资金或是减免税收等。相对而言,技术指导和政策扶持类的补偿方式则应用不够广泛。这种行政主导的资金补偿方式在短期内或许能取得一定成效,但由于其单一输血式的补偿方式可能会使资源配置的效率大打折扣,长远看来其在保证耕地生态补偿的可持续性方面作用甚微。

除了上述问题外,资金来源的充足与否也是一个关键因素,它直接影响到资金补偿效果的实现。当前福建的耕地生态补偿资金大都来自政府财政的拨款。这一现象揭示了一个问题,即财政拨款作为补偿资金来源的重要支柱,地方政府通常面临较大的财政压力。更为关键的是,资金来源的单一化难以保证耕地生态补偿资金链维持稳定,从而令耕地生态补偿的实际效果充满不确定性。这种情况不仅降低了农户对耕地生态补偿的期待值,而且使耕地生态补偿制度的运行难免受到掣肘,进一步加剧了实施难题。

综上所述,在补偿过程中市场主体的弱化使耕地补偿缺乏资金来源,且不易发展出多样化的补偿方式。此外,不同地区不同情况的耕地,地方性法规或政策中也往往对其规定单一的补偿方式,“一刀切”的补偿方式令补偿效果大打折扣,不尽如人意。

(四)耕地生态补偿监督不到位

耕地生态补偿工作涉及巨额资金的筹集与发放,资金发放的公平与否关乎受偿主体的切身利益,同时,在市场主体参与补偿程序的情形下,外部效应的存在易导致市场失灵,进而造成补偿资源配置不合理,令耕地生态补偿效率低下。因此,为了保障受偿主体的合法权益,实现耕地生态补偿程序公平高效地运行,建立有效的耕地生态补偿监督体系至关重要。

在当前福建的耕地生态补偿程序中,政府不仅是补偿主体,还是主要的监督主体。由于政府财政部门本身就负责资金筹集和发放工作,如果还承担审核申报材料、监督补偿资金的重任,财政监督"一把抓"难免有失公允。虽然《生态保护补偿条例(公开征求意见稿)》第24条、第25条规定国家、地方各级政府建立生态保护补偿工作联席会议制度,对生态保护政策实施效果进行年度评价,该规定中的联席会议制度可为耕地生态补偿提供保障机制,对补偿工作起到一定的督查和激励效果,但是该制度仍难以从根本上起到监督政府权力的作用。目前学界对联席会议制度的内涵界定较少,但均认同联席会议制度具有自愿性、协调性和平等性的特点,因此该制度的实质为相互独立的政府部门、地方政府间为解决问题而自愿召开会议的协调合作机制,纵观政府间联席会议制度的运行现状,可以发现在各地政府存在共同利益的事项上,如食品安全、科技创新等领域,联席会议往往能够发挥较大作用,而在耕地生态治理、环境保护等各地政府存在利益博弈的事项上,地方政府联席会议制度往往难以发挥效用。由此可见,该条款依然未能真正改善耕地生态补偿制度中监督不力的现状。

实践中参与耕地生态补偿工作的政府部门数量较多,包括农业、国土、环保和财政等部门,多个部门之间分工不清,耕地生态补偿的管理链条被分割得较为严重。为进一步落实政府的耕地生态补偿义务,有必要对政府及其部门职权进行全方位的监督。在行政监督方面,目前地方政府出台的生态补偿条例尚未设置专门机构对政府权力进行监督,基于促进本地区经济发展的考虑,众多政府部门很可能从自身利益出发,在责任上相互推诿,难以形成分工配合、相互协作的高效机制,巨额资金的诱惑之下亦有可能滋生权力的腐败,难以确保补偿资金筹集和发放流程的公平公正,公众利益得不到切实保障。

除了行政监督不到位外，社会公众参与机制也不健全，而及时获悉耕地生态补偿信息是社会公众参与耕地生态补偿管理与监督的基础。2014年修订《环境保护法》时将公众参与作为基本原则，但目前耕地生态补偿中的公众参与主要围绕耕地保护和补偿的宣传教育开展，不涉及公众具体的补偿监督权和意见反馈途径，如在《生态保护补偿条例（公开征求意见稿）》中仅规定应通过展览展示、经验交流等形式加强生态补偿的宣传。此外，在信息公开方面，各省市在制定的地方生态补偿条例中均未提及耕地生态补偿信息公开的主体、发布的途径、公开的内容以及不公开需要承担的法律责任，补偿流程不透明难以保障公众对耕地生态补偿信息的知情权，无法形成有效的社会监督。

综上所述，监督机制是保障法律制度运行的一项重要措施，也是构建法治社会的关键。然而在我国现行的耕地生态补偿程序中，弱化了监督机制的作用，无论是对受偿主体的审查，还是对补偿资金的发放，抑或是对补偿效果的复核，都缺乏一套严格有效的监督追究机制。

（五）耕地生态补偿责任追究机制不完善

为保障耕地生态补偿法律制度公平、公正的运行，除了需要建立有效的补偿监督体系外，还需要建立系统的责任追究机制。然而现阶段福建耕地生态补偿法律制度中对相关补偿法律责任的规定并不全面。《生态保护补偿条例（公开征求意见稿）》中的责任条款虽然增加了几项责任，但更像是将各省市条例中的相关责任条款予以叠加，主要集中在对受偿主体未按要求履行耕地保护义务的责任追究方面，对耕地生态补偿其他环节的违法行为尚未作出明确的法律责任规定，因此很难对补偿中的其他违法行为予以全面规制。

此外，立法中对耕地生态补偿法律责任的性质尚未以条款形式予以清晰认定，导致实践中往往将耕地生态损害赔偿责任与耕地生态补偿责任相混淆，盲目套用《民法典》《刑法》中部分污染耕地生态环境的责任条款对生态补偿中的违法行为予以规制。例如，《民法典》侵权责任编第七章规定污染环境或损害生态的主体需承担修复或赔偿责任，此类侵权行为对应的民事责任应定性为生态受损的事后救济，而非保护生态的事前救济，因此该条款规定应为生态损害赔偿责任，而非生态补偿责任；另外《刑法》第338条、第342条分别规定了污染环境罪、非法占用农用地罪，对符合侵害农用地犯罪构成要件的违法行为予以刑事处罚，此类刑事责任虽在一定程度上具有保护耕地生态的作用，但仍属于耕地生态受损的事后救济手段，因此该类违法责任和违反耕地生态补偿法律制度的行为不具有对应性。从法律目的的角度来看，耕地生态损害赔偿责任与耕地生态补偿责任存在清晰的制度界限，前者的目的在于惩罚违法主体，弥补违法主体对耕地生态环境造成的破坏，属于生态受损的事后救济手段；后者则是通过生态受益者向生态保护者提供利益补偿性措施，从而保证耕地生态保护利益的公平分配，进而实现保护耕地生态的目的，它既非环境治理的手段，也非污染赔偿的手段。由此可见，若立法中不对耕地生态损害赔偿责任与耕地生态补偿责任在条款上作一定区分，易导致实践中掉入法学杂糅主义的陷阱，以生态损害结果作为追究生态补偿责任的判断依据，使侵害补偿权利或不履行补偿义务的违法行为得不到及时规制。

综上所述，当前法律中对耕地生态补偿责任规定不全面且未对其予以明确定性是导致补偿责任追究机制不健全的重要原因，责任追究机制不健全会大大降低违法成本，个人利益和公众利益也很难在补偿程序中得到保障。

第三节 福建耕地生态补偿制度的完善路径

一、耕地生态补偿制度的他地经验与借鉴

(一)美国——自主参与式

美国一直以来都非常重视耕地生态资源和耕地生态环境保护,制定了很多具有耕地生态补偿性质的法律法规及政策,包括《土壤银行计划》《紧急饲料谷物计划》《耕地保护储备计划》《农业法》《农场安全与农村投资法案》等,形成了较为完备的法律法规体系。

1. 补偿界限:补偿主体与受体多元并可相互转换

美国耕地生态保护补偿的主体与受体非常多元,在自愿参与基础上充分尊重"受益者付费原则"与"破坏者修复原则",政府、企业、社会组织、自然人等均可能成为补偿的主体,也可能成为补偿的受体,彼此之间可以相互转换,相互间权利义务的认定单纯依据相关法律法规及规章制度。比如,政府既可以有效利用国家财政等公共支付对保护耕地生态资源与耕地生态环境的农民进行补偿,降低化肥农药不合理使用、粗放式农业耕作等行为对耕地生态资源与耕地生态环境的破坏,成为耕地生态保护补偿的主体;同时,政府也可以对利用耕地生态资源进行生产营利的自然人、社会组织、企业等征收相应的环境税费,他们因此成为耕地生态保护补偿的受体。并且,对耕地生态保护补偿主体、受体的认定,美国会综合考虑其各方利益,全面平衡耕地生态资源及生态环境的保护者、使用者、破坏者、管理者与服务者之间的矛盾。

2. 参与方式:一般申请与不间断申请相结合

农地休耕(CPR)作为耕地生态保护的重要方式,是美国的一项基本农业政策,包括一般申请与不间断申请两种。政府推出CPR,但对补偿标准、补偿方式等不作具体规定,对项目有意向的农

民自主提交申请书,在申请书中对农地面积、地理位置、利用方式、补偿额度等具体内容进行商定;政府部门综合权衡申请地块进行休耕的环境效益与申请者的相关要求后做出选择;双方协商一致即可签订合同。一般申请较不间断申请严格,在申请时间、申请条件方面做出限制,农业部在收到申请书后会依据6项评估指标(农地类型、农地面积、耕作历史、土壤侵蚀程度、期望补偿额度、休耕期间管理规划)进行评估,将最具有成本效益且急需采取生态保护措施的农地纳入CPR。纳入CPR的申请者与农业部签订为期10~15年的合同,履行双方约定的关于耕地生态保护与补偿资金发放等方面的义务。不间断申请在申请时间、程序上没有特别的限定,符合项目条件,接受项目补偿标准即可参与,主要针对环境极度脆弱和容易遭受土壤侵蚀的农地,比如农田缓冲区。虽然申请者可以对两种申请方式进行自由选择,但是一旦签订合同,中途违约则要返还所有补偿金并缴纳罚款。

3.运行保障:严格农业用地管理和环境影响评价

美国农业用地管理实行分权制,依据《区划法规》,联邦和州对农地用途进行管制,管理内容由法律规定。为了防止农业用地非农化,美国实行农业资源保护地役权购买制度(PACE),对农业用地征用严格遵循以公共利益为准则,履行法定审批程序,并需进行相应补偿,同时对农地利用进行科学规划。规划过程中要一并进行环境影响评价,预估用地行为的环境影响。不同主体在环境影响评价中承担的责任有所差别,国家土地局要出于保护国家自然生态资源的目的对所辖范围内的农业用地进行环境影响评价;州、地方政府则依据相关法律法规及地方性规章政策科学引导环境影响评价的开展;个人在农地交易前期则要配合进行环境影响评价的相关调查。总之,不同主体均要明确并承担自身的环境责任,通过各种措施及时调整用地行为,遏制农地生态资源受损或农地生态环境破坏。

(二)加拿大——项目激励式

加拿大是世界上第二大粮食援助输出国,其发达的农业与自身农地保护补偿计划关系紧密。加拿大根据农民种植行为规律、土地利用类型、生态环境保护等因素有针对性地设立具有耕地生态补偿性质的项目,在激励公民合理耕种的同时保护耕地生态环境。其中,最为主要的是农户收入提高项目与农地环境激励项目。

1. 补偿项目理念:以市场为导向

最初,加拿大只是针对特定商品采取农地保护补偿措施,其补偿标准的高低取决于该种商品的最终收益。由于不同种类商品会有不同的价格,因而农地补偿水平存在较大差异,这迫使农场主及相关种植者被动进行品种选择。此时的农地补偿并不具备生态补偿的意味,更多的是为了追求经济利益。另外,作为粮食输出大国,对特定商品的补偿抑或是补贴很容易触犯世界贸易组织(WTO)的"黄箱"政策,降低其农产品国际竞争力,并且这种补偿措施也不能从根本上解决本国农业收入问题。于是在20世纪90年代,加拿大将农地保护补偿重点从个别商品补偿转向了"整个农场"补偿计划,有效对接《WTO农业协议》。补偿计划也不再单单关注农产品抑或是商品数量,转而更加关注农产品质量,同时,注意到农地自身生态系统平衡与农地可持续利用模式的发展,要求在保障农民收益的前提下,协调好"经济—社会—环境"的有序发展,及时应对市场变化。

2. 补偿项目运行:多元主体参与

加拿大农地保护补偿制度的实施主体非常多元,包括联邦政府、省、市、区域以及与农业、耕地、环境相关的行政管理部门。项目申请及实施相对灵活,实施主体间既可以联合提出,也可以单独提出;既可以提出全国性的补偿项目,也可以只提出区域性的补偿项目。为了使农地保护补偿项目能够具备充分的人力、物力、财力,保障其高效运行,加拿大政府充分调动社会力量——联合企业、高校、农户、农业金融服务公司等社会主体,化解农地保护补偿项目中遇到的资金压力、人才缺口、技术难题、市场需求等一系列问题。其中,农业金融服务公司经省政府批准在全省范围内设立有50个办事处,很大程度上分担了政府的工作量,并且提高了项目实施的针对性。例如,在安大略省诺福克县(Norfolk)运行的一项农业环境激励项目——可替代土地利用计划(Alternative Land Use Services Program,ALUS)就是大力集合了社会各界力量开展的,目前经过监测,该项目已经使耕地生态环境有所改善,同时提高了当地农民的收入。

3.补偿项目权责:激励考核并行

加拿大推行自愿农地环境计划,建立激励与考核并存的补偿机制,保障权利与责任并行。农户出于自身意愿既可以选择参加或者不参加农地生态补偿或生态保护项目,也可以选择参加项目的类别。但一旦选择参加某一农地生态补偿或生态保护项目,就必须遵守该项目所规定的规章制度,承担相应的农地生态环境保护责任。例如,加拿大对农地环境激励计划设置了非常高的准入门槛,必须经过严格审核才能成为该项目的实施者。ALUS是加拿大一项针对环境敏感性土地生态保护开展的计划,项目预先设定要求,只有符合该项目提出的要求才能进行申请,申请通过者要与项目委员会签订协议,协议执行过程中每3年农户可以自主选择继续还是终止计划,项目组根据生态服务的保护与维持情况按照不同标准对农户进行补偿,通过绩效奖励的方式激励农民继续维持现有的生态服务并创造生态服务。

(三)日本——政府主导式

日本耕地资源稀缺,向来重视耕地生态保护,自1949年《土地改良法》颁布以来,制定并出台了130多部土地管理相关的法律法规。受历史、政治、文化等因素影响,日本在耕地生态保护、土地利用开发、土地用途管制等方面表现出中央集权的传统性质,即政府发挥主导作用。在保障自身经济快速发展的同时较大程度地减少用地代价的付出,因此其耕地生态资源与耕地生态环境保护方面的经验值得我们借鉴。

1. 农地利用管制制度上位措施:农村规划

日本农地最适宜种植的作物是水稻,稻田的科学合理耕种不仅可以保障本国粮食供应,还可以促进生物多样性保护,水土保持,进而达到保护耕地生态资源与耕地生态环境的目的,彰显生态效益。为了最大程度地保护农地,平衡经济发展与生态保护之间的关系,日本制定了较为完备的农地利用管制制度,与土地利用管理法律体系相互促进。通过农村规划,从整体上协调农地利用管制方面的各种利益冲突及矛盾,比如农村地域经济、社会、生态发展的矛盾,农村地域农民生产、生活与生态环境保护的矛盾。目前,农村规划法律体系基本建立,包括《国土利用规划法》《集体地域整备法》《农业振兴地域整备法》等主体性法律,形成三大规划层次,为农地生态保护提供了扎实的制度基础。

2. 农业振兴地域整备制度:优良农地保护制度

优良农地保护制度是为了协调农业用地与非农业用地在土地利用规划中的矛盾关系,最大程度地实现国土资源开发利用的合理化、规范化。与此同时,要时刻确保农业生产能够有充足的农用地,特别是要保障耕地的产出与耕地生态资源的有序持久利用。统合耕地在农业生产能力、农业产出效益、农业生产选择性范围、农业生产结构调整、耕地生态系统平衡之间的关系。将如何合理地规划农业用地,进一步完善农业生产基础设施,促进农地保有合理化事业,特别是耕地生态资源保护作为重要计划任务。对各个地域的农用地,包括耕地进行用途划分,明确耕地除粮食生产功能之外的生态效益与社会效益价值,据此拟定农用地利用计划。总而言之,日本农业振兴地域整备制度的核心是要保护有限的优良农地,特别是耕地生态资源,正因为日本长期坚持该制度,才确保了耕地生态资源与耕地生态环境得到制度化保障，从长远维护了耕地生态效益。

3.耕地生态保护结构性长效机制：土地利用规划制度

从历史的发展角度来看，日本在"二战"后经济高速增长，工业化进程加速，国家认识到综合整合土地资源的必要性，围绕农村与城市的《农振法》与《城市计划法》应运而生，形成农村土地利用规划制度和城市土地利用规划制度。1974年《国土利用计划法》的出台标志着土地利用计划制度的真正建立。日本的土地利用规划可以分为4个类型。不同层次规划间相互协调，统一于国土资源的有效利用，成为耕地生态保护的结构性长效机制。国土综合开发规划和国土利用规划是政府从宏观上通过政策指导对国土资源用途进行合理限定的表现，即明确土地资源利用的原则、方针、数量、实施措施等。土地利用基本规划与部门土地利用详细规划则是为了从细节方面逐步落实政府关于农地生态保护以及其他用地方面的政策。土地利用规划制度的建立与完善为耕地生态资源与耕地生态环境保护制度的实施提供了保障措施，为生态效益的优化建立了长效机制。

可见，耕地生态补偿是协调国家粮食安全与耕地生态保护的重要方式。综合考虑我国国情，对国外耕地生态补偿法律制度的形式特点进行比较分析，进一步转变补偿理念，提炼出对我国耕地生态补偿法律制度构建及完善有借鉴意义的对策如下。

（1）转变补偿理念，统筹农业农村共同发展

补偿理念从保护土地资源转变为健全土地资源与农户、农业、农村"四位一体"的协调机制，这是实现农村经济社会生态可持续发展的基础，亦是耕地生态补偿法律制度良好运行的关键。进行耕地生态补偿模式及方式创新，有利于促进相关金融机构更好地服务"三农"，在竞争的、多元化的耕地生态补偿方式下保障耕地生态保护者获得发展所需的资金，有利于相关利益方满足生产性贷

款，而且有效地解决了目前耕地生态“补偿难”的问题。一方面可以从范围和广度上逐步实现对耕地相关补偿机构的全覆盖，另一方面可以达到有效解决农村、农业发展进程中对补偿产品和服务需求的目标。实现保存耕地综合生产能力和保护耕地生态与环境功能，从而更有效地保障粮食安全、保护农民利益和提高农业竞争力。同时，依靠耕地生态补偿平台，将补偿逐步推广到园地、草地、林地等其他农用地，可促进农村社区、农村经济与农村环境的可持续发展。

(2)健全补偿组织，实现社会化管理

完备的组织机构体系是保障补偿计划科学实施的条件，社会化管理是补偿计划实施的必然趋势。加拿大依靠政府、非政府组织、民间团体与组织、个体等多个主体联合推动农地保护补偿，主体多样化也拓宽了资金来源渠道。美国在农地保护补偿机制中逐渐突出农户角色作用。在耕地生态补偿立法中，注重农民权益保护正是人性要素的最好体现，保障多元主体参与是实现社会化管理的核心。具体而言，首先需要确立有利于农民权益的耕地生态补偿标准。存在两个最为关键的问题：一是土地的原有用途并不只是带来经济效益，其单纯考虑耕地的经济价值而忽视了耕地的生态价值；二是征收土地后所带来的收益与征收前的土地收益存在巨大的剪刀差，补偿标准较低有失公平。基于此种情况，结合美国、加拿大、日本在农地补偿方面的做法，我们认为在耕地生态补偿中，应当综合考虑农民的经济收益与耕地生态价值两项因素，尤其要考虑农民的经济收益问题。在衡量农民的经济收益这一问题时，需要兼顾内部要素与外部要素两个方面：内部要素是指农民自身的行为对补偿产生的影响，应当包括农户经营水平、发展水平和生产效率等；外部要素一方面要权衡耕地资源消费者与耕地资源保护者的收益差距，另一方面要比较农业收入与城镇收入的差距，只有这样的耕地生态补偿标准才能真正保障农民的土地权益，才能体现各个相关利益主体的意志,实现耕地生态补偿的社会价值。

(3)统筹补偿方式,协调政府与市场共同补偿

耕地生态补偿不能单纯依靠政府,因为政府财政毕竟是非常有限的,如果过度依赖政府也是对公共财产的一种无形浪费,加拿大、美国、日本等都通过向社会组织、企业及个人筹集资金的方式拓宽补偿资金的来源,保障补偿的顺利进行,并取得了较好的效果。并且,其补偿是有梯度的,对不同质量的农地分配不同的耕地生态保护任务,依据任务的履行程度有差别地进行补偿,这样更加具有针对性,也更加公平。加拿大通过多元主体参与耕地生态补偿相关项目计划,分别从技术、策划、会计、资金等方面对耕地生态补偿的运行进行全方位保障。我们认为,可以根据补偿主体的差异对农民进行不同程度的生态补偿,具体可以分成国家、社会、乡镇企业补偿三类。在补偿标准上,可以参考不同地区的城乡收入情况以及生态环境破坏程度。与此同时,基于农村生态环境的脆弱性,应当适度提高对农村生态环境造成破坏行为的惩罚力度,只有当环境破坏所要付出的代价或成本高于因破坏环境所带来的收益时,个人或企业才会采取谨慎行为。与此同时,我们可以借鉴美国及加拿大完善的市场主体参与途径及方式,构建安全的“交易”平台,保障耕地生态补偿制度的有效运行。[1]

二、福建耕地生态补偿制度的基本原则

1.“谁保护,谁受益”与“谁受益,谁补偿”相结合的原则。农民在耕作时无条件承担起管理和保护耕地生态环境的责任,在为社会公众提供农产品的同时,无偿提供了农民耕地保护所带来的净化空气、调节气候、美化环境等生态效益。这些效益的受益群体应当为所获得的耕地资源正外部性支付生态补偿金,补偿给保护和

---

〔1〕 刘飞:《生态补偿法律问题研究》,吉林人民出版社 2019 年版,第 84 页。

管理耕地资源的农民,激励他们以后更加积极地投身到耕地生态保护中。

2.“谁损害,谁补偿”与“谁受损,谁受偿”相结合的原则。对耕地生态环境造成破坏的人,应当为自己破坏环境的行为以及为别人承担这种生态破坏而蒙受的损失承担相应的补偿责任。这部分补偿主体应该为其所造成的耕地资源负外部性支付生态补偿金,补偿给相关合法环境权益受到侵害的群体,以激励补偿主体更加科学地利用耕地资源。

3.“社会效益,政府补偿”与“个人效益,私人补偿”相结合的原则。耕地资源的生态系统服务功能具备公共物品属性,社会公众均能从耕地提供的生态服务中受益,理应为自己享受的正外部性效益付费,而政府作为公众利益的代表者,其应代表公众对此社会效益进行补偿。个人在耕地提供的生态系统服务中受益的,应该以私人方式对其进行补偿。如居民消费更喜欢绿色食品和环保的产品,并愿意为此支付高于一般产品的价格,中间的差价可以作为私人的补偿参考价值,将私人对耕地的生态补偿以消费绿色产品的形式体现出来。[1]

三、福建耕地生态补偿制度的具体建议

(一)明确地界定耕地生态补偿的主体范围

耕地生态补偿主体是耕地生态保护补偿法律关系的核心要素,是完善耕地生态补偿法律制度的出发点和归宿。2021 年 9 月中共中央办公厅、国务院办公厅印发的《关于深化生态保护补偿制度改革的意见》中再次重点明确了“保护者受益,受益者补偿”原则,该原则强调受偿权利与保护义务的对应性。从权利义务相一

---

[1] 沈满洪、魏楚等:《完善生态补偿机制研究》,中国环境出版社 2015 年版,第 149 页。

致原则和公平原则出发,结合利益相关者理论和外部性理论界定耕地生态补偿主体范围,保障补偿义务和受偿权利落实到位。

1. 明确界定以政府为主导的多元补偿主体范围

一方面,我国《环境保护法》第 31 条第 3 款规定"国家指导受益地区和生态保护地区地区人民政府通过协商或者按照市场规则进行生态保护补偿",该条款明确了政府应为耕地生态补偿的法定补偿主体。耕地作为一种重要的自然资源,具有公共利益,政府理应在农业治理上享有主导权,代表国家成为耕地生态补偿主体。此外,在 2020 年发布的《生态保护补偿条例(公开征求意见稿)》中第 4 条、第 5 条分别规定了部门职责和地方职责,列举了生态补偿工作涉及的具体部门,相比之前地方生态补偿条例中仅规定市政府或区(县)政府为补偿主体有了较大的完善,但该意见稿对政府部门职责的规定依然较为抽象,例如第 4 条规定"……国务院人力资源和社会保障……金融、扶贫等主管部门依据职责对生态保护补偿工作予以支持","依据职责"类的表述依然会使相关部门"宽容"处理,因此建议对管理事项作出概括性外加列举式的授权。这里的概括性不是简单的一句"在各自职权范围内"的表述,而是将行政部门在某一管理事项上相关的职能作出界定,而后列举职能包括的具体方面。

另一方面,耕地生态补偿主体范围的确立离不开对利益相关方的思考,根据权利与义务对应原则和经济学的外部性原理,由于某些主体实施了耕地生态保护行为,会有部分主体无偿享受到耕地生态保护带来的利益,因此耕地生态利益会随之处于分配不均的状态,为了使利益关系保持平衡,无偿获益的个体需承担一定的补偿义务。耕地作为公共物品,生态保护的受益者实为社会公众,因此根据外部性理论,社会公众都应该是耕地生态补偿的主体。但理论和实践存在一定的差别,让全体公众都成为耕地生态补偿主体不具有可操作性。所以建议选取具有代表性的受益企业或组织作为补偿主体,具体应包括从耕地生态价值获益的公司,如开展生态旅游项目或开发生态公园的经营者以及参与生态耕种农产品采购、加工和销售流程的企业;还应包括具有公益性质的非营利性组织、团体等,如部分省市成立的耕地保护协会等。这类组织出于对耕地生态保护的热爱和生态伦理道德的关注,可以自发地筹集或募捐耕地生态补偿资金。

2. 合理划分以农户为代表的多元受偿主体范围

依据权利与义务相一致的法律原则,在耕地生态补偿法律关系中,正外部性耕地生态效益的提供者按照生态保护要求履行义务,因而享有因保护生态而发展受限的生态补偿权利。由此可见,履行耕地生态保护义务并为耕地生态增益做出贡献是划分受偿主体范围的标准。

在具体划分中,首先,应将农户和村集体作为受偿主体,农户和村集体组织作为农村耕地的使用者、所有者和管理者,是承担耕地生态保护义务、贡献耕地生态效益的直接主体,因此其享有受偿权利。其次,在"三权"分置的情形下,耕地经营权人亦可作为受偿主体。耕地经营权人作为耕地使用者时,其是实际承担保护耕地生态环境义务的主体,但由于此时该耕地上拥有并存的权利主体,可能会给认定耕地的实际使用者带来一定的困难,因此需配套产权登记制度,清楚地认定耕地生态保护的劳动贡献者,对其发放耕地生态补偿。最后,部分农业发达而经济落后地区的地方政府同样应纳入受偿主体范围。此类地区由于耕地广布,往往大面积地种植粮食作物,农业也较为发达,因此在保护区域耕地生态环境时,会相应地承担更多的保护义务且放弃一些发展机会。出于公平原则,这些区域的地方政府也应成为受偿主体,得到资金或技术方面的支持。

(二)制定合理的耕地生态补偿标准

耕地生态补偿标准是解决补偿过程中"补多少"的问题,是协调利益主体间关系的核心要素,也是完善耕地生态补偿法律制度的重点和难点。若补偿标准不够合理,可能会造成补偿力度不足或是过高,前者会导致耕地生态补偿无法满足受偿主体的实际需求;后者会造成资金利用率低下,总之两种情形下耕地生态补偿工作均无法顺利推行。本节将从耕地生态补偿标准相关法规与核算依据两个方面提出完善建议,保障补偿标准的合理制定。

1. 完善补偿标准相关法律规定

首先中央应通观全局,在耕地生态补偿立法中规定耕地生态补偿国家基本标准,并允许地方政府在制定地方耕地生态补偿条例时可以依据区域内耕地生态状况做适当调整。由于耕地生态效益具有跨区域性,若仅仅依照各地区规定开展耕地生态补偿工作,会破坏耕地生态系统的一体性,所以在中央层面制定一个基本标准具有参考和指导意义。其次地方政府应在地方条例中制定耕地生态补偿地方标准,并公布标准制定依据。我国幅员辽阔,区域间耕地资源禀赋的空间异质性与经济发展水平的差异性要求补偿标准须具有一定的弹性和梯度,单单依据中央统一的耕地生态补偿基本标准显然并不合理,因此地方政府应该在科学地评估区域内耕地的生态价值后,结合地方财政支付能力,制定差异化的补偿标准。

2. 综合考虑多因素制定标准

制定合理的耕地生态补偿标准要综合考虑包括耕地生态价值在内的多种因素。首先,政府有关部门应考虑地区耕地的生态价值,耕地生态价值包含造氧、净污和涵养水源等价值,其和耕地资源分布、耕地土壤质量、耕地生态状况等紧密相关,因此政府有关部门可以利用全球定位系统(GPS)等技术手段收集和耕地生态环境联系紧密的上述信息,结合数学手段计算耕地的生态资源分布。为了保证耕地生态价值计算结果的准确性,政府可以和第三方自然资源资产评估机构合作,政府负责提供耕地资源调查的各项数据等信息,自然资源资产评估机构负责利用技术手段对耕地生态价值进行专业的评估。其次,需考虑耕地的所有者、经营者和使用者因保护耕地生态而投入的经济成本和遭受的机会成本损失,同时要结合受益者享受的耕地生态效益来确定。最后,需考虑国家和地区的经济发展水平,参考当地政府的财政承受能力。这些外部因素可以作为完善耕地生态补偿标准的参考,确保受偿者获得收益的公平性。此外,为保证耕地生态补偿标准的动态性调整,还可以对往年的耕地生态状况、补偿数据进行量化分析,运用SMART原则对耕地生态改善和补偿效果进行综合评估,为调整耕地生态补偿标准提供科学的参考,促进补偿资源的科学配置。

(三)完善多样化的耕地生态补偿方式

耕地生态补偿方式涉及“如何补”的问题,从运行机制的角度可以将补偿方式分为政府补偿方式和市场补偿方式,虽然耕地生态环境具有公共产品的属性,应当采取以政府补偿方式为主,但也不应排斥市场补偿方式。目前国内的耕地生态补偿方式以政府发放的资金补偿为主,补偿方式较为单一且资金来源有限,往往依赖于当地政府财政。虽然从国内外已有经验来看,政府主导的资金补偿一经发放便可立即见效,然而缺乏持续性效果,耕地生态补偿作为一项长期性工作,在补偿方式上应探索更多的可能性。本节将参考域外和我国有关耕地生态补偿方式的制度与实践经验,综合政府补偿与市场补偿方式,多样化完善我国的耕地生态补偿方式。

1. 完善政府补偿方式

(1)健全政府间的财政转移支付制度

目前在全国已经建立的耕地生态补偿试点中,地方政府主要采取直接发放补偿资金的方式对受偿主体进行补偿,而补偿资金的主要来源为政府间的财政转移支付。政府间的财政转移可以大致分为三类:上下级主体间的纵向转移;同级主体间的横向转移;

横向和纵向相结合的转移形式。在生态环境部发布的汀江－韩江流域上下游生态补偿案例中,采用了跨省的横向转移支付方式,即根据上游水质的改善情况,下游提供补偿资金,反之则上游补偿下游。和流域生态补偿相比,目前我国的耕地生态补偿资金来源以上下级政府间的纵向转移支付为主,不太重视省际政府的横向转移支付。从耕地生态补偿的长远发展来看,纵向政府财政转移方式很难确保补偿资金的来源充足,政府补偿资金支付能力充满了不确定性,因此在耕地生态补偿过程中,有必要重视同级政府间的横向财政转移。为此需要在中央政府的统一领导和组织下突破区域限制,以测算的地区耕地生态环境指标为支付依据,从耕地生态受益区向耕地生态保护区进行财政转移,完善省际政府的横向转移支付形式。同时,为了保证横向转移支付的公式化和秩序化,还需尽快在法律中明确规定横向转移支付的资金核算、分配流程和监督机制,从而建立规范的横向支付程序。总之,通过完善政府间横向财政转移支付制度,既能协调区域之间不平衡的生态效益关系,也能缓解部分地方政府的财政压力,确保耕地生态补偿资金来源的稳定性。

(2)完善耕地生态补偿税收制度

在外部性理论出现后不久,庇古提出了税收是降低、消除外部性弊端的有力手段之一,通过对无偿而受益者增加税收,对无故而利益受损者减免税收,保证耕地生态效益分配的公平公正。税收制度正是政府宏观调控作用的体现,在实践中,市场的逐利性加速了耕地生态负外部性的暴露,此时需要政府代表国家进行行政干预来修补市场机制的缺陷,因此合理地征收耕地生态补偿税是调节耕地生态效益和主体利益关系的有效方式。在过去我国追求经济发展的过程中,重视利用耕地资源的经济产出,忽视保护耕地资源的生态环境,因此在税收制度中也相应缺少具有耕地保护性质的税种。随着近些年来国家对耕地生态的重视,我国已经初步形成了由耕地占用税、环境保护税、城镇土地使用税等组成的耕地保护类税收体系。虽然这些税收制度的直接目的并非保护耕地生态环境,但是能够在一定程度上减少违规占用耕地的情形、控制开发利用耕地的程度、抑制耕地环境上的污染排放,因此其具有间接保护耕地生态的作用。然而,毕竟上述税收制度有其本身目的,对耕地生态补偿制度的作用还是有限的,因此应尽快将生态补偿理念融入生态税立法中,从中央到地方制定和完善生态税制度,利用税收手段的杠杆作用对未履行或未按要求履行耕地生态保护义务的主体加大征税额度,对按要求积极履行耕地生态保护义务的主体降低征税额度,并将税收所得作为耕地生态补偿资金的来源,缓解省市区域的政府财政压力。总之,完善耕地生态补偿税收制度既可以为耕地生态补偿工作提供稳定的资金来源,也可以减少企业、农户等主体不履行耕地保护义务的情形,鼓励其采用绿色生态化的方式开发和利用耕地,有效地保护耕地生态环境。

(3)重视提供生态技术和教育扶持

中央和地方政府应加大对技术和教育补偿方式的重视,正所谓“授人以鱼不如授人以渔”,技术和教育补偿或许不如资金补偿那样立竿见影,但是其影响是长期和深远的。在2019年制定的《无锡市生态补偿条例》中规定要“鼓励通过自愿协商,采取资金补偿、对口协作、产业转移、共建园区、技术和智力支持、实物补偿等多元化方式开展生态补偿活动”。在法律中虽然积极提倡采用技术支持,但是欠缺具体的实现路径。因此在实践中政府可为农户推广秸秆肥料化利用的先进技术,包括堆沤还田、生物反应堆和制成有机肥还田等方式,实现保护性耕作;根据测量的耕地土壤质量,有针对性地配置肥料,实现“一土一肥”等:另外,也可以组织农户或耕地生态保护主体参加环保种植技术的培训,通过提供教育机会储备技术人才。总之,政府也要积极创造条件,为农户提供绿色化、低污染的种植技术指导和教育培训,完善“造血式”的补偿方式。

2. 引入市场补偿方式

诚如前述,行政主导的耕地生态补偿方式虽然能够起到一定的补偿作用,但是单单依靠政府行政手段提供补偿方式仍有一定的局限性,因此有必要在耕地生态补偿中适当发挥市场机制的作用,缓解政府压力。为了推进生态补偿方式的多元创新,在2021年9月中共中央办公厅、国务院办公厅发布的《关于深化生态保护补偿制度改革的意见》中提出要拓展市场化的融资渠道,鼓励银行业提供绿色信贷服务,同时完善自然资源确权登记,完善市场交易机制。该意见可以为完善市场补偿方式提供方向上的指引。此外,在生态环境部发布的鄂州市梁子湖区生态补偿案例中,当地政府通过政府投资平台与国家开发银行、农业发展银行等机构合作,积极引导各类金融机构开展以农村土地承包经营权抵押融资为重点的生态资产金融化工作,以生态资产质押、收益权转让等方式进行融资,建立生态产品交易市场,拓宽耕地生态补偿资金来源渠道,实现了生态资产金融化,成功走出了一条"生态优先、绿色发展"的路径。该生态补偿案例的成功经验既可证明市场补偿方式的可行性和有效性,也可为在制度层面完善市场补偿方式提供实践基础。

因此,在参考域外和我国目前实践中的创新之举后,笔者提出以下几点完善市场补偿方式的思路。首先在耕地产权明确界定的前提下,通过一对一交易或市场交易的方式将耕地生态效益市场化,肯定耕地的生态价值并将其"变现";其次完善生态产品的市场认证制度,由政府牵头采购,引导提高市场上生态产品的占有率和认可度;最后通过法律制度鼓励和政策倾斜,扶持环保型企业发展,鼓励商业银行参与耕地生态补偿的项目融资,引导资本市场投资耕地生态建设工程。此外,相较市场而言,政府在采取耕地生态补偿方式时更能立足于把控经济与环境的可持续发展,因此考虑到现阶段我国的基本国情,市场应依然在政府宏观指导之下提供耕地生态补偿方式。

(四)建立有效的耕地生态补偿监督体系

公平是法律制度追求的核心价值之一,既是法律制度设立之初衷,也是法律制度实施之目的。耕地生态补偿制度的法治功能为调整并平衡耕地生态保护过程中的利益关系,法治目标为实现环境利益的分配正义,建立有效的耕地生态补偿监督体系对于实现该制度的法治功能与法治目标具有重要意义。本节将从完善监督机构设置、构建政府问责制度和健全公众参与机制三个方面探讨建立有效的耕地生态补偿监督体系,不仅要以“权力制约权力”,还要以“权利制约权力”。

1. 设立补偿监督考核机构

为了贯彻依法治国的基本方略,建设法治国家和法治政府,需对公权力进行有效监督。但在目前我国耕地生态补偿的实践中,补偿工作的实施者往往也是补偿工作的管理者和监督者,同时由于补偿工作涉及多个政府部门的利益,政府间关系复杂,而中央和地方尚未设置独立的耕地生态补偿监督管理机构进行专门监管,因此现实中耕地生态补偿制度很难有秩序地执行。基于以上几点,笔者建议尽快设立专门的监督管理机构,由中央政府和各级政府设立耕地生态补偿监督委员会,独立对各地区内的耕地生态补偿事务进行监督和考核。耕地生态补偿监督委员会的工作内容应包括:首先监督申请耕地的生态状况评估结果,审查受偿耕地是否符合生态补偿申请要求;其次对补偿资金的筹集、发放流程进行监督,保证主管政府部门严格依照法律规定行使职权,杜绝某些环节的权力腐败现象;最后要对耕地生态补偿效果进行监督,保证受偿主体利用资金的合理性,确保其长期、持续地保护耕地生态环境。由于该委员会是一个独立的政府机构,不会受同级其他政府部门的干预,因此可以大大减少政府部门间因利益而产生的冲突,避免再次陷入监督管理混乱的局面。

2. 构建政府生态问责制度

除了需设立专门的监督机构对耕地生态补偿工作进行监督外,参与耕地生态补偿的相关政府部门内部也要加强自我检查、自我纠错,发现问题要及时整改。因此,在政府内部要构建起耕地生态问责制度,建立健全耕地生态环境目标责任制,将政府的权力与责任相结合,避免政府相关部门因为追求利益而滥用权力。另外,将耕地生态补偿项目纳入对政府官员的政绩考核体系,对党政干部在职期间的耕地生态补偿效果进行考核验收。最后将耕地生态资源价值计入当地经济核算中,建立绿色 GDP。总之,通过构建政府生态问责制度,可以有效调节政府间生态责任冲突,解决耕地生态补偿工作的复杂性问题。

3. 拓宽社会公众的监督渠道

耕地生态补偿工作涉及民生大计和人民福祉,除了政府监督外,社会监督也是保障公平的重要手段。政府之间的监督虽然会大大降低资金发放的管理乱象,但无论是政府间的水平监督还是垂直监督,都存在一定的局限性。引入社会公众参与监督机制能够尽可能地消除局限性,在一定程度上弥补行政管理手段的漏洞,所以政府在耕地生态补偿工作中有必要接受社会监督,拓宽公众参与监督的途径。首先政府在耕地生态补偿流程中,要尽可能在避免侵犯补偿和受偿主体隐私权的基础上,做好信息公开工作。政府部门具体可以运用官方网站、微博等新媒体平台及时公开耕地生态补偿工作的进展情况,以便公众通过网络查询的方式了解补偿工作的最新进展,跟踪补偿工作的实时动态;其次在制定新的耕地生态补偿法律或政策时,可以采取问卷调查或者举办听证会、座谈会的方式确保公众更加广泛地参与,对公众提出的建议或者意见,在进行严谨论证后予以适当采纳。

(五)健全严格的耕地生态补偿责任追究机制

健全耕地生态补偿责任追究机制需聚焦于生态补偿工作本

身,牢牢把握补偿环节中产生的法律责任。由于耕地生态补偿工作中存在多个涉及监督的环节,包括补偿措施的检查、补偿标准的评估、补偿资金的发放、政府和农户间契约责任的履行等,因此相应的责任追究制度也需要从多方面考虑。本节将首先对《生态保护补偿条例(公开征求意见稿)》的责任规定部分提出完善建议,而后依据具体环节中法律责任性质的不同,明确违反耕地生态补偿法律制度需要承担的民事责任、行政责任和刑事责任范围,从而健全严格的耕地生态补偿责任追究机制。

诚如前述,《生态保护补偿条例(公开征求意见稿)》中尚未系统地规定耕地生态补偿责任,因此笔者建议,首先应在其中专章规定补偿主体与受偿主体法律责任承担的种类和方式等,从而明确耕地生态补偿法律责任的范围,避免实践中出现由于补偿责任不清晰而导致盲目套用生态损害赔偿责任的情况;而后再由各单行法在具体责任层面,从民事、行政和刑事三个方面予以构建,诸如何种行为需承担恢复原状、赔偿等民事责任,何种行为应作行政处分或处罚,何种行为应追究刑事责任等。

1. 明确耕地生态补偿中的民事责任范围

在越来越多市场主体参与耕地生态补偿工作的趋势下,会产生更多的耕地生态补偿合同,因此明确耕地生态补偿的民事责任范围很有必要。在生态补偿契约的履行环节,耕地生态补偿的民事责任是违反耕地生态补偿合同所需承担的违约责任,该责任的核心为“违约性”,政府、公民或企业作为耕地生态补偿的合同主体,也是相应的民事责任主体。由于民事合同尊重主体的“意思自治”原则,因此耕地生态补偿的民事责任内容可以在法律允许的范围内由双方当事人约定。在民事生态补偿法律责任的认定中,笔者认为无须要求一定发生危害结果,由于耕地生态保护和补偿工作具有长期性,违约行为造成的危害结果有可能在短期之内无法显现,因此只要耕地生态补偿合同的签订主体存在违约行为,且无法定或约定的免责事由,就需要承担相应的民事责任,此类民事责任多发生在受偿主体未按照合同要求履行耕地生态保护义务的情况下。

合同主体需承担的耕地生态补偿民事责任,应主要包括停止侵害、恢复原状、支付违约金等。首先是停止侵害,当受偿主体的违约行为已经侵害到耕地的生态环境和生态功能,且侵害结果正在发生时,需要承担停止侵害的民事责任;其次是恢复原状,若受偿主体未按合同要求保护耕地生态环境,致使耕地生态指标降低,通常需要及时采取措施补救,承担恢复原状的民事责任;最后是支付违约金,若合同一方主体的违约行为给耕地生态补偿合同的另一方造成了经济损失,或是违反了约定的违约金条款时,需要承担支付违约金的民事责任。

2. 明确耕地生态补偿中的行政责任范围

由于我国采取行政主导的耕地生态补偿方式,在补偿环节存在较多的行政行为,因此明确耕地生态补偿的行政责任范围也很有必要。行政责任具有法定性,因此和以"违约性"为核心的耕地生态补偿民事责任相比,耕地生态补偿行政责任注重强调"违法性","违法性"是主体需要承担耕地生态补偿行政责任的核心要件。耕地生态补偿行政责任的主体一般为行政主体或行政相对人,其中,前者为主要的行政责任主体。笔者认为在耕地生态补偿行政法律责任的认定中,同样不应要求必须发生危害结果,只要参与耕地生态补偿的政府或行政相对人存在违法行为,无论作为还是不作为,无论是否实际发生危害结果,都需要承担相应的行政责任。

关于行政主体需承担的耕地生态补偿行政责任,应主要包括撤销违法行政行为、行政赔偿和相关责任人引咎辞职等。首先是撤销违法行政行为,在耕地生态补偿过程中主管相关工作的政府部门实施了违法行为的,该主体就负有撤销该违法行为的义务,作为行政相对人的公民或企业也享有要求其撤销的权利；其次是行政赔偿，行政赔偿往往作为最后一种救济手段，一般出现在其他行政行为无法弥补相对人受损利益的情形下，例如由于某地方政府制定的补偿标准过低而使耕地生态未得到有效保护，耕地生态环境急剧恶化并给当地居民带来了重大利益损失，此时撤销原有标准等行政责任已无法弥补居民受损利益，因此只能予以经济赔偿；最后是相关责任人引咎辞职，项目主管或相关责任人在耕地生态补偿工作中玩忽职守、弄虚作假的，应该按照规定予以行政处分。

行政相对人需承担的耕地生态补偿行政责任，主要有警告、责令限期整改、罚款等，此类行政责任多发生在受偿主体违背补偿资金用途使用资金以及未按要求履行耕地保护义务情节严重时，由于耕地生态补偿行政责任多为政府违反法定职责需承担的法律责任，因而此类行政责任不再赘述。

3. 明确耕地生态补偿中的刑事责任范围

相较于其他法律责任而言，刑事责任更为严厉，也是保护公民权益的最后一道防线。从耕地生态补偿的定义可知，耕地生态补偿不包括相关主体破坏生态的行为内容，因此耕地生态补偿中的刑事责任一般由补偿环节中的其他行为导致，并非由补偿法律关系直接产生。耕地生态补偿刑事责任的主体包括自然人或单位。在耕地生态补偿刑事责任的认定中，需严格按照是否符合犯罪构成要件来判断。关于违法主体可能承担的耕地生态补偿刑事责任，主要为在补偿资金发放环节的贪污贿赂类犯罪，该罪成立的必备条件是违法主体严重侵害国家的廉政建设制度。由于耕地生态补偿工作中往往涉及巨额资金的流动，因此若存在违法主体侵吞、侵占财物或行贿受贿达到法定数额，视其身份以及所满足的犯罪构成要件，就需要以贪污、职务侵占或行贿受贿依法追究其刑事责任。

第十一章　完善福建生态补偿体系的未来展望

第一节　完善福建生态补偿制度的原则遵循

福建生态补偿制度的完善,不能孤立地进行,需要遵循一定的基本准则,以确保制度的合理性和有效性。针对福建特定的生态环境和社会经济条件,我们认为福建生态补偿制度的完善需要遵循以下基本原则:系统性原则,以确保整体的连贯性;协调性原则,促进各方的合作与一致;可操作性原则,保障方案的可行性;公平、公正的分配原则,确保资源的合理利用;因地制宜、分区补偿的实施原则,以适应不同地区的具体情况;谁破坏、谁恢复,谁受益、谁补偿的责任原则,明确各方的责任;政府主导、市场推进的组织原则,汇聚政府与市场的力量共同推动。

一、系统性原则

由于生态补偿是一个涉及多领域的复杂

问题，所以系统的生态环境补偿法律制度的构建，应结合已有条件，在系统开展调研、上下级以及相关部门间反复协调和沟通的基础上进行系统性构建。[1] 在生态环境补偿法律体系构建的过程中，要确保高位阶和低位阶法律法规、国家和地方法律法规、综合性立法和部门单行法之间的系统有序，同一法律位阶的法律之间的条款项规定不应冲突矛盾，下位法应服从上位法，地方性法规应符合国家相关法律法规的精神和要求。生态补偿建设是一项系统工程，也是一项长期工作，不可能一蹴而就，应结合全国生态环境补偿实践进展和制度建设需求，结合试点探索工作，实施开展生态环境补偿专门立法，相关的单行法、部门法、地方法、指导意见等的修、编、制定也应分阶段有重点地稳步推进。

二、协调性原则

生态环境补偿是一种激励生态保护与建设、遏制生态环境破坏行为的经济手段，遵循协调性原则构建的生态补偿制度应注重合理界定政府和市场的各自职能，明确中央与地方的分工。[2]

政府和市场均应在生态补偿机制中发挥各自作用。就目前生态环境建设阶段和市场经济进程而言，政府在建立生态补偿中的作用应当是主要的，政府在很多情况下依然是生态保护与建设的主要责任人，如主导建立生态补偿专项资金、开征生态补偿费等。只有在一些受损方和受益方十分明确的前提下，才可以充分发挥市场在建立生态环境补偿中的调节作用。

中央和地方在生态环境补偿机制中应分工合理，中央政府负责为地方建立生态环境补偿机制提供政策导向、法规基础，并引

---

〔1〕 师红聪：《生态环境补偿机制下矿产资源价值评估与管理研究》，中国地质大学2013年博士学位论文。

〔2〕 赵强、王丽慧：《矿产资源有偿使用和生态补偿的产权制度研究》，载《中国矿业》2013年第5期。

导建立一些具有战略意义的全国性的、区域性的、跨省流域的生态补偿机制，以西部生态屏障区、重要生态功能区、国家级自然保护区和水源涵养区、跨省流域和大空间尺度的跨区域的生态环境补偿机制建设为重点。促进各地区生态补偿机制建设的主要责任应在地方政府。在一些主要依靠财政支持的生态环境补偿中，应根据生态环境建设的财权和事权相匹配原则，合理界定、明确中央和地方财政的职责，充分发挥中央和地方财政的双重作用。

三、可操作性原则

生态补偿制度的相关立法应对生态补偿实践起到指导和规范的作用，同时应避免过于形式化和概念化。

在国际上，生态补偿的含义主要是对提供生态系统服务价值的付费，对于我国来说，除了大量的因提供生态服务功能价值需要补偿付费外，还要关注针对生态环境破坏行为的赔偿性补偿，这是建立我国生态补偿机制中一个非常独特的问题。既要关注自然保护区、流域生态补偿，也要关注自身资源开发的生态补偿问题。

处理好生态环境补偿资金的来源问题。生态环境补偿资金的筹集渠道既可以是政府财政资金，也可以是社会资金。从目前浙江、福建、江苏这样一些经济发达地区的实践来看，政府资金在建立生态补偿机制中起到了主要的作用。要根据生态环境保护事权责任关系建立生态补偿机制的融资渠道。对于一些受益范围广、利益主体不清晰的生态服务公共物品，应以政府公共财政资金补偿为主；对于生态环境利益主体，生态环境破坏责任关系很清晰的，应直接要求受益者或破坏者付费补偿。[1]

---

〔1〕 黄润源：《生态补偿法律制度研究》，华东政法大学 2009 年博士学位论文。

处理好补偿标准和协议补偿。由于生态环境补偿标准是一个有争议的问题，理想的情况是根据生态服务价值评估或者生态破坏损失评估建立生态补偿标准，但往往会招致补偿方的质疑或反对，而且补偿方有时也会给出截然不同的估算。在这种情况下，生态环境补偿问题的本质就是接受补偿的意愿和支付补偿的意愿之间的协商问题。因此，采用双方“讨价还价”的形式达成“协议补偿”要比根据理论价值估算确定补偿标准更加可取。例如，在流域生态补偿中，上下游的责任关系界定是关键。一般来说，上游不能简单地要求下游给予生态补偿，上下游要建立考虑水质和水量双因素的“环境责任协议”，下游在上游达到规定的协议目标的情况下给予补偿；在上游没有达到规定的协议目标或者造成水污染事故的情况下，上游反过来要对下游给予补偿或赔偿。[1]

四、公平、公正的分配原则

生态补偿是社会资本和财富的再分配和分布的一个过程。在此过程中受益方将部分的财富和资本补偿给保护区群众，改善保护区群众的生活条件和生产条件，提高保护区群众的生活水平，增强保护区的发展能力和实力，促进保护区的经济发展，缩小地区差距，促进社会公平，促进区域间协调发展，抑制和消除因生态保护引发的社会摩擦冲突，缓解区域间的紧张关系。[2]

五、因地制宜、分区补偿的实施原则

福建省背山面海，地处亚热带，自然条件复杂多样，各地区自然条件差异较大，植被覆盖率高，生态类型繁多，区域差异明显。

---

〔1〕 冯嫘：《云南省生态文明制度建设研究》，昆明理工大学2015年硕士学位论文。

〔2〕 宋先松：《西部地区生态建设补偿机制和评价体系研究》，西北师范大学2005年硕士学位论文。

所以,省内不同区域面临着不同的生态环境问题,应把需要生态补偿的地方按生态环境的现状和问题进行规划分区,划分不同的补偿类型区,因地制宜、实行分区补偿,落实重点区域、重点领域的补偿方案,形成整体推进、分层实施的工作机制。

六、"谁破坏谁恢复,谁受益谁补偿"的责任原则

建立生态环境补偿机制必须坚持"谁污染谁治理,谁破坏谁恢复,谁受益谁付费"的原则。环境污染造成的是环境公害,污染者不仅要为污染行为付出代价,而且有责任和义务对自己污染环境造成的损失做出赔偿。同样,环境受益者也有责任和义务对为此付出努力的地区和人民提供适当的补偿。这样,才能鼓励大家共同为保护生态环境做出贡献。生态破坏者必须通过缴纳补偿费或完成生态恢复工程的形式,负担起与生态环境损害相应的经济、社会责任。同时,良好的生态环境为生产生活提供了保障,受益者也应适当付费并尽相应的环保义务。凡是从生态建设中获利的受益者,包括自然资源的开发利用者、污染物的排放者、资源产品的消费者和其他生态利益的享受者,均应对生态环境的自身价值予以补偿,以促进西部生态环境的改善和保护。[1]

七、政府主导,市场推进的组织原则

生态保护建设属于公共事业,由于生态建设的经济外部性及公共产品的存在,加之市场条件不完善,必然会出现市场失灵,这就需要政府在建设中起到主导的作用。发达国家"经济靠市场,环保靠政府"的经验也证明了这一点。政府主要依靠法律手段、经济手段和必要的行政手段发挥在环境保护中的作用。科学地

---

〔1〕 师红聪:《生态环境补偿机制下矿产资源价值评估与管理研究》,中国地质大学2013年博士学位论文。

界定生态建设者和破坏者的权利和义务,制定相关法律法规,规范生态补偿的形式与标准,筹集生态补偿所需要的人、财、物和技术等,科学合理地分配到生态建设各领域,完善生态建设补偿网络,提高运行效率,实施有效监督。同时,生态补偿存在利益机制,所以应当积极发挥市场机制在调节各种利益行为中的作用,使各种资源得到有效的配置,提高生态补偿的效率,实现生态环境的价值,增加生态建设的融资渠道,促进生态建设补偿的产业化发展。

第二节 完善福建生态补偿制度的实施重点

除了遵循和完善福建生态补偿制度的基本原则外,还有一些着重要点需要我们特别关注和深入研究。

一、立足福建:因地制宜推进生态补偿制度建设

在福建的生态补偿实践中,因地制宜是关键,应当结合类型多样的补偿方式,提高生态补偿工作的效果。福建地理范围广大,各行政区之间的自然状况、经济发展水平、生态补偿的侧重点都有所不同,且各行政区之间的生态补偿相互关联、相互牵扯,这决定了福建生态补偿机制构建方式和途径的多样性和复杂性,其构建标准也不尽相同。[1]

首先,制定福建生态补偿机制要正确把握地域的差异性。一方面,福建的生态补偿机制建设,要使用福建现有的行政区划优势,根据“省—市—县—镇(乡)—村委会”的层级,以政府为主导,层层下传生态补偿机制的要领,把生态补偿机制落到实处;另一方面,以村委会为基础单位,划分为基础生态补偿区域;后扩大

〔1〕 叶玉香:《水质资源有偿使用的制度设计》,中国环境科学研究院2007年硕士学位论文。

到乡镇,以乡镇为单位,对乡镇内的生态补偿区域情形进行分析,结合县级相关生态补偿政策和乡镇内村委会的具体情况,对生态补偿机制进行分析、构建、执行、反馈、调整和完善;县政府根据各乡镇执行和反馈的实际情况,制定出适合全县的生态补偿机制;市政府根据市内各县的实际情况,从总体上把握好市内生态补偿机制的方向,制定相应的补偿机制,做到大中有小,粗中有细,真正地把生态补偿机制落到实处。通过这种层层分析、层层布置、层层实施、层层完善的方式,把福建的生态补偿机制落到实处,实现由试点向全省生态补偿的网状覆盖转变。

其次,因地制宜建立生态示范点,由点到面不断扩大生态补偿范围。从全国来看,生态补偿涉及多方繁杂的利益,当前福建省的生态补偿初级阶段,以各方利益和关系的协调为主,有针对性地对具体地区、具体流域如何实施生态补偿的尝试较少,虽已有一些实践经验,但其补偿方法和体系尚不成熟。所以,生态补偿试点具有重要的意义,通过生态补偿试点工作的开展,探寻福建生态补偿标准,尤其是补偿方法和补偿体系上的经验和借鉴,使福建成为全国生态补偿机制建设的排头兵。在福建省生态补偿机制建设中要积极建设补偿试点,这需要政府积极开展,建立专项资金,以自然保护区、主体功能区、矿产区、水电资源开发、湿地保护区、生物多样性发展典型区等为主。在福建省内选择具有基础和条件的区域开展试点工作,以城市饮用水水源保护、小流域水污染治理等为主,根据具体的实践、经验、教训进行反思和调整,之后逐步开展至矿区、生态保护区、江河流域、旅游地等具有重要实施意义的领域。〔1〕范围的扩大并非生态补偿的最终目的,其最终的目的是建立起实现保护与发展互动共存的良性生态补

〔1〕 高欣:《浅谈积极探索建立云南省生态补偿机制》,载《环境科学导刊》2009年第1期。

偿机制。福建生态补偿机制的最终目标是建立一个全面覆盖、有效的生态补偿机制,要实现全省环境无净损失,保护受害人群得到相应补偿,协调经济与环境的可持续发展。

最后,因地制宜地开展多种生态补偿政策。立足福建的省情,发挥财政引导效应,建立与主体功能区规划配套的财政政策。按照主体功能区规划要求和基本公共服务均等化原则,福建省财政厅不断推动公共财政体系建设,完善财政管理体制,建立健全分类指导、科学合理、互利共赢的生态补偿长效机制。对于重点开发与优化开发区域,主要通过加强税收管理、逐步规范税收优惠政策、注入项目资本金、安排贴息贷款等方式,为企业公平竞争创造良好的制度环境,对该区域的发展给予适当支持和补助;对于限制开发区域,采取健全公共财政体系,加大生态功能区等财政转移支付力度的方式,切实增强限制开发区域基层政府实施公共管理、提供基本公共服务和落实各项民生政策的能力,改善居民的生活条件,保障他们能够逐步享受到与其他地区均等的公共服务水平;对于禁止开发区域,其必要的社会事业发展所需资金由各级财政重点予以保障。[1]

目前,福建的生态补偿主要方式是以政府为主导的资金补偿。福建省常见的资金补偿渠道主要包括:政府的财政转移支付,生态补偿建设发展基金,民间各种形式的捐赠、补贴,金融机构贷款与担保、贴息、发行债券、市场融资等方式。在福建的生态补偿过程中,资金补偿是最迫切的方式,是最直接行之有效的方式,也是使用最多的方式。资金补偿的长期性和稳定性要求高,建议使用多种补偿方式,增加生态补偿的灵活性,真正为生态与经济协调发展提供动力。政策补偿的使用是关键。福建省各地

---

〔1〕 云南省财政厅:《建立健全生态补偿机制 推进“美丽云南”建设》,载《中国财政》2013 年第 16 期。

区有自身的特殊性，当区域涉及各类自然保护区、湿地保护区、生物多样性保护区等时，生态补偿措施应较多地运用政策补偿这一生态补偿方式，例如，限制开发区和禁止开发区在生态保护上做出了让步，甚至牺牲了获得发展的机会，应给予这些地区各种政策支持，给予其在不破坏生态环境基础上制定相关政策发展生态经济的特殊权利。

在福建的各个行政区内，存在限制开发区、禁止开发区等特殊地带，在这些地带内，人民生产和生活因保护环境而受到限制，为了促进居民生活水平的提高，可直接采用物质补偿、劳动力补偿和土地补偿等方式进行补偿，这些方式对这些地区的民众生产、生活更有帮助。在特殊地带内，因其脆弱、敏感的生态环境特征，对其开发的力度、对环境的可利用度较小，因此，政府要对居民进行补偿，弥补生产、生活的不足，或因拆迁安置造成的损失，实物补偿成为主要可行措施。通过实物补偿可以及时地保证当地社会的稳定，有效地缓解政府在生态移民安置工作中的压力。在实际的生态补偿实践中，福建省的智力补偿并未取得较大的发展。智力补偿主要针对的是专业技术程度较高的产业。在福建省境内，聚集了大量专业化程度较高的产业，对专业化的产业进行指导，能够从源头上变革专业技术，减少对生态环境的破坏。退耕还林、天然林保护、公益林建设、自然保护区保护等的发展，需要专业人员进行指导和指挥，也需要技术资本的投入获得较好的生态效益，政府的智力补偿成为生态补偿机制建设的关键。总之，智力补偿可以提供技术咨询、技术指导，有助于生态补偿区生产技能、管理水平等的提高，这是一种“造血式”的补偿。福建的生态补偿要结合“输血式”和“造血式”的补偿方式，实现“输血”与“造血”的结合，建造全方位的补偿体系，实现生态和经济的长远协调发展。

二、政府主导:政府整合优化现行生态补偿机制

福建的生态补偿机制建设,要充分发挥政府和市场的互补作用。综观世界各国对生态区域的利益补偿实践,政府在生态补偿中均起到主导作用,是最主要的生态效益购买者,能够利用市场机制调节经营者之间的既得利益。例如,在法国和马来西亚建立的林业基金中,国家给予的财政拨付就占了相当大的比重。美国、哥斯达黎加等国在生态补偿上的经验表明,尽管政府作为生态效益最主要的购买者,但市场竞争机制在生态补偿中的作用还是不容小觑的,政府为了达到最好的效果,可以运用经济政策和市场机制提高生态效益。[1] 借鉴国外经验,福建应明确将财政转移支付作为对限制和禁止开发区域利益补偿的主要工具,进一步强化和规范财政转移支付的规模、来源和使用。在强调中央对地方纵向财政转移支付为主导的基础上,建立依托大江大河流域上下游之间、重要自然保护区、工矿区的横向财政转移支付方式等。充分发挥财政转移支付在加强和引导生态保护上的支撑作用。同时,福建在建立生态补偿制度的过程中也应遵循市场和政府互补的原则,在完善环境税收制度的同时,还应逐步完善生态环境价格机制、交易机制,建立公平、公开、公正的生态利益共享及相关责任分担机制。除生态融资、财政补偿等政府行政手段外,应根据不同区域经济社会发展水平和市场机制的完善程度,积极探讨培育和引进市场机制,率先在部分地区和领域进行大胆试点,借鉴国际上相对比较成熟的方法和指标,促进利益补偿体系的差异化和多元化实现。建立中央与地方政府在利益补偿中的合理分工,积极培育包括政府、企业、民间机构等多元化的生态利益补

---

〔1〕 梁爱文、李娟:《论我国生态补偿制度的缺失及建构——以云南省为例》,载《重庆工商大学学报(社会科学版)》2011 年第 3 期。

偿主体,逐步形成政府主导和市场机制相结合的利益补偿体系。

当前,福建的生态补偿机制建设,一方面,要坚持以政府为生态补偿机制建设的主导,为福建生态补偿机制的建设提供经验和借鉴;另一方面,要积极探索市场化的区域生态补偿模式,在合理的范围内,构建生态服务市场交易平台,推进污水治理,控制二氧化硫、二氧化碳的排放,控制废弃物污染,促进水权、矿权、林权、排放权等的发展。福建的生态补偿制度,既需要政府的领导,也需要市场的补助,才能促进生态补偿的长远发展。[1] 市场化的生态补偿是生态补偿的发展方向。生态补偿市场中,生态环境要素权属是交易的对象或服务功能或为生态环境保护的绩效、配额,只有通过市场交易和市场支付的方式,才能享受或获得生态服务功能。生态补偿市场化的发展,可以因生态服务获得经济效益,也可以拓宽生态补偿资金渠道,进而减轻政府的财政压力。

在福建的生态补偿制度建设中,要以政府为主导,即以中央和地方各级政府为主导。首先,政府要在权衡各方利益时起到带头作用。福建省生态补偿问题涉及的范围、区域较广,地方利益与区域公共利益不一致的情况时有出现,出现这种情况的时候,省政府的协调和支持成为生态补偿工作的关键,省政府要设立专门机构,协调各方利益,对相关各方进行沟通和协调。此外,政府在建立区域生态信息资源共享平台、制定统一的补偿标准、征收管理办法等问题上起到关键的决定作用,要最大限度地控制因生态补偿而引起纠纷的现象发生,促进各市县、各区域间的生态合作。[2]

其次,生态补偿的法治化是生态补偿工作顺利进行的重要保障。福建省政府应在国家的领导下,参考国内外优秀经验,结合

---

〔1〕 云南省财政厅:《建立健全生态补偿机制　推进"美丽云南"建设》,载《中国财政》2013 年第 16 期。

〔2〕 张炳淳:《生态补偿机制的法律分析》,载《新疆社科论坛》2008 年第2 期。

福建的实际情况，坚持以人为本，努力完善生态补偿法律法规。通过制定法律法规明确生态补偿利益相关者的职责、权利、义务以及生态补偿的对象、生态补偿标准、途径等内容，并专门设置详细的惩罚措施和鼓励措施。

除此之外，建议各州市制订地方性法规，依据地方实情，为生态补偿提供专项指导。编制“福建省生态补偿发展规划”，对全省生态补偿活动统一计划、组织、指挥、协调、管理。建议建立生态补偿案例库，广泛收集全国各地的生态补偿案例，开展生态补偿案例管理，提高生态补偿管理的水平和效率。[1]

最后，政府要积极领导建设专业基金，促进各区域协作。专业基金主要是为了协调区域间生态补偿上存在矛盾或利益较难协调的情况而设立的，解决区域间的生态补偿中存在的产权界定不清晰、分配标准不一致、分配原则各异等问题，从而维护不同县区间共同的生态环境。主体功能区之间的生态补偿基金制度，由福建省政府统一管理和运行，以保障生态补偿工作的公平合理性。合作基金既提供了稳定的资金来源，又整合了闲散资金，形成规模效益，还扩大了生态补偿政策的范围，提高了生态补偿的能力。资金可以来自不同的渠道，如国家划拨生态补偿专项资金，也可以来自资源的有偿使用费，或生态惩罚性收入。

三、公众参与：倡导全民参与共建生态补偿机制

全员参与生态补偿。生态环境的保护需要社会各界贡献自己的力量，仅仅依靠个人的力量或政府的力量是无法建立生态文明社会的。福建的生态补偿要日渐灌输“全员参与”的理念，这是由生态补偿机制的建设涉及多方利益，各种利益和关系呈现出复

---

〔1〕 洪尚群等：《生态补偿与生态云南》，载《中国环境管理干部学院学报》2007年第4期。

杂多样的状况决定的，只有全员参与、协调好各方利益和关系，才能建设完善的生态补偿制度，才能实现生态文明建设的总体目标。

生态补偿除各利益相关主体的参与外，也需要社会各界的参与，让生态补偿成为一种普遍、有用的措施。通过税费抵扣，鼓励企业和个人参与生态补偿机制建设。探索税制改革，实施“以补带税”的鼓励措施，提高公众对生态补偿经费筹集的贡献率。比如，社会组织、公司和个人，通过选择生态保护实践或捐款行为达到一定标准后获得减税鼓励。通过完善生态补偿项目及经费公示制度，加强公众对生态补偿制度的监督。比如，政府通过网络、报纸、广播等媒体，不定期公示生态补偿经费的使用情况及项目的开展情况，不仅能让群众了解生态补偿情况，也能提高政府的公信力。同时，鼓励形成民间性质的生态补偿机制，例如，对植树造林的行为进行鼓励，对监督、纠正破坏生态环境行为的人进行表扬，鼓励以生态补偿为主题的文学作品，在村委会一级成立宣传小组宣传生态补偿机制等。

第三节　福建生态补偿机制：完善制度建设的战略思路

一、宪法层面：确立生态补偿的法律地位

伴随国民经济的飞速发展，生态环境呈现出特有的不确定性、脆弱性和反复性，生态补偿问题逐渐引起了国民的高度关注。在多数国家都建立了相应的生态补偿法律制度并取得显著效果的同时，我国虽然已经初步建立了自己的环境法律体系，但是在生态补偿方面的立法只是散见于多部法律法规中，并没有系统化、体系化。宪法作为我国的根本大法，是其他法律的立法基础。因此，要想建立一个完备的生态补偿机制法律保障体系，先要确

立生态补偿的宪法地位，这也是落实科学发展观、建设生态文明的内在需求。

(一)可行性——宪法已经为生态补偿提供了法律基石

面临生态危机的挑战，众多国家已将生态保护纳入宪法框架，中国亦不例外。我国宪法对生态环境保护、自然资源权属、利用，以及国家在公共利益与私人利益间的协调等方面，作出了原则性和总体性的规定。例如，《宪法》第 9 条明确规定了自然资源的所有权问题，将矿藏、水流、森林、山岭、草原、荒地、滩涂等自然资源归属于国家所有，即全民所有，由法律规定属于集体所有的森林和山岭、草原、荒地、滩涂除外。该条款不仅确立了自然资源的国有原则，还强调了合理利用和严格保护，为自然资源的可持续管理提供了法律依据。再如，《宪法》第 13 条从公共利益的角度，确认了国家为了公共利益的需要，可以依照法律规定对公民的私有财产实行征收或者征用并给予补偿的基本原则。这一规定平衡了公共利益与私人利益的关系，为国家在特定情况下的干预行为提供了合法性保障。此外，《宪法》第 10 条、第 26 条、第 51 条等也从不同侧面涉及了生态保护的相关内容。这些宪法条款共同为生态补偿制度的建立奠定了坚实的法律基础，确保了生态补偿机制的构建和完善在根本法层面得到有力保障。总体而言，我国宪法中的这些规定反映了国家对生态保护的高度重视和坚定立场，为生态补偿制度的推进提供了全面而坚实的法律支撑。[1]

(二)必要性——确立生态补偿宪法地位具有重要意义

1. 为生态保护和建设提供宪法上的支持

在生态保护和建设的全盘战略中，生态补偿机制成为维护生

---

〔1〕 张锋：《生态补偿法律保障机制研究》，中国环境科学出版社 2010 年版，第 78 页。

态利益平衡的关键环节,对于防范生态损失和进行事后补救具有不可或缺的作用。然而,我国现行的生态补偿体系存在法律强制性不足的问题,其实效性受到严重削弱,从而限制了我国生态保护和建设的步伐。面对这一现实挑战,宪法作为国家的根本法,其责任不容推卸。宪法应当进一步明确和强化有关生态保护的法律规定,确立生态补偿的宪法地位,从而在宪法层面为生态保护和建设提供坚实支撑。

2. 为下位法规定生态补偿提供宪法依据

作为法律体系的顶端,宪法在国家整体法律结构中占据核心地位,确立了国家的基本制度和核心任务,展现了最高的法律权威和效力。将生态补偿纳入宪法的规范,意味着下级法律关于生态补偿的条文得到了上级法律的坚实支撑,为生态补偿制度在我国的发展和执行奠定了稳固的法律基础。此外,宪法对生态补偿的明确规定,还将在下级法律中关于生态补偿制度的具体构建、应用及解释方面,起到关键的宏观引导作用。

3. 为人们生态补偿意识的提高提供宪法层面的引导

生态补偿不仅是一项政府职责,更是一项涉及全社会的共同工作。其成功的实施应依赖非政府组织、企业及各类社会力量的广泛参与和积极推动。人们对生态补偿的认识程度,将直接决定生态补偿工作能否顺利展开。作为法律体系中地位最高、影响最广、效力最强的法律,宪法具备独特的指引、协调和宣导作用。通过在宪法中确立生态补偿的"宪法性"地位,不仅能够增强公民的环保意识和生态补偿责任感,还能引导社会风尚,从而促进人与自然之间建立和谐、良性的关系。

二、专门立法:拟定针对性的"生态补偿条例"

2010 年 3 月 1 日,国内第一部促进生态文明建设的地方性法规——《贵阳市促进生态文明建设条例》(已失效)开始实施并引发热议，体现了经济发展的新时期，人们对生态文明的高度关注和迫切要求。生态补偿作为生态文明建设的重要组成部分，是生态环境管理规范化、市场化的保障，也是实现生态文明、追求人与自然和谐发展的必要途径。为此，除了要使生态补偿具有稳固的法律基石——确立其宪法性地位外，还应当有专门的立法对其进行规范。“生态补偿条例”以国家行政法规的形式将生态补偿制度确定下来，有利于从根本上改变生态效益无偿使用、生态保护者只有投入却无回报的不合理状况，进一步为生态补偿行政执法提供了专门的法律依据，也为生态补偿制度程序化和法治化的实现创造了必要的法律环境。

（一）“生态补偿条例”的制定有现实需求

生态补偿尽管在我国出现较早，但作为一种解决生态环境问题的成熟理念在立法上得到的反映是近几年才开始的，许多新的管理制度和补偿模式需要法律的肯定和支持。针对目前我国生态补偿机制面临的诸多困境以及“生态补偿条例”出台后将会产生的重要作用，越来越多的专家、学者开始呼吁制定生态补偿专门的条例。国家发改委原副主任在2009年9月6日召开的生态环境补偿机制国际研讨会上表示，我国正在抓紧研究制定“生态补偿条例”。

1. 生态补偿制度存在种种缺陷，亟须专门立法

立法的势在必行通常是由现实社会关系调整的必要性和现行立法的不适应性决定的，制定“生态补偿条例”存在现实必要性。我国目前的生态补偿机制初成体系，虽然在实践中发挥了一定的积极作用，但是仍然存在不少缺陷，导致生态损害无法得到及时有效的解决，很大程度上影响了生态环境的保护和社会环保意识的提高。另外，在我国现有的法律中，尚没有专门的生态补偿立法，就现有的相关立法而言，存在立法分散、下位法缺位等种种缺陷，不利于生态补偿的规范化操作，制约着我国生态补偿的实现。因此，就弥补环境法律的空白和消除相关立法之间的冲突

来说,“生态补偿条例”也有其出台的必要性。

2.“生态补偿条例”是加快生态文明建设的客观要求

生态文明强调人与自然的和谐共生,倡导在追求经济发展的同时,致力于生态保护,形成一种整体的价值观。生态补偿机制通过调节环境受益者与牺牲者之间的利益关系,达到保护环境的目的,对于我国当前加强生态文明建设,推动经济社会可持续发展具有深远的意义。然而,在过去的一段时间里,一些地方在传统的经济至上思想的驱动下,片面追求 GDP 增长,将地方经济的发展作为首要目标,忽视了资源的过度消耗和环境承受能力的限制。这种做法给经济社会的可持续发展带来了沉重的压力。在这样的背景下,构建一个科学、可行的生态补偿机制,促进生态文明建设,就尤为必要和迫切。鉴于目前生态补偿机制尚无系统完善的专门立法,发生了一些混乱和低效的现象,因此,“生态补偿条例”的出台已经成为社会各界的共同期待。

3.制定“生态补偿条例”具有重要的思想意义和实践意义

(1)思想观念上

由于受到传统观念的影响,国内仍有相当数量的人群未能充分认识到环境资源的巨大价值和生态保护的关键性。对这些人来说,生态补偿似乎是一个陌生且无关紧要的概念,他们在思想上并未对生态补偿有一个明确的认识。“生态补偿条例”以专门的立法形式强调国家对生态补偿的重视和生态保护的迫切性,有助于人们更为清晰地理解生态资源的重要地位。这一条例促使人们在思想观念上树立对生态环境的重视意识,自觉地保护生态资源,并全心支持生态补偿制度的实施。

(2)实践意义上

我们知道,如果仅仅是从道义出发,仅仅是协商,那么这样的生态补偿就缺乏可操作性,缺乏它应该具备的稳定性,不具有实践意义。“生态补偿条例”将为生态补偿提供最为有效的法律保障，从内容上对生态补偿的具体含义、基本原则、补偿方式、补偿标准、法律责任等作出明确的规定。因此，“生态补偿条例”出台后，将会对改变当前概念不清、方式不明等种种不利于生态补偿实施的现状具有重要的现实意义。针对生态补偿相关立法现存的零散、不协调等现状，该条例的出台将极大地便利民众，使生态补偿利益相关者在合法权益受损时能够找到准确、稳定的法律依据，有利于立法的统一和司法机关正确使用法律。

我国早在1953年就建立了育林基金制度，但真正系统完备的生态补偿制度时至今日仍没有建立起来，生态补偿立法更是远远落后于生态问题的出现和生态管理的发展速度。作为我国的一项新生制度，生态补偿处于分散凌乱的法律环境中，迫切需要专门立法确立其法律地位，将之纳入法治化轨道，为生态补偿机制的规范化运作提供法律依据，为此，“生态补偿条例”的制定势在必行。

（二）“生态补偿条例”制定的基本构想

完善的生态补偿机制是落实科学发展观的必然要求，也是国家生态环境保护与建设的核心环节。生态补偿的顺利施行离不开良好的法律环境，在生态补偿触及环境立法空白的现实需要下，“生态补偿条例”出台的时机日趋成熟。对“生态补偿条例”的具体内容设计，拟提出以下几点建议。

1.“生态补偿条例”要符合我国国情

各国的国情各异，因此适合本国的方案才是最优选择。尽管其他国家在生态补偿机制的执行过程中可能取得了显著成效，但这并不意味着这些方案完全适用于我国。在制定我国的“生态补偿条例”时，必须深入了解我国的社会环境和生态现状，根据国内的生态需求、生态结构以及政治政策等具体国情精心规划，避免简单模仿和生搬硬套。我们必须考虑到在特定的法律传统和法律文化背景下的“消化能力”，以及我国所面临的具体生态补偿问题。在借鉴他国生态补偿法律制度的过程中,我们应秉持“本土化”的理念,力求制定一部既符合我国实际情况,又能有效执行的“生态补偿条例”。

2. 明确“生态补偿条例”的指导思想与立法目的

指导思想被誉为法律的灵魂,它在任何立法过程中都必须是科学和明确的,否则整个立法可能会陷入方向的迷失。在我国现行的环境法律体系中,仍然可以观察到工业化时期一些典型的、非可持续的环境立法思路,这些传统观念正在制约着我国生态补偿机制的构建。例如,《环境保护法》作为我国环境保护的基础法律,在第1条中将经济发展定为立法的最终目的,这显然与资源的永续利用和保护相悖,也不利于生态补偿机制的形成。这种过分强调经济发展的立法思想和目的,已经成为我国生态补偿法律机制构建的障碍,也是现有生态补偿法制基础的缺陷所在。

因此,作为生态补偿的专门立法,“生态补偿条例”在指导思想和立法目的方面必须要更加科学和明确。如果缺乏清晰的方向,整个条例的立法意义可能会大打折扣,实施效果也可能难以达到预期。基于此,“生态补偿条例”应当将可持续发展思想确立为其核心指导思想,并同时确立“保护和改善生活环境与生态环境,促进社会的可持续发展”的立法目标。这样的取向不仅符合现代生态文明的要求,也有助于推动我国生态补偿机制的健康发展。

3. “生态补偿条例”立法的优先领域

环境法通过将环境保护的基本策略和主要措施法律化,使环境保护工作更加规范化、制度化,从而有力地推动环境保护的有序进行。将生态补偿机制提升至法律层面,实现补偿政策的法律化,可以借助法律的规范性和权威性,使补偿制度真正成为一种法律手段和制度,用以恢复和弥补受损权益。这对于整个生态保护和建设的可持续发展具有关键意义。“生态补偿条例”作为环境法的组成部分,可以成为执行生态补偿政策和措施的强有力工具。

生态补偿机制的实施优先领域,也应是生态补偿机制法治化需要首先考虑的领域。国际生态补偿问题和大区域间的生态补偿不应作为立即优先考虑的领域。对于重要生态功能区、矿产资源开发、跨界中型流域和小流域、城市饮用水源区的生态补偿,难以用一个统一标准确定优先领域的排序。然而,这些不同生态补偿类型的责任主体相对明确,如中央政府和地方政府各自关注的领域。生态补偿机制的法治化应从这些领域出发,既要在国家层面设立原则性规定,也要及时甚至预先在上述领域立法。

总之,我国"生态补偿条例"的制定优先领域,应在确保生态补偿法律机制的宏观规范作用的基础上,与实施的优先领域保持一致,强调法律保障和制度建设。现代法的一个发展趋势是政策与法律的相互渗透与配合,这在环境法领域尤为明显。在某些生态补偿领域立法条件和时机尚不成熟时,可以通过政府决定或指导意见形成专门的政策文件,推动生态补偿机制的法治化进程。同时,还应充分利用与生态补偿相关的政策和法规,首先满足我国生态补偿的现实需求,待条件成熟后再构建全面统一的生态补偿机制法制体系。

(三)"福建省生态补偿和资源有偿使用条例":立法框架分析

福建省在追求生态补偿实践的完善过程中,必须充分考虑其独特的地域和环境特点。为此,有必要制定"福建省生态补偿和资源有偿使用条例"。基于上述分析和思路,建议该立法框架采取一种灵活的结构,即结合总体一般性规定与各领域的生态环境补偿与资源有偿使用,以确保条例的全面性和适用性。

1. 总体一般性规定

总体规定部分应包括立法目的、概念界定、适用范围、主管部门、补偿主体、补偿客体和对象、补偿措施、补偿标准、补偿的管理与监督、补偿争议的解决、法律责任等内容。

(1)总则。该部分主要是对生态环境补偿的立法目的、主要概念的界定、适用范围、基本原则、主管部门、实施机制以及政府、生态环境资源利用者(或者破坏者)与保护者等利益相关方的责权利等事项进行总体规定。条例的立法目的旨在确立生态环境补偿制度,以保护国家生态环境,促进生态环境健康发展。

(2)对生态环境补偿措施进行界定。该部分主要涉及生态环境补偿的政府财政转移支付的组织实施、生态环境补偿费的征缴和管理、资金用途和使用方式等方面的规定。具体来说,应明确界定“政府财政转移支付”及其实施的具体内容和范围,包括生态环境补偿费的征缴方式和时限要求。此外,还需对生态补偿费的性质、收支管理进行详细规定。建议在立法中对征缴的生态补偿费设立专门账户,形成生态环境补偿基金,并对基金的孳息、基金专款的使用进行明确规定。

(3)规定生态环境补偿的标准。生态补偿标准是生态补偿机制有效实施的技术保障,为此建议从生态补偿标准制定主体、内容、适用标准应考虑因素等方面作出规定。对生态环境补偿标准的制定机构、标准制度原则、标准制度需要考虑的因素等内容进行规定。

首先,建议规定:国务院生态补偿主管部门会同国务院财政部门分别制定各领域生态补偿标准,并根据社会经济发展水平适时修订。

其次,建议规定:生态补偿标准的内容应当包括生态补偿数额的构成、生态价值基准、生态损害系数、生态补偿系数、生态补偿数额计算。

具体来说,包括确定生态环境补偿金和生态环境补偿费标准的设计原则、确定生态环境补偿金和生态环境补偿费标准的机构、确定生态环境补偿费和生态环境补偿金标准的考虑因素、最低标准等。补偿标准的制度应考虑生态环境资源行为对生态环境资源的利用、耗损和破坏程度,恢复生态资源所需要的资金数额等,数额应当与相关的生态环境恢复要求、被利用或被破坏的程度相适应,或者与生态环境利害关系人受到的直接损失相适应。标准可由省级政府生态环境补偿主管部门制定,涉及跨区域的补偿标准建议由国家生态环境补偿主管部门制定。

(4)生态环境补偿的管理与监督。建议的主要内容应包括生态环境补偿的管理权限与监督权限、调查职能部门、调查方式、调查报告编写主体、补偿决定及其实施程序、补偿行为的监督以及补偿效果评估等。具体而言,生态环境补偿的管理与监督权应由国家和地方各级生态补偿主管部门依法行使。整个流程,从生态补偿申请到立案审查、调查,包括实地调查、调查问卷、听证会、相关方问询等方式,都应明确规定。调查报告的编写时限、主要内容事项等,都应在充分考虑利害关系人对补偿调查报告的评论或意见的基础上确定。监督方面,可采取内部行政监督和上级主管部门对下级主管部门的监督方式。

补偿组织管理体系是一个由补偿主体、补偿客体、补偿方式等组成的复杂网络。只有当补偿组织管理体系健全和规范时,补偿金的征收工作和补偿程序才能规范化。因此,为使补偿机制更好地运行,必须理顺管理体制,成立专门的生态环境补偿管理部门,完善与健全生态环境补偿组织体系。该体系由补偿政策制定机构、补偿计算机构、补偿征收管理机构、补偿流通网络等构成,旨在解决补偿主体、补偿依据、补偿数量、补偿形式、补偿途径、补偿征收与流通、补偿使用、补偿监管等诸多环节的问题,确保生态环境补偿活动的顺利开展。

(5)生态补偿争议的解决。该部分主要涉及当相关方对生态补偿决定不满或有异议时,可以采取的解决途径,如行政复议、行政诉讼等。具体来说,应明确规定对不服生态环境补偿决定的相关方,有权在规定的时限内向同级生态环境补偿主管部门提起行政复议。若对行政复议的决定仍不满意,当事人应在规定的时限内向人民法院提起诉讼。同时,还应明确逾期未申请复议或强制执行的规定时限等。

(6)法律责任。该部分主要涉及对生态环境补偿利害关系人在违法情形下的民事、行政和刑事处罚等方面的规范。具体来说,应明确规定对生态环境补偿工作人员滥用职权、玩忽职守、徇私舞弊、泄密等行为的处理方式。如由其所在单位或上级主管机关给予行政处分,对构成犯罪的行为则应依法追究刑事责任。此外,还需对生态环境补偿利害关系人提供虚假信息、弄虚作假骗取生态环境补偿金的行为,以及迟延缴纳或不缴纳生态补偿费的行为,明确罚款和处罚的规定。对破坏生态环境的利益相关者,也应明确处理和处罚的具体措施。

2. 针对各生态环境补偿具体领域的规定

分领域规定部分主要对森林、自然保护区、生态功能区、流域和湿地、矿产资源开发、海洋等领域和要素的生态补偿与有偿使用予以规范。

(1)森林生态环境补偿。对于森林生态补偿的开发利用、保护改善行为、补偿金来源、中央与地方的分摊比例、补偿调查以及补偿决定的实施等方面,都需进行严格的规范。具体而言,涉及退耕还林、防沙治沙、自然灾害后的恢复重建等森林生态环境的保护和改善活动,都可依法申请生态环境补偿金的支持。对于因实施退耕还林而需要进行生态移民的社会群体,应给予相应的补偿额度。[1] 同时,还需明确生态补偿的原则与依据,规定森林生态补偿的具体政策和内容,明确生态补偿资金的渠道,以及设立监管制度和后续评估调整机制。此外,还需明确监管部门和监管

---

〔1〕 王琳玥:《中国生态补偿制度的法律探究》,西北农林科技大学2007年硕士学位论文。

方式，指定具体的实施单位，并明确监管责任。

（2）自然保护区生态补偿。对自然保护区内的生态环境行为、补偿申请部门、补偿程序、补偿金来源以及所在地区的分摊比例等方面，都需要进行明确的规范。具体而言，对因自然保护区的新建、扩建、工程建设或采取生态环境保护措施而给利益相关者带来损失的补偿情况，可以由地方生态补偿主管部门依据职权向上级主管部门提出申请，并在审查后作出决定。自然保护区的生态补偿金应主要由地方政府的财政转移支付承担，并根据自然保护区所在地的社会经济基础具体确定。此外，对世界自然文化遗产地、风景名胜区、森林公园、地质公园等特别保护区的生态补偿，可以参照自然保护区的生态环境补偿规定适当推广和执行。

（3）生态功能区生态补偿。对生态功能区的生态补偿类别、补偿决定的执行、补偿金来源等方面，都需进行详细的规范。具体而言，在生态功能区内进行利用性开发活动的主体，必须在事前向当地补偿主管部门报告并接受其调查，同时依法缴纳相应的生态环境补偿费用。地方政府、公司、企业、其他单位和个人若参与生态功能区的恢复与建设，可向当地生态环境补偿主管部门申请生态环境补偿金，并在经过调查和审批后获得补偿金。生态环境补偿金应由省级政府的财政转移支付承担，同时，生态环境补偿基金也可以作为补充来源。

（4）流域生态补偿。对流域补偿的主体、对象、补偿金的来源和比例、补偿的调查、决定的实施、标准和方式等方面，都需进行详细的规范。具体来说，由于流域水利水电工程建设或相关社会公益项目的实施而产生的开发性移民或利害关系人，均有权向当地生态补偿主管部门提出生态补偿调查申请，以便获得相应的生态环境补偿金。[1] 同时，对从事捕捞、运输、休闲、娱乐、经营发

〔1〕 张炳淳：《生态补偿机制的法律分析》，载《新疆社科论坛》2008年第2期。

电、采砂采石、修建鱼塘、排放废水或其他可能导致流域或水域生态环境破坏的经营性或生产性活动的主体，必须依法向当地生态补偿主管部门申请，并在规定的时限内缴纳相应的生态环境补偿费用。

(5)湿地生态补偿。通过法律手段明确湿地生态补偿的主体，并同时规定主体必须及时、高效地履行治理责任。进一步设立湿地开发强制许可证制度，丰富现有开发许可证的内涵，并严格规定湿地开发者在申请开发许可证时，必须提交详细的“湿地恢复规划申请书”以及强制执行的“湿地开发环境评价书”。不符合上述要求的申请将不予批准。对已获得许可证的企业或个人，有关机关将实施定期检查制度，对修复工作不合格或欺骗、瞒报环境评价结果的被许可人，将不再发放新的许可证。此外，还需建立湿地生态补偿的绩效考核体系，对湿地生态补偿制度的实施效果进行绩效考核评价，对生态补偿金的使用情况实行严格考核，并采取相应的奖惩措施。同时，设立湿地生态补偿专项基金，明确补偿基金的多元化来源，积极吸引社会资金参与；灵活设定补偿标准，除了财政转移补偿外，还可采用技术项目补偿、人才补偿等多样化模式。最后，必须完善补偿金使用的监督管理机制，确保湿地生态补偿的合理、有效实施。[1]

(6)矿产资源开发的生态补偿。矿产资源开发的生态补偿涉及多个方面的规范，包括矿产资源开发利益相关者的责权利、有偿使用与生态补偿制度、资源费的征收、补偿金的来源等。此外，还需对补偿的主体、对象、范围、制度和方式等进行明确规定。具体来说，矿产资源开发应遵循有偿使用和合理补偿的原则。对矿产资源的勘探和开采所造成的生态环境破坏，应依法缴纳相应额

---

〔1〕 孙永侠：《我国湿地生态补偿机制的构建》，浙江农林大学2013年硕士学位论文。

度的生态环境补偿费。对因勘探、开采、经营或破坏矿产资源活动而受到利益损害的生态环境利害关系人,可依法获得相应额度的生态补偿金。对积极恢复矿山生态环境的行为,可依法向当地生态环境补偿主管部门申请生态补偿金。为了确保补偿金的有效使用,可以考虑设立专项矿产开发生态补偿基金,作为矿产资源开发生态环境补偿金的主要来源。这一基金的设立将有助于规范矿产资源开发的生态补偿流程,确保补偿资金的合理分配和有效使用,从而促进矿产资源开发与生态环境保护之间的平衡和协调。

(7)海洋生态补偿。梳理现行法律法规,借鉴其他地区的立法经验,结合福建生态文化,运用《立法法》赋予地方的环境资源立法权先行先试,修订《福建省海洋环境保护条例》,增加海洋生态补偿条款,并在此基础上进一步细化,研究出台地方政府规章"福建省海洋生态补偿管理办法",明确资源有偿使用和生态补偿的权利义务关系,将试点政策通过地方性法规固定下来,为福建的资源有偿使用和生态补偿提供制度保障。通过完善立法,建立福建省海洋生态补偿的长效机制,明确海洋生态补偿的原则、主体、对象、领域、范围、资金、标准、考评、监督、追责等方面的具体内容。

每一个地区都有其特殊的资源禀赋和环境特征。对重要环境资源实行有偿使用,并对重点区域和重要环境要素实行生态补偿,一方面可以有效地为保护者在改善和恢复生态服务功能中所付出的额外成本提供资金和政策支持,另一方面也使区域内丧失的发展机会成本得到相应的保障,为绿色发展提供动力和基础。但在具体实施中,补偿标准、范围、措施及对象等的不同,致使补偿的社会成效受到影响。这既与生态补偿的制度、政策尚未确立及完善有极大关系,也与福建的本土学者对区域生态补偿机制的研究较少,无法为政府和施政者提供理论指导有密切关系。

福建是我国南方地区重要的生态屏障,较早地在森林、流域、水源地生态补偿方面开展了几年的试点工作。然而,这并不意味着问题已得到完全解决。尽管福建在生态文明建设方面起步早、力度大,但省内仍存在大量的区域环境冲突,如自然灾害(洪水)、水质污染、水土流失等问题。更为关键的是,福建的相应生态补偿政策仍显不完善。在生态补偿机制的建立方面,无论是在认识领域、法律支持、政策体制、技术定量,还是在补偿方法上,均存在一定的障碍。[1] 这些问题的存在,暗示着需要界分生态补偿的重点领域,以更好地推动生态保护和可持续发展。

三、单行法优化:强化环境保护专项法律体系

我国生态建设工作已经取得了显著成效,自然生态状况总体是治理大于破坏,并开始向良性方向发展,为生态补偿机制建立打下了坚实的生态基础。[2] 但生态危机并未得到根本的解决,生态与经济协调并进依然是我们努力的目标。作为生态文明建设和自然资源有偿使用制度的重要内容之一,生态补偿机制的存在与完善成为我们的必然选择,这就对该机制的法律氛围提出了较高的要求。对于环境保护单行法而言,必须尽可能地为生态补偿机制提供正确有效的指引和保护。

(一)环境保护单行法对生态补偿的重要作用

环境保护单行法是以宪法和环境保护基本法为依据,针对特定的保护对象或特定的污染防治对象而制定的单项法律法规。[3] 从法律层次上看,环境单行法涵盖了法律、法规、部门规章和地方

---

〔1〕 潘征、陈必滔主编:《新视野:海峡西岸经济区的崛起》,福建人民出版社2007年版。

〔2〕 郭亨孝:《建立生态补偿机制促进生态文明建设》,载《四川林业科技》2009年第6期。

〔3〕 周珂:《生态环境法论》,法律出版社2001年版,第52页。

性法规、规章，范围广、数量多是环境资源法律体系的重要特点。基于环境基本法自身存在的局限性和环境法治现实的要求，环境保护单行法必须要起到良好的补充协助作用，使环境基本法的功能在实际运行中得以充分有效的发挥。因此，环境资源法律体系对生态补偿的规定和保护离不开单行法的具体运行，宪法、环境保护基本法中有关生态补偿的原则性、灵活性规定必须依靠单行法进行有针对性的操作和实施才能得到有效落实。总之，要在我国形成一个有利于生态补偿机制而又强大完善的环境法体系，离不开环境单行法的补充，一个系统、有序的环境保护单行法体系是生态补偿机制顺利运行的必然要求。

（二）修改环境单行法，适应生态补偿的需求

通过以上分析可知，环境单行法在生态补偿机制中暴露出诸多不足之处，必须尽快进行修改和完善，使之适应生态保护的需求，为生态环境的良性发展和生态补偿机制的高效运行提供单行法层面的法律保障。

1. 完善立法目标

对于现存立法的许多不足，首先应从立法目标的角度寻找原因。立法目标的模糊或偏离方向会直接影响法律在实施过程中的效果。我国部分环境专门法律的立法目标与可持续发展的理念相悖，实施过程中对环境保护的关注不足，过分强调环境资源的经济价值，从而不利于生态的可持续发展。

生态系统的可持续性是社会经济可持续发展的基础，因此，国内现有的环境法律体系必须将生态保护提升到立法目标的高度。为构建一套完整、协调的环境法律体系，作为环境基本法的补充，专门法律必须有效发挥其配套作用，尽量消除法律之间的冲突。

因此，专门法律应首先在立法目标上实现统一和完善，确立以生态为导向的立法理念。例如，在《水法》《矿产资源法》《土地

管理法》《渔业法》等相关专门法律中，应加入“保护环境”和“维持生态平衡”的立法目标，以确保其在生态补偿机制领域的保障作用得到充分体现。

总体而言，环境专门法律应将生态保护和生态平衡作为立法目标之一，以促进社会的可持续发展，确保生态环境的长期稳定和健康。

2. 完善上位法与下位法的衔接关系

上位法与下位法之间的衔接不足，以及下位法的不完备甚至缺失，将严重影响法治体系的完整性、统一性和协调性。环境专门法律中的原则性和灵活性规定，应及时通过下位法进行具体化和细化，以确保法律的实际效力。例如，应尽快制定《水污染防治法》的具体实施办法，确保法律规定得到切实执行。对于《森林法》第7条关于森林生态效益补偿制度的规定，国务院也应尽早推出具体办法。

另外，考虑到不同区域生态环境的实际情况和主要环境问题的性质各异，地方性立法应在正确处理与上位法关系的基础上，结合地方的实际情况及时进行修订和更新。这样既能实现下位法与上位法的良性互动和衔接，也能为国家政策的顺利实施提供有力的制度保障，确保法律在各个层面的协调和一致。

3. 完善生态补偿方式及资源补偿范围

生态补偿方式，主要存在物质性补偿和非物质性补偿，物质性补偿在相关单行法中已有较多规定，而非物质性补偿可以通过各种方式吸引更多的内外资金流入，弥补物质性补偿的不足，也应当获得较高位阶单行法的立法保障。如可以在《土地管理法》中规定：征收土地的，按照被征收土地的原用途给予物质性或非物质性补偿。

对于资源补偿范围，鉴于生态系统各要素间的关联性及各要素的生态价值，建议在现行相关单行法中，拓宽补偿范围，将具有生态价值的资源尽可能多地纳入补偿范围。

4. 规范资金的使用和管理

资金的合理使用和管理是生态补偿机制的关键环节,直接决定了补偿机制是否能够真正发挥效用。在我国,生态补偿主要依赖政府支付。如果将原本用于生态补偿的资金分散使用,或者将其转化为地方部门的日常开支或福利补贴,长期下去将不仅给政府带来沉重的财政负担,还将损害生态环境的保护和补偿主体双方的利益,背离了资金征收的初衷。

为确保资金的规范性使用,必须建立健全监督机制。在环境专门法律方面,应通过立法形式明确规定生态补偿资金的管理制度,确保有限的资金得到合理、有效的使用。

四、政策巩固:注重生态补偿政策的辅助作用

政策和法律既有联系又有区别,两者在阶级本质、经济基础、指导思想、基本原则、社会目标等基本方面是高度一致的,通常分别适用于不同的社会事务,不能互相代替,但可以相互配合使用。只有正确地运用政策与法律,使二者各得其所,才能加快实现社会管理目标。生态补偿政策作为市场经济体制下环境政策的重要组成部分,有着不同于法律的优越性,是生态补偿立法不可缺少的辅助工具。

(一)生态补偿政策的优越性

生态补偿已经成为我国相关政策的重要组成部分,并逐渐引起了社会各界的广泛关注。例如,《国务院关于落实科学发展观加强环境保护的决定》(国发〔2005〕39号)中明确指出:“要完善生态补偿政策,尽快建立生态补偿机制。中央和地方财政转移支付应考虑生态补偿因素,国家和地方可分别开展生态补偿试点。建立遗传资源惠益共享机制。”此外,《中国水生生物资源养护行动纲要》(国发〔2006〕9号)也强调:“完善工程建设项目环境影响

评价制度,建立工程建设项目资源与生态补偿机制,减少工程建设的负面影响,确保遭受破坏的资源和生态得到相应补偿和修复……对水生生物资源及水域生态环境造成破坏的,建设单位应当按照有关法律规定,制订补偿方案或补救措施,并落实补偿项目和资金。”相关政策的活跃为生态补偿立法的实施带来了便利,成为生态补偿立法不可或缺的辅助工具。

1. 生态补偿政策具有灵活性

政策是国家为实现特定阶段的利益和意志,以权威形式规定的目标和任务。与法律相比,政策具有更高的灵活性,能够在短周期内根据历史和生态条件进行调整,以推行符合环境实际需求的现实措施。生态补偿政策也体现了这一灵活性特点。

相对而言,生态补偿立法具有较高的稳定性,通常在较长时期内保持不变。这一稳定性是法律的指引和预防功能的必然要求。然而,我国当前的生态环境形势严峻,直接关系到社会的全面可持续发展。在这一背景下,通过生态补偿保护自然、维持生态的可持续供给能力,已经成为我国生态文明建设的重要内容。由于相关立法难以适应新形势,对生态补偿的规定不足,这在一定程度上阻碍了生态保护的进程。

此时,生态补偿政策的灵活性就尤为重要。它能够适时调整,弥补立法的滞后性和不足,为生态补偿机制的运行提供政策层面的保障。生态补偿政策还具有因地制宜的优势,能够结合不同地区的自然生态条件和经济发展水平,探索多元化的生态补偿方式。这样,生态补偿就能满足多层次、全方位的现实状况或潜在需求,协助法律推进生态补偿的实施。总体来说,生态补偿政策的灵活性在很大程度上能够弥补法律的刚性,为生态保护提供了更为灵活和实用的手段。

2. 生态补偿政策为相关立法提供指引

“党的政策是对社会主义建设历史经验和教训的科学总结,

是对现实社会发展规律的趋势的正确反映，也是全国各族人民共同利益的集中体现。”[1]因此党的政策往往能够得到人民群众的大力支持。作为国家在环境领域实施的具体经济政策，各种生态补偿政策体现了全国人民或部分地区群众对环境保护、生态补偿和可持续发展的要求，得到了民众的积极响应，实施效果显著。生态补偿的相关立法尚未成熟，无法为生态补偿提供有效的法律保障，亟须改善。如何改进才能符合实际，符合人民群众的需求，是生态补偿立法中的首要问题。生态补偿政策先于立法进行实践，并且通过实行过程中所取得的成效或遇到的难题，可以为生态补偿立法提供制定或修改的思路，加强生态补偿立法的理性，为立法的完善提供指引。

（二）完善生态补偿政策，发挥其对相关立法的辅助作用

1. 加强生态补偿政策的延续性

我国当前的生态补偿政策时限相对较短，延续性不足，这在一定程度上制约了生态保护目标的实现。为了解决这一问题，可以从以下两个方面着手。

首先，针对不同的政策对象，适当延长补偿期限。以退耕还林为例，我国人均耕地有限，许多退耕地区的经济结构单一，农民主要依赖耕地为生。对于这些人来说，一旦补偿停止或用完，就可能面临生计断绝的困境。考虑到许多地区在5~8年内无法从退耕林中获得收益，因此，对特殊地区或领域，应适当延长补偿期限，为受偿者提供更为宽松的环境去适应经济结构调整，寻找新的生存方式。这是一种针对性的、治标的解决方法。

其次，政府需要积极引导和扶持，对生态补偿地区进行产业结构调整，确保生态补偿政策实施的延续性。仅仅依赖补偿，没

---

[1] 张文显主编：《法理学》，法律出版社2004年版，第344页。

有稳定的收入来源,不仅会给受偿者带来困扰,还可能加重政府的财政负担。因此,政府应当着力推动生态补偿地区的产业结构调整,引导当地人民转变生产生活方式,推广清洁生产技术,大力发展绿色产业,从而减轻对生态环境的压力。这是一种更为根本的、治本的解决方案。

2. 制定合理的补偿标准

补偿标准的合理性对于生态补偿政策的实施效果至关重要。不合理的补偿标准可能导致财政资源的浪费,削弱生态补偿的激励作用,从而影响政策的整体效果。

针对我国目前生态补偿标准过低和过于单一的现状,应当及时进行调整。具体来说,生态补偿标准应结合实际需求和现实情况来设定。若补偿标准过低,则应根据经济发展水平和生态现状适当提高;若补偿标准过于单一,则应因地制宜,使标准更符合实际情况。

为实现这一目标,可以考虑由国家成立专家组对各地生态效益进行评价,据此确定不同地区的生态补偿标准。或者在各地区分别成立生态效益评价组,由各小组对当地具体的生态环境、保护成果进行评估,以此为依据制定相应的补偿标准。

值得注意的是,补偿数额和标准的确定并不是一个固定的过程。国外的研究认为补偿标准是相关各方讨价还价的结果。[1]例如,美国在退耕项目中采取了类似的方式,通过博弈确定补偿标准,实际上是受偿者与政府达成的一种均衡结果,有助于化解潜在矛盾。

总体而言,合理的补偿标准不仅能够确保资源的有效利用,还能增强生态补偿的激励效果,为实现生态保护目标提供坚实的支撑。这一方面的经验也可为我国在制定生态补偿政策时提供

---

〔1〕 崔姣:《我国海洋生态补偿政策》,载《企业导报》2009年第11期。

借鉴。

3.建立多元化的融资渠道

在欧盟等其他国家和地区,实际上非政府组织和地方政府在生态补偿中发挥着相当大的作用,企业与地方政府、企业与农场主之间为保护环境而达成的诸多契约构成了生态补偿的基本框架。[1] 为保证生态补偿政策的有效落实,我国也应当积极探索国家、集体、非政府组织和个人共同参与多元化的融资方式,减轻政府的财政压力,实现社会公平,保证生态补偿持续性的开展。

具体来说,政府在努力增加财政对生态补偿投入的同时,要注意积极引导社会各方的参与,充分培育和发展生态资本市场。可以通过发行国债、为环保企业的上市提供优惠等方式吸引社会闲置资金,利用各项优惠政策鼓励、吸引私人和国外在环保产业领域的投资,或建立生态补偿捐助机构,发行生态补偿彩票等,丰富融资渠道,扩大资金来源。另外,为使更多的资金进入生态补偿领域,必须改革现行税制,完善资源税,增设生态环境补偿税。我国现行资源税对资源消费的抑制作用有限,应当扩大征收范围,将有着重要生态价值的水资源、土地资源、海洋资源都纳入征收范围。资源税的开征不仅是为了取得财政收入,更重要的是要发挥其在保护资源方面的作用,因此应调整税额,"不仅将级差地租和绝对地租纳入税额中来,而且还要把资源开采所造成的环境成本也考虑进来"。[2] 对生态环境补偿税的开征,也是生态保护的必然要求。生态环境补偿税在发达国家的应用十分普遍,如能

---

〔1〕 王伟中:《我国全面建立生态补偿机制的政策建议》,载《理论视野》2008年第6期。

〔2〕 李克国:《中国的生态补偿政策》,载王金南、庄国泰主编:《生态补偿机制与政策设计》,中国环境科学出版社2006年版,第30页。

源税、硫税、氟利昂税等。[1] 在我国部分地区,如上海浦东、广东、江苏、福建等地也已经开始了对矿产、土地、旅游、水、森林等征收生态环境补偿税的实践。

4.促进利益相关方的参与

生态补偿政策的制定和实施涉及众多利益相关方,信息的不对称和政府本身的有限理性可能会阻碍政策的公平、合理和有效执行。因此,确保各利益相关方的公平参与尤为重要。

具体而言,可以通过多种途径促进利益相关方的参与。例如,鼓励补偿区人民参与生态保护建设项目,吸纳当地居民参与新型绿色产业,或推动政府环境信息的透明化等。这些措施有助于确保各方在生态补偿政策中的公平参与。

从宏观层面来看,应引导形成一个更广泛的参与实施和行动系统。这一系统应包括当地参与者(特别是生态服务提供者和受益者)、个人和社会自治团体、中央政府和地方政府,以及教育、科研、企业等多个主体。通过人力资本与货币资本的融合,构建一个综合性的生态保护系统。

总之,各利益相关方的广泛参与,可以增强生态补偿政策的公信力和执行效率,有助于实现生态保护的长远目标。

五、法制教育:加强生态补偿法制的宣传引导

法制宣传教育是实施依法治国基本方略和建设社会主义法治国家的基础性任务,它是全面深入推进科学发展观、维护社会公平正义、保障和推动经济社会协调发展的必然选择。通过法制宣传教育,我们能够在全社会范围内普及法律知识、培育法治观念、弘扬法治精神,并营造积极的法治氛围,以期早日实现法治国

[1] 肖坚:《关于我国生态环境补偿机制的税收政策思考》,载《新疆财经》2008年第2期。

家的理想状态。在生态补偿领域,法律保障体系的构建和完善虽然至关重要,但是同样不能忽视与之相配套的法制宣传教育工作。正如美国著名法学家伯尔曼所言:“法律必须被信仰,否则它形同虚设。”这一观点强调了法律不仅是一套规则和制度,更是一种信仰和价值观的体现。因此,在新的历史时期,我们应紧密围绕构建社会主义和谐社会的总目标和总要求,致力于生态补偿法制宣传教育工作的推进。

(一)生态补偿法制宣传教育意义重大

在贯彻落实科学发展观、构建社会主义和谐社会、建设社会主义法治国家的历史条件下,开展生态补偿法制宣传教育工作具有现实必要性。

1.生态补偿法制宣传教育是提高公民意识的必要途径

生态补偿意识作为观念形态的上层建筑,其根本受制于社会的经济结构,但同时也与法律、政治等制度形态紧密相连,彼此间相互影响和制约。在当前国内环境下,公众对生态补偿的整体认识并不乐观。许多人对生态补偿的定义、功能和重要性缺乏深入的理解,有时甚至将生态补偿费的征收误解为“乱收费”。这样的观念现状导致生态补偿机制缺乏良好的社会支持氛围,从而给生态补偿相关立法的有效实施带来了巨大的压力和阻碍,阻碍了生态补偿机制的顺利推进。生态补偿作为一项具有强烈社会属性的工作,其法律保障体系的最终实现离不开各方社会力量的积极支持。因此,迫切需要通过法制宣传教育改善国内的生态补偿观念现状。通过普及生态补偿的基本概念、强调其在环境保护中的重要作用,以及解释其对社会经济可持续发展的积极影响,可以逐渐消除公众对生态补偿的误解和抵触情绪,培养全社会对生态补偿的理解和支持。总的来说,生态补偿法制宣传教育不仅是提升公民的生态保护意识和责任感的必要途径,更是完善生态补偿机制、促进生态文明建设的关键步骤之一。只有全社会共同认识到生态补偿的重要性,并积极参与其中时,生态补偿机制才能真正发挥其在环境保护和社会发展中的作用。

2. 生态补偿法制宣传教育是实现可持续发展的必然要求

可持续发展战略着眼于社会经济发展与人口、资源、环境的协调统一,其核心理念是促进生态与经济的和谐共生。在这一战略下,中国逐渐构建了完善的资源法和环境保护法体系,为可持续发展提供了坚实的法律支撑。生态补偿机制,作为环境保护法体系的关键组成部分,已经在我国初步形成框架,其相应的法律保障体系正在不断地完善和强化。生态补偿的主要目的在于修复受损的生态环境,进行综合治理,维护生态平衡,从而为人类社会持续提供必要的物质和能量支持。[1] 这一机制不仅是生态补偿理论的实际体现,更是其最终追求的目标。为了实现这一目标,开展生态补偿法制宣传教育尤为重要。广泛的法制教育,可以提高全体公民对生态补偿法律的认识和理解,增强各级政府和社会组织依法补偿的自觉性和积极性。这不仅有助于推动生态补偿机制的有效实施,更能促进整个社会在经济增长与生态保护之间找到平衡,共同推动可持续发展战略的实现。

(二)生态文明背景下生态补偿的法制宣传教育

生态文明正带领人们走向一个新的世纪,生态补偿法制宣传教育有助于提高人们的环境生态意识,有助于为生态文明指导下的立法、执法、司法提供良好的社会氛围。因此,在生态文明的大背景下,我们必须把生态补偿法制宣传教育作为法制宣传的一个重要组成部分深入开展。

1. 需要多元化的主体进行宣传

自 1986 年以来,全国已经实施了七个五年普法规划,经过社

---

〔1〕 张莉、王育红:《可持续发展视角下的生态补偿法律机制探析》,载《经济论坛》2008 年第 13 期。

会各界的共同努力，已经取得了较为显著的阶段性成果，对社会整体法律素质、法治观念的提高起到了鲜明的推动作用。从2021年1月开始到2025年12月是第八个五年普法规划，新形势下的生态补偿法制宣传教育应当注意创新工作方法，强化工作措施，实现宣传对生态补偿立法的基础性作用，为生态补偿机制的发展、生态文明的实现打下良好的群众基础。就宣传主体而言，应当从政府为主向多元化发展。

（1）生态补偿社会性的渐进趋势

生态补偿不仅涉及经济层面，更深入地关联着人们的生活和社会政治稳定。生态系统的良性运转直接影响每个人的生活质量，关乎整个社会的和谐稳定。作为全人类包括后代在内的共同利益，生态保护的重要性不言而喻，因此生态补偿具有浓厚的社会属性。这一社会属性要求生态补偿的立法和执法必须得到社会各界的广泛参与和支持。生态补偿法制宣传教育成为实现生态补偿、环境保护和生态平衡的重要辅助手段。它需要政府、村委会、居委会、学校、企业、其他组织乃至个人的协同努力。在这一过程中，各方应充分发挥公众参与的作用，通过互助互动，增强责任感，提高民众对生态补偿的参与积极性，促使大家共同遵守与生态补偿相关的法律法规。同时，我们还必须清醒地认识到，生态补偿的社会性特点决定了法制宣传教育工作不是一朝一夕就能完成的任务。它必须经历一个由量变到质变的渐进过程。这一过程需要我们持续不断地努力，以确保生态补偿的理念深入人心，为构建和谐的人与自然关系，实现可持续发展的目标共同奋斗。

（2）社会生活民主化的必然选择

多年来，政府主导的法制宣传教育模式已使群众长期处于被动接受的地位，这一模式已难以适应当前社会结构的复杂性和社会利益的多样化，也不符合和谐社会的管理要求，因此亟须创新和改进。在当前的社会背景下，公民的自主意识不断增强，社会民主化程度逐渐提高。公民和非政府组织在不同层面上都发挥着法制宣传的作用。因此,在生态补偿的法制宣传教育工作中,我们必须适应这一民主化趋势,充分发挥多元主体的宣传作用。具体而言,我们应从依赖法制宣传系统自身资源的传统方式,转向更加社会化的方式,即充分发挥各行业部门、组织和公民在生态补偿法制宣传教育中的作用。我们应尊重和认可社会各界在生态补偿法制宣传教育中的主体地位,积极调动社会各方面学习、遵守和运用生态补偿相关立法的自觉性。这种多元化的主体宣传模式不仅符合社会民主化的现实需求,而且使生态补偿法制宣传教育工作更加灵活和易于接受。通过这样的创新和改进,我们可以更有效地推动生态补偿理念的普及和实施,为构建和谐的人与自然关系,实现可持续发展的目标共同努力。

2. 创新宣传形式,避免宣传教育流于表面

生态补偿的征收及赔偿问题对广大民众来说可能难以理解和接受。因此,我们在开展生态补偿法制宣传教育的过程中必须认清新形势,研究新问题,探索新办法,并采取灵活多样的宣传形式,以增强生态补偿对人民的影响力和渗透力。

传统的法制宣传教育方式往往容易流于形式,内容单一,效果有限。例如,部分地方和单位仅通过发资料、组织考试、摆咨询台等方式进行宣传,仅追求完成每年的普法任务,而忽视了实际的普法效果。这种情况下,生态补偿法制宣传教育应摒弃形式主义,以实际效果为追求目标。鉴于公民的思想观念、生活方式和行为准则已随时代发展而发生巨变,人们对新事物的接受能力和教育水平都有所提高,我们可以考虑结合传统方式和现代传媒达到生态补偿法制宣传教育的目的。例如,充分利用报刊、电视、广播、手机、网络等多样化媒体,创造出覆盖广泛、影响力强、群众喜闻乐见且易于吸收的宣传形式。具体措施可以包括制作带有喜剧色彩的生态补偿宣传短片在网络上播放,以寓教于乐的方式吸

引群众，快速传播生态补偿立法的理念；或者广泛开展法律服务，充分发挥律师、公证员、基层法律服务人员的作用，贴近群众，以案释法，普及生态补偿法律法规，提高民众的环境意识和补偿观念。总之，通过创新宣传形式，我们可以使生态补偿法制宣传教育更具活力和效果，从而更好地推动对生态补偿的理解和实施。

3. 有效推进农村的生态补偿法制宣传教育

自工业化以来，城市环境问题日益突出，城市居民对环境污染和破坏有着深刻的体会，生态意识逐渐提高。相比之下，农村环境问题相对较为模糊，许多农民仍停留在"地大物博""资源无价"的观念层面。加之城乡经济发展不平衡，农村经济相对落后，广大农民忙于生产生活，对法律知识的学习并不重视。即便在合法权益受损时，高额的诉讼费也常使他们望而却步。因此，生态补偿法制宣传教育在农村难以深入推进。

为了有效推动农村的生态补偿法制宣传教育，除了创新宣传形式外，还应加强农村的法律服务。首先，应重视基层司法行政部门和基层法院人民法庭的法制宣传作用。这些机构设在农村，与农民有着紧密的联系，能够准确了解农民的生态环境意识和需求，更容易以本土化的方式宣传生态补偿的重要性、相关法律法规及其违法后果。其次，建议组建一支具有高环境素养的涉农法律服务队伍，确保生态补偿法制宣传的正确性和有效性。可以在有关部门的指导下，实行定村负责制，确保每个村庄都有专门的环境法律服务人员，随时解答农民的环境法律问题，缓解农村生态补偿执法过程中的难题，如收费问题等。总体而言，推进农村的生态补偿法制宣传教育，不仅需要创新宣传形式，更需加强法律服务，与农民建立紧密联系，以实际行动推动生态补偿在农村的普及和实施。

4. 建立健全生态补偿法制宣传教育监督机制

生态补偿法制宣传教育的多元化并不意味着可以脱离监管自

由进行。相反,必要的监督机制应当尽快建立和完善。以下是几个关键方面:首先,各级管理主体需明确责任,对生态补偿法制宣传教育工作进行明确定位。在充分考虑各地、各单位实际情况的基础上,应将工作任务和要求逐层分解,具体落实到乡镇、部门、单位等各个层面,确保目标量化、责任明确。其次,基于上述基础,需建立健全有效的生态补偿法制宣传教育工作考评机制。将生态补偿法制宣传教育工作纳入整个法制宣传教育工作的重要内容,并将其纳入党委、政府的目标管理考核方案中。通过定期通报和执行最初的奖惩规定,对宣传措施和实际社会效果等内容进行考评,充分发挥该机制对生态补偿法制宣传教育工作的督促和监管作用。

总结而言,建立健全的监督机制不仅有助于确保生态补偿法制宣传教育的有序进行,还能够提高其效率和效果,促进生态补偿理念在社会各层面的深入推广和实施。这一过程需要各级管理主体的积极参与和协同合作,形成一个完整、高效的监督体系。

5. 建立生态补偿法制宣传教育经费保障机制

生态补偿法制宣传教育的顺利开展离不开充足的经费支持。为确保资金的合理使用和有效管理,以下几个方面值得考虑:首先,针对生态补偿领域的特殊性,宣传经费可以考虑从生态补偿专项基金中提取。这样的安排有助于确保资金的专项性和连续性,为长期的宣传教育工作提供稳定支持。其次,经费的使用应当切合各地的实际情况进行划拨。例如,对农村地区的宣传,可以适当增加投入,以确保信息能够覆盖更广泛的人群,特别是那些对生态补偿理念相对陌生的群体。最后,经费的划拨不能一成不变,应根据经济发展水平、人们的观念意识情况、地区特点等因素进行科学划拨。这样的灵活机制有助于确保资金更精准地用于推动生态补偿法制宣传教育的深入开展,以适应形势发展的需要和工作任务的不断变化。总之,建立生态补偿法制宣传教育经费保障机制是一个复杂而重要的任务。它不仅涉及资金的来源和分配，还涉及如何将有限的资源用于最合适的领域和人群。通过精心规划和管理，可以确保这一重要工作得到有效推进，从而促进生态补偿理念在全社会的普及和实施。[1]

---

〔1〕 张锋：《生态补偿法律保障机制研究》，中国环境科学出版社2010年版，第134页。

后　记

本书是作者多年来对生态补偿法律制度的深入研究和实践探索的成果。在环境法领域,生态补偿不仅是一种复杂而精密的利益补偿机制,更是一项涉及多方面因素的综合性任务。生态补偿机制涉及从事生态保护、治理、恢复与建设的单位和个人因增进公共生态利益而致自身利益减损或发展机会丧失的问题。这一问题的解决需要深入理解生态保护与经济发展之间的微妙平衡,以及如何通过法律手段调整和协调不同利益主体之间的关系。通过赋予生态补偿机制一定的法律效力,可以实现生态补偿的规范化、体系化、制度化。这一过程不仅需要精确的法律定位和明确的法律规范,还需要与经济、社会和生态学等多个维度相融合。这种多维度的融合使得生态补偿机制成为一种平衡和谐的治理工具,具有广泛的适用性和灵活性。

生态补偿不仅是一项涉及复杂理论的议题,更是现实中的一项挑战。在具体的执行过程中,许多问题和难点亟待解决。例如,水源地与受水区在生态补偿的实施上遇到的难题,涉及多方利益主体的协调与利益分配,这需要精确的评估和合理的标准。此外,生态补偿还涉及森林、湿地、流域、矿产、区域、海洋、耕地等多个领域。每个领域的生态补偿都有其特殊性和复杂性,需要结合各自的生态特点和社会经济背景进行深入研究和探索。本书是对这些复杂问题的全面分析和解读。在现有关于生态补偿的研究基础上,结合国内外的典型经验和模式,对福建省现有的生态补偿法律保障机制进行了梳理、反思和完善。本书系统地探讨了福建在森林、湿地、流域、矿产、区域、海洋、耕地资源生态补偿方面的实践问题,并提出了完善的路径,为未来的生态文明建设和设想提供了理论支持和实践指导。本书的目的不仅在于提供理论分析和实践建议,更在于激发更广泛的讨论和反思,推动生态补偿理论和实践的持续发展。通过深入探讨生态补偿的各个方面,本书力求为生态保护工作提供有益的参考和借鉴,为促进人与自然和谐共生的崇高目标做出贡献。

另外,在本书的撰写过程中,我们深感各位合作者、研究人员和支持人员的辛勤付出和无私奉献。特别要感谢一些专家学者的宝贵建议和鼓励,他们的智慧和经验对本书的完成起到了关键作用。同时,我们也要对本书研究过程中所有参考文献的作者表示衷心的感谢,他们的卓越工作为本书提供了坚实的学术基础和理论支撑。

我们还要承认,由于个人水平和经验的局限,书中可能存在一些疏漏。对此,我们诚挚地邀请专家、学者和有关部门的同志们提出批评和指正。我们将虚心接受,不断反思和改进,以期为生态补偿法律制度的研究和实践做出更有价值的贡献。